U0556645

国家出版基金项目
NATIONAL PUBLICATION FOUNDATION

出土文献
与早期中国思想世界

王中江 主编

宇宙、天下和自我：
早期中国的世界观

王中江 著

中国人民大学出版社
·北京·

总　　序

刻画早期中国文明特征，已有的青铜时代、轴心时代等符号富有象征性。出土的大量简帛文献、文本带来的认识早期中国文明的新契机、新信息，会将人们带到一个具有许多不同可能的想象中。至少从商周到秦汉这一纵贯多个朝代的历史时期，是不是也可以叫作简帛时代呢？客观和公允的回答应说"是"而不应说"否"。这是一个普遍使用竹简、木牍、缣帛进行书写和记载的时代。早期中国的文明、历史、语言、思想等精神创造，除了有限的甲骨文、金石文外，都永恒地留在了简帛和木牍的记忆世界中。

相较于甲骨学、敦煌学，简帛学、简牍学因其实物仍源源不断地从地下发现和出土而更加生机勃勃。依据《尚书》记载的"惟殷先人，有册有典"，张政烺先生推测，中国先人将竹简作为书写材料的历史非常悠久。我赞成这一推测，尽管我们发现战国之前的竹简实物还比较少。"册""典"这两个字，清晰地显示了它们的象形身影。

从 19 世纪末特别是从 20 世纪 70 年代以来，银雀山汉简、马王堆帛书、定州汉简、睡虎地秦简、郭店楚简、上博楚简、清华藏战国简、北大藏汉简、岳麓书院藏秦简、海昏侯墓汉简等先后问世，至少在扩大和深化早期中国文明（包括文献、政治、法律、语言、古文字、思想及哲学等）的认知上，意义非凡。如果接受默证法，即没有看到的就是不存在的，这些新出土的简帛文献莫非都是无中生有的神话。

简帛文献除了像《周易》、《老子》和《论语》等传世本外，大多数是千古未知的佚文。像《黄帝四经》《五行》，即使有相应的记载，但它们的真面目过去一直是个谜。它们重见天日，完全称得上是奇迹。我不想夸大出土简帛文献的重要性，但也决不认可卑之无甚高论的意识。子学传世文献与简帛佚文之间的关系，也许可以用早期中国哲学、思想的主流与支流的关系来解释。流传下来的一般来说都是重要的，没有流传下来的也许不都是那么重要。除了"六经"，除了《国语》《战国策》《逸周书》等历史性文献，传世的《晏子春秋》、《老子》、《论语》、《礼记》、《墨子》、《孟子》、《公孙龙子》、《庄子》、《管子》、《荀子》和《韩非子》等典籍，代表的可谓是早期中国哲学和思想的主流。而战国简多为佚文，不管多么重要，相对来说它代表的或许主要是早期中国哲学和思想的支流。

对于早期中国子学传世典籍和新出土的文献，用单一的方法，用单一的概念，用单一的理由，用单一的假定，用单一的例子，去判断和定位它们的早和晚、前和后，既草率又傲慢。《老子》一书在春秋晚期就被叔向引用，在战国时代又多被引用，那么多的早期典籍记载着老子、老聃之名，有人仍振振有词，怀疑《老子》其书和老子其人的真实性，不知这是什么实证方法。单凭《史记·老子韩非列传》中记载太史儋、老莱子是当时的一个传说，不管司马迁是不是相信这个传说，也不管《史记》中其他地方对老子（除列传十一处，还有十二处）、老氏（一处）、黄老（十一处）的记载，就将老子其人变成一个传说。说"三十辐共一毂"只是战国时期车辆轮辐的标准，不管车辆的复杂演变和春秋时期二十八辐的车轮已成为车轮的一种基本标准，且在战国时期也很通行，将《考工记》中记载的"轮辐三十"断定为只是指战国时期的车轮，以此判断《老子》只能出于战国时期，不知这是一种什么论证和求证方法。说周秦古书不是一时一地之物，而是不断增加和附益的结果，如果这主要是指书的内容，那么将这一种情形普遍化，就不知这是一种什么推论方法。

对于出土简帛文献的哲学和思想研究，海内外学界已经有许多积累了。不断扩展和深化这一前沿与交叉领域的研究，需要我们借助新视角、新眼光和新方法，需要我们为其中的各种疑问、疑难和疑点寻找解决的突破口。这一丛书是这一追求和努力的一部分，每部著作都独立从不同方面尝试深化这一领域的研究。它是由我主持的国家社科基金重大项目"出土简帛文献与古代中国哲学新发现综合研究"成果的又一系列，是各位同道精心合作和合力的结果。它的出版令人欣慰和愉悦。希望它能成为这一领域研究的新的出发点。感谢中国人民大学出版社刊行这一丛书，感谢王琬莹女士的精心策划和各位责任编辑付出的辛劳。

王中江

2023 年 3 月

前　言

对任何事物的认知和探究越是不断展开，就越能改进我们的已知和增加我们的新知。这是知识积累的时间效应，也是我们自身所能享有的内在变化和改变。在不同的求知中，我们塑造出的故事也各种各样。竭力探寻和揭示早期中国世界观的内在脉络和理路、内在气质和精髓、内在精神和价值，是我们要塑造的一种故事。我希望这部著作能够成为它的一个证言。

面对早期中国的世界观，面对众多子学家创立的学派和学说，我们能够感受到这一时代的开放性、自由性、多元性和创造性，感受到这一时代何以能够成为中国文明和文化的突破时代，何以能够成为中国智慧和思想最具原创性的时代。结合传世早期文本和出土文献，这部著作对早期中国世界观的探讨分别在大小不同的一些论题和论域中展开。我说的世界观包括了对宇宙、天下和自我的整体性学说。我希望这一探讨在改进我们的已知和增加我们的新知上也做出一定的贡献。

根据这部著作各章的具体论题和论域，我将之分为三篇（"上篇"、"中篇"和"下篇"）。"上篇"七章是探讨早期道家的世界观。其中"道家的宇宙观和人间观"、"'自然'概念的源流和特性考论"和"早期道家'一'的概念演变余论"，是早期道家世界观中三个大一些的论题。不同于神话和宗教的宇宙观，借用《庄子·则阳》记载的季真的"莫为"和接子的"或使"观念，道家的宇宙观不是"或使式"（类似于超自然主义）而是"莫为式"（类似于自然主义），是生成论、演化论和自发秩序论。根据出土文献《太一生水》、《恒先》、《凡物流形》和《黄帝四经》，结合传世本《老子》、《庄子》、《文子》、《鹖冠子》和《吕氏春秋》等文本，道家的宇宙生成论和演化模式丰富多彩。道家对宇宙体系和秩序的解释立足于道或一的柔性、非控制美德与万物自身的无限能量。道对万物最大限度的包容、尊重与万物各自的自发性生长，造就了宇宙的伟大协奏曲。作为宇宙秩序的延长线，人间良好秩序既是基于道的柔性和非控制美德，又是基于万物的无限活力和创造力。

中国的"自然"概念最初由老子创立，之后就一直处于不断的演变过程中。从先秦到汉唐再到宋明，从清末它作为西方"nature"的译语再到将西方的"自然"同中国已有的"自然"融合起来，这既是经典中的"自然"概念的诠释史，又是人们为它赋予意义的不断建构史。从它最初指万物的"自成"和"自我造就"，到指万物的"本性""性情"，再到指"道""佛"的本性；从它指"莫为""非造作"，到指万物普遍的"法则"，再到指人生的准则和境界；从它指宇宙的本体，到指万物和物理世界的现实实体，等等，它具有多种多样的含义和特性，构成了一幅丰富多彩的"自然"画卷。

同"道"具有类似性又有差异性的"一",是道家思想中另一个具有象征性的重要概念,它同样由老子所开创,并经历了丰富多彩的变化和发展。作为本原性的概念,它既是描述"道"的谓词,又是指世界和万物的生成者与万物统一的基础和内在根据;作为建立秩序的政道和治道,它既是统治者要掌握和运用的根本原则和方法("执一"),又是指统治者修身养性的根本目标和价值("贵一")。相比于"道",在"一"与"多"的关系中,"一"对于万物直观上就呈现出了统一与差异、共同与多样的相应关系。我在《早期道家"一"的思想的展开及其形态》(载《哲学研究》2017 年第 7 期)中,对《老子》、《管子》、《黄帝四经》和《庄子》中的"一"进行了探讨。作为这一探讨的补充,"早期道家'一'的概念演变余论"主要是探讨《文子》、《鹖冠子》和《吕氏春秋》中的"一"。一些研究认定《文子》(特别是简本)、《鹖冠子》等为早期道家文本,这为研究早期道家"一"的概念的演变提供了重要的出发点。《文子》、《鹖冠子》和《吕氏春秋》三个文本中"一"同"道"的概念保持着基本的同一性,都是道家对万物根源是什么的回答。"一"既指万物生成的根源,又指普遍法则和万物统一性的本质,也指最高的统治原理。以"一"这一概念为中心,三个文本分别提出了万物生成模式,提出了普遍法则观念,提出了建立良好社会政治秩序的原理。三个文本对"一"的使用也有所区别。在《鹖冠子》中,"一"的地位要高于"道";在《文子》中,"道"的地位要高于"一";在《吕氏春秋》中,统治原理"一"的有效性往往是借用历史经验来佐证。

　　"上篇"中的"根源性永恒概念：老子的作为'道'的谓词的'恒'"、"杨朱的'人本主义'伦理学"、"'差异性'和'多样性'的世界：庄子的'物之不齐论'"和"'别有'辨正：以尹文'别形名'学说为中心的检证"，分别探讨了老子的"道恒"时间性概念、杨朱的贵生论、庄子的物之不齐论和尹文的"别形名"学说。出土简帛《老子》抄本，使传世本中的"常"字能够复原为本来的"恒"字；出土的《恒先》文本，唤醒了子学时代"恒"的概念。两者的相互支援促成了认知老子道永恒、永久和永远等时间连续性、无限性（相对于其他有限、不同时刻等尺度）概念的契机。老子用永恒的"恒"字作为"道"字的定语而说的"恒道"只是一种表达，用"恒"作为"道"的谓词的"道恒"是另一种表达。这种表达一直被遗忘和遮蔽。依据《老子》中对"恒"的用法以及"象帝之先"、"谷神不死"、"死而不亡"和"长生久视"等时间概念，老子具有"道恒"的根源性时间概念。

　　杨朱的思想以"贵己"、"贵生"和"为我"等符号而知名。如何认识和把握它，产生了程度不同的偏差甚至误解。从广义的"人本主义"伦理学去定位它是可行的方式之一。杨朱的人本主义伦理学既是对人的生命和权利的高度肯定，又是将快乐的最大化看成是人的最好的生活，并以此去否定人被名和物质所支配而产生的异化（"殉名""殉物"）。

　　庄子思想中最显赫的符号之一是"齐物"或"齐同"，它产生了广泛的影响并一直为研究者所关注。但庄子思想中同时包含着与之相对的万物殊异的差异性和多样性概念。庄子不仅提供了一幅世界丰富多彩的差异性和多样性图像，而且从不同方面说明了万物为什么具有差异性，为什么是多样的和不同的。这不仅取决于万物的内在之德和内在之理等，而且也取决于人们如何观察和看待万物以及如何运用万物的眼光和价值观。整体上考察庄子的世界差异性和多样性论域，揭示庄子的与"齐物论"相对的"物之不齐论"，才能完整地呈现庄子的"万物异同观"。

宋钘、尹文"接万物以别宥为始"的"别宥"，一般解释为去除隔蔽或偏见，且几乎成为定说。《尸子》中记载的料子（宋子）"贵别囿"也被如此归结。根据尹文说的"接万物使分，别海内使不杂"这一象征性论断，特别是根据尹文"别形名""辨名分"的名辩学整体，根据郭象和成玄英的中古注疏等，"接万物以别宥为始"的"别宥"，并非主流理解和解释的意义，它实际上是指"辨别一切事物的界域或界限"，更具体说是辨别从自然到社会和政治中的各种形名、名实和名分。这是尹文作为黄老学的一个重要特点。

"中篇"六章是探讨早期儒家的世界观。其中第八章"什么最值得学习和知晓：论孔子的'学道'和'知道'"、第九章"孔子好《易》和追寻'德义'：以帛书'易传'类文本中的'子曰'之言为中心的考论"和第十章"孟子的伦理选择论：从'可欲'到'能'和'为'"，探讨了孔子的"学道"、"知道"和"德义"概念，探讨了孟子的"可欲"、"能"和"为"概念。人最值得学习和知晓什么，对孔子而言就是"学道"和"知道"。《论语·述而》记载孔子所言"学而不厌，诲人不倦"中之"学而"可能有误。据《史记·孔子世家》之记载，"学而"当为"学道"，正好与"诲人"相应，于文于义皆长。孔子好学，也喜论学，所学范围甚广，"学道"为其要；孔子求知，"知道"为其本。出土文献所见《论语》（《齐论语》）有《学道》篇，其所说的"学道"，结合传世文献，可求其具体所指。孔子信奉道，志于道，其道广大高远，学道、知道即为尽力处、用力处。

孔子晚年以浓厚的兴趣研习《周易》的事实及其原因，通过进一步的讨论越来越清晰了；孔子对《周易》的探索主要不在于占筮和预知人生的祸福吉凶，而在于从中追寻天道、道德和仁义等普遍法则和价值，通过讨论这一关键旨趣也得到了更多的求证。以孤证否众证，以推测代事实，只是取巧，无法立论。

为了促成人们的伦理实践，孟子提出了一个比他的性善论更为复杂的伦理选择论。这一伦理选择论既有抽象的一般性的正当选择原则，也有比较具体的可欲之善和更具体的作为"良贵"的仁义等价值；既有对人性的相似性和人能够做什么的说明，也有如何实践伦理的方法。在层层推论和类比中，孟子令人信服地向人们证明，在不同的价值选择中，伦理选择是最好的选择。它不仅是可欲的最高的善，而且也是人完全能够获得的价值。

第十一章"'自我'与'他者'的相与之道：儒家关系伦理的多重图像"、第十二章"权力的正当性基础：早期儒家'民意论'的形态和构成"和第十三章"'成就自身'的智慧：儒家的道德自主性和自我反思"，对早期儒家的相与之道、民意论和成就自身做了相对整体性的探讨。将儒家伦理化约为差序格局，认为儒家伦理不能适应陌生人社会，这种判断只是关注了儒家的血缘亲情伦理和礼的差别性待遇，而没有认识到儒家伦理的多重维度。事实上，儒家在人与人之间、在自我与他者之间还建立了普遍性的关系伦理、交往价值理性和相与之道，这种伦理不仅对中国古代社会中人与人之间的交往有效，而且对中国现代陌生人社会和陌生人处理自我与他者的关系也是有效的。从孔门两个语境中的文本和故事入手，借助孔子和他的弟子们的言论集《论语》以及早期儒家的其他文献，结合孟子和荀子的论说，围绕自我与他者应该如何相互对待，围绕智者如何认识自己与他者的相知之道，围绕仁者如何自爱、爱人和被爱的相爱之道等，证明儒家还具有一种更强的人与人之间普遍的关系伦理和相与之道，证明儒家的伦理图像是多重的。

政治领域的权力是工具和手段，对它的运用只有合乎和服务于公众的利益和意愿才是正当的。人们习以为常的儒家的"民本论"，主要是指在政治工具中何者（公众）重要的问题，而不是指政治和权力的目的为何的问题。政治和权力的目的在儒家那里是用合乎"民意"和"民心"概念来表达和论说的。对人类为什么要建立政治权力和设立君王，对权力运用为什么要合乎民意和民心，对民意、天意和君意三者为什么是协同的，对民意和民心都由什么构成，对政治责任和后果由谁承担以及公众面对恶政如何选择等问题，儒家的回答和论说，都是围绕权力的正当性基础在于合乎民意和民心这一中心而展开的。对儒家"民意论"

的关注和深度认知，将使儒家政治学说的图像发生一个重要变化。

如何成就自身，儒家有非常复杂的论说。其中部分表现在，儒家对人的道德主体性有高度的自觉和意识，肯定人的道德意志自由，相信人通过自我身心的修炼和实践，就能够成就自己的道德人格，实现道德价值；表现在儒家强调人对他人的爱和关心，要基于共情的施与和不施；表现在儒家强调人与人的交往，要进行自我反思，要严于律己和宽以待人。

"下篇"中的四章是在更大范围内探讨早期中国的世界观。第十四章"圣创论的图像和形态：社会起源论的中国版本"、第十五章"世界公正和协同信念：中国'天下主义'精神"、第十六章"'心灵'概念图像的多样性：出土文献中的'心'之诸说"和第十七章"'明同异'：中国古典语境中的多样性、差异性和共同性话语"，分别探讨了中国的圣创论、天下主义、心灵和同异等论题和论域。有不同的社会、国家起源论和解释模式，诸如天设论、君权神授论、自发演进论、社会契约论等。除此之外，还有一个很强的可以叫作圣者、先知创建论版本。这主要是中国子学家们建构和塑造出来的版本，是一个具有明显可识别性并能够同其他版本形成鲜明对比的版本。相比于人们对其他版本的探讨来说，对圣创论这一版本探寻和追问的缺乏，说明需要做出改变。圣创论的历史演变是其中的一个论域，它的整体图像、形态和特性是其中的另一个论域。就后者而展开的探讨和求证，包括了彼此相互关联的一些方面：谁是和何以能够成为创建者；匮乏、强权和混乱的原初状态；文明、政府和国家如何被创建；对比中的圣创论的可识别的一些特性等。

从对外在超自然神灵和规范的信仰到对人的道德能力和主体的自觉，人的自我和"心灵"概念在东周特别是在战国子学中，被充分关注、思考和认知。出土文献尤其是上博简《凡物流形》、清华简《心是谓中》、郭店简《性自命出》（又见题名为《性情论》的上博简）和马王堆帛书《五行》（经文又见郭店简）等文本则提供了有关"心灵"概念的新文献，结合传世文献进行探讨和比较，就呈现出了早期中国"心灵"概念图像的丰富性和多样性。

东西方哲学中的多样性、差异性和共同性思想丰富多彩。中国古典语境中以"同异"（还有"一多"、"共殊"和"齐不齐"等）概念引导的多样性、差异性和共同性思想既有悠久的起源，又有复杂的演变；既广博，又精深。整体上，它是在"异"中观"同"，在"同"中别"异"；它在不同层次上被限定，也在不同意义上被界定。完整地把握它们有助于避免人们的单向度思维，并在文化、宗教、哲学、政治等各种领域产生建设性的对话。

作为"附录"之一的"出土文献与早期中国思想新视野"，是我对出土文献哲学文本研究（《简帛文明与古代思想世界》出版之后）的一个聚焦，又是后续有关研究的一个参照物。对这部著作来说，它有某种铺垫性。在对简帛中的哲学史和思想史文献展开微观和局部研究的基础上，如何从相对整体和宏观的立场上把握出土文献对认识古代中国哲学和思想带来的变化变得迫切起来。反过来说，相对整体视野的建立也有助于对局部问题的认识。通而观之，郭店简《太一生水》、上博简《恒先》和《凡物流形》等文献都是有关宇宙生成新模式的，它们为重新认识古代宇宙生成论带来了新的刺激；上博简《鲁邦大旱》、《鬼神之明》和《三德》等文献呈现出来的，是随着周秦时代人文意识、人事作用的扩大，此前的宗教信仰和祭祀礼仪在被弱化的同时，又以不同的面貌表现了出来；从郭店简《性自命出》、《五行》和《穷达以时》等文献中可以看出周秦时代的思想家通过"内外"、"身心"和"天人"等关系建立德性伦理的过程和方式；马王堆帛书《黄帝四经》、睡虎地秦简《为吏之道》、郭店简《唐虞之道》、上博简《从政》等文献在公共理性和制度规范方面展现出了一些新的东西。凡此种种说明，中国古代早期的思想世界比已知的世界要广大，比已知的要丰富、复杂。

作为"附录"之二的"墨子的'互惠主义'"，可以叫作互惠伦理学。墨学以兼相爱和交相利概念建立的一套理念，特别是互惠、互利的根本原则，根本上是为了克服人与人、国与国之间的冲突和摩擦，使人与人、国与国之间建立起良好的持久性关系。人类不同的共同体、族群发展到现在，一方面彼此高度联系，越来越相互依存；一方面也容易产生摩擦，各种风险在增长。全球化也好，区域合作也好，既需要相互包容，相互尊重文化的差异性和多样性，又需要共识和协同，以实现相互平等和合作。墨学的"兼相爱、交相利"的互爱、互惠、互利原则，就是可奉行的共识之一。它是一个不限于经济利益的广泛参与、合作、借鉴、互补、共享、共赢的共生、共存理念。

探讨早期中国的世界观，现在又有这部著作出版，令人高兴。

最后，我要感谢中国人民大学出版社出版此书，感谢王琬莹女士的精心策划，感谢夏贵根先生的辛苦编辑。

目　　录

上　篇

中　篇

下　篇

上　篇

第一章　道家的宇宙观和人间观

在从"三代"大传统到东周新世界观的突破中，有两个思想范式的转变具有革命性[1]，一个是从"三代"宗教到儒家的人文理性的兴起；另一个是从"三代"宗教到道家的自然理性的兴起。[2] 不同于古希腊的"哲学突破"先是从"自然哲学"（philosophy of nature 或 nature-philosophy）开始[3]，然后再转到人类的自我意识上，中国的这两种突破几乎是同时发生并且是在思想的多元竞争中展开的。相对来说，对于儒家人文理性的兴起这一哲学突破的开端我们没有大的疑问[4]，但

---

① 这种巨大转变是伴随着西周天下体系的解体和多元国家的兴起以及社会经济结构和政治生活的巨大变化而发生的。

② 广义的道家的自然理性，包括两个重要维度，一是排除超自然的力量和原因，纯粹用"自然"解释宇宙和世界；二是反对人为性，以自然为尺度和标准要求向自然复归，这一方面的自然主要以庄子为代表。"自然的宇宙观"主要是以第一个维度建立起来的宇宙观。文中我使用的"自然哲学"也是广义的，它既包括对自然的形而上学解释，也包括对自然的本质及其存在的认识。

③ 有关"轴心时代"和"哲学突破"的问题，请参阅雅斯贝斯的《历史的起源与目标》（北京：华夏出版社，1989 年，第 7-29 页）、许倬云的《中国古代社会史论——春秋战国时期的社会流动》（桂林：广西师范大学出版社，2006 年，第 168-213 页）、余敦康的《宗教·哲学·伦理》（北京：中国社会科学出版社，2005 年，第 88-244 页）等。

④ 郭店有关儒家文献的发现，也为孔子后学及《礼记》材料的可靠性提供了新证据。

对于道家自然理性这一革命性转变的开端我们则疑问重重。这主要是由于道家早期文献不足且又被过度怀疑。如海内外一些学者把《老子》这部书看成是《庄子》之后甚至是秦汉时期的产物，认为古代中国的自然宇宙观和宇宙生成论出现得很晚①，甚至到了汉代的《淮南子》它才有了典型的形态。② 事实上究竟如何，单靠传世文献已很难突破。相对于新方法带来的认识上的变化，在史学领域，新史料往往更具有优先性。出土简帛文献使我们获得了解决这一问题的新的出发点。这里我们要探讨的主要问题是，通过郭店简本《老子》和《太一生水》，通过上博简《恒先》和《凡物流形》，通过帛书《黄帝四经》等这些十分珍贵的抄本和佚文，结合传世的早期文献，来求证古代中国自然宇宙观的诞生和兴起，特别是把这一自然宇宙观的基本形态和整体面貌呈现出来。事实上，这种整体性的探讨变得越来越迫切，因为此前我们更多的是限于某一文本的局部探讨。

第一节　出土简帛文献的年代与自然宇宙观

在出土的简帛文献中，有一部分明显是有关自然宇宙观和宇宙生成论的，它们主要是帛书《黄帝四经·道原》，郭店简本《老子》和《太

---

① ［日］池田知久：《道家思想的新研究——以庄子为中心》（下），王启发、曹峰译，郑州：中州古籍出版社，2009年，第336-338页。

② 如在西方汉学界影响很大的葛瑞汉，坚持认为中国的宇宙观和宇宙生成论直到古代很晚才出现，汉代《淮南子》的《天文训》有了"中国早期文献中最发达的宇宙生成论（cosmogony）"（［英］葛瑞汉：《论道者》，张海晏译，北京：中国社会科学出版社，2003年，第380、371-372页）。

一生水》,上博简《恒先》和《凡物流形》等。一般认为这些新文献都属于道家,这就意味着其中的自然宇宙观也为道家所拥有,它是由道家所代表的中国的自然宇宙观。如果这些新文献都可认定为东周时期的产物,那么说中国的自然宇宙观起源和兴起于这一时期,乃至于说这是中国的自然哲学时期也就顺理成章了。

问题的关键仍然是如何定位《老子》一书的年代以及是否能把老子作为中国自然宇宙观的开创者。郭店简本《老子》的发现为此提供了非常重要的契机。有关郭店简本《老子》的年代,我们已有不少研究,在此我只想提出一个简明的论证。借助于考古学界的研究成果,以出土郭店简本的墓葬年代即公元前 300 年左右(战国中期稍后)为出发点,我们可以做出两个判断,一是郭店简本年代的下限不会晚于墓葬的年代;二是按照常识和情理,简本的实际年代要稍早于墓葬时间。由于郭店简本实际上仍是一种抄本,原本的出现与开始传抄会有一定的时间间隔,因此比之于以往,我们就更加有把握将《老子》一书的年代定位在春秋晚期。郭沂曾试图认定郭店简本《老子》就是《老子》一书的原本①,但丙组与甲组的重复章(传世本属于第六十四章)无可争议地否定了这一判断。重复章在文字上有明显的出入,两者显然有不同的来源。这说明郭店简本《老子》当是迄今发现的最早的一种《老子》抄本,也说明《老子》在当时已有不同的抄本流传。

---

① 郭沂:《从郭店楚简〈老子〉看老子其人其书》,《哲学研究》1998 年第 7 期。

　　只是，郭店简本《老子》只有 1 600 多字，它是帛书本、北大汉简本或传世本的三分之一多一点。对这一现象我们尝试了不同的解释，一种主要倾向是将它看成《老子》全本的一部分，认为不能把其他的都看成是后来附加上的，更不能说是另有作者。一个重要的证据是，叔向引用的《老子》中的话郭店简本没有。按照刘向《说苑·敬慎》的记载，韩平子曾向叔向请教"刚与柔孰坚"的问题，叔向回答时曾以"老聃有言曰"的形式引用了《老子》中的两段话（即"天下之至柔，驰骋乎天下之至坚。又曰：人之生也柔弱，其死也刚强；万物草木之生也柔脆，其死也枯槁"），这两段话都不在郭店简本中。韩平子是韩宣子之子韩须（须被误为顷，称韩顷）①，曾仕于晋定公。晋定公的在位时间是从公元前 511 年到公元前 475 年。叔向是春秋后期人，曾仕于晋平公，晋平公的在位时间是在公元前 557 年至公元前 532 年之间。韩平子请教叔向时，叔向说他已经八十岁了，这说明他的生平跨度很大。叔向与孔子大体上生活于同一时期，他引用老子的话，说明《老子》一书确实出现得很早。春秋时期的叔向怎么可能去引用战国时期逐渐附加上的章节。这证明《老子》最初不可能只有 1 600 多字，五千言左右的《老子》当时应基本具备，后来附加上的是非常有限的。此外，老聃与老子实为一人，《庄子》十分明确地以"老子曰""老聃曰"的形式引用《老子》一书中的话是非常有力的证据。除此之外，《韩非子》中也以"老子曰""老聃之言"的方式引用老子的话。这些引用都不是以"书名"

① 有关这一问题，请参阅向宗鲁：《说苑校证》，北京：中华书局，1987 年，第 245 页。

出现，但作为老子或老聃所说的话，当都是出自韩非子当时看到的《老子》一书。尚未公布的北大西汉简《老子》第一次出现了以《老子上经》和《老子下经》命名《老子》一书的书名，这也证明了老子与《老子》一书的统一性。在出土文献中，先后有四种《老子》抄本被发现这一事实，表明老子思想从东周到秦汉的广泛影响。

除《老子》之外的《太一生水》、《恒先》、《凡物流形》和《黄帝四经》等新文献的年代问题要分开说。其中《太一生水》、《恒先》和《凡物流形》的年代较早，《黄帝四经》则晚一些。《太一生水》属于郭店简，它和简本《老子》丙组抄写在同一长度的简上，它的年代的下限与简本《老子》一致，但它的上限比老子早的可能性很小。它很有可能出自老子的弟子关尹子（尹喜）之手。[①] 这一文本受到了老子思想的影响而不是相反，如它在老子重视的"一"和"水"的概念影响之下，别出心裁地把老子的"一"变为"太一"，以"水"为宇宙生成过程的一个重要环节。它提出的"天道贵弱"思想也应是受到了老子柔弱不争思想的影响（简本《老子》中有"弱者道之用"的命题）。按照整理者的判断，上博简《恒先》和《凡物流形》的年代[②]，同郭店简大体上处于

---

① 李学勤：《荆门郭店楚简所见关尹遗说》，《中国文物报》1998 年 4 月 29 日。

② 整理者依据上博简的文字（楚国文字）特征，依据对竹简样品的测量和中国科学院上海原子核研究所用超灵敏小型回旋加速器质谱仪的测定（竹简距今时间为 2 257 ± 65 年），推断上博简是楚国都郢（公元前 278 年）以前贵族墓中的随葬物。参阅朱渊清的《马承源先生谈上博简》（载朱渊清、廖名春编：《上博馆藏战国楚竹书研究》，上海：上海书店出版社，2002 年，第 3 页）、马承源的《前言：战国楚竹书的发现保护和整理》（载《上海博物馆藏战国楚竹书》（一），上海：上海古籍出版社，2001 年，第 2 页）。

同一个时期。据此，我们可以说《太一生水》、《恒先》和《凡物流形》的年代接近，它们非常可能像李学勤所说的那样是属于"老庄之间"的老子后学的作品。① 在帛书《黄帝四经》的复杂讨论中，我倾向于唐兰的主张②，把它看成是战国时期黄老学的作品，它是战国中期之后、秦帝国建立之前，道家的继承者以道家为基础并结合法家以及儒墨的思想等创作出来的。大体上它同《庄子》、《管子》、《鹖冠子》一样，可以说是处于早期道家发展的第三个阶段上。③ 再往后就是《韩非子》(《解老》和《喻老》) 等。如果把以上所述的文献排列起来，它们的先后关系大体上是简本《老子》→《太一生水》《恒先》《凡物流形》→《庄子》《管子》《黄帝四经·道原》《鹖冠子》→《韩非子·解老》等，这些文献都出现于中国的东周时期。既然这些文献都出现于东周时期，那么其中的自然哲学或自然宇宙观自然也就属于这一时期，它标志着"三代"宗教世界观的革命性转变。

在人类早期以神话、宗教、科学和哲学等洞察、解释宇宙创生和起源的不同方式中，大体言之，越往前追溯，神话和宗教的思维方式就越浓厚，科学和哲学的方式就越薄弱。正因为如此，才会有之后人类历史的重大转变时刻，或雅斯贝斯所说的"轴心时代"的到来。就目前我

---

① 李学勤：《孔孟之间与老庄之间》，载王中江主编：《中国哲学的转化与范式——纪念张岱年先生九十五诞辰暨中国文化综合创新学术研讨会文集》，郑州：中州古籍出版社，2006 年，第 494-495 页。

② 唐兰：《马王堆出土〈老子〉乙本卷前古佚书的研究》，《考古学报》1975 年第 1 期。

③ 有关《鹖冠子》一书的年代，参阅［比］戴卡琳：《解读〈鹖冠子〉——从论辩学的角度》，沈阳：辽宁教育出版社，2000 年，第 15-39 页。

们已经掌握的文献来看，殷周时期的宇宙观主要是宗教性的，神话式的解释比较少，哲学上的解释就更为罕见。虽说历史演进不是单线性的，但从主线来说，从"三代"宗教世界观到东周的哲学世界观的转变确实发生了。在东周兴起的诸子学中，道家对宇宙和万物的根源、产生具有强烈的好奇心和浓厚的兴趣，它是宇宙这部"天书"的最热心的窥视者和"宇宙之谜"的解读者，因此，它也成为中国自然哲学和形而上学的最初的奠定者。[①]"三代"大传统的"帝"和"天"被老子及其道家设立的"道"和"一"取代，后者成了古代中国早期自然宇宙观的主要符号。经过一个前后相承又分化的发展，道家以此为中心建立起了古代早期中国自然宇宙观的体系。属于传世本《老子》第二十五章这非常著名的一章已出现在简本中，它直接证明了老子把自然性的"道"作为宇宙的本根。在老子自然哲学的影响下，《太一生水》、《恒先》和《凡物流形》分别以"太一"、"恒先"和"一"为万物的根源，建立起了不同的自然宇宙观。帛书《黄帝四经》中的《道原》等篇以"道"作为万物的本体，特别是将"一"同"道"明确结合起来，以"一"来论"道"。《庄子》一书发展了老子的"道"的观念，特别是提出了"气化"的自然观。《管子》对"道"和"德"的解释、《韩非子·解老》把"道"和"理"结合起来等，同样也发展了道家的自然宇宙观。下面我们就来具体探讨一下道家早期自然宇宙观及

---

① 《周易·系辞传》和《荀子》的自然哲学可能受到了道家的影响。

用来指称本原的概念主要是"道"，但同时他也使用了"天得一"的"一"。在老子之后，一方面"道"仍是道家的最高的概念，另一方面"一"也得到了引申并产生了合成词"太一"，它们既是说明"道"的词汇，又与"道"具有类似性，被用来指称宇宙的根源。前者如《黄帝四经·道原》说的"一者其号也"和《黄帝四经·成法》说的"一者，道其本也"就是这样，后者如《凡物流形》等用的"一"。《太一生水》中的"太一"，一种观点认为它是指"北辰之神"[1]，其实是先有哲学上的"一"，然后为它加上修饰词构造出了"太一"[2]，神话（"星宫"）意义上的"太一神"是借用了哲学上的"太一"。根据传世文献中的大量用例，道家的"一"和"太一"完全可以说是"道"。《恒先》中虽然没有用"道"，它以"恒先"为宇宙的开端和本源，它与"道"的同格性通过《黄帝四经·道原》说的"恒先"可以得到说明。"道原"的主旨是探究"道"，它在描述"道"的开端时用了"恒先"。"恒"和"先"都是时间概念，"恒先"之"先"不是一般的"先"，而是"久远之先""最初之先"。

　　不管是"道"还是"一"、"太一"和"恒先"，道家都是用它们去指称宇宙的根源和原初状态。东西方哲学对人类"原始状态"有各种不同的想象和描述。不过，对于宇宙原初状态的哲学想象和描述，古

---

① 李学勤：《〈太一生水〉的术数解释》，载《道家文化研究》第十七辑，北京：生活·读书·新知三联书店，1999年，第297-300页。

② 钱宝琮：《太一考》，《燕京学报》1932年12月号。

希腊自然哲学家好像没有什么特别的兴趣，它主要是道家自然宇宙观的特征，我们首先想到的是郭店简本《老子》甲组的"有状混成，先天地生，寂寥，独立不改，可以为天下母。未知其名，字之曰道"。这里是说"道"，也是说宇宙开端的"状态"。通行本《老子》一书中的常道不可"言说"（第一章）、"道之为物，惟恍惟惚"（第二十一章）、"道常无名朴"（第三十二章）、"道隐无名"（第四十一章）等，都是老子对宇宙开端之"道"和原初状态的描述。在这一方面，《恒先》和《黄帝四经·道原》都发展了老子。《恒先》说这个最初是"无有"，是"朴"、"静"和"虚"，而且是"太朴"、"太静"和"太虚"。"太"表程度最高，即"至"。"太朴"、"太静"和"太虚"也就是"至朴"、"至静"和"至虚"。这与《恒先》下文对宇宙原初状态的说明是一致的："未有天地，未有作、行、出、生，虚静为一，若寂寂梦梦，静同而未或明，未或滋生。"据此，宇宙原初状态更被认为是久远的"恒常状态"。《黄帝四经·道原》想象的宇宙原初状态是："恒先之初，迥同太虚。虚同为一，恒一而止。湿湿梦梦，未有明晦。神微周盈，精静不熙。"这里强调了"恒先之初"的"太虚"、混而不分和不明的"一"等。道家对宇宙开端和原初状态的许多描述，从它不是任何具体事物来说，它是无名、无形、无象、太虚、混沌；但从它蕴藏了一切可能和潜能来说，它又是最大的实有。我们想进一步知道的是，宇宙的生生者和原初状态的实质是什么。"道"、"一"、"太一"和"恒先"等都非常抽象，尽管它也有隐喻"玄牝"和"谷神"。道家没有像古希腊自然哲学家那样将它拟为水、

火 ①，也没有将它拟为"五行"中的"金"或"土"等。当然，它也不是古希腊哲学家说的"原子"。道家虽常用否定性的"无"去说明原初性的本原，但正如大家所知，道家的"无"不是"纯粹的空无"，而是最高的"实有"。从老子的"万物负阴而抱阳"、庄子的"通天下一气"、《管子》的"精气"、《列子》的"太初者，气之始也"到汉代的"元气"，还有《恒先》说的"恒气"，我们也许可以从"气"的角度去思考这一"实有"。只是道家文本没有直接说它是"气"，这是需要我们注意的。

就不同生成模式描述的生成层次而言，有的模式中所说的事物看起来都比较抽象，如《老子》、《凡物流形》和《恒先》的生成模式，它们所指称的东西究竟是什么不容易判断。这几种模式前后的生者被生成者都是从抽象到抽象，它们实际上是什么需要借助于其他文献寻找线索。如《老子》的"道生一、一生二、二生三，三生万物"中的"二"和"三"的"实质"是什么，《淮南子·天文训》是迄今看到的对它的最早的一个解释："道〔曰规〕始于一，一而不生，故分而为阴阳，阴阳合和而万物生。故曰：一生二，二生三，三生万物。"照《淮南子》的解释，"二"是"阴阳"，三是"阴阴合和"。《恒先》模式说的"或作。有或焉有气，有气焉有有，有有焉有始，有始焉有往者"，简化后即"或→气→有→始→往"。在这五个阶段中，除了"气"这一实质性

_____

① 有关古希腊的自然观，参阅［英］柯林伍德（R.G.Collingwood）：《自然的观念》，吴国盛等译，北京：华夏出版社，1999年，第31-99页。印度的早期哲学也有将宇宙的本原归之于"水"的倾向，参阅巫白慧：《印度哲学——吠陀经探义和奥义书解析》，北京：东方出版社，2000年，第103-105、159-162页。

材料是明确的，其他的都比较抽象，特别是"或"和"有"。前者或被直接读为"或"，认为它可能是介于"道"和"气"之间的有①，或被读为"域"，认为它是指"宇"或"空间"②。后者还没有恰当的解释，我倾向于将"有"解释为有形之大者"天地"。"始"和"往"可能是指天地产生的万物及其变化和循环运动。《凡物流形》说的"一生两，两生叁，叁生母，母成结"生成模式，直观上同《老子》的模式最为类似，如都是三字一句，都是一层生出另一层（X生Y）。但"两"、"叁"、"母"和"结"的说法同样是较抽象的。它的"两"和"叁"也许同《老子》的"二"和"三"有类似之处，但是否是不同的"气"，难以确认。

与这些模式有所不同，另一部分是以比较"具体"的事物指称前一层的生者和后一层的被生者。这一类主要有《太一生水》的"太一←→水←→天←→地→神明→阴阳→四时→冷热→湿燥→岁"、《黄帝四经·观》的"一→天地→阴阳→四时→刚柔→万物"和《文子·九守》的"一→天地→四时→阴阳→人虫→刚柔→万物"等。相对于前面的模式，这三个模式中的生成关系从第二层开始，基本上都是从"具体"的自然事物产生出"具体"的自然事物。古人可能想抽出在世界中起枢纽作用的自然事物并将它们序列化，认为宇宙的生成是从一种基本

① 参阅李零的《恒先》释文注释，载马承源主编：《上海博物馆藏战国楚竹书》（三），上海：上海人民出版社，2003年，第288页。

② 参阅李学勤的《楚简〈恒先〉首章释义》（《中国哲学史》2004年第3期，第81-82页）、王中江的《〈恒先〉的宇宙观及人间观的构造》（《文史哲》2008年第2期，第45-56页）。

的自然事物中产生出次一种基本的自然事物，但哪些事物具有枢纽作用是不容易确定的。另外，如果说越"纯朴"未分化的事物越具有生成性（犹如原木可以造出不同的器具一样），越具体的事物就越不容易衍生出他物（如椅子不容易变成桌子）。

不管如何，以上两种类型，如果前一类可以称之为"抽象性的生成模式"，那么后一类则可以称之为"具象性的生成模式"。按照道家的自然宇宙观，宇宙是从本原开始一步步"生成"、"变成"和"变现"出来的，这不是"创世论"，也不是外力推动论。如果把道家的宇宙生成和变成整体上看成是"从混沌到清晰""从简单到复杂""从一到多"的过程，那么它既是指重要事物的依次出现到最后达到完备，也是从混沌中不断分化一直到万物产生。《老子》和《凡物流形》都用"生"这一概念来描述宇宙的产生过程。《太一生水》先是用"成"描述了宇宙的"变成"过程，然后又用"生"逆向描述了次一层是被高一层产生出来的。"生"的本义是草木从土地中长出来，并引申为事物的产生和人类的生育之"生"。道家从生命现象和自然现象的产生，推想整个宇宙和万物也是从"母体"中产生出来的。"生"的概念比现代宇宙物理学的"宇宙大爆炸"（Big Bang）的概念温和，它奠定了世界有机性的基础。"成"有变成、变为、变出的意思，相比于主动性很强的"生出""产出"，它又表现了事物无声无息地自在"转变"和"转化"的情形。《恒先》除了说"或作"外，其他的都是用"焉有"。"作""有"可解释为"出现""产生"，也是生成和变现的意思。由于道家排除了造物主，排除用超自然的力量解释自然，宇宙和万物的生成动力就只能归结为道或太一本身，归结为每一层次的生成者自身。《恒先》用恒先的"自厌不自忍"来说明，《庄子》整体上将之归结为宇宙"咸其自取"的"自生"和"自化"。

第三节　万物的内面性及其活力："物性"如何可能?

整体而论，道家的自然宇宙观既是生成论（如同上述），又是本体论（类似于张岱年所说的"本根论"），这两者在道家那里是浑然共存的①，也是它有别于柏拉图和亚里士多德哲学的一个特征，试图单挑出其一来概括道家的自然宇宙观不足为凭。同生成论不同，本体论侧重于从逻辑和理路上设立一个最高的根据和本质，以此来解释和说明万物的所以然及其特质。由于"德"的概念在道家思想中非常显赫，以至于道家也被称为"道德者"，因此我们在探讨道家对万物所以然的解释中，一般多从道与德的关系上着眼去把握本根与具体事物之间的关系。但是，这只是道家这种思维构造的一个方面。道家用"道"解释事物的本性及其功能的方式，更表现为"道"与"物"、"朴"与"器"、"一"与"多"的关系。在此，我们尝试利用出土文献，并结合传世文本以完整地认识道家是如何在"道"与"物"、"朴"与"器"、"一"与"多"、"道"与"德"诸关系中去解释事物的内面性及其活力的。

---

① 有关本体论和本根论，参阅张岱年：《中国哲学大纲》，北京：中国社会科学出版社，1982年，第6-24页。

确实，同儒家主要关注人的"心性"明显不同，道家关注的首先是万物的"本性"，并建立了一种广义的物性论。问题是，按照道家的思维，"物性"是如何获得的？一种常见的说法是，事物作为"德"，它是"道"的下降和具体落实，但对于"道"如何下降和落实则没有做出解释。[①] 按照现代宇宙演化论，自然和万物（包括生物）都是在无限时间长河中演变出来的。据此而言，事物的本性则是在演化过程中获得的。道家是否具有类似意义上的演化论则是一个问题，虽然庄子具有浓厚的气化思想，胡适也认为庄子早就具有了进化的观念。从道家的生成论来说，万物生成的同时按说也就自然而然地获得了它们各自的本性和能力，但道家一般不是在生成过程中去说明万物的内面性和多样性。

正如上述，道家是从"道"与"物"、"朴"与"器"、"一"与"多"等关系中去解释事物各自不同的本性，即在这些关系中，道家用根本之"道"、"朴"、"一"直接去说明物性、器具和事物的多样性。从《老子》说的"朴散则为器"（第二十八章）[②]、"譬道之在天下，犹川谷之于江海"（第三十二章）、"大道泛兮，其可左右"（第三十四章），从《庄子·天道》中的"夫道，于大不终，于小不遗，故万物备"和《知北游》中的"道""无所不在"等，我们可以看到，道家将不同的物性和器具，看成

---

① 参阅陈鼓应的《老庄新论》（上海：上海古籍出版社，1992年，第13-14页）、罗安宪的《虚静与逍遥——道家心性论研究》（北京：人民出版社，2005年，第91-92页）等。

② 有关老子的道器说，参阅［日］池田知久：《〈老子〉的"道器论"——基于马王堆汉墓帛书本》，载《池田知久简帛研究论集》，曹峰译，北京：中华书局，2006年，第15-30页。《文子·精诚》中有"道散而为德"的说法。

是"道"、"散开"和"分在"的结果。在《老子》中，还没有用"得"去明确界定事物之"德"的例子。老子用的"得"只是说一些事物从普遍的"一"那里获得了不同的性征和性状，这就是《老子》第三十九章说的"昔之得一者，天得一以清，地得一以宁，神得一以灵，谷得一以盈，万物得一以生，侯得一以为天下正"。一般认为，这里的"得一"也就是"得道"。说不同的事物各自"得一"而不同，既是说不同的事物得到了"一"的不同"部分"，也是说得到了"道"的不同方面。但用"得一"更能反映出普遍的、统一的"一"与事物的多、事物的多样性的关系。

在上博简《凡物流形》中，我们看到了既用"有一"也用"得之"解释事物不同的说法，但没有以"得"为"德"的说法，帛书《黄帝四经·道原》类似。《凡物流形》追问了"天地"之中的许多自然之物，属于天上的如日月、雷霆、风雨等，属于地上的如水火、草木、禽兽、土、民人、百姓、鬼神等。它一连串提出了四十多个问题，如"凡物流形，奚得而成？流形成体，奚得而不死？""民人流形，奚得而生？流形成体，奚失而死？""草木奚得而生？禽兽奚得而鸣？"等等。《凡物流形》提出的不少问题，现在我们一般都能从科学上加以解释，而它则是以"有一"和"得之"来解释。如，宇宙和天下何以有不同的万物，它的解释是有"一"就会有天下的一切，没有"一"就没有天下的一切："是故有一，天下亡不有；亡一，天下亦亡一有。"又如，对于何以有具体的草木之生命和禽兽之鸣，它认为这是由于这些事物"得之"于

"一"和"道"的作用："草木得之以生，禽兽得之以鸣。"这一解释正好同对它提出的"草木奚得而生？禽兽奚得而鸣？"这一问题相对应。在帛书《黄帝四经·道原》中，我们看到的"道"与"物"的关系，不管是"道"与具体自然之物如鸟兽鱼、四时日月、星辰云气等的关系，还是"道"与广义的万物、百事的关系，它都是以"得"和"得之"来说明："一度不变，能适蚑蟯。鸟得而飞，鱼得而游，兽得而走。万物得之以生，百事得之以成。"

在这一方面，两个传世文本的资料也非常典型，其中之一是《庄子·大宗师》论述"道物"关系时说的"夫道有情有信…………豨韦氏得之，以挈天地……"。对于《庄子》中的这段话，通常我们注意的主要是它描述"道"的超越性方面。但是，"道"的根本性作用恰恰又是通过它为各种事物赋予不同的特性和能力来体现的。《大宗师》列举的是众多事物中对人类来说显要的部分。这些事物之所以能够如此，都是因为它们从"道"那里得到了各自的能力（"得之"）。另一个是《韩非子·解老》在解释"道"与"物"、"道"与"理"的关系时说的。韩非以"道"为"万物之所然""万物之所成"的根据，认为"万物各异理"，"道"则是所有不同之理的总汇。他列举了有形之大者的天地和其中的人类等许多事物来论证万物为什么不同："天得之以高，地得之以藏……"韩非用的词语也是"得之"，他的说法与庄子非常类似。

以上道家言说"物性"和性状都没有用到"德"名，都不是以"道"与"德"相对而论，而是采用了"道"与"物"、"朴"与"器"、

"一"与"多"等关系形式，我们不能将这些关系形式都简单地还原为"道"与"德"的关系。说起来，在《老子》中，有不少地方将"道"与"德"对举，如"孔德之容，惟道是从"（第二十一章）、"故从事于道者，同于道；德者，同于德"（第二十三章）、"失道而后德"（第三十八章）、"道生之，德畜之……是以万物莫不尊道而贵德"（第五十一章）等。但在这些说法中，并没有事物的"德"是"得"之于"道"的表述。在道家中，以事物的"德"为得于"道"的表现，《管子·心术上》的说法比较典型："德者，道之舍，物得以生。……故德者得也。得也者，其谓所得以然也。"只是，按照道家的思考，"德"不仅具有事物从"道"那里获得各自的性状和性能的意义，它还被赋予了"畜养"和"化育"万物的角色，用《老子》的话说就是"道生之，德畜之"（王弼本，第五十一章）。徐复观将"畜"解释为"蓄积"，可能不确切。①这里的"畜"是《诗·小雅·我行其野》中说的"尔不我畜，复我邦家"之"畜"的用法，意为"养育"。它同《老子》第三十四章描述"大道"的根本作用时说的"衣养万物而不为主"中的"衣养"类似。"畜"作为"养育"的意思，还可以从以下的用法得到求证，如《管子·心术上》说的"化育万物谓之德"的"化育"，《文子·道德》说的"物生者，道也；长者，德也"的"长者"、"畜之养之，遂之长之，兼利无择，与天地合，此之谓德"、"夫道德者，所以相生养也，所以相畜

---

① 徐复观：《中国人性论史·先秦篇》，上海：上海三联书店，2001年，第298页。

长也"等。如果说"道"是最高的养护者，那么德就是具有辅助角色（类似于保姆）的养育者，即万物要生存和发展，德起着畜养、促成的作用。《庄子·天地》说的"物得以生谓之德""故形非道不生，生非德不明"、《庄子·庚桑楚》说的"道者，德之钦也；生者，德之光也"等，其中以"德"为"生"的"生"，意思当不同于"道生之"的"生"，而是指"生养"和"生存"。这种"德"是促使和保障事物生存下来的力量，它同上述"德"的畜养作用一致。但这种作用不限于事物内部，它也广泛地发生在事物之间，即每一种事物在生存过程中对其他事物都有取予。《说文解字》释"德"说的"外得于人，内得于己"是限于人，但道家的"德"则是万物的得于内、得于外，它是内外兼得，这就是"德"化育万物的意义。

总体而论，道家假定了"道"的无限可能性，也就是说假定了"道"潜存着所有可能的东西，否则就无法理解最高程度的"一"如何能够"分化"为众多，它又如何能够表现在各不相同的事物中。《淮南子·诠言训》为这种解释提供了某种线索，它认为万物同出于"一"，其"所为"不同，因而形成了各不相同的"分物"："同出于一，所为各异，有鸟、有鱼、有兽，谓之分物。"宋明理学家用"理一分殊"来解释一理与分理的关系，这是韩非的"总理"（道）与"分理"这种关系的延伸。道家的"道"与"物"、"朴"与"器"、"道"与"德"、"一"与"多"的关系，不只是总规律和总法则与一类事物的规律和法则的关系，它同时又是无限的潜能、材料与具体事物的能力、材料的关系。这样，万物从"道"那里获得的可能就既是不同的理（"分理"）又是不同的能和材料（"气质"）。借用柏拉图的"分有"的说法，万物之所以有不同，是因为它们"分有"了"道"的不同可能。这里的分有没有柏拉图说的"现象"不实和虚幻的成分，也不是只分有理念和形式，同时它也是分得了质和能。不同于基督教神学的"道成肉身"（incarnation），道家的"道"是散在万物、分在万物，它是"道成物身""道成一切身"；不同于斯宾诺莎的神在自然中的"泛神论"，道家的思路是"道"在自然中的"泛道论"。这是道家的万物既内在又超越的思想，是道家的理想与现实的圆融理论。

第四节 "道"的"弱作用力"与万物的"自发性"

万物如何产生及其性状与万物如何存在是两个不同的问题。相对而言，万物生成之后就进入了与生成之前不同的一个自身如何生存和活动的新阶段，犹如在自然生育中动物生出之后与生出之前是两个不同的阶段那样。以上我们讨论道家如何在"道"与"物"、"朴"与"器"、"道"与"德"、"一"与"多"等关系中解释万物的不同本质、多样性时，已经涉及万物如何存在即"德"畜养和化育万物的问题，下面我们再回到"道"与"万物"的关系上，看一看道家是如何思考宇宙和万物的合理秩序的。在道家那里，这是"道"如何面对和对待它创生的万物与相应于此万物如何活动的问题。对此，道家提出的基本架构是"道"的"无为"和万物的"自然"。不言而喻，"无为"和

"自然"是我们非常熟悉的一对概念，我们对两者已有很多研究，也提出了一些看法。在此，我想从"弱作用力"和"自发性"的角度对两者加以重新审视。

首先我们要确认的是，在《老子》那里，"无为"是不是"道"的属性，或者它是不是"道"的活动方式。在《老子》中，"无为"用于圣王的地方非常多，但用于"道"的地方则很少，在通行本中只有两例，一是第三十七章的"道常无为而无不为"，一是第四十八章的"为学日益，为道日损，损之又损，以至于无为，无为而无不为"。但前一例帛书甲乙本均作"道恒无名"，北大汉简本与之相同；后一例帛书甲乙本有关"无为"的文字均残缺。由此产生的问题不仅是高明断定传世本的"无为而无不为"是后人加入的[1]，而且是"无为"可能没有被直接用于"道"。如果真是这样，说"道"是"无为"的这一前提本身就有问题，何谈如何解释。但郭店简本《老子》乙组确有"无为而无不为"的说法，相当于通行本第三十七章甲组中也有"道无为"的思想："道恒无为也，侯王能守之，而万物将自化。化而欲作，将镇之以无名之朴。夫亦将知足，知〔足〕以静，万物将自定。"据此，"无为"确实被用于"道"，也就是说"道"是"无为"的。通行本还有"而无不为"四字。后面的"无不为"，意思是"道"采取无为的活动方式可以达到结果上的最大值。第四十八章的"无为而无不为"不能说是后人加

① 高明：《帛书老子校注》，北京：中华书局，1996年，第54-57页。

入的，因为相当于通行本第四十八章的郭店简本《老子》乙组说："为学者日益，为道者日损。损之又损，以于无为也。无为而无不为。"依据这里的说法，从事"道"就是要做到"无为"，做到了无为就能无不为。在这里，"无为"也是根源于"道"的机能。在《庄子》引用《老子》的许多话中就有这句话："故曰：'为道者日损，损之又损之，以至于无为。无为而无不为也。'"（《知北游》）这确实表明"无为而无不为"的说法不是后人附益的，它原本是《老子》中的话。

老子的思想被《吕氏春秋·不二》概括为"贵柔"（"老聃贵柔"），老子也以"柔弱"合称，特别注重柔和弱的作用，其他的还有清静、不争、无名、朴等。这些概念都可以说是从不同侧面表现"无为"的，它们都是作为"恒德"的"道"对宇宙和万物起作用的方式，特别是其中的柔和弱。通行本《老子》第四十章有两句非常重要的话，即"反者道之动；弱者道之用"。郭店简本《老子》甲组中这两句话作："返也者，道之动也；弱也者，道之用也"。这是老子直接以"弱"为"道"的机能和作用的例证。从柔弱来理解"无为"，我们可以说，"道"对待它创生的万物施行的是柔和、柔软、轻微的弱作用力，它不是无所作为（non-action）、无所事事的消极主义，更不是完全对立的"强行"、"强制"和"强权"。道家万物存在论的中心是本根性力量（"道""一"）通过"无为"的弱作用力活动，使万物能够以自身的内在性和内驱力来生存和活动，并以此形成宇宙和万物的整体和谐秩序。

作为老子"柔弱"的"无为"之"道"，它在之后道家的分化中被广为传承，是最能够反映道家思想特征的核心观念。如《黄帝四经·道原》把"无为"看成是"道"的根本，说"虚其舍也，无为其素也，和其用也"。"素"的意思是根本，犹如《淮南子·诠言训》说的"无为者，道之体也"。在《太一生水》中，我们看到了一个新颖的论题——"天道贵弱"。这一说法不见于其他文献，是迄今我们看到的唯一一处，我们很容易联想到老子的"贵柔"。老子破天荒地断言柔和、柔软、雌弱、弱势比直观上的刚强更具有实质性的力量和作用，难怪《吕氏春秋·不二》把老子的思想概括为"贵柔"（"老聃贵柔"）。老子的"贵柔"同《太一生水》的"天道贵弱"可以相互说明。按照这一论题，自然之"道"尊尚的是"弱势"功能，它也同我们前面说的"道"的"无为"是一种"弱作用力"相契合。在"天道贵弱"这一语句之后，《太一生水》还有"削成者以益者，伐于强，责于□□□□□□"的文字。"责于"之后残缺，李零估计有七个字，他尝试补为"责于〔□，□于弱，□于□〕"，并解释说："即所伐所责者为强者、盛者或众者，所助所益者为弱者、劣者或寡者，意思正好相反。"[①]根据上文"伐于强"和老子以"柔弱"对"刚强"的思维，下文残缺处我们可进一步补为"责于〔刚，□于弱，□于柔〕"。既然对刚强而言的"伐""责"都是否定性的，那么对"柔"和"弱"的作用就应是肯定性的，这正是"天道贵弱"这一论题的主旨。根本之"道"

---

① 李零：《郭店楚简校读记》（增订本），北京：北京大学出版社，2002年，第32—33页。

在宇宙中以"无为"和"柔弱"的机能发挥作用，目的是让万物都能够按照它们的内在本性而自行存在和活动。按照上述老子的思考，"道"创生了万物，为万物赋予了"德性"和能力，但它从不控制、垄断、占有万物，即"生而不有，为而不恃，长而不宰"（《老子》第五十一章）。这里的说法被梁启超和罗素赞叹不已。① 类似的还有《老子》第三十四章说的"万物恃之以生而不辞，功成而不有。衣养万物而不为主，可名于小；万物归焉而不为主，可名为大"。为了使万物能够按照各自的德性和能力变化和发展，"道"作为万物的根源和最高统一体，对万物起着类似于监护者、引导者和慈善家的角色（"善贷且成"），它以无限包容的玄德（"知常容，容乃公"）对待万物，奉行"损有余而补不足"和"天道无亲，惟德是辅"的公正无私精神。

接下来的问题是万物如何存在和活动。道家的自然宇宙观同时包含着宇宙和万物如何存在和活动的思考，我想用"自发性秩序"来概括它。② 相对于"道"的"无为""柔弱"，万物的活动方式是"自然"。这里的"自然"说的是万物的"自发性"活动和状态，它同我们现在一般

---

① 参见梁启超的《老子哲学》（载《梁启超全集》，北京：北京出版社，1999 年，第 3116-3119 页）、罗素的《中国问题》（上海：学林出版社，1996 年，第 146-154 页）。

② 我使用的"自发性"没有消极的意义，它具有哈耶克的"自发秩序"（也称为"自生自发秩序"(spontaneous order)、"自我生成的秩序"(self-generating order)、"自我组织的秩序"(self-organizing order)）中的积极性，而且不限于人类社会和事务中。有关哈耶克的"自发秩序"概念，请参阅［英］哈耶克：《自生自发秩序与文明》，邓正来译，载邓正来：《自由与秩序——哈耶克社会理论的研究》，南昌：江西教育出版社，1998 年，第 236-294 页。有关道家的"自发性"，请参阅［日］池田知久：《道家思想的新研究——以庄子为中心》（下），王启发、曹峰译，郑州：中州古籍出版社，2009 年，第 527-598 页。

作为"nature"译语的"自然"一词有很大的差别。① 老子"道法自然"这一著名论题的确切意思，是说"道遵循万物的自然"，即在积极意义上让万物"自行其是"。由于在这句话中"自然"之前没有定语，又由于"道"的根本性，一般把这一论题解释为"道的本性是自然"。这是非常不恰当的，我们需要改变这种看法。郭店简本《老子》丙组中的"是以能辅万物之自然而弗敢为"这句话，直接印证了"自然"说的是"万物"的存在和活动方式。② 郭店简本《老子》甲组说："道恒亡名，朴虽微，天地弗敢臣，侯王如能守之，万物将自宾。天地相合也，以雨甘露。民莫之令〔而〕自均焉。"（通行本属第三十二章）依据其中的"万物将自宾"，还有上引郭店简本《老子》甲组中的"万物将自化""万物将自定"，可以进一步证明老子的"自然"如同"自化"和"自定"，确实是用于说明"万物"如何活动，而不是用于说明"道"如何活动。《黄帝四经·道法》说的"物自为名"和"物自为正"、《道原》说的"万物自定"，同样说的是"万物的自发性"活动方式。上博简《恒先》用一个更为抽象的词汇"自为"来指称天下万物的自发性活动："举天下之为也，无舍也，无与也，而能自为也"。相对于"无舍"、"无与"，"自为"的意思是自己活动、自己行动。《恒先》中还有"气"是"自生""自作"

---

① 有关西方的"自然"（nature）概念，参阅〔美〕拉夫乔伊（Arthur O.Lovejoy）：《"自然"的一些涵义》，彭刚译，载吴国盛主编：《自然哲学》第 2 辑，北京：中国社会科学出版社，1996 年，第 567-580 页。

② 有关这一问题，参阅王中江：《道与事物的自然：老子"道法自然"实义考论》，《哲学研究》2010 年第 8 期。

的说法。"自生"类似于"自定""自化","自作"类似于"自为"。

　　把道家用来说明万物"自发性活动"的一系列词汇集中起来,就会有一幅令人惊讶的概念图像:自然、自化、自事、自命、自定、自清、自朴、自宾、自生、自均、自壮、自试、自成、自施、自正、自为、自作,等等。这些以"自某"构词方式构成的合成词,促使我们认识到,道家是多么热衷于从自发性上去看待万物的存在和活动。对道家来说,相应于道的无为和柔弱作用,万物的自发性是发自万物自身的活动,是万物合乎自身欲求的多样性表现。在宇宙中,"道"除了让事物都能够满足它们自己、实现它们自己外,它还有什么更高的奢求;相应地,事物分别满足了自己,满足了它们的本性,它们还有什么不足。两者都乐享其成,这就是和谐的宇宙秩序。《老子》通行本说的"周行而不殆",简本说的"大曰逝,逝曰远,远曰返",还有《太一生水》说的"周而又始,以己为万物母;一缺一盈,以己为万物经",推想的可能就是宇宙良性循环的秩序。①但道家也意识到,万物与"道"之间实际上不会如此协调和和谐,因为万物在后天的存在和活动中会出现异常和异化现象。为了矫正和避免事物的异常,道家认为事物又需要回归于"道"。郭店简本《老子》甲组说的"始制有名,名亦既有,夫亦将知止,知止所以不殆",还有上引郭店简本《老子》甲组说的"化而欲作,将镇之以无名之朴。夫亦将知足,知〔足〕以静,万物将自定",

---

　　① 王叔岷比较恰当地解释了这一循环(王叔岷:《先秦道法思想讲稿》,北京:中华书局,2007年,第36-38页)。

其中不管是要求"知止"，还是"镇之以无名之朴"，都是要求对事物进行纠偏，使它自适和满足于自身已经达到的境遇并安静下来，虽然具体的促成者是圣王。如果说道家的"道无为而万物自然"是它设想的万物的理想状态，那么事物的复归则是它面对现实事物的异化现实而提出的补救性方法。

第五节　自然的连续性：从宇宙到人间

谈论中国哲学的整体有机主义、连续性、关联思维、自然与人合一的特性[①]，需要在其广泛的思想体系内部认识到这些东西的复杂性和多样性。以自然与人合一而论，不仅儒家的不同于道家的，就是它们各自内部彼此差异也很大。在道家中，除了庄子的"天人合一"，还有老子和黄老学的"天人合一"，但对于后两者我们讨论较少。《黄帝四经》激发了我们对黄老学这一道家分支的新认识。在许多方面，庄子与黄老学都有不同的倾向，如庄子消解组织和政府（无君论），关心个人和个体生活，主张人直接与自然和天德合一，让个人与自然始终保持高度连续的状态。黄老学是以公共体生活为目标、以规范和制度为枢纽的高度的社会政治学派，顾立雅、史华慈把它称为"目的性的道家"（purposive

---

① 参阅葛瑞汉（A.C.Graham）的《阴阳与关联思维的本质》（载《中国古代思维模式与阴阳五行说探源》，南京：江苏古籍出版社，1998年，第1-57页）、杜维明的《存有的连续性：中国人的自然观》（《世界哲学》2004年第1期，第86-91页）。

Taoism）和"工具性的道家"（instrumental Taoism）[1]，意在突出其强烈的社会政治诉求和现实主义倾向。《史记》和《汉书》视野中的道家主要是黄老道家，其批评的"及放者为之，则欲绝去礼学，兼弃仁义，曰独任清虚可以为治"，当是属于庄子一系的道家。黄老学的政治功利和现实倾向容易让人产生一种错觉，即它关心的只是地上的东西，将它同自然主义和天人合一挂钩会有不适感。今人受《汉书·艺文志》的影响，也往往将道家和黄老学看成是实用的"道术"（统治术）。[2] 事实上，在从宇宙的自然根源中寻求最高根据方面，庄子与黄老学又有类似性。只是由于两者在如何看待个人和社会上差别很大，它们的"天人合一"也各有不同。前者主张最大限度地减少社会化和人为化以彻底实现天人合一，后者则是通过规范和制度让社会政治和大众的生活完全按照来源于自然秩序的法则运行。黄老学欲建立一个庞大而有活力和效率的秩序的这种社会政治志向，正是在自然宇宙体系和秩序之下展开的，这是"推天道以明人事"这种自然整体性和连续性宇宙观的一种表现。出土文献为我们带来的材料主要与第二种自然理性有关，特别是《黄帝四经》向我们证明黄老学是又一种将自然、宇宙与人间和社会政治贯通起来的政治哲学类型，这就是为什么我们在这里也要论及它的缘故。

黄老学将自然宇宙与人间社会贯通起来的逻辑，是在两个相对的方

---

① ［美］史华慈:《古代中国的思想世界》，程钢译，南京：江苏人民出版社，2004 年，第 244-245 页。

② 张舜徽:《周秦道论发微》，北京：中华书局，1982 年，第 302-303 页。

位上展开的，一个是承接着"道"和"一"的治者这一方与自然的连续，一个是属于"万物"之一的社会大众（即百姓）这一方与自然的连续。这两种连续既是自然连续的不同方面，又是自然活动的不同方式，但在整体结构中，它们是自然秩序在人类社会中的延伸，是人类社会与自然宇宙保持的统一性彼此高度协同和相互呼应。就第一个方面而论，老子认为"无为"是君王统治的最高原理，用无为就能达到最简要而又最有效的治理。但按照上述，"无为"本来是根本之"道"的活动方式，老子认为这种方式完全适用于人类社会。"侯王能守之，而万物将自化"，说的就是自然之"道"为圣王立法。黄老学继承了老子的圣王之无为根源于"道无为"这一自然与人间相连续的逻辑，将"无为"视为"道"的"根本"，认为君王的统治就是效法"道"的无为这种根源性的活动方式："形恒自定，是我愈静；事恒自施，是我无为。"（《黄帝四经·顺道》）这里的"我"如同《老子》中的手法是以第一人称的口吻称呼君王。但是单凭"无为"这一原理是无法具体治理的，为了使治理具有普遍的可操作性，黄老学把法家注重的"法"引入到道家的"治道"中，并为之赋予了"道"的根据，把老子的自然与人类相连续的逻辑进一步扩大为人类的法律与自然法即"道法"的连续。

原则上，老子不是法律和制度的否定者，它反对的只是烦苛的法令。不过，制度和法律基本上处在老子的视野之外，他提供的是统治的原理而没有提供可操作的制度设计。黄老学为道家引入了制度方面的法律规范，又将这种制度建立在自然之"道"和"一"的基础之上。这种意义上的"道"可称为"自然法"①，人间的法律是它的延伸。黄老学把道家之"道"与法家之法结合起来创造出的新概念"道法"，更直接地表示了这种意义。这一概念也出现在《黄帝四经》的篇名——《道法》中。这一篇说的"道生法"把"法"看成是"道"的产物。这里的法是人间的法律，它是由整个宇宙的秩序和法则（"道法"）产生的。正如史华慈所指出的那样："当《黄帝四经》声称'道'产生了'法'的时候，'法'这个词似乎指的就是那种既支配着自然界、也支配着人类文明世界的全部'自然过程'，后者已经被'自然化'了。"②但"道"不可能直接产生出人间的法律，设计人间法的是最高的治理者。按照《道法》说的"故执道者，生法而弗敢犯〔也〕，法立而弗敢废也"，"法"是"执道者"制作的，但他立法的依据是"道"或"道法"。《管子·法法》说的"宪律制度必法道"清楚地印证了这一逻辑。"道法"能够保证宇宙和万物秩序，是因为它的高度统一性和普遍适用性，如同《韩非子》说的"道法万全"那样。

黄老学用"一"这一概念很好地表达了这一意思，但我们对这一概念关注不够。按照道家的思维，在宇宙中，"道"用"道法"去治理众多是以一治多，相应地，在人间社会中，君主是用来源于"道"的法律

① 有关中国的自然法，参阅胡适：《中国传统中的自然法》（载《中国的文艺复兴》，邹小站等译，长沙：湖南人民出版社，1998 年，198-225 页）、高道蕴的《中国早期的法治思想？》（载高道蕴等编：《美国学者论中国法律传统》，北京：中国政法大学出版社，1994 年，第 212-254 页）。

② ［美］史华慈：《古代中国的思想世界》，程钢译，南京：江苏人民出版社，2004 年，第 257 页。

之一去治理百姓之多。老子的"执一"或"执道"是"执无为"，它还没有体现到法律制度上。到了黄老学，君主"执一""执道"是"执无为"，更是执法律之"一"。因为通过掌握与运用统一与普遍的法律，君主就能够做到"无为"。反过来说，正是为了奉行"无为"的原理，君主就要运用法律之一来统治。《黄帝四经·道原》有一段话说："不为治劝，不为乱懈。广大，弗务及也；深微，弗索得也。夫为一而不化，得道之本；握少以知多，得事之要；操正以正奇，前知大古，后〔能〕精明。抱道执度，天下可一也。观之大古，周其所以；索之未无，得之所以。"① 在这里，"为一"与"道之本"、"抱道执度"与"天下可一"的对应非常清楚。道家一直排斥强作用力的"有为"政治，坚持"无为"的弱作用力，"道"的"朴""柔弱"都能为君主立法。《恒先》肯定"强"是"大作"，其所说的"冥蒙不自若"，当是以谦虚的姿态处其"强"和"大作"。在《恒先》看来，合理的、正当的"作"和"为"，是遵守法则和常道的行动："〔举〕天下之作也，无忤恒，无非其所。""无忤恒"的意思是"不违背恒常之道"。老子有"不失其所者久"（《老子》第三十三章）的说法，"不失其所"就是不要失去所据以存在的"道"。

相应于从"道""无为"到"君主""无为"、从"道法"到人间法的自然连续性，黄老学的自然连续性的另一方面是从万物的"自然"（道

---

① 这段话的句读，从整理者到各种注释本都把"为一而不化"单独断为一句，这是不正确的。观察整段话，前后句子对仗和对偶非常明显，义理也相互呼应。"夫为一而不化"，实应与下句断为一句，相应地后面的句子也需要重新断句。

家的用语）到人类的"自然"的相连续。对老子来说，百姓作为万物之一，其存在和活动方式是同万物的存在和活动方式高度一致的。按照上述，万物的"自然"以"道"的"无为"为前提；同理，百姓的"自然"也要以圣人效法"道"的"无为"为前提。反过来说，在宇宙中，"道"遵循的是万物的自然；在人类社会中，君主遵循的是百姓的自然。黄老学从老子的这一思想中引申出了"因"（"静因之道""因循"）的概念。据此，君主遵循百姓的"自然"也就变成了"因循"百姓的"自然"。郭店简本《老子》丙组中的"成事遂功，而百姓曰我自然也"，《老子》通行本说的"希言自然"，指称的都是作为万物之一的百姓的活动，它与君主的"无为"相对应。郭店简本《老子》甲组说："是以圣人之言曰：我无事，而民自富；我无为，而民自化；我好静，而民自正；我欲不欲，而民自朴。"无事与自富、无为与自化、好静与自正、欲不欲与自朴等一一对应，前者是君主效法"道"的行为方式，后者是相应于此的民众的活动方式。

万物按照自身的内面性存在和活动，同样作为万物之一的百姓也是按照"道"为其赋予的"性能"而活动。老子的"物性论"具体到人类身上就是人性论，它指的是人类存在和活动的驱动力，是百姓"自然"和自行其是的内在根据。只是，老子没有明确指出促使民众"自然""自化""自朴"的人性是什么。黄老学把人类的自然"物性"具体化为"人情"，认为"趋利避害""好生恶死"是人情的实质。黄老学还用一个更抽象的概念"自为"（"为自己的利益"）来概括人性，认为人为自己考虑（"自为"）是人类的实情，相信人类整体上是一种"利益的动物"。黄老学从不认为人的这种自然性情是恶的，它也从不要求去改变人的这种性情。相反，它坚持认为，人的这种性情是人的行为的内驱力，统治者要建立真正的社会政治秩序，他要做的就是遵循和因循人的这种性情，使其得到最大限度的满足。据此，黄老学将人的"人情（性）"单一化了。事实上，人不是只考虑物质利益的存在，他也追求精神生活，追求伦理和道德价值。从前者说，它同亚当·斯密《国富论》中"经济人"的概念有类似的地方；但从后者说，它则缺乏亚当·斯密《道德情操论》中具有同情心的"道德人"概念。按照黄老学的逻辑，法律的惩罚和奖赏之所以有效，就是因为它同人类追求自身利益的自然性情相一致。法律的"一"之所以能够治御百姓和民众的多，就是因为这种"一"把握住了众多百姓共同的自然的东西。《庄子·天下》认为彭蒙、田骈、慎到的思想旨趣是"齐万物以为首"。所谓"齐万物"即"一同"万物，是说万物具有"自然的统一性"，可以被"整齐划一"。具体到人类，黄老学的"齐一"不是抹去人类个体上的差异，它恰恰是在人类的"不一"中，在人类的"千差万别"中发现了其自然性情上的"齐一性"和"统一性"，发现其都可以通过"一"来衡量和规范。正如《吕氏春秋·不二》所说："能齐万不同，愚智工拙皆尽力竭能，如出乎一穴。"

黄老学没有改变人类差异的愿望，不期望愚蠢者变得有智慧，它想到的是人类都按照自己的齐一的自然性情和各自的能力去活动。由此，老子说的统治者要遵循百姓的"自然"，就变成了统治者用"法律"去因循人的自然性情。说起来，道家确实具有"反智"的倾向，但问题是它反对什么样的智。其中一个重要的方面，是它主张统治者不要用个人的智慧和魅力去进行"有为"的统治，他应该做的事，是因循人民大众的性情和愿望，遵循法律进行统治。史华慈解释说："据此，就可以清楚地理解慎到为什么要'嘲笑贤人'及否定'贤人'。他的社会秩序将不会依赖易于出错的个人道德判断或情感，而依赖属于文明化秩序的'法'，'法'自身就是'道'的体现。"① 老子和黄老学的真正想法是，"道法"之所以有效，恰恰是因为它合乎人类的自然性情。最有效的统治是建立在统一的法律制度之上，而不要建立在个人有限的智能和魅力之上。这也是为什么亚里士多德会认为法律统治是叫人不要用"智"。

由于出土简帛提供了非常重要的相关文献，因此结合传世文献重新认识古代中国的自然宇宙观的起源和基本形态，不仅变得可能而且迫切需要。这里，我们在对《老子》（包括郭店简本）、《太一生水》、《恒先》、《凡物流形》和《黄帝四经·道原》等文本的年代大致判定的基础上，进而论证了古代中国的自然宇宙观在早期道家实际上也是在古代中国的早期就诞生了。作为宇宙生成论，它既描述了宇宙的原初状态，也提供了丰富多彩的宇宙生成模式；它对万物本性及其何以如此多样的解释，是在"道"与"物"、"朴"与"器"、"道"与"德"和"一"与"多"诸关系中展开的，"道"与"德"的关系只是其中之一；它以道"无为"

① ［美］史华慈：《古代中国的思想世界》，程钢译，南京：江苏人民出版社，2004 年，第 254 页。

和万物"自然"这一思维架构来说明宇宙和万物的良好秩序，可以从"道"的"弱作用力"和万物的"自发性"这一侧面加以重新把握；它以宇宙秩序来建立人间秩序的圣人"无为"和百姓"自然"观念，由于引入了"一"、引用了"法律"、引入了"人情"等观念而导出了一种非常成熟的政治哲学。凡此种种，不仅充分说明了中国自然宇宙观的兴起，而且也说明了它还是一套有着内在系统理路的自然宇宙观及其延伸的人间观。

第二章 "自然"概念的源流和特性考论

中国的"自然"概念从古代语境到近代语境经历了许多过程和变化，涉及的东西非常之多。已有的对它的一些讨论[①]，大都未涉及近代以来东西方"自然"概念融合之后的内容。人们限于古典语境并在同西方的"自然"概念对比中对它提出的解释，往往也只是强调它的某一侧面而未能顾及它的其他侧面[②]，虽然从不同的角度和方面去探究"自然"概念是可行的选择之一，但如果我们要从整体上来揭示它的含义和特性，那就需要尽量将它的一些重要方面都呈现出来，而且观察它的范围也不能限于古代语境，应该延长到中国近代的语境中。这样做确实不容

[①] 张岱年的《中国古典哲学概念范畴要论》（北京：中国社会科学出版社，1989年，第79-83页）、铃木喜一郎的《東洋における自然の思想》（东京：创文社，1992年）、栗田直躬的《中国思想における自然と人間》（东京：岩波书店，1996年）、杨儒宾编的《自然概念史论》（台北：台大出版中心，2014年）、叶树勋的《道家"自然"观念的演变——从老子的"非他然"到王充的"无意志"》（《南开学报（哲学社会科学版）》2017年第3期，第119-136页）和《早期道家"自然"观念两种形态》（《哲学研究》2017年第8期，第18-28页）等，对道家或中国自然概念在古代的情形进行了不同角度的考察。

[②] 有关这方面，参阅永田广志的《欧洲的自然、老庄的自然、国学的自然》（载《日本封建意识形态》，刘绩生译，北京：商务印书馆，2003年，第38-50页）、柳父章的《自然：翻訳語の生んだ誤解》（载《翻訳語成立事情》，东京：岩波书店，1982年，第125-148页）。

易，这不仅因为它经历了不同时期的复杂演变，不同的哲学家对它有着不同的解释和使用，而且因为我们为整体上讨论它奠定的基础还不够，比如大量典籍中使用"自然"的统计学数据还没有。要从整体上认识中国"自然"的各种含义，这是一个很重要的辅助。不过，我们也具备了一些条件。除了一些局部的讨论外，人们也有某种相对宽泛的考察。① 我自己先后对"自然"特别是道家的"自然"有一定程度的关注，还曾经在新道家的名义下对"自然"做过哲学上的引申，对中国近代的"自然"观念也有探讨。② 下面我尝试从整体上考察一下中国的"自然"概念，看看它都有一些什么样的重要含义和特性。

第一节 现实实体和物的世界："自然"即万物和自然界

过去人们谈论中国"自然"概念的时候，往往有意无意将它限定到近代中国以前的"固有"用法中，而不将中国近代以来"自然"概念的重要意义包括在其中，并强调说它不是中国原有的"自然"的意义，它是外来的西方的"自然"的意义。这样做的主要目的，是想强调中国历史上"自然"概念原本的意义，划清它同西方"自然"概念

---

① 如铃木喜一郎的《東洋における自然の思想》（東京：創文社，1992 年）和杨儒宾编的《自然概念史论》（台北：台大出版中心，2014 年）等。

② 有关这方面，参阅王中江的《中国古典哲学中的自然主义范式和理想诠释》（《中州学刊》1992 年第 5 期，第 86-92 页）、《存在自然论》（载陈鼓应主编：《道家文化研究》第六辑，上海：上海古籍出版社，1995 年，第 10-22 页）、《道与事物的自然：老子"道法自然"实义考论》（《哲学研究》2010 年第 8 期，第 37-47 页）、《近代中国"自然"的概念的诞生》（载方维规主编：《思想与方法：近代中国的文化政治与知识建构》，北京：北京大学出版社，2015 年，第 189-229 页）等。

的界限,避免将晚起的而且是外来的"自然"概念的意义同它原有的意义漫不经心地混为一谈。但这样的限定不能满足我们从整体上探讨中国"自然"概念的需要。中国近代以来形成的"自然"概念的意义,业已成为中国自古以来历史中"自然"概念的一部分。更重要的是,所谓中国近代以来形成的"自然"概念的新的重要意义,也并非过去完全没有的全新的意义,更何况中国古代"自然"概念的意义有的在近代仍在沿用。

现在没有比现实"实体"的"自然"更让人习以为常了①,而这种意义上的中国的"自然"主要是在清末东西方"自然"概念的融合中形成并充分发展起来的。所谓"实体"的"自然",就是我们现在一般所说的自然界、大自然、物的世界、物理世界的意义,它是自然科学也是技术科学所面对的一切对象和现象等。这种实体的"自然",往往又被认为是同社会和人工物相对的狭义的自然,虽然实际上它是我们现在使用的最普遍的"自然"概念。广义的实体的自然,是指宇宙中的一切存在物及其现象,它也包括人类及其创造物等。不管是前者还是后者,这两种"自然"都是"实体化的自然"。

这种实体意义上的"自然"在清末以后成为中国"自然"概念的首要意义,并变得十分显赫,是由两个契机促成的。第一个契机是日本用古典中国词汇的"自然"去翻译"nature"并被固定下来和

---

① 这里说的实体不是"本原""本体"意义上的,而是指一切现实存在和具体事物,是用"这""这个"去表示的具体存在者意义上的"实体"。

普遍运用；中国留日学生和游学人士通过日本移植和传播西学，他们如饥似渴地翻译日本新学、新知著作时，原封不动地接受了这一译法和用法，并随着所译的著作一起传到了中国。如由王国维翻译并于 1902 年出版的日本近代哲学家桑木严翼的《哲学概论》，不仅大量使用了"自然"一语，而且还从广、狭两个角度对"自然"做出了专门的界定："自然者，由其狭义言之，则总称天地、山川、草木等有形的物质之现象及物体也。由其广义言之，则包括世界全体，即谓一切实在外界之现象为认识之对象者也。"① 现在中国的哲学辞典解释"自然界"往往也区分广义和狭义②，王国维的翻译就是一个重要源头。又如，由蔡元培翻译并于 1903 年出版的科培尔的《哲学要领》，同样使用了"自然"术语③，其中说自然"即物质世界之义"④。还有，中国留日学生汪荣宝和叶澜合作编纂的1903 年出版的辞书《新尔雅》，对"自然物"进行了分类，并列举了同"自然"相关的一些词组，如"自然法之一致""自然科学""自然力""自然起源""自然群发生条件""自然人""自然淘汰""自然物""自

---

① 桑木严翼：《哲学概论》，王国维译，载谢维扬、房鑫亮主编：《王国维全集》第十七卷，杭州：浙江教育出版社，2010 年，第 261 页。

② 如《中国大百科全书·哲学》（北京：中国大百科全书出版社，1987 年，第 1253 页）和冯契主编的《哲学大辞典》（上海：上海辞书出版社，2001 年，第 2058 页），都是从广、狭两方面去解释"自然"或"自然界"。

③ 此书是德国哲学家科培尔（Raphael von Koeber, 1848—1923，又译戈培尔、克伯）在日本文科大学的授课内容，蔡元培据日人下田次郎的笔述日文版译出。

④ 高平叔编：《蔡元培全集》第一卷，北京：中华书局，1984 年，第 179 页。书中还有"自然界""自然神教"等用语（同前书，第 205、215 页）。

然哲学""自然之欲望""自然主义"等。① 对这些词汇,《新尔雅》的编者加有着重号,虽然它们不是词条但却是重点术语。编者将"自然"分为"自然物"(如禽兽、草木等有形的天然性的各种东西)和"自然力"(来自天然的势力,包括原始性的和人力开发的)。这里的"自然"显然是实体意义上的,也是作为"nature"译名的"自然"。这是清末中国人在工具书中直接使用日译名"自然"并加以解释和传播的一个直接例证(此书 1906 年出第三版)。

第二个更重要的契机是,以"自然"为对象的西方近代科学和技术在近代中国的大规模传播,并越来越具有支配性的地位。为了推动以认识自然和运用自然为中心的科学和技术(被认为是中国"富强"的强大力量和改变人们物质生活的最有效方式)在中国的发展,近代中国的先知们普遍主张人们要从书本中解放出来,直接面对"自然界""大自然"去寻求真知。只是,在更早的时候,人们是用"格物穷理"的"物"和"理"去表示认识的对象——"自然";当接受了日本的译名之后,人们则越来越多地用"自然"去表述认知的对象和客体。在这一点上,严复是一个很好的例子。最初他是直接从英语世界翻译、移植和传播西方新学,且主要用"天""性""天然""天行"等词汇去理解和翻译"nature"和"natural"。在日译"自然""自然的"词汇在中国很快传播和流行开来之后,严复也开始让步并接受日译"自然"的译名和用法,以"自然"为万物的存在和实体。如他解释说:"吾所接者,万

---

① 有关这部书的情况,参阅沈国威:《新尔雅》,上海:上海辞书出版社,2011 年。

法诸缘萃成一体，名曰自然。"① 这是以"万法诸缘"为实体"自然"。在《〈阳明先生集要三种〉序》（1906 年）中，严复主张人们要面向"自然"去求知，并对"自然"做了界定："盖我国所谓学，自晚周秦汉以来，大经不离言词文字而已。求其仰观俯察，近取诸身，远取诸物，如西人所谓学于自然者，不多遘也。……惟善为学者不然。学于言词文字，以收前人之所得者矣，乃学于自然。自然何？内之身心，外之事变，精察微验，而所得或超于向者言词文字外也。"② 很明显，这里的"自然"都是用作客体和对象等实体的意义。严复还使用了"自然公例""自然律令""自然规则"等词组③，这是以实体意义上的名词"自然"做定语使用。

用作自然界、大自然、物理世界等现实存在和实体意义上的"自然"，是近代中国"自然"概念整体意义中的一个非常重要的含义。中国古代语境中的宇宙、天、天地、物、万物、有等概念，都有指称一切现实存在和实体的意义，清末以后这些概念虽然在不同程度上还被使用，但很快它们的这种意义都被凝聚和统一到"自然"（"物质"也扮演了一定的角色）这一概念中了。主要指称"万物"实体这种意义上的"自然"，是中国近代的"自然"同中国古代的"自然"的一个很大的不

---

① [英]约翰·穆勒：《穆勒名学》，严复译，北京：商务印书馆，1981 年，第 274 页。

② 王栻主编：《严复集》第二册，北京：中华书局，1986 年，第 237 页。

③ 在《论今日教育应以物理科学为当务之急》中，严复使用并解释了"自然规则"："自然规则，昧而犯之，必得至严之罚；知而顺之，亦有至优之赏。以之保己，则老寿康强；以之为国，则文明富庶。欲识此自然规则，于以驾驭风雷，萧与水火，舍勤治物理科学，其道又奚由乎？"（同上书，第 283 页）

同，也是西方的"自然"同中国古代的"自然"的一个突出的不同。确实，中国古代语境中的"自然"主要不是用作万物"实体"的意义。但需要注意的是，我们不能说这种"实体"意义上的"自然"在中国古代语境中"完全"没有。

按照张岱年对古代中国"自然"概念意义演变的考察，阮籍就为"自然"赋予了"天地万物的总体"的新意义，用"自然"指称"至大无外的整体"，认为"天地万物俱在自然之中"①。阮籍说的"自然者无外，故天地名焉"的"自然"确实是指称实体——天地和万物。②葛洪《抱朴子内篇·畅玄》把"玄"看成是"自然之始祖"和"万殊之大宗"。"自然"与"万殊"相应，它们都是"玄"创造的，其"自然"类似于存在，具有实体的含义。陶渊明《归园田居》（其一）诗中的"自然"也有可能是指田园和田野："少无适俗韵，性本爱丘山。误落尘网中，一去三十年。羁鸟恋旧林，池鱼思故渊。开荒南野际，守拙归园田。方宅十余亩，草屋八九间。榆柳荫后檐，桃李罗堂前。暧暧远人村，依依墟里烟。狗吠深巷中，鸡鸣桑树颠。户庭无尘杂，虚室有余闲。久在樊笼里，复得返自然。"根据这首诗中的"丘山""旧林""故渊""南野""园田"等，再结合陶渊明歌颂和向往田园的大量诗文，诗中最后一句"久在樊笼里，复得返自然"的"自

---

① 张岱年：《中国古典哲学概念范畴要论》，北京：中国社会科学出版社，1989 年，第81 页。

② 说阮籍的"自然"没有"实体"的意义，不能成立。

然"，也许是用作自然世界，顾彬就是这样解释的。^①但也有可能它不是这样的意义，它是指人的"性情"，就像《形影神》中说的"言神辨自然以释之"和《归去来兮辞》中说的"质性自然，非矫厉所得"那样。^②江总的《修心赋》中使用的"自然"也有可能是用作实体意义的植物、云日等自然："果丛药苑，桃蹊橘林。梢云拂日，结暗生阴。保自然之雅趣，鄙人间之荒杂。"（《陈书·江总传》）^③成玄英将"自然"与"天"和"万物"看成是彼此可以互换的概念："夫天者，万物之总名，自然之别称，岂苍苍之谓也。"^④这里的"自然"也有万物实体的意义。由上可知，中国古代语境中的"自然"也有用作万物实体的意义，只是比较弱些罢了。

第二节　事物原本或固有的特质："自然"即人和万物的本性

中国"自然"在古代语境中虽然主要不是用作天地、万物等一切现实实体的意义，但它确实又同天地、万物、万有等"实体"概念密不可分。西方的"nature"术语当然是极其复杂的。^⑤汉语的"自然"

---

①　［德］W. 顾彬：《中国文人的自然观》，马树德译，上海：上海人民出版社，1990 年，第 148-149 页。

②　陶诗中的"自然"也有指事物自身变化、非外力作用的意思，如《形影神》中说的"故极陈形影之苦，言神辨自然以释之"就是如此。

③　有关这一点，参阅［日］小尾郊一：《中国文学中所表现的自然与自然观——以魏晋南北朝文学为中心》，邵毅平译，上海：上海古籍出版社，2014 年，第 22-25 页。

④　郭象注、成玄英疏：《南华真经注疏·齐物论》。

⑤　参阅罗宾·柯林伍德的《自然的观念》（吴国盛、柯英红译，北京：华夏出版社，1999 年）；另参阅拉夫乔伊的《"自然"的一些涵义》（载吴国盛主编：《自然哲学》第 2 辑，北京：中国社会科学出版社，1996 年，第 567-580 页）。

一旦成为"nature"的译语,相应地它就要承载"nature"的各种各样的意义,这其中就包括它具有的"本性""本质"这一非常重要的意义。晚清传教士编纂的早期英汉辞典,乃至清末中国人编纂的英汉辞典,都不是用"自然",而是用"宇宙"、"天地"、"物"、"万物"、"万有"、"天然事物"、"万象"和"物理"等来翻译和表示"nature"的实体的意义,也不是用"自然"而是用"性""性理""性情"等表达"nature"具有的事物的"本性""本质"的意义。这说明这些辞典的编纂者们没有认识到中国古代的"自然"本身也具有事物的"性""本性"等含义。事实上,中国古典中的"自然"从比较早的时候开始就具有了事物原本的、本来的"性情""本性""特性"等的意义。这是中国"自然"整体概念的第二个重要含义。

"自然"作为事物的固有的特性和本性,一方面是就人而言,一方面是就物或万物而言。前者是从《庄子》开始的,后者则比较早地出现在《文子》中。老子和黄老学都没有"本性"意义上的"自然"概念。在早期儒道哲学中,表示万物本性和本质的概念主要有儒家的"性"、道家的"德"和"人情"概念,它们又同"生"的概念相关。从表达万物的"创生"("天生庶物")的"生"到所创的"生命"特别是人类生命的"生",从"物之性"再到"人之性",中国古代很早就用"性"去表示"物的本性""人的本性"等意义。① 相对于"生"和"性",老

---

① 如《诗·大雅·卷阿》说:"岂弟君子,俾尔弥尔性,似先公酋矣。"《国语·周语中》说:"夫人性,陵上者也,不可盖也。"

子创制的"自然"这个词是晚出的，而且他的用法中也没有表示"物性"和"人性"的意义。一般我们认为老子及其道家的"德"具有"物性""人性"的意义。庄子的"天德"是其中之一。"天德"可以解释为"天的真德"或"天的真性"。《庄子》外、杂篇使用的纯朴、纯真意义上的人的"天"和"性"，是"天德"的同义语。黄老学不仅有物之德的观念，而且也有人性意义上的"人情"观念，但没有"本性"意义上的"自然"观念。

相比而言，《庄子》中的情形就比较复杂些，它既有本性意义上的"物德"、"性"和"人情"概念，而且也初步具有了本性意义上的"自然"概念，可谓是"天性""本性"意义上"自然"概念的开拓者。在《庄子·德充符》中，惠子和庄子围绕人是"有情"还是"无情"有一个对话。在这个对话中，庄子使用的"自然"就是这种意义。惠子不赞成庄子说的人原本"无情"这种不合常识的看法。庄子首先指出惠子所说的"无情"不是他所说的"无情"。他所说的无情是指"人之不以好恶内伤其身，常因自然而不益生也"。其中说的"常因自然"的"自然"，就应解释为人的性情或人的本性。对话中，庄子说"道"和"天"为人"赋予"了"形貌"，其"无情"又是指人不因好恶而伤害自己的身心，因此下文说的"常因自然而不益生"所要"因"的"自然"，就是指遵循人内在先天的"本性"（或德性）。这种用法在《庄子》中并非孤证，《庄子·渔父》也有类似用法："礼者，世俗之所为也；真者，所以受于天也，自然不可易也。故圣人法天贵真，不拘于俗。"庄学赞扬人的天性纯真，把"真"看成是"天"赋予人的先天固有的美德。《渔父》以这样的纯真之天德为人的"自然"，就是说它是人固有的"本然""本性"，人们不要去改变它和损害它。成玄英疏解前一句话说："节文之礼，世俗为之，真实之性，禀乎大素，自然而然，故不可改易也。"对后一句他的解释是："法效自然，宝贵真道，故不拘束于俗礼也。"将"自然"解释为"自然而然"，好像也说得通。陈鼓应把"真者，所以受于天也，自然不可易也"这句话翻译为"真性是禀受于自然，自然是不可以改变的"①。这是将"天"和"自然"看成是统一的，人受命于天的东西，就是他的自然。其"自然"应是指人的天性、本性，人不要去变易它。《庄子》中用作人的"本性"的"自然"概念，同它说的人的"天德"概念类似。

以"自然"为人的"本性"这种用法，在《列子》②、《文子》、《韩非子》、《吕氏春秋》和《淮南子》中都能看到，其所说的"本性"又同《庄子》中的具体所指（纯朴的"天真""天德"价值）有所不同，它被用来指称人先天具有的欲求和好恶之性。《列子·杨朱》说："太古之人知生之暂来，知死之暂往，故从心而动，不违自然所好，当身之娱非所去也，故不为名所劝。从性而游，不逆万物所好，死后之名非所取也，故不为刑所及。名誉先后，年命多少，非所量也。"从"不违自然所好""当身之娱"的"从心而动"，到不逆反"万物所好"的"从性而游"，我们

---

① 陈鼓应：《庄子今注今译》，北京：中华书局，1983 年，第 826 页。

② 根据刘歆的《列子叙录》，以及一些新的研究，《列子》这部书整体上是先秦诸子古书之一，绝非所谓"铁案如山"的魏晋伪书。

都可以清楚地看出，其中说的"自然"是指人的"所好"和"性"，更具体地说是指人先天固有的"欲求"。①《文子》中的类似用法以《自然》使用的"自然"为代表："以道治天下，非易人性也，因其所有而条畅之，故因即大，作即小。古之渎水者，因水之流也；生稼者，因地之宜也；征伐者，因民之欲也。能因则无敌于天下矣。物必有自然而后人事有治也，故先王之制法，因民之性而为之节文。"根据上下文说的"非易人性""因民之欲""因民之性"等可以看出，"物必有自然而后人事有治"中的"自然"，显然是指人性和人的欲求。②《韩非子·大体》的用法一样："古之全大体者……不逆天理，不伤情性……守成理，因自然。"这里说的遵守"成理"，就是不违背天理；遵循人的"自然"，就是不伤害人的情性。按照《吕氏春秋·审分》的说法，人主如果做他应该做的大事，就能得到众人的拥戴，就是"顺天"，他的"意气"可处于寂静之中，他的形性也可以安于原本"自然"之所有。③《淮南子·修务训》把"人性各有所修短"，类比为"若鱼之跃，若鹊之驳"，并说"此自然者，不可损益"，其"自然"也是指人的不同特性。《春秋繁露·深察名号》将人生而具有的"自然之资"叫作"性"："如其生之自然之资，谓之性。"

---

① 黄老学是用"人情"来表示这种意义上的"人性"；荀子则是用性、天和自然来表示它。

② 《鹖冠子·能天》说："自然，形也，不可改也；奇偶，数也，不可增减也。"

③ 《吕氏春秋·审分》说："是故于全乎去能，于假乎去事，于知乎去几，所知者妙矣。若此则能顺其天，意气得游乎寂寞之宇矣，形性得安乎自然之所矣。全乎万物而不宰，泽被天下而莫知其所自姓，虽不备五者，其好之者是也。"

　　魏晋玄学对"自然"概念有比较多的使用，其用法之一是指人的"性情""性命"。王弼注《老子》和《论语》，其中使用的"自然"有的明显是用作人的性情。如他注《老子》第十二章说："夫耳、目、口、心，皆顺其性也。不以顺性命，反以伤自然。"《论语释疑·泰伯》注说："夫喜、惧、哀、乐，民之自然。"这两处所用的"自然"，一处是指人的性和性命；一处是指人的情感。玄学家围绕人的"自然"与"名教"展开的争论，不管是强调"自然"同"名教"的不相容，还是主张"名教"即"自然"，其使用的"自然"都有人的本性的含义。按照前者，人们认为名教压抑人的先天本性——感性欲求；按照后者，人们认为名教同它的先天本性并不矛盾。嵇康的《难自然好学论》同张邈的《自然好学论》进行的论辩，就分别代表了这两种不同的立场。张邈说："夫喜怒哀乐，爱恶欲惧，人情之有也。得意则喜，见犯则怒；乖离则哀，听和则乐；生育则爱，违好则恶；饥则欲食，逼则欲惧。凡此八者，不教而能，若论所云，即自然也。"张邈列出了人先天具有的八种东西，说这些东西在人那里都是"不教而能"，它们都是人的"自然"，即人的本性。嵇康说的人的自然，同张邈说的没有什么两样，它也是指人的一些先天本性和欲求："夫民之性，好安而恶危，好逸而恶劳，故不扰而其愿得，不逼则其志从。昔洪荒之世，大朴未亏。君无文于上，民无竞于下，物全理顺，莫不自得。饱则安寝，饥则求食，怡然鼓腹，不知为至德之世也。若此，则安知仁义之端，礼律之文？"嵇康说的"好安而恶危，好逸而恶劳"的"民之性"，同他在下文中说的"以从欲为欢"

的"人性""人之真性"一样，也是指人的先天欲求的"自然"。嵇康同张邈的分歧主要在于，在张邈看来，人的先天本性欲求，可以同人们学习人文和道德价值兼容；但对于嵇康来说，儒教的教化、"六经"恰恰在于约束人的先天的"自然"本性，即人的本能和欲望："推其原也，六经以抑引为主，人性以从欲为欢。抑引则违其愿，从欲则得自然。然则自然之得，不由抑引之六经；全性之本，不须犯情之礼律。故知仁义务于理伪，非养真之要术；廉让生于争夺，非自然之所出也。由是言之，则鸟不毁类以求驯，兽不弃群而求畜，则人之真性无为，正当自然耽此礼学矣。"嵇康批评说，人的好学之心决不是人的先天自然，张邈把人的好学称为"自然"，是把人后天习惯的东西当成了先天的"自然"，但其实不是："是以困而后学，学以致荣；计而后习，好而习成，有似自然，故令吾子谓之自然耳。"①

"自然"作为"本性"不限于"人性"，它也指事物、万物固有的"本性"，即"物性"。《文子·道原》中有一段话说："故天下之事不可为也，因其自然而推之；万物之变不可究也，秉其要而归之趣……所谓无为者，不先物为也；无治者，不易自然也；无不治者，因物之相然也。"这段话出现在《淮南子·原道训》的两个地方，它是两书重复的重要部分。两书说的"自然"用法一致，很明显都是指天下万事、万物、物的"自然"。对于作为"物之性"的"自然"，人们要遵循它和不改变它

---

① 贾谊在《新书·保傅》中引用了孔子的一句话说"少成若天性，习贯如自然"，这是对嵇康说法的一个注解。

（"因"和"不易"）。① 这同《淮南子·主术训》中的一个地方的用法也一样："是故圣人举事也，岂能拂道理之数，诡自然之性，以曲为直，以屈为伸哉！未尝不因其资而用之也。"这段话中的"道理之数"同"自然之性"对应，说圣人之治正如不违背事物的道理那样（"拂道理之数"），它也不会违犯事物原有的"本性"，不会改变事物的曲直、屈伸，它是"因其资而用之"。"因其资"的"资"就是因其事物的"自然"，因其事物固有的"才质"和"才性"。此外，《淮南子·泰族训》以"自然"为"物性"，并说到了"民性"："夫物有以自然，而后人事有治也。故良匠不能斫金，巧冶不能铄木，金之势不可斫而木之性不可铄也。挺埴而为器，窬木而为舟，铄铁而为刃，铸金而为钟，因其可也。驾马服牛，令鸡司夜，令狗守门，因其然也。民有好色之性，故有大婚之礼；有饮食之性，故有大飨之谊；有喜乐之性，故有钟鼓管弦之音；有悲哀之性，故有衰绖哭踊之节。故先王之制法也，因民之所好而为之节文者也。"

神仙家渴望人成仙、飞升不死，王充《论衡·道虚》认为这完全是幻想，这不仅因为人的本性同其他事物一样最后都要消亡，而且因为事物都有属于自己的固有的本性，这使它们各不相同（"禀性受气，形体殊别也"）。事物在不同条件下发生变化，也同它原本的本性有关，人绝非想如何改变自己的性情就能如何："使物性可变，金木水火，可革更也。虾蟆化为鹑，雀入水为蜃蛤，禀自然之性，非学道所能为也。"

---

① ［日］池田知久：《訳注〈淮南子〉》，东京：株式会社讲谈社，2012年，第47、58页。

这里的"禀自然之性"的"自然"，就是指万物各有自己的禀赋。《论衡·初禀》中用的"自然"也有类似的意义。它先是引用《论语》中的话"大哉！尧之为君，唯天为大，唯尧则之"，然后引申说："王者则天，不违奉天之义也。推自然之性，与天合同。"君王"推自然之性"，是说他能让万物固有的本性都展现出来并同"天"的法则相符合。

王弼注《老子》第二十九章有"万物以自然为性""圣人达自然之性，畅万物之情"的说法，这同他在《老子指略》中说的"论太始之原以明自然之性"和在《周易注·损卦》中说的"自然之质，各定其分"类似，其中的"自然"都被看作是万物的"性"和"质"。嵇康将事物本身固有的东西称之为"自然"，人情和人心对此如何反应取决于人的心情和其他东西的作用，而不涉及事物的"自然"自身："夫五色有好丑，五声有善恶，此物之自然也。至于爱与不爱，喜与不喜，人情之变，统物之理，唯止于此，然皆无豫于内，特物而成耳。"（《声无哀乐论》）郭象《庄子注·大宗师》将"万物之自然"与其"天性"对应，说"独能游外以冥内，任万物之自然，使天性各足而帝王道成"，其"自然"是指万物的"天性"。成玄英《庄子疏·渔父》中说的"真性出于自然"、《达生》中说的"因于天性，顺于自然"，以"自然"为众生的禀赋，这也是将"自然"看成是万物具有的特质。李荣《道德真经注》把事物的本性看成是源于"自然"，认为因任自然就是违背物性，这同样是以"自然"为"物的本性"。

以万物、自然界和物质世界为"自然"，这是包括了一切存在和实体的"自然"，以万物和人固有的"本性""特质"为"自然"，这突出的是万物和人的内在根据和本性。万物为什么不同，人类为什么不同于其他事物，按照道家的说法，这是由于它们都有各自的"自然"，即它们各自的"本性"。

第三节　本体及其本性："自然"与"气"、"道"和"佛"

道家的"自然"概念一开始在老子那里，就同现实的具体事物即"万物"和"百姓"结合在一起，它没有本体论的意义，也不用在创造万物的本体——"道"身上。相对于"道"和"圣人"的"无为"，"自然"只是指称万物的存在状态及活动方式。但在之后的演变中，它被赋予了万物实体和本性的含义，也被赋予了本体及其本性的意义（反过来，这种意义在逻辑上又成了万物和人的本性的前提）。这是道家"自然"概念前后发生的一个非常大的变化，也是中国"自然"概念的一个很重要的含义。具体来说，"自然"作为本体或最高实体，一是指根本性的气、元气；二是指最高的本体——道和道性；三是指中国佛教义理中觉悟了事物最高本质的佛和具有这种能力的佛性或事物最高本质——真如。

在《太平经》中，我们首先可以看到用作本体（或最高实体）的"自然"。《太平经·以乐却灾法》说："夫乐于道何为者也？乐乃可和合阴阳，凡事默作也，使人得道本也。故元气乐则即生大昌，自然乐则物强，天乐即三光明，地乐则成有常，五行乐则不相伤，四时乐则所生王，王者乐则天下无病。"[1] 根据上（"元气"）下（"天""地""五行"

---

[1]　王明编：《太平经合校》，北京：中华书局，2014年，第13-14页。

等）文，这里的"自然"，介于"元气"和"天"之间，带有某种根本性实体的意义，虽然它还不是最高的实体。《论衡·本性》中的"气"具有一定的根本性的意义，认为人禀受天和气，也就是本于"自然"，其"自然"就有本体之天和气的意义："人生目辄眊瞭。眊瞭禀之于天，不同气也。非幼小之时瞭，长大与人接，乃更眊也。性本自然，善恶有质。"阮籍在《达庄论》中使用的"自然"，一方面是指天地万物的实体；另一方面说的"天地生于自然"的"自然"，又具有天地之本原、本体的含义。按汤用彤的解释，这种"实体"具体是指"元气"。①成玄英以"造物"的"大块"为"自然"，也是把"自然"看成是本体："大块者，造物之名，亦自然之称也。"②

《老子河上公章句》和《老子想尔注》比较早地将"自然"与"道"直接联系起来，或者认为道的本性（"道性"）是"自然"（"道性自然，无所法也"），或者认为"自然"与道是"实体同"而"名号异"。③这样的解释后来在道教中产生了比较大的影响。如宋文明的《道德义渊·自然道性》引用河上公等的解释，认为"自然"是"道"的本性："《经》云：道

---

① 汤用彤：《贵无之学（中）》，载汤用彤：《魏晋玄学论稿》，上海：上海古籍出版社，2001年，第147-151页。《达庄论》又说："人生天地之中，体自然之形。身者，阴阳之积气也；性者，五行之正性也。"据此，"自然"既有阴阳之气的意义，又有"五行"实体的意义。阮籍的"自然"即使有"状态"的意义，它也首先具有"实体"的意义，张岱年的解释原则上没有错。

② 《南华真经注疏》，北京：中华书局，1998年，第24页。

③ 《老子想尔注》原文"自然者，与道同号异〔体〕"句，令人费解。从名实、名形的关系来说，这里说的自然与道的同与异，理应是"同体而异号"。《中华道藏》本订为"自然者，与道同体异号"非常恰当（《中华道藏》第9册，北京：华夏出版社，2004年，第179页）。

法自然。河上公云：道性自然，无所法也。《经》又云：以辅万物之自然。物之自然，即物之道性也。"①宋文明又根据老子说的"辅万物之自然"，将"道性"看成是"物性"的来源，以"物的自然"为"物的道性"，把"物的自然"（本性）同"道"的本性统一起来。需要指出的是，虽然道创造了万物，物性来源于道性（不同的"物"其实是分有了道的某一方面），但"物性"又不等同于"道性"，不能为了强调它们的统一性，就忘记了两者是源流、本末关系，把道的自然与物的自然混为一谈。

魏晋南北朝和隋唐时期佛道两教既相互影响又相互批评，这在佛、道对"自然"的理解和解释中也表现了出来。在相互批评方面，僧人抓住"道法自然"这一说法质疑道家的"道"不如"自然"根本，说老子既然认为"道"要效法"自然"，那么"道"就不是最高的东西，"自然"就比"道"更高，否则就应该说"自然"要效法"道"。如慧乘就是这样质疑道的。对此，李仲卿一方面肯定"道效法自然"，说"自然"不效法"道"；但另一方面又说"道只是自然，自然即是道"。按照后者的说法，道的本性是"自然"，反过来说"自然"就是道的本性。因此，"道"与"自然"是统一的。道士以此来回应僧人的"自然"高于"道"的诘难。②

在道家那里，"虚"和"无"一般用来说明"道"的"无形""无象"

① 《中华道藏》第5册，北京：华夏出版社，2004年，第521页。
② 道宣：《集古今佛道论衡》卷丙，载《大正藏》第52卷，第381页。但释者抓住不放，如法琳在《辩正论》中也质疑说："纵使有道，不能自生，从自然出；道本自然，则道有所待；既因他有，即是无常……道是智慧灵和之号，用智不及无智，有形不及无形，道是有义，不及自然之无义也。"（法琳：《辩正论》，载《中国佛教思想资料选编》第二卷第三册，北京：中华书局，1983年，第363页）

的特性。但魏晋之后，道士开始把"虚无"和"自然"看成是"道"的根本。如宋文明在《道德义渊·自然道性》中以清虚和自然为道性之体："论道性以清虚自然为体……今论道性，则但就本识清虚以为言。"①成玄英以"自然"为"本"，说这是"重玄之极道"，把"道"降为"迹"。②更进一步，道教又为"虚无"赋予了"本体"的意义，甚至认为它和"自然"都比"道"根本。如《西升经·虚无章》提出"虚无生自然，自然生道，道生一"的生成逻辑，又以虚无、自然为道的根本，作者虽然强调三者具有统一性，但实际上弱化了"道"作为最高本体的意义。③韦处玄解释"虚无""自然"的意义，认为道是从虚无和自然中产生的，同《西升经》的意思一致："虚无者，无物也。自然者，亦无物也。寄虚无生自然，寄自然以生道，皆明其自然耳。"④与此类似，李荣的《西升经注》解释"虚无生自然，自然生道"，也是认为"道"生于"虚无"和"自然"，"虚无"是道的根本，这同样是降低了"道"的地位。⑤吴筠虽然说"道"是"虚无之系，造化之根，神明之本，天地之源"，但他同样将自然和虚无看得比道更根本："大道之要，玄妙之机，莫不归于虚无者矣。自然者，则不知然而然矣。是以自然生虚无，

---

① 《中华道藏》第 5 册，北京：华夏出版社，2004 年，第 521 页。

② 成玄英：《老子道德经开题序诀义疏》，载《中华道藏》第 9 册，北京：华夏出版社，2004 年，第 251、253 页。

③ 《中华道藏》第 8 册，北京：华夏出版社，2004 年，第 272 页。

④ 韦处玄：《西升经注》（陈景元辑：《西升经集注》卷四），载《中华道藏》第 8 册，北京：华夏出版社，2004 年，第 272 页。

⑤ 李荣：《西升经注》（陈景元辑：《西升经集注》卷四），载《中华道藏》第 8 册，北京：华夏出版社，2004 年，第 273 页。

虚无生大道，大道生氤氲，氤氲生天地，天地生万物，万物剖氤氲一气而生矣。"①如同上述，老庄道家的"虚"和"无"原本是用来描述"道"的特性的，之后"自然"也被赋予了这样的意义。但《西升经》等的说法完全改变了这种关系。

不同于此，为了保持"道"的本体地位，避免对它的弱化，唐玄宗运用"妙本"概念，将"虚无""自然"都统一到"道"之中。他在《道德真经疏》中说："虚无者，妙本之体，体非有物，故曰虚无。自然者，妙本之性，性非造作，故曰自然。道者，妙本之功用，所谓强名，无非通生，故谓之道。幻体用名，即谓之虚无。自然道尔，寻其所以，即一妙本，复何所相仿法乎？"②据此，"自然"是"妙本"之"性"，也是"道"之性。唐玄宗说的妙本自然之性具体是指"非造作"。根据《三论元旨》，他说的作为"妙本之性"的"自然"，主要是指"道"的"无为之性"和没有他者的作用："夫自然者，无为之性不假他因，故曰自然。修行之人，因有为而达无为，因有生而达无生。了乎自缘，契于自然，则无生之性达矣。"③"自然"的"无为之性"，又是"自缘""无生"。但《大道论》又将"妙本"当成了本体，说"自然"是"妙本之性"，"虚无"是"妙本之体"，相比之下，"道"则是"妙本之用"，它的作用主要是

---

① 吴筠：《宗玄先生文集》卷中《形神可固论》，载《中华道藏》第 26 册，北京：华夏出版社，2004 年，第 48 页。

② 《唐玄宗御制道德真经疏》卷三，载《中华道藏》第 9 册，北京：华夏出版社，2004 年，第 415 页。

③ 《三论元旨》，载《中华道藏》第 26 册，北京：华夏出版社，2004 年，第 74 页。

"通生"。① 这样，在"妙本"概念之下，"自然"与"道之性"的关系又被切断了。张载指出，"自然"与道一样也是"本体"，但人一般只知道它是指"用"。② 王夫之解释说，"自然"不仅是"然"，而且是"然"之所出："自然者，绲缊之体，健顺之诚，为其然之所自。"③

在"自然"观念上，佛道之间的关系，一是佛教受到了道家、道教的影响，用"自然"去理解和翻译佛教教义，为"自然"赋予了佛、佛性和真如等的新意义；一是道家、道教也受到了佛教的影响，借用佛教的词汇去理解和说明"自然"，为它赋予了"无自性"的意义。就前者来说，佛教起初接受了道家的"自然"观念，在佛经翻译中它用"自然"去说明和解释"佛""佛性"。就像早期佛教用道家的"无"去理解和解释佛教的"空"那样，它也用"自然"去看待佛教的佛、佛性、真如。这也是早期格义佛教的一种表现。④ 支谦和竺法护的做法就具有代表性。支谦翻译的《佛说维摩诘经》(《维摩诘经》)、《大阿弥陀经》(《无量寿经》)、《大明度经》(《下品般若》)，竺法护翻译的《光赞般若经》(《中品般若》)、《正法华经》(《法华经》) 等，不同程度地都用中国固有的"自然"，去理解和翻译梵文佛典的有关词汇。如竺法护翻译的

---

① 《大道论》，载《中华道藏》第 26 册，北京：华夏出版社，2004 年，第 79 页。

② 张载：《正蒙·天道篇》。

③ 王夫之：《张子正蒙注·天道篇》，北京：中华书局，2009 年，第 58 页。

④ 有关这方面的讨论，参阅黄国清的《再论竺法护〈正法华经〉的"自然"译词——透过梵汉对勘的语义解读》(载杨儒宾编：《自然概念史论》，台北：台大出版中心，2014 年，第 145-182 页)、圣凯的《魏晋佛教对老庄"自然"说的理解与运用》(《清华大学学报（哲学社会科学版）》2016 年第 4 期，第 168-198 页)。

《光赞般若经》用"自然"去理解"空"："自然之空，自然寂寞。其自然者，则无所起，亦无所得，亦无所念"①；"自然相空，一切法空，无所有空，自然亦空，所有自然亦空"②。说"无"是"空"，至少有表面上的类似性，但说"自然"是"空"，连这种表面性也没有。在《正法华经》中，竺法护用"自然"去指"诸法实相"："如来皆了诸法所由，从何所来，诸法自然，分别法貌，众相根本，知法自然。"说"诸法自然"和"知法自然"，同道家说的"万物自然"和"道法自然"则有了形式上的相似性。在《佛说维摩诘经》卷下中，支谦以"自然"为"无有主"的"自然智"："观无有主，应自然智。"③魏晋佛教不仅用"自然"去理解和翻译空、佛和佛性，而且也用"自然"去看待种相。如道生说："种相者，自然之性也，佛性必生于诸佛。向云：我即佛藏，今云：佛性即我，互其辞耳。"④但这种格义佛教后来发生了变化，如鸠摩罗什对佛典同样词汇的翻译就不再使用"自然"一词，而是用"实相""如实相"等。从中国早期佛教借用道家的"自然"来解释空、佛、佛性、真如等来说，可以说它为"自然"赋予了"佛"和"佛性"等意义。⑤

① 《光赞经》卷二，载《大正藏》第 8 卷，第 159 页下。
② 《光赞经》卷三，载《大正藏》第 8 卷，第 170 页中。
③ 《维摩诘经》卷下，载《大正藏》第 14 卷，第 534 页上。
④ 《大般涅槃经集解》卷一八，载《大正藏》第 37 卷，第 448 页中。
⑤ 但"自然"概念在某种意义上已浸透进了佛教中，鸠摩罗什同时又容摄了它，也有将它用作"佛道""佛智"的做法："菩萨行是道，修习亲近。若当不得佛无上智、大智、自然智、一切智、如来智，无有是处。"（《小品般若波罗蜜经》卷八，载《大正藏》第 8 卷，第 572 页下）又说："若欲住佛道，成就自然智，常当勤供养，受持法华者。"（《妙法莲华经》卷八，载《大正藏》第 9 卷，第 31 页上）

受佛教"空""无自性"等观念的影响，在道教中也出现了将"自然"和"道"理解为"空"和"无自性"的情况。如《本际经》卷四《道性品》（敦煌本）说："言道性者，即真实空，非空不空，亦不不空；非法非非法，非物非非物，非人非非人，非因非非因，非果非非果，非始非非始，非终非非终。非本非末，而为一切诸法根本。无造无作，名曰无为；自然而然，不可使然，不可不然，故曰自然。悟此真性，名曰悟道，了了照见，成无上道。"① 在此，道和自然被看成是"空"和"真性"。《道教义枢》卷八《自然义》把"自然"的"无作者"与"无自性"相提并论，认为自然就是无自性："自然者，本无自性，既无自性，有何作者？作者既无，复有何法？此则无自无他，无物无我，岂得定执以为常计？绝待自然，宜治此也。"② 事物"没有自性"同事物有没有外在的"主宰"和"造就者"差别很大。道家的"自然"否定造物主，但并不否定事物的"自然"和"本性"。《道教义枢》借助佛教的"无自性"解释"自然"，并把"自然"的"无自性"作为"没有作者"的前提。李荣认为不仅"自然"无自性，而且外也没有原因和依赖："自然者，内无自性，外绝因待，清虚玄寂，莫测所由，名曰自然。"③

在道家和道教那里，"自然"作为本体有"实质"的东西（如气等），作为道的"本性"有"无造作"的特性。大概只是在"无造作"上，"自

---

① 《中华道藏》第 5 册，北京：华夏出版社，2004 年，第 234 页。

② 同上书，第 572 页。

③ 李荣：《西升经注》（陈景元辑：《西升经集注》卷一），载《中华道藏》第 8 册，北京：华夏出版社，2004 年，第 253 页。

然"与"佛""佛土"有某种可比性。如僧肇说:"佛土者,即众生之影响耳。夫形修则影长,形短则影促,岂日月使之然乎? 形自然耳。"① 又如慧远说:"是故心以善恶为形声,报以罪福为影响。本以情感,而应自来。岂有幽司,由御失其道也。然则罪福之应,唯其所感。感之而然,故谓之自然。自然者,即我之影响耳,于夫主宰复何功哉? "② 但佛教用"自然"去理解"佛"的"空""实相""真如",恰恰消解了道家"自然"的本体义及实在性。

第四节 "自然"和道、理、数及偶然、必然、因缘

"自然"作为具体事物、万物实体及其"本性",作为元气、道等的实体及其道的本性,它所表示的各种不同"本性"又被赋予了道、理、数的含义,被称为"自然之道""自然之理""自然之数""自然之命"等。这种用法将"自然"同"道""理""数"等结合在一起,抽象说它是道、理、数,具体说它是不同的道、理、数,是不同意义上的各种"法则",就像上述"自然"作为"本性"又有不同的所指一样。作为道、理和数的"自然",这是用"自然"去限定这是什么样的道、理和数;反过来说,以"道""理""天理"等为"自然",这是用"自然"去描述道、理和天理的特性。在此,"自然"被赋予了"偶然""必然"等的意义。佛

① 僧肇:《维摩诘经注(节选)》,载《中国佛教思想资料选编》第一卷,北京:中华书局,1981 年,第 170 页。

② 慧远:《明报应论》,载《弘明集》卷五,北京:中华书局,2011 年,第 92-93 页。

道围绕"自然"与"因缘"展开的争论，又使"自然"同因缘、因果发生了关系。在此，"自然"又被赋予了"有因"或相反的"无因"的意义。

"自然"被用作道或法则，比较早的例子是《韩非子·功名》："明君之所以立功成名者四：一曰天时，二曰人心，三曰技能，四曰势位。非天时，虽十尧不能冬生一穗；逆人心，虽贲、育不能尽人力。故得天时，则不务而自生；得人心，则不趣而自劝；因技能，则不急而自疾；得势位，则不推进而名成。若水之流，若船之浮。守自然之道，行毋穷之令，故曰明主。"这里说的"守自然之道"的"守者"是指明君；他遵循的"自然之道"的"自然"是指"天时"、"人心"、"技能"和"势位"。《文子·下德》强调至人要实现好的治理，他要遵循的"自然之道"具体是指"虚无寂寞，不见可欲，心与神处，形与性调，静而体德，动而理通"[①]。王弼注解《老子》第十五章说的"孰能浊以静之徐清"和"孰能安以久动之徐生"，则以"夫晦以理，物则得明；浊以静，物则得清；安以动，物则得生"等为"自然之道"。程颐把"一阴一阳之谓道"看成是"自然之道"。[②] 在这些例子中，"自然"作为不同的"道"，是指各种事物的内在秩序和法则。根据何晏的《无名论》，夏侯玄认为"自然"即是"道"："天地以自然运，圣人以自然用。自然者，道也。"[③] 这里的"自然"是指天地、圣人都要遵循的事物内在

---

① 《文子·上义》又有"得自然之道"的说法："物至而观其变，事来而应其化，近者不乱即远者治矣，不用适然之教，而得自然之道，万举而不失矣。"

② 《河南程氏遗书》卷第十二，载《二程集》第一册，北京：中华书局，1981年，第135页。

③ 杨伯峻：《列子集释》卷第四，北京：中华书局，1979年，第121页。

的东西。按照王廷相的说法，"运化之自然"即是"天道"，如"四时行，百物生，乾坤而不息者"① 等。

"自然之理"是以"自然"为不同的"理"。《老子指归·柔弱于水篇》以"万物之理"为"自然之称"。② 其说的"万物"是指"道德所包，天地所载，阴阳所化，日月所照，物类并兴，纷缪杂乱，盛衰存亡，与时变化"等；其"理"是指"积坚者败，体柔者胜"等。嵇康的《声无哀乐论》探寻音乐的本质，强调为了"推类辨物"，首先要"求之自然之理"。他说的"自然之理"是指"类"和"物"两者的内在"根据"和"标准"（"自然"），而人为的东西如名言则不是"自然之理"："夫言，非自然一定之物，五方殊俗，同事异号，趣举一名，以为标识耳。夫圣人穷理，谓自然可寻，无微不照。"③朱世卿以"万法万性"为"自然之理"，说"自然之理"是"万法万性"固有的东西，它永恒不变（"不得而迁贸"）。④ 为了将"礼乐"正当化，朱世卿指出，表面上看，礼乐是人为的东西，但实际上它们都具有难知的内在根据。一般所谓的"非自然"和"有为"其实正是"大自然"和"大无为"："于是殊形异虑，委积充盈；静动合散，自生自灭。动静者，莫有识其主；生灭者，不自晓其根。盖自然之理著矣。所谓非自然者，乃大自然也；是

---

① 王廷相：《王廷相集》（三），北京：中华书局，1989年，第767页。

② 《老子指归·行于大道篇》说："何以明之？庄子曰：道之所生，天之所兴。始始于不始，生生于不生。存存于不存，亡亡于不亡。凡此数者，自然之验、变化之常也。"

③ 章培恒编：《嵇康诗文选译》，南京：凤凰出版社，2011年，第156页。

④ 朱世卿：《性法自然论》，载《广弘明集》卷第二十二，上海：上海古籍出版社，1991年，第264页。

有为者，乃大无为也。"①史崇玄以"自然之理"为"不可易"的"方圆动静，黑白燥湿"等，认为"自然"和"因缘"是"物性"的两个方面："夫自然者，性之质也；因缘者，性之用也。因缘修之，自然以成之。"②根据《后汉书·李固传》的说法，"自然之数"是指物极必反的道理："夫穷高则危，大满则溢，月盈则缺，日中则移。凡此四者，自然之数也。"根据僧肇的说法，它是指"所以高下相倾，有无相生"的转化关系③；根据朱世卿的说法，它是指人生中的"哀乐喜怒，伏之于情，感物而动；穷达修短，藏之于命，事至而后明"等一些重要的关系，这些关系都"无有造为之者"；根据张载《正蒙》的说法，它是指"日月"得到"天"的"自然之理"④；根据王廷相的说法，它主要是指"天地道化不齐"和"数有奇耦之变"⑤。

早期道家思想中的"道"是指最普遍的规律和法则，"理"是指某一类事物的"条理"，但以上用作"自然"的"道"和"理"，两者的界限已经模糊。用"数"指称事物的规律、法则，这同"道"和"理"类似。"自然"用作"道"、"理"和"数"，用作指称不同事物的内在根据、秩序、法则，它同作为万物"本性"的"自然"就有了交叉性。"自然"

---

① 朱世卿：《性法自然论》，载《广弘明集》卷第二十二，上海：上海古籍出版社，1991年，第265页。

② 《一切道经音义妙门由起·妙门由起序》，载《中华道藏》第5册，北京：华夏出版社，2004年，第603页。

③ 僧肇：《肇论·涅槃无名论》，载张春波：《肇论校释》，北京：中华书局，2010年，第203页。

④ 张载：《正蒙·参两篇》。

⑤ 王廷相：《王廷相集》（三），北京：中华书局，1979年，第804页。

在用作各种不同的道、理和数的同时，又被用来说明"天"、"道"、"理"和"天理"的特性，表现为"道之自然""理之自然"等形式，在这种用法中，"自然"又具有了"偶然""必然""当然"等意义。

否定主宰论和决定论的王充、郭象、范缜，认为万事、万物都不是超自然的力量创造和决定的（自然的这一层意义后详述）。天、天道和道何以如此，都是它们自身自发性活动的产物，是"随机""碰巧"等偶然性的结果。这可以叫作"偶然的自然论"。王充的哲学以自然主义著称，他的"自然"的其中一个含义是"偶然"。这一含义基于他的"天道"、"无为而自然"（"夫天道，自然也，无为"）和"自生"概念（《论衡·谴告》）。由于天道和天地的活动完全没有目的和意识（"无为"而"自然"），因此它完全是概然的和随机的（非必然的自然）。王充用"偶"这一概念表示"自然"的"偶然"义。《论衡·物势》说："夫天地合气，人偶自生也。犹夫妇合气，子则自生也。夫妇合气，非当时欲得生子；情欲动而合，合而生子矣。且夫妇不故生子，以知天地不故生人也。然则人生于天地也，犹鱼之于渊，饥虱之于人也。因气而生，种类相产，万物生天地之间，皆一实也。传曰："天地不故生人，人偶自生。""偶自生""自生"都是"自然"。《论衡·自然》说："天动不欲以生物，而物自生，此则自然也。"

郭象"自然"概念的一个意义也是"偶然"。[1]基于"自生"的概

---

[1] 如认为理是自然无为："各当其能，则天理自然，非有为也。"（《庄子注·天道》）

念，郭象认为万物是"自然"即"偶然"产生的，是不知何故而如此的东西。如《庄子注·齐物论》说："物各自然，不知其所以然而然。"作为偶然的"自然"，郭象叫作"块然""突然""掘然""忽然""欻然"等，他用这些词汇强调事物的随机性和碰巧发生。如郭象说："然则生生者谁哉？块然而自生耳。"（《庄子注·齐物论》）又说："既明物物者无物，又明物之不能自物，则为之者谁乎哉？皆忽然而自尔也。"（《庄子注·知北游》）郭象的"自然"是"自生"，也是偶生。范缜的"自然偶然论"同王充、郭象等的思想有类似性。围绕神"灭"与"不灭"，在同萧子良的论辩中，范缜通过设问自答的方式，来证明人的"神"随着人的形体的死亡而一同消失，天地间根本没有什么独立不灭的"神"或灵魂存在，也根本没有什么人前世今生的因果报应。范缜承认事物有时间上的长短，迅速产生的事物迅速失去（如"飘骤"），逐渐产生的事物逐渐失去（如"动植"）。但不管是哪一种情形，它们的来去都是偶然的，没有什么因果决定。《神灭论》说："若陶甄禀于自然，森罗均于独化，忽焉自有，怳尔而无，来也不御，去也不追，乘夫天理，各安其性。小人甘其垄亩，君子保其恬素。耕而食，食不可穷也；蚕而衣，衣不可尽也。下有余以奉其上，上无为以待其下。可以全生，可以匡国，可以霸君，用此道也。"（《梁书·儒林传·范缜》）萧子良相信人在社会中的不同地位，由他的前世之因决定。但范缜用比喻来说明他们的身份不同也完全是偶然的："子良精信释教，而缜盛称无佛。子良问曰：'君不信因果，世间何得有富贵，何得有贫贱？'缜答曰：'人之生譬如一树花，同发一枝，俱开一蒂，随风而堕，自有拂帘幌坠于茵席之上，自有关篱墙落于溷粪之侧。坠茵席者，殿下是也；落粪溷者，下官是也。贵贱虽复殊途，因果竟在何处？'子良不能屈，深怪之。"（《梁书·儒林传·范缜》）这是大家熟知的。《世说新语·文学》中的一个记载，同范缜和萧子良争论人生是偶然还是必然的问题类似："殷中军问：'自然无心于禀受，何以正善人少，恶人多？'诸人莫有言者。刘尹答曰：'譬如写水注地，正自纵横流漫，略无正方圆者。'一时绝叹，以为名通。"刘尹的立场类似于范缜，他也相信人生是自然，即偶然。

"自然"不仅具有"偶然"的含义，还有"必然"、"超然"和"命"的意义。"必然"是"偶然"的反面，它是指事物一定如此的因果必然性。道之自然、理之自然和命之自然中的道、理和命，因为具有法则、规律和决定的意义，所以当用"自然"去描述它们时，"自然"就具有了"不得不然""不得不如此"的"必然"的意义。《列子·力命》以"力"与"命"的拟人化对话来说明谁具有决定性。"力"声称自己力量强大，说人的寿夭、穷达都受它的影响；"命"举出好人没有好报，恶人反而富贵等来反证它才是人世间的决定性力量。"力"追问"命"，是不是一切都是"受命所制"。"命"回答说："既谓之命，奈何有制之者邪？朕直而推之，曲而任之。自寿自夭，自穷自达，自贵自贱，自富自贫，朕岂能识之哉？朕岂能识之哉？"按照这种说法，"命"的决定性不是说有一个外在力量来决定，它是指事物自己决定自己。自己决定自己一方面说自己是自由的，另一方面说这又是自己不得不如此的，这是人的"自然之命"，是他的自然而然，又是他的不得不然。《列子·力命》说："然而生生死死，非物非我，皆命也，智之所无奈何。故曰：窈然无际，天道自会；漠然无分，天道自运。天地不能犯，圣智不能干，鬼魅不能欺。自然者，默之成之，平之宁之，将之迎之。"《鹖冠子·环流》直接将命看成是"自然"，说"命者自然者也。命之所立，贤不必得，不肖不必失"，其"自然"就具有命的意义。《尹文子·大道上》有"势之自然"的用法，其"自然"即必然："吾亦不敢据以为天理，以为地势之自然者尔。"《邓析子·无厚》将舟能够浮于水、车能够行于陆看成是"自然之道"，这里的"自然"类似于"势之自然"，也是必然："夫舟浮于水，车转于陆，此自然道也。有不治者，知不豫焉。"① 在《列子·汤问》看来，一般的事物都是相互依赖的，但"道"则是"超然的""绝对的"："然则亦有不待神灵而生，不待阴阳而形，不待日月而明，不待杀戮而夭，不待将迎而寿，不待五谷而食，不待缯纩而衣，不待舟车而行。其道自然，非圣人之所通也。"以"自然"为"必然"，严遵和郭象有比较清楚的说法。如《老子指归·行于大道篇》说："何以明之？庄子曰：道之所生，天之所兴。始始于不始，生生于不生。存存于不存，亡亡于不亡。凡此数者，自然之验，变化之常也。"根据严遵的说法，事物变化中的"常"，就是"自然"即"必然"的验证。同样，郭象说的"命"也是"自然"："命之所有者，非为

---

① 按照《淮南子·主术训》的记载（"故为治者，智不与焉。夫舟浮于水，车转于陆，此势之自然也"），"自然之道"类似于"势之自然"。

也，皆自然耳。"(《庄子注·天运》)

从宋明理学家说的"理之自然""天理之自然""命之自然"可以看出，他们是以"自然"为"必然"。如欧阳修认为物变和贯通是天理自然："物无不变，变无不通，此天理之自然也。"①这是以"天理之自然"为"自然"。朱熹将"大衍之数"看成是人不能改变的"理势之自然"："大衍之数五十……至用以筮，则又止用四十有九。盖皆出于理势之自然，而非人之知力所能损益也。"②这是以"理势的自然"为"必然"。王廷相把气象看成是"气种之自然"，把植物的枝叶和人的感官看成是性命不得已的"自然"："雪之始，雨也，下遇寒气乃结。花必六出，何也？气种之自然也。草木枝干花叶，人耳目口鼻，物蹄角羽毛，胡为而然耶？气各正其性命，不得已而然尔。"③戴震将"血气"的"自然"同"理义"的必然统一起来，认为两者不能分开："由血气之自然，而审察之以知其必然，是之谓理义；自然之与必然，非二事也。就其自然，明之尽而无几微之失焉，是其必然也。如是而后无憾，如是而后安，是乃自然之极则。若任其自然而流于失，转丧其自然，而非自然也。故归于

---

① 欧阳修:《明用》，载《欧阳修诗文集校笺》(上)，洪本健校笺，上海：上海古籍出版社，2009 年，第 542 页。

② 朱熹:《周易本义》，载《朱子全书》(一)，上海：上海古籍出版社，2002 年，第 130 页。朱熹区分"理"的"能然"、"必然"、"当然"和"自然"："理有能然，有必然，有当然，有自然处，皆须兼之，方于'理'字训义为备否？"(朱熹:《答陈安卿》，载《朱子全书·晦庵先生朱文公集》(二十三)，上海：上海古籍出版社，2002 年，第 2736 页)他还分别解释了它们各自的意义："凡事皆然。能然、必然者，理在事先；当然者，正就事而直言其理；自然，则贯事理言之也。四者皆不可不兼该。"(同前书，第 2737 页)按照朱熹的解释，"天理"的"自然"，是通贯理和事两个方面说的。

③ 王廷相:《慎言》，载《王廷相集》(三)，北京：中华书局，1979 年，第 757 页。

必然，适完其自然。"①

围绕"自然"与"因缘"和"因果报应"的关系，佛道一方面区分它们，另一方面又融合它们。一些僧人将"自然"与"因缘"看成是道与佛各自的独特本质。如甄鸾认为佛道的不同就是"自然"与"因缘"的不同："佛之与道，教迹不同，变通有异。道以自然为宗，佛以因缘为义。自然者，无为而成；因缘者，积行乃证。"②自然与因缘的不同，在于一者用"无为"来成就，一者用"积行"来证成。僧愍也有类似的看法："老以自然而化，佛以缘合而生 …… 自然而化，故霄堂莫登矣；缘合而生，故尊位可升矣。""自然而化"是说不为而变化，"缘合而生"是说通过条件和因素的结合而产生。③这种不同又被佛教看成是无因和有因的不同。在佛教徒看来，自然与因缘的不同主要在于老庄的"自然"是有果无因论，而因缘论则是因果相应论。如道安分辨说："惟业报理微，通人尚昧，思不能及，邪见是兴……或计诸法自然，不由因得。果以祸福之数，较谢于六府，苦乐之报，迭代而行，遂使遇之者，非其所对。乃谓名教之书，无宗于上；善恶报应，无征于下。"④这种看法当然不准确。道家的"自然"不是无因论，它的一个意义是强调要消

---

① 戴震：《孟子字义疏证·理》，北京：中华书局，1982 年，第 18-19 页。

② 甄鸾：《笑道论》，载《广弘明集》卷第九，上海：上海古籍出版社，1991 年，第 156 页下。

③ 僧愍：《戎华论折顾道士夷夏论》，载《弘明集校笺》卷第七，上海：上海古籍出版社，2013 年，第 397-398 页。

④ 道安：《二教论》，载《中国佛教思想资料选编》第一卷，北京：中华书局，1981 年，第 361 页。

除不必要的东西和多余的因素。这是将"无为"的表面意义没有"为"同"自然"结合起来产生的误解。因为即使作为"莫为"的自然无为也不是完全"无因",它只是排除事物自身之外的超自然的力量。然而正是基于这种误解,佛教认为道家无因的"自然"不能成立。如吉藏从有果必有因这一前提出发指出,认为无因而有果则是矛盾,说"自然"既是"自"又是"非自",这也是矛盾:"问:'无因自然,此有何异?'答:'无因,据其因无,自然,明乎果有,约义不同,犹是一执。'难曰:'夫因果相生,犹长短相形。既其有果,何得无因?如其无因,何独有果?若必无因而有果者,则善招地狱,恶感天堂。'问曰:'有人言:"自然有因,自然无因,万化不同,皆自然有,故无同前过。"'答曰:'盖未审察之,故生斯谬。如其精究,理必不然。夫论自者,谓非他为义,必是因他,则非自矣。故自则不因,因则不自,遂言因而复自,则义成榫楯。'"① 道生的说法与此有所不同,他将"自然"看成是比"因缘"更根本的东西:"作有故起灭,得本自然,无起灭矣。"② 正如上述,道家的"自然"有"非主宰""非造作""非人为"的意义,这只是否认某种因,而不是说没有任何因,佛教说"自然"是无因不能成立。

道教一方面用"自然"去批评佛教的因缘报应论,另一方面又借助佛教来武装自己,将"自然"同因缘、因果报应结合起来,认为"自

---

① 吉藏:《三论玄义校释》,北京:中华书局,1987年,第19-20页。
② 竺道生:《大般涅槃经集解》,载《中国佛教思想资料选编》第一卷,北京:中华书局,1981年,第215页。

然"和因缘、因果报应具有统一性。如朱世卿强调一切都是自然的，没有什么因果报应："殊形异虑，委积充盈，静动合散，自生自灭。动静者莫有识其主，生灭者不自晓其根，盖自然之理著矣。所谓非自然者，乃大自然也；是有为者，乃大无为也。"[1] 与此不同，《道教义枢》用很强的思辨性来说明"自"和"然"，认为"因缘"是"自然"的差强人意的名号："示因缘者，强名自然，假设为教，故自是不自之自，然是不然之然。不然之然，无所不然；不自之自，无所不自。无所不自，故他亦成自；无所不然，故他亦成然。他既成然，亦是他然。然则他之称然，亦是不然之然；然之称他，亦是不他之他。不他之他，无所不他，故自亦成他；不然之然，亦无所不然，故自亦成然。是则自之与他，俱有然义。今但明自然者，以他语涉物，义成有待，自名当己，宜以语绝也。"[2] 这一绕口令似的辨析，把佛教的因缘、出世间法同道教的自然融合到了一起，从自的不自、然的不然，到他也是自、他亦是然，来说明自然也是因缘，说明两者都是度化众生的方便之道。张果（通玄先生）把道化万物与自然因缘看成是统一的，认为造化本身就是自然因缘。自然是造化不外造，因缘是自化而有迹变，两者都是指"不住"而又生物："问曰：道化物之体，与自然因缘为一为二？答曰：造化者即是自然因缘，自然因缘即是不住为本，取其生物之功谓之造化。化不外造，

---

[1]　朱世卿：《性法自然论》，载《广弘明集》卷第二十二，上海：上海古籍出版社，1991 年，第 265 页。真观撰《因缘无性论》，批评朱世卿的看法（同前书，第 265 下 -266 页上和中）。

[2]　《中华道藏》第 5 册，北京：华夏出版社，2004 年，第 572 页。

日日自然。自化迹变，称曰因缘。差之则异，混之则同。何以言之？理不顿阶，事因假待。假待之主，以因缘为宗。缘行既备，归之自然，则心不取外，岂自取哉，外自取哉！外自兼忘，内融为一。"①《太上妙法本相经》（敦煌本）从事物的朴及散入手，融合自然与因缘，认为物有朴有散，有朴和散即有因缘，而因缘又需要自然。因缘中有自然，自然中也有因缘："夫物要须散其朴，谢其古，乃可彰之耳……故立朴成因缘之果，虽有因缘，非其自然之感，因缘何从而成也，故自然非一而执，若执其一，万物则功莫从而兴也。是以真人知因缘，修因缘，行之于因缘，故自然而运起也，将知因缘中者有自然。"②《三论元旨》认为自然和因缘，彼此不离不分，你中有我，我中有你："自然中有因缘，因缘中有自然。自然不离于因缘，因缘不离于自然，而能异之而同者矣。然夫一切因缘者，悉是自然因缘也。"③《太真玉帝四极明科经》将自然与报应统一起来："善恶因缘，莫不有报。生世施功布德，救度一切，身后化生福堂，超过八难，受人之庆，天报自然。"④

　　自然与道、理、数在不同的用法中有不同的意义，它既是指不同的法则，又是指法则的必然性；在反决定论中，它又被赋予了偶然性的意义。在佛道的争论和融合中，自然同因缘、因果报应既被区分又被融合。在区分中，自然被看成是无因和无报应；相反，在融合中，自然又

---

① 通玄先生：《道体论》（引文对标点符号有改动），载《中华道藏》第26册，北京：华夏出版社，2004年，第25页。

② 《中华道藏》第5册，北京：华夏出版社，2004年，第47页。

③ 同上书，第76页。

④ 《中华道藏》第2册，北京：华夏出版社，2004年，第416-417页。

被认为是同因缘和因果报应统一的。

第五节　非主使、非人为、非造作："自然"即"莫为"

对天地万物的存在及其根据，借用《庄子·则阳》的说法，一是"莫为"，一是与此相反的"或使"。"或使说"认为天地万物的存在和变化取决于主使者的作用；与此相反，"莫为说"则认为宇宙和万物何以如此，是它们自身的原因所致，在它们自身之外没有什么力量决定它们。从"莫为"来看道家的"自然"，它既具有"非人为"的意义，类似于荀子批评庄子说的"蔽于天而不知人"的"天"；又具有"非主使"的意义，这是将天地、万物存在和变化的原因都归结为它们自身，否认或使者或主宰者。一般所称的道家的"自然主义"，可以叫作宽泛意义上的"莫为说"。道家"自然"的这两种意义都是在老子之后演变出来的。对胡适来说，道家自然主义"非主宰"的方面值得赞扬，而"非人为"的方面则需要克服。

道家的"自然"原本是指万物和人的自主性活动方式，是指万物和人自己造就自己、自己成就自己的存在方式（后述）。这是由老子开创的"自然"。这种"自然"是就万物和人类的现实活动和表现来说的，至于万物和人为什么会这样，为什么要这样，老子没有进一步去说，即他没有明确揭示万物和人类活动的内在根据和驱动力（老子的"德"在指称万物和人时也许蕴含了这种意义），但老子之后，到了庄子和黄老学，万物和人类为什么要"自然"，为什么要自主性活动，为什么要自己造就自己，就有了不同的说明。其中一种是"物德论"和"本性论"的说明，认为万物和人类都有其内在的"德性""本性"，这是它们的驱动力；另一种是"人情论"的说明，认为人类之所以要"自然"，这由它先天的"趋利避害""好生恶死"的性情驱动。按照老子的"自然"即"自己如此"和"自成"的含义，根源性的道和政治统治者遵行万物和人民的"自然"，就是遵循它们的倾向、现实活动和存在方式。之后，道家从老子遵循万物和人的"自然"的思想中，衍生出了遵循万物和人的先天固有的"天德"（"德性"）、"人情（性）"和"本性"的含义（上已述）。与此同时，道家从道和统治者遵循万物、民德、人情的"自然"中，从道和统治者"不干涉"的"无为"中，创造出了"非故意""非人为""非造作"的"自然"。①

　　现在用作"非人工"的"自然"，是把人类的活动及其结果同纯粹物理世界和物质世界自身的活动及其结果区分开。这种"自然"是相对于"人"的狭义的"自然"。在中国古代早期，庄子和荀子"天人观"中的"天"，就是这种用法的典型。只不过庄子美化"天"，热衷于"天人合一"，菲薄人工，更批评背反"天"的"人为"和"造作"；荀子为天人划界，在人性之天和人的修为之间倾心于"天人相分"。庄子用"天"和"自然"表达的"自然主义"，主要就是非人工、非人为、非造作的意义。在《庄子》中，"天"或"天德"体现在人身上是人的天性

---

　　① 有关这一点，参阅叶树勋：《早期道家自然观念的两种形态》，《哲学研究》2017 年第 8 期，第 18-28 页。

和本性。"天"是纯真的美德和价值，来源于天的人的天性也是纯真（就此来说，庄子的人性论也可以说是性真论），人保持和表现他的天性，他就达到了天人合一，这是庄子的信念。但在现实中，人们不免损害甚至失去他们的天性美。庄子强调天、天真、纯朴等价值，就是为了让人们保持这些东西；他之所以批评人工、人为、造作，批评人的故意、有意识，是因为在他看来这些东西破坏了人的天性真。《庄子》一书中主要用来表达这种思想观念的是"天"和相对于"天"的"人"（"人为"）。

现在人们解释庄子的"天"一般所用的"自然"概念，是古代中国和西方的非人为"自然"的混合物。在《庄子》中，"天"这一概念随处可见，相比起来，"自然"就比较少，也就是几个例子。^① 其中用作"非人为"这种意义的"自然"，一是《庄子·秋水》："以趣观之，因其所然而然之，则万物莫不然；因其所非而非之，则万物莫不非。知尧、桀之自然而相非，则趣操睹矣。"人们有不同的兴趣，他们对事物有肯定、有否定。同样，尧和桀也出于他们自身的兴趣而表现他们的"自然"倾向，"自然而然"，相互否定。《庄子》中用作这种意义的另一个例子是在《田子方》中："夫水之于汋也，无为而才自然矣；至人之于德也，不修而物不能离焉。若天之自高，地之自厚，日月之自明，夫何修焉！"水的清澈是水的"无为"，是它的天性（"才"）原本就这样的（"自然"）。至人的"无为"而"自然"，不修而有德，如同天地日月

---

① 其中《庄子·天运》中的"应之以自然"的"自然"就有"非造作"和"非故意"的意思。但这句话所在的一段据唐写本被认为是窜入，有的注本删除。这里也不以此为证。

的高厚和明亮，都是自然而然，都不是故意和造作。因为没有外在的干涉，所以一切按照事物自身的特性来表现。如《列子·黄帝》说："其国无帅长，自然而已；其民无嗜欲，自然而已。"

被《庄子》开辟出来的"非故意""非造作"的"自然"，后来被扩大为中国"自然"的重要意义之一。如《吕氏春秋·论人》说："何谓反诸己也？适耳目，节嗜欲，释智谋，去巧故，而游意乎无穷之次，事心乎自然之涂，若此则无以害其天矣。无以害其天则知精，知精则知神，知神之谓得一。"这里的"自然"具体是指"释智谋"、"去巧故"和不害其"天"，这是在反求诸己和养生方面的"非故意""非造作"等。如《文子·自然》说："名各自命，类各自以，事由自然，莫出于己。若欲狭之，乃是离之；若欲饰之，乃是贼之。"①据此，事情都有自身的本来样态（"自然"），人不要用自己的主观去加以改变，人为地去限制和修饰，都是对它们的"自然"的破坏。这是排除个人主观性的"非人为"。《淮南子》中"非人为""非造作"的"自然"，一则表现为非用智、非用行、非用为和非用求。如《览冥训》说："故以智为治者，难以持国，唯通于太和而持自然之应者，为能有之。"《诠言训》说："故圣人不以行求名，不以智见誉；法修自然，己无所与。虑不胜数，行不胜德，事不胜道。为者有不成，求者有不得。"②二则表现为非勉强、非装

---

① 《淮南子·主术训》也有类似的说法："名各自名，类各自类，事犹自然，莫出于己。"

② 《淮南子·修务训》也说："若夫以火燥井，以淮灌山，此用己而背自然，故谓之有为。"

饰。如《齐俗训》说："且喜怒哀乐，有感而自然者也。故哭之发于口，涕之出于目，此皆愤于中而形于外者也。譬若水之下流，烟之上寻也。夫有孰推之者！故强哭者虽病不哀，强亲者虽笑不和。"嵇康明确将自然与人为的东西区分开："且又律吕分四时之气耳，时至而气动，律应而灰移，皆自然相待，不假人以为用也。"（《声无哀乐论》）

除了非人为、非造作的莫为"自然"，道家的莫为"自然"还有一个重要所指，即天地万物的非主使和非主宰性。如《尹文子·大道上》将一些不同特性的事物看成是非造作的"自然"："五色、五声、五臭、五味，凡四类，自然存焉天地之间，而不期为人用。"《淮南子·泰族训》列出了一系列天地万物的自发性活动，它们都是"莫为"的"自然"："天致其高，地致其厚，月照其夜，日照其昼，阴阳化，列星朗，非〔有为焉，正〕其道而物自然。故阴阳四时，非生万物也；雨露时降，非养草木也。神明接，阴阳和，而万物生矣。故高山深林，非为虎豹也；大木茂枝，非为飞鸟也；流源千里，渊深百仞，非为蛟龙也。致其高崇，成其广大，山居木栖，巢枝穴藏，水潜陆行，各得其所宁焉。"①按照这里的说法，天地、日月、星辰、阴阳四时、雨露等的活动，都是它们自身的作用，没有造物主和主使者。王充和郭象充分发展了万物自生自化的思想，在颠覆造物主、役使者和意识目的之"天"上彻底而一

---

① "物自然"是"物"都按"道"以"自身"的特性活动，它不是因为"他者"而这样做（"非有为"）。它同《吕氏春秋·义赏》中的说法恰恰相反，后者主张事物之间的关系是"非自然"和"或使之"："春气至则草木产，秋气至则草木落，产与落或使之，非自然也。故使之者至，物无不为；使之者不至，物无可为。古之人审其所以使，故物莫不为用。"

贯。王充坚持天和天道的自然无为论，批判和否定天的目的论、天人感应论和谴告论："夫天道，自然也，无为。如谴告人，是有为，非自然也。"（《论衡·谴告》）在王充那里，自然和无为这两个概念可以互换，自然即无为，无为即自然。天道是自然，也是无为。王充强调，万物的产生和活动，都是天和天道自然无为的结果。万物中对人有益的东西，人可以利用和使用的东西，都不是天有意识、有目的产物。《论衡·自然》说："天地合气，万物自生，犹夫妇合气，子自生矣。万物之生，含血之类，知饥知寒，见五谷可食，取而食之，见丝麻可衣，取而衣之。或说以为天生五谷以食人，生丝麻以衣人，此谓天为人作农夫桑女之徒也，不合自然，故其义疑，未可从也。试依道家论之。"又说："天者，普施气万物之中，谷愈饥而丝麻救寒，故人食谷、衣丝麻也。夫天之不故生五谷丝麻以衣食人，由其有灾变不欲以谴告人也。物自生而人衣食之，气自变而人畏惧之。以若说论之，厌于人心矣。如天瑞为故，自然焉在？无为何居？"①

郭象的"莫为自然论"，一是否定目的论的天，像王充所说一样，把天看成是纯粹的自然："天者，自然之谓也。"（《庄子注·大宗师》）"天也者，自然者也。人皆自然，则治乱成败，遇与不遇，非人为也，皆

① 天意论用拟人化的方式论证天有目的，王充一方面用非拟人化论证天是自然，另一方面将天地比作夫妇又是拟人化："何以〔知〕天之自然也？以天无口目也。案有为者，口目之类也。口欲食而目欲视，有嗜欲于内，发之于外，口目求之，得以为利欲之为也。今无口目之欲，于物无所求索，夫何为乎！何以知天无口目也？以地知之。地以土为体，土本无口目。无地，夫妇也，地体无口目，亦知天口目也。使天体乎，宜与地同。使天气乎，气若云烟。云烟之属，安得口目！"（《论衡·自然》）

自然耳。"（《庄子注·大宗师》）二是否定造物者的天，认为万物都是自生、自化，没有什么役使者。如《庄子注·知北游》说："谁得先物者乎哉……吾以自然为先之，而自然即物之自尔耳……明物之自然，非有使然也。"《庄子注·齐物论》也说："而或者谓天籁役物，使从己也。夫天且不能自有，况能有物哉！故天者，万物之总名也。莫适为天，谁主役物乎？故物各自生而无所出焉，此天道也。""起索真宰之朕迹，而亦终不得，则明物皆自然，无使物然也。"从这里出发，郭象对《庄子·则阳》的"莫为"与"或使"二说会选择什么不言而喻："季真曰，道莫为也。接子曰，道或使。或使者，有使物之功也。物有自然，非为之所能也。由斯而观，季真之言当也。皆不为而自尔。物有相使，亦皆自尔。"（《庄子注·则阳》）郭象的主张很彻底，他不仅否定了造物者和外在的作用力（"外不由于物"），甚至也否定了事物自身的原因（"内不由于己"）。万物为什么会出现和如此，既不取决于外在力量，也不取决于自身。《庄子注·齐物论》说："自生耳，非我生也。我既不能生物，物亦不能生我，则我自然矣。自己而然，则谓之天然。"

"自然"的意义从事物"自己"造就自己，没有外界的干涉，到排除外在主使，排除外在的作用和影响，从由自己生、自己化的自生、自化，到不由自己生和不由自己化，凡此种种，这前后的变化是多么大啊！

第六节　万物的自主活动和自己造就："自然"即"自成"

作为万物实体的"自然"是就一切事物及其现象的整体而言，作为事物本性的"自然"强调的是事物固有的内在特性和依据。同"自然"的这两个含义关系非常密切，它的一个含义是指事物的"自成"和"自己造就"。从逻辑上说，作为万物实体和本性的"自然"，则是自己造就的"自然"的前提[①]；但从道家自然概念的产生及演变过程来说，"自己造就"和"自成"的"自然"却是先行产生的，万物实体和本性的自然则是在此之后演变出来的。此外，事物自成和自己造就的自然，同上述非主使的莫为自然（"自生""自化"）有某种类似性，但在后者，万物的自生、自化同否定主使者、主宰者、神意论和目的论是一体的两面；在前者，万物自成的"自然"，则是同道和圣人的"无为"联系在一起。这是老子创立的"自然"，也是中国"自然"的最初意义，其他的意义都是在此之后演变出来的。

要准确认识老子的"自成"和"自己造就"的"自然"，首先必须将它置于老子的"道"与道创造的"万物"的关系中去把握。按照老子的义理，道是天地和万物的根本，它创造了万物，又是万物的普遍根据和统一本质。换言之，万物是被道创造出来的，它分有了道的普遍性。从这种意义上说，万物与道具有统一性。《庄子》中的"道通为一""天地一指""万物一马"，佛教说的"一即一切""一切即一"，宋文明在《道德义渊》中说的"物之自然，即物之道性也"[②]，王玄览在《玄珠录》中说的"道性众生性，皆与自然同"[③]，都是强调两者具有统一性。但同时

---

① 从现实来说，事物自己造就自己的自然，同时又是万物实体及其本性的自然的实现。
② 《中华道藏》第 5 册，北京：华夏出版社，2004 年，第 521 页。
③ 《中华道藏》第 23 册，北京：华夏出版社，2004 年，第 623 页。

要知道的是，万物又不等同于道，一物更是如此，就像子女不能等同于父母那样。万物被创造出来之后，它们同道就具有了相对的关系，并且在这种相对关系中存在和实现自己。按照这种关系，道只是万物的监护者和守护者，而不是万物的干涉者和控制者。老子的"道法自然"极具象征性地表现了道遵循万物的自主性活动的意义。但河上公将"道法自然"解释为"道性自然"，将"自然"看成是"道性"，虽然为"道"赋予"自然之性"的新意，并在后来《老子》的解释中产生了深远的影响。但从《老子》文本本身来说，这一解释根本不是老子所要表达的意义。①

只要充分认识到老子之道的活动方式——无为、柔弱和德蓄之，是对于万物而言的，就能够明白老子的"道法自然"是指道遵循万物的"自然"，即万物的自主性活动和自我造就。按照老子的说法，道具有伟大的美德（"玄德"），对于万物它"生而不有，为而不恃，长而不宰"。道创造万物不主宰万物，就给万物自身的活动提供了空间和条件。这也是道的无为。正因为万物不受道的主宰和干涉，万物就能够自己实现自己，这是万物的"自然"。从"圣人辅万物之自然"这一说法可知，老子的"自然"是就"万物"而言，是有关万物的存在方式，正如老子的"无为"是就"道"而言那样。老子的"道法自然"的确切含义是，道遵循万物的"自然"，遵循万物自己造就自己的活动方式和结果。老子的"道"的"无为"与万物的"自然"是对应关系。这种关系延伸和运

①　有关这一问题的讨论，参阅王中江：《道与事物的自然：老子"道法自然"实义考论》，《哲学研究》2010年第8期，第37-47页。

用到人类领域中，就成了统治者、圣人、侯王的"无为"与百姓的"自然"的对应关系。这是老子政治原理的根本构造。老子的"辅万物之自然"的说法，在《子华子·晏子》中得到了直接传承："于传有之，循道理之数，而以辅万物之自然，六合不足均也。七十九代之君，其为法不同而俱王于天下，用此道也。"

老子的"自然"是指万物和人的自主活动和自己造就，通过老子使用的同"自然"相近的其他一些词汇能得到更充分的证明。对理解老子的"自然"的真正意义来说，这些词汇非常重要。它们是"自富""自化""自正""自朴""自均""自宾""自生""自来"等。这些词汇具体都是用在社会"民众"身上，指"民众"的各种"自主性活动"。它同以第一人称"我"来表示统治者的不干涉主义构成了一个非常清楚的对应关系："故圣人云：我无为而民自化，我好静而民自正，我无事而民自富，我无欲而民自朴。"《老子》第三十二章同样如此，它将侯王遵循道的无名和朴，同"万物将自宾"和"民莫之令而自均"相对："道常，无名，朴。虽小，天下莫能臣。侯王若能守之，万物将自宾。天地相合，以降甘露，民莫之令而自均。""万物"的"自宾"、"民"的"自均"，同《老子》第五十七章的"民"的"自化""自正"等一样，也是万物和民的"自然"，即它们的各种自主性活动。《老子》第五十一章"道之尊，德之贵，莫之命而常自然"的论断，说的也是道、德同物和百姓的关系。它的意思是，道的尊显，道之德的可贵，不是谁加封的，而是其遵循万物自成的结果。王弼本等"莫之命"的"命"，帛书本和汉简本等作"爵"。"爵"义为"封""授予"，同"命"用作"命令"含义上差别大，但若是用作"命名"，含义上就相近。"莫"解释为"没有""没有谁"都可以。

老子建立的"自然"的这种意义后来被延续和传承了下来，成为道家也是中国"自然"概念的基本含义之一。在《庄子》特别是黄老学中，我们多能看到这种意义的"自然"。《庄子·应帝王》说："汝游心于淡，合气于漠，顺物自然而无容私焉，而天下治焉。"据此来说，统治者"顺物自然"，就是遵循万物的自成、自化。《庄子·天地》中也有类似的用法，只是它没有用"自"字，而只是用了"化"和"定"字，但其"化"和"定"，同老子说的"自化"和黄老学说的"自定"意思一致，它们同样是指万物和百姓的活动方式："古之畜天下者，无欲而天下足，无为而万物化，渊静而百姓定。"庄学追求逍遥和自由，主张高度的放任，强化了老子政治上的"无为"，其"自然"更进一步要求个人的自主和自成。《庄子·缮性》说："古之人，在混芒之中，与一世而得淡漠焉。当是时也，阴阳和静，鬼神不扰，四时得节，万物不伤，群生不夭，人虽有知，无所用之，此之谓至一。当是时也，莫之为而常自然。"

追求公共秩序的黄老学，充分发展了老子"自成"意义的"自然"。如慎到主张统治者因循自然，认为因循自然，就能实现长久的治理："守成理，因自然"（《慎子·逸文》）；"任自然者久，得其常者济"（同上）。《管子·形势》将统治者的无事同民众的自试相对应："上无事，则民自试";《管子·形势解》将统治者的"不扰""不劳"同民众的"自循""自试"相对应:"明主之治天下也,静其民而不扰,佚其民而不劳。不扰,则民自循;不劳,则民自试。"《黄帝四经·名刑》将形和事的"自定"和"自施"同我的"愈静"和"无为"相对应:"形恒自定,是我愈静;事恒自施,是我无为。"《邓析子·无厚》受到了老子自成思想的影响,强调君主要遵循万物的自然倾向而不要干涉,让其自我成就:"夫自见之,明;借人见之,暗也;自闻之,聪;借人闻之,聋也。明君知此,则去就之分定矣。为君当若冬日之阳,夏日之阴,万物自归,莫之使也。恬卧而功自成,优游而政自治。岂在振目搤腕、手据鞭朴,而后为治欤?"

韩非通过具体的事例解释《老子》,准确地把握了老子的"自成"的自然:"夫物有常容,因乘以导之。因随物之容,故静则建乎德,动则顺乎道……故冬耕之稼,后稷不能羡也;丰年大禾,臧获不能恶也。以一人之力,则后稷不足;随自然,则臧获有余。故曰:恃万物之自然而不敢为也。"(《韩非子·喻老》)《文子·自然》认为,只有使"物"能按照自己的"自然"而行动,社会才能治理:"物必有自然而后人事有治也。"这正是圣人立法的根本目的:"故圣人立法,以导民之心,各使自然。"《文子·自然》中还有一段话说:"所谓无为者……循理而举事,因资而立功,推自然之势,曲故不得容,事成而身不伐,功立而名不有。"《文子·下德》中的一句话意思与此完全一致:"漠然无为而天下和,淡然无欲而民自朴。"《关尹子·极》提出了圣人用天下治理天下的主张，以使天下之人都能够自己造就自己："圣人不以一己治天下，而以天下治天下。天下归功于圣人，圣人任功于天下。所以尧舜禹汤之治天下，天下皆曰自然。"这里是"天下"的人都说他们是"自成"。《鹖冠子·世贤》用的是"其下"，他们都说他们是"自成"："凡此者不病病，治之无名，使之无形，至功之成，其下谓之自然。"

西汉的黄老学著作《淮南子》，同样承继和发展了老子万物、百姓自我造就的"自然"思想。如《淮南子·原道训》说："各生所急，以备燥湿；各因所处，以御寒暑；并得其宜，物便其所。由此观之，万物固以自然，圣人又何事焉！"按照这里的说法，既然"万物"都能自己造就自己，那么统治者就没有什么可做的了。又如《淮南子·泰族训》说："夫物有以自然，而后人事有治也……驾马服牛，令鸡司夜，令狗守门，因其自然也。"既然物能够自然，那就要遵循它。很明显，这两个例子中的"自然"都是对"物"而言，它是属于"物"的活动方式。汉之后的《老子》注释者，也程度不同地表现了老子的自成和自己造就的"自然"概念。如严遵认为"天地之道"，完全顺从万物，以使它们"各正命性"，由此万物就能够自成（"自然"）："各正性命，物自然矣。"（《老子指归·天之道篇》）严遵将天地之道运用在政治上，认为统治者既要观察天地的变化，又要观察万物的"自成"，使万物都能够自己成就自己："览天地之变动，观万物之自然。"（《老子指归·至柔篇》）"不思不虑，若无所识，使物自然，令事自事。"（《老子指归·其安易持篇》）王弼的《老子道德经注》第二十七章同样阐发了老子自成意义上的"自然":"顺自然而行,不造不始……因物自然,不设不施。"

实际上存在着这样一种情形,即人们受事物本身的影响远没有受对事物看法的影响大。人们习以为常地因循河上公对老子"道法自然"的解释,将老子的"自然"看成是道的属性,将道和圣人的无为同自然混为一谈,这既毁坏了老子思想的内在结构,也遮蔽了老子万物自主选择和自己造就自己的深刻的"自然"思想。老子"万物"和"百姓"的"自然"即自成的思想,在《老子》文本中有很强的内证,黄老学等文本也有大量的佐证。表达这种思想的词汇在道家文本中非常多,决不限于"自然",其他如化、自化、自事、自命、自定、自清、正理、自富、自朴、自宾、自生、自均、自壮、自试、自成、自施、自正、自作、自喜等都是这一类词汇。将"自然"同这些词汇结合起来,不仅能够准确地把握道家的"自然"最初在老子那里是指万物"自成"的意义,而且更能够认识到道家的"自然"观念是一种很深刻的"自由"思想。

第七节 规范、准则和境界:"自然"即"因任"、"自如"和"忘我"

"自然"作为事物的自主性活动和自我造就,它是事物自身的存在方式;作为事物的本性,它是事物存在的根据和基础;作为道、理、数、命等,它是事物的不同规律、法则和秩序。从自然的这些意义特别是法则的含义,它衍生出了相应于人的活动的规范、准则、标准、境界等的意义(上述说到的"自然"之"当然"是指"应当")。如"自然"

的"不造作""非人为""无意识""非故意"等意义，运用到人的身上，它就有了规范和境界的意义。现在人们普遍使用的"不勉强""放松"等"自然"，既是规范，又是境界。

"自然"用作规范、准则和境界的意义，其中比较典型的说法是"因循自然""随顺自然""任自然"等。人要因循自然，反过来说，"自然"对人就具有了规范的作用。按照《庄子·应帝王》说的"顺物自然而无容私"，顺从自然就具有了公共的价值。按照《慎子》说的"是以任自然者久，得其常者济"，"任自然"就能够长久。按照《文子·精诚》说的"怀自然，保至真"，人怀抱了自然，他就保持了纯真的价值。按照《老子想尔注》第二十三章说的"自然，道也，乐清静……合自然，可以久也"[1]，人做到了"自然"，他就能够清静；合乎自然，他就能够长久。按照王弼说的"因物自然，不设不施"，遵循自然最简省。按照嵇康《难自然好学论》说的"从欲则得自然"，实现人的自然，就是充分满足人的性情。这几处例子中的"顺自然""任自然"也好，"怀自然""合自然""因自然"也好，都认为遵循事物的自然（本性、法则等）而行动，既是规范和应该，也是好的行为方式，并会产生好的结果。

"道""理"的"自然"是"必然"，也是"当然"，人遵循道理既是遵循自然和必然，也是应该，这是通过自然达到天人合一、道物合一和

---

[1] 饶宗颐：《老子想尔注校证》，上海：上海古籍出版社，1991年，第30页。

理事合一。如程颢说："万物皆只是一个天理，己何与焉？至如言'天
讨有罪，五刑五用哉！天命有德，五服五章哉！'此都只是天理自然当
如此。人几时与？与则便是私意。"①天理自然，即天理当然和应然，它
是客观的标准和尺度，又是人的价值目标，人要遵循它，以避免他的主
观性和私意。对朱熹来说，人如果能够按照天理自然去做，他就能够坦
坦荡荡："今看得天理乃自然之理，人欲乃自欺之情，不顺自然，即是
私伪……出于天理之所当为，胸中自是平正，无有慊愧，自是宽泰，无
有不足。"②照朱熹的说法，"顺自然"即顺从天理的当然和必然，按照
天理的标准和尺度去行动。罗钦顺认为天道自然是人道当然的基础，又
是人道应该遵循的法则："天之道莫非自然，人之道皆是当然。凡其所
当然者，皆其自然之不可违者也。何以见其不可违？顺之则吉，违之则
凶，是之谓天人一理。"③按照罗钦顺的逻辑，天道自然是人道当然的来
源。反过来说，人道的当然又是天道自然所不违背的。因为两者原本就
是统一的。

　　"自然"不仅具有规范、正当和价值的意义，而且也有最高"境界"
的意义。在儒释道三教中，我们都能看到这种用法。先看道家、道教的
例子。如《管子·形势》认为，人掌握了天道，他做事就能不假思索、
手到擒来（"得天之道，其事若自然"）；又如郭象认为，人达到了"自

　　① 《河南程氏遗书》，载《二程集》第一册，北京：中华书局，1981年，第30页。
　　② 朱熹：《答徐居甫》，载《朱子全书》（二十三），上海：上海古籍出版社，2002年，
第2786页。
　　③ 罗钦顺：《困知记》卷上，北京：中华书局，1990年，第23页。

然"，他就达到了无意识的得心应手的境界："天者，自然之谓也……是故真人遗知而知，不为而为，自然而生，坐忘而得，故知称绝而为名去也。"(《庄子注·大宗师》)《三论元旨》强调修行的目的是要契合自然："修行之人，因有为而达无为，因有生而达无生。了乎自缘，契于自然，则无生之性达矣。"[1]有关佛教的例子，先看一下僧肇的说法。僧肇在《答刘遗民书》中提出了"心体自然"的境界："若心体自然，灵怕独感，则群数之应，固以几乎息矣！"[2]圣人"心体自然"是指"妙尽冥符""玄心默照"的超然境界。这同他在《涅槃无名论》中说的"妙契自然"概念一致："至能拔玄根于未始，即群动以静心，恬淡渊默，妙契自然。"[3]再看一下孙绰的说法。孙绰的《喻道论》认为佛是体道者，其无为就是虚静自然的境界："夫佛也者，体道者也。道也者，导物者也。应感顺通，无为而无不为者也。无为，故虚静自然；无不为，故神化万物。"[4]"道"、"无为"、"虚静"和"自然"都是道家的概念，孙绰这里主要用它们去解释"佛"的境界，佛的体道和无为，是虚静，也是自然。"自然"即纯然没有声色的自如。

自然境界有人的内在根据，同时又是人修炼的结果。儒道赞美经过修炼而达到高超的自然境界，为此他们还提出修炼之功。如《太上妙法本相经》认为，"任自然"则是修习的结果，若不修习何来因任和

---

① 《中华道藏》第 26 册，北京：华夏出版社，2004 年，第 74 页。

② 《中国佛教思想资料选编》第一卷，北京：中华书局，1981 年，第 156 页。

③ 同上书，第 162 页。

④ 孙绰：《喻道论》，载《弘明集校笺》卷第三，上海：上海古籍出版社，2013 年，第 147 页。

感通："若任自然，自然从何而来；若不信自然，自然何方而应。故修
之则自然而感，废之则自然无著也。"①这种说法同庄子说的人按照他的
"天德"和"自然"本真而生活就是境界不同，它是强调人遵循事物的
法则进行修炼而成就一种自觉、自为而达到和顺无为、不为的境界。朱
熹把圣人为学达到的最高境界称为"自然"："学者是学圣人而未至者，
圣人是为学而极至者。只是一个自然，一个勉强尔。惟自然，故久而
不变；惟勉强，故有时而放失。"②"勉强"是"不自然"；"不勉强"就
是"自然"，就是有境界，它是人内化了的出入自如的境界。如何从勉
强到不勉强，从不自然到自然，按照朱熹的说法，就是通过努力为学
来实现。如朱熹说："圣只是做到极至处，自然安行，不待勉强，故谓
之圣。"③"自然安行，不待勉强"是工夫极至的结果，正如朱子在另
一地方所说："如穷格工夫……工夫到后，自然贯通"。④工夫达到了，
人们就能得心应手，"不假修为"："圣人太极之全体，一动一静，无
适而非中正仁义之极，盖不假修为而自然也。"⑤没有工夫，就只能是
勉强。

---

① 《中华道藏》第 5 册，北京：华夏出版社，2004 年，第 46 页。

② 《朱子语类》卷二十一，载《朱子全书》（十四），上海：上海古籍出版社，2002 年，第 724 页。

③ 《朱子语类》卷五十八，载《朱子全书》（十六），上海：上海古籍出版社，2002 年，第 1862 页。

④ 《朱子语类》卷九，载《朱子全书》（十四），上海：上海古籍出版社，2002 年，第 299-300 页。

⑤ 朱熹：《太极图说解》，载《朱子全书》（十三），上海：上海古籍出版社，2002 年，第 70 页。

在不少方面阳明学同朱子理学都有很大的差别，但在强调立志、用功达到"自然境界"上，它同朱子理学有一致之处。如王阳明认为，人时时刻刻存持天理，就是立志，就能达到"自然"："只念念要存天理，即是立志。能不忘乎此，久则自然心中凝聚。"①人在成就自己的自然境界上没有捷径，只要下学的工夫到了，他自然就能上达："凡圣人所说，虽极精微，俱是下学。学者只从下学里用功，自然上达去。"②这种工夫在王阳明那里也是"致良知"，人必须坚持不懈，不断积累才能自我超越："我只是这致良知的主宰不息，久久自然有得力处，一切外事亦自能不动。"③作为阳明心学前驱的陈白沙和湛若水已提倡"功到自然成"的境界论。主张"学者以自然为宗"的陈白沙，认为"自然之乐"是"真乐"④，但若要实现自然之乐，就必须坚持和不断用功，不能急于求成，否则就是"助"和"忘"。他曾经对湛若水说："千古惟有孟子勿忘勿助，不犯手段，是谓无在而不在。以自然为宗者也，天地中正之矩也。"⑤受此影响的湛若水，也强调修炼之功，反对助长，认为只有如此，才能收自然之果："君子必有事焉而勿正，心勿忘，勿助长，所以存天之机，而不以人力参之也。本体自然，不犯手段，积以岁月，忽不自知

---

① 《传习录》（上），载《王阳明全集》（上），上海：上海古籍出版社，1992 年，第 11 页。

② 同上书，第 12 页。

③ 《传习录》（下），载《王阳明全集》（上），上海：上海古籍出版社，1992 年，第 101 页。

④ 《与湛民泽》，载《陈献章集》（上），北京：中华书局，1987 年，第 192-193 页。

⑤ 湛甘泉：《白沙书院记》，载《泉翁大全集》卷二十七，台北："中央研究院中国文哲研究所"，2017 年，第 34-35 页。

其机之在我，则其睟于面，盎于背，皆机之发所不能已"①。理解他们所说的高超的圣人的"自然境界"并不难，人们学艺的过程与此非常类似。人们一开始接触任何一种技艺的感觉和经过持续艰苦修炼之后的感觉，有天壤之别。开始的无从下手，和笨拙的勉强、不自然，到后来就有了得心应手和出神入化的"自然境界"，还会有"创造"如自然的超级境界。

　　自称接续程朱理学的冯友兰，虽然也将"自然"作为人的"境界"，称为人的"自然境界"，但相比于传统特别是儒家传统，他对人的自然境界评价很低。这同他对境界的界定有关。在他看来，"境界"在于人对事物的"觉悟"和"理解"。人对事物觉悟和理解的程度高，他的境界就高；反之，他的境界就低。处在"自然境界"中的人，他天生同事物浑然一体，对事物的觉解程度最低。这种境界不仅低于"道德境界""天地境界"，而且也比"功利境界"低。一般认为道家特别是庄子的"天人合一"的"自然"境界，类似于人类"自然状态"的境界，在此他们天然地表现天真和纯朴的价值，这就像小孩子的"天真"那样。但道家主要是借助于此来强调人的"本真"和"本然"的境界，抑制对人性美好东西的破坏，而不是简单地说让人永远都成为小孩子。事实上，道家这样主张已经是经过高级反思后的主张，因此，他们的立场也是让人通过自我认识和修炼达到更高的自然境界。冯友兰虽然把道家

---

① 湛甘泉：《睟面盎背论》，载《泉翁大全集》卷三十三，台北："中央研究院中国文哲研究所"，2017 年，第 4 页。

谱系中的"自然"概念称为一种境界①，但又大大贬低了它。这是一个例外。

规范、准则和境界意义的"自然"，同人的活动和行动有关，它既是客观的尺度，又是人应该遵循和实现的价值。正如真正的人生没有直线更不能坐享其成那样，遵循作为规范和准则的自然需要学习，达到作为出神入化境界的自然，更需要修行和操持。它是从逾矩到不逾矩、从勉强到不勉强、从不自然到自然的过程。

中国的"自然"概念既有复杂的演变过程和谱系，又有非常多的解释和运用，这里的考察所论及它的一些含义和特性，主要有现实实体的自然、万物本性的自然、本体及本性的自然、法则的自然、非故意和非主使的自然、万物自己造就自己的自然、规范和境界的自然，等等。中国"自然"概念的这些含义和特性主要是在道家和道教思想中建立和发展起来的，但佛学和儒学在不同程度上参与了这一过程，随着它成为"nature"的译语，西方的"自然"也同中国固有的"自然"融合了。

---

① 冯友兰：《新原人》，北京：生活·读书·新知三联书店，2007年。

第三章 根源性永恒概念：老子的作为"道"的 谓词的"恒"

第一节 "道"之时间性："道恒"的失忆及唤起

时间概念在不同领域有不同的含义，比如有哲学上的、科学上的，还有文化上的、生活上的。有限的《老子》文本表达了一种非同寻常的哲学上的"永恒""永久"的时间概念，它同根源性的"道"这一形而上学范畴密不可分。有一种看法认为，老子的"道"是"超越时间"的绝对。张岱年否定这种立论，认定老子的"道"具有时间性，不是超越时间的存在。老子说的"道乃久"（《老子》第十六章）就是一个佐证。[①]老子对道的时间性还有其他重要的表达，其中之一是"道恒"（"道是永恒的"）。[②]但这一表达和语义在历史上被埋没和遮蔽了。有来自语义学方面的原因，但主要是因为老子之"道"的复杂性，我们要充分认识它、把握它十分不易。出土的不同《老子》抄本，确认了《老子》传世

① 张岱年：《老子哲学发微》，载《张岱年全集》第 5 卷，石家庄：河北人民出版社，1996 年。以下引用《老子》主要采用帛书乙本，依传世本标出章数。

② "恒"的本义是指月相的周期性变化，由此引申出持续性和恒久的时间意义。

本中的"常"字原来大都为"恒"字；上博简的《恒先》彰显了"恒"
这一概念；还有我们围绕"恒"这一概念展开的许多讨论，共同促成
了认识东周子学"恒"这一概念的契机。这其中就有认识《恒先》的
"恒"，认识老子的"恒"和"道恒"的"恒"，等等。①

　　从统计的意义上就可看出②，"恒"是《老子》文本里出现频率高而
实质上也重要和显赫的词汇。这一词汇在传世本中因避讳（刘恒）而整
体上都改成了"常"。郭店本、帛书本、汉简本等《老子》抄本，确证
了传世本中的"常"原为"恒"，这已成为研究《老子》的一个新的常
识了。③谈论道在时间上的永恒性、永久性和无限性，人们首先会联想
到"非恒道"的"恒道"概念。这里的"恒"是"道"的定语，是在时
间意义上修饰"道"的词汇。《老子》中以定语修饰"道"的词汇还有
"大（道）"字这一表现。"大道"之"大"有不同的语义，犹如"道大"

---

①　王中江：《终极性根源概念：〈恒先〉中的"恒"探微》，《哲学研究》2016 年第 1
期。马思劢也讨论了"恒"的概念等（Thomas Michael，*Philosophical Enactment and Bodily
Cultivation in Early Daoism*, London: Bloomsbury Publishing, 2021）。另，在这一讨论中我发现
了这一问题，曾在一个学术会议上特别提出。在《老子》一书的解读中，我已经按照这一结
论对《老子》相关文本做了新的句读并进行了释义，但未就此展开专门的讨论和论证。在最
近的"全球老学"会议上，我报告了这一论题。在展开这一研究中，偶然看到了杨根润的
《发现老子》（北京：华夏出版社，2007 年）对传世本第三十二章的"道常无名"、第三十七章
的"道常无为而无不为"做了"道常"的句读。这说明他不接受通常的句读。但他没有解释
他如此理解和断句的根据。

②　"恒"字在《老子》文本中出现了近 30 次，它们有不同的用法和意义。对哲学概念
进行语言学溯源有时是需要的，但它们是不同层次的问题。特别是当一个字的字义已经变得
复杂后，从演变过程说，它们的意义有先后；从这个字的意义的整体构成说，它们这些意义
又是平行的。东周时期的"恒"是这样，《老子》中的"恒"也是这样。

③　"常"是"恒"的近义词，这是将"恒"换成它以避讳。

那样，它可能就包含着"道"在时间上的无限性和永恒性的意义。这正好也同"恒道"之"恒"的用法和语义相呼应。

相对于"恒道"，老子是不是有"道恒"的表达和语义呢？这正是我们要追问和回答的问题。事实上，老子有关道的时间性概念（语词、语义和语用），除了"恒道"的表达，也有"道恒"的表达。但后者被遗忘和遮蔽了。主要出于理解上的原因，我们没有准确地掌握《老子》中有关三个章节的语义，并导致了不正确的句读（从王弼本和出土本来看）：

1. "道恒无名，朴虽小，而天下弗敢臣。"（帛书甲本）

"道常无名，朴虽小，天下莫能臣也。"（王弼本第三十二章）

2. "道〔泛呵，其可左右也，成功〕遂事而弗名有也。万物归焉而弗为主，则恒无欲也，可名于小；万物归焉而弗为主，可名于大。"（帛书甲本）

"大道泛兮，其可左右。万物恃之而生而不辞，功成不名有，衣养万物而不为主。常无欲，可名于小；万物归焉而不为主，可名为大。以其终不自为大，故能成其大。"（王弼本第三十四章）

3. "道恒无名，侯王若守之，万物将自化。"（帛书甲本）

"道常无为而无不为，侯王若能守之，万物将自化。"（王弼本第三十七章）①

---

① 郭店简作"道恒，无为也"；北大藏汉简本作"道恒，无为"。

历史上和现在对这三个章节中"恒"或"常"字的句读，一般都是将它同下一个字连读，即"道，恒无名（或'常无名'）"、"道，常无为而无不为"、"道，恒无为"、道"恒无欲（或'常无欲'）"。这样的句读，是基于"恒"或"常"被作为副词"常常"的意义使用，被作为时间状语修饰动词。问题恰恰就在这里，其实不能这样理解和句读。第一，"恒"或"常"是"道"的谓语，是一个谓词，是陈述和描述"道"的特性的，不是修饰"道"的活动的时间状语；第二，它所陈述的"道"的特性，是指"道"在时间上的永恒性和无限性。准确的理解和句读是：

1. "道恒，无名，朴，虽小而天下弗敢臣。"

2. "道〔泛呵，其可左右也，成功〕遂事而弗名有也。万物归焉而弗为主，则恒，无欲也，可名于小；万物归焉而弗为主，可名于大。"

3. "道恒，无名。侯王若能守之，万物将自化。"[①]

改变习以为常的东西很容易引起不适。这样的句读会让沿袭、因循古来句读的我们感到惊讶，迫不及待地做出反驳以固化已有的理解。但向不同可能性保持开放的人期望看到为这一立论提供了什么充足的根据。下面我们就来回答，这样的理解和句读以及由此带来的语义改变为什么能够成立。

---

① 帛本"道恒无名"和传世本的"道常无为而无不为"，根据郭店本和汉简本，原当为"道恒无为"。句读应为"道，恒，无为〔也〕"。

第二节　道永恒和永恒的道："道恒"和"恒道"

哲学上的时间观有具体事物意义上的，也有非具体事物意义上的。具体的事物都有具体的时间性，都可以量度，它们的不同只在于时间的长短。有些事物绵延的时间很久，有些事物绵延的时间则比较短暂，它们经历的时间都是有限的。与之不同的是，非具体事物的时间是作为万物根源的时间。老子和庄子的哲学既有具体事物（有形、有名、有象）生生灭灭的有限时间观①，也有非具体事物（无形、无名、无象）无限和永恒的时间概念。对他们来说这是"道"的特性。《老子》中的"恒道"，用"恒"（"永恒"）这一形容词作"道"的定语。"恒道"即"永恒之道"。《老子》中"恒"用作形容词的用法，还有"恒德不离"。其恒是形容词定语，表示"德"的性质，"恒德"即不变的一贯的美德。"道"的"恒德"，指永恒、恒久之德。"非恒道"的"恒"也是这种用法和语义。"恒道"即永恒、恒久之道。这是将形容词的"恒"用作定语修饰"道"。问题是《老子》中有没有"道恒"的表达和语义。

前述历史上和现在对《老子》三个章节"道恒无名""道恒无为"的理解和句读，都是将"恒"作为时间副词"常常"使用，用来修饰"道"的"无名"和"无为"。说起来，《老子》中的"恒"，确实有用作副词的例子，如"知足之足，恒足矣""恒无事""恒无心""恒知此两者""恒知稽式""恒有三宝""民恒畏死""恒与善人""恒使民无知无

---

①　东西方有灵魂不死论和神不灭论。发展老子长生久视思想的道教信徒，产生了不死的信仰，相信人的生命能够永恒。这是很独特的个体永恒时间观。

欲""恒善救人""恒善救物"，等等。这些例子中的"恒"字都是用作时间副词，意为"常常""经常"，修饰人事活动中人们一直如何的特征和行为。道"恒无名"、道"恒无为"的用法，形式上同这些例子中的用法一样，很容易被混同起来，被看成是一种类型。但其实应该将它们区分开。为什么呢？

第一，《老子》中的"恒"字有用作谓语的，意为"恒心""专心"。"致虚恒"的"恒"是一个典型的例子。"恒"在这句话中是名词谓语，陈述主语所说的人的行为有恒心。[①]《老子》第三十二章的"道恒"，第三十四章的"道〔泛呵……则恒无欲也"，第三十七章的"道恒"等，所用的"道恒"的"恒"也是谓语，只不过是以形容词作谓语。"道恒"即"道是永恒的"。这是老子用"恒"来陈述"道"在时间上的无限性。"致虚恒"的"恒"是陈述人的活动在时间上持续不变的意志，"道恒"则是陈述根源之道在时间上的无穷性。[②]

第二，在《老子》中，"恒道"之"恒"是以形容词"永恒的"意义作定语来形容道的。既然"道"可以用"恒"来形容，既然有"永恒"之道的用法，那么用"恒"作"道"的谓词，形容道在时间上的无限性也完全可以。即便《老子》文本中没有"道恒"的表达，逻辑上也

[①] 类似于《论语·子路》记载的"恒"字的意义："南人有言曰：'人而无恒，不可以作巫医。'善夫！不恒其德，或承之羞。'""致虚恒"的"恒"传世本作"极"。根据下句之义，"极"是"恒"的假借字，而不是相反。

[②] "恒"有用作名词法则意义的。如《国语·越语下》说："因阴阳之恒，顺天地之常。"老子的"知恒"的"恒"，意为法则，类如"知常"的"常"。

可以说"道"是永恒的。正好《老子》文本中有"道恒无名""道恒无为"等表达。其中的"恒"同"无名""无为"一样，都是并行使用的，"恒"也是"道"的谓语。

第三，老子描述根源之"道"的时间无限性有两个重要的类比，这两个类比具有"道恒"的意义。在商周，"帝"被看成是至高无上的宗教神或超自然的力量，被看作是万物的创造者和始祖，它被作为一切的"开端"，时间上当然也是指"最初"。老子用"道"取代"帝"来解释万物的起源，认为"道"早于"帝"，说"道"悠久于上帝（"象帝之先"），为道赋予了时间上无限遥远的最初性。在西周和儒家那里，天、天地也被看成是宇宙万物的根源，被看成是时间上的最初。老子也说"道"比天地更早、更古老（"先天地生"），这同样说明了道在时间上是无限久远的。

第四，《老子》中的"大道"和"道大"中的"大"包含着道在时间上的无限性。道是宇宙和万物之母，"道大"的"大"要从根源性的实在和最普遍的法则来看待，不能从有形的具体事物的"大小"来看待。作为根源性的实在，道在时间上和空间上也是无限的，它不同于具体事物的有限时空尺度。《老子》第十四章说的"迎之不见其首，随之不见其后"，第二十五章说的"独立而不改，周行而不殆，可以为天地母"，老子又将道"大"同具体事物的"逝"结合一在[1]，说"大道泛兮，

---

[1]　有关老子的道与"逝"和"反"的关系，参阅王中江：《异常与回归：老子的"反"探究》，载《道家文化研究》第30辑，北京：中华书局，2016年。

其可左右"（第三十四章）等，其论及道的时空性，都是指向无限性。

　　第五，《老子》第十四章直接强调"古之道"。这里的"古"是古老的古。"古之道"即"古初之道"，它同下文所言道的"古始"这一概念是统一的。"古始"强调的是道作为万物根源的遥远和最初。两者都是说道在时间上的无限性。老子说谁掌握了"古初永恒的道"，谁就能用它来驾驭现实世界的一切。①

　　第六，老子描述和陈述道的根源性使用了不少隐喻，如"母""玄牝""水"等。对于"玄牝"，老子说："玄牝之门，是谓天地根。绵绵若存，用之不勤。"（《老子》第六章）同这一论述有关，老子更有"谷神不死"的表达。这里的"谷神"也是"道"的隐喻。老子说"谷神不死"就是认为道是永恒的。"绵绵若存，用之不勤"，仍然是说因道永恒，它用之不穷。

第三节　与道合一：物恒久与道永恒

　　很多自然哲学家都认为具体事物在时间上是有限的，就像他们认为具体事物在空间上是有限的那样，一切事物都处在无限变化的世界中，生生死死，难免终结。这些自然哲学家承认事物在相对的时间尺度上差异很大，一些事物是漫长的、持久的，一些事物则是短暂的甚至是瞬间

---

　　①　通行本"执古之道，以御今之有"，帛书甲乙本作"执今之道，以御之有"。一些学者据此认为传世本不可取，其实是帛书本的误抄或错误改动。一因汉简本也作"执古之道，以御之有"；二更重要的是因为，老子同样有"循古""因古"的历史意识。"古"在老子那里具有典范和规范的双重意义。

的。但与此同时，这些自然哲学家还肯定一种无限的时间观，或者绝对的时间观。如中国的自然哲学家就认为"宙"和"宇"都是无限的，说"上下四方曰宇，古往今来曰宙"（《尸子》）；他们也相信根源性的实在是永恒的和无限的。神话、宗教塑造出来的"绝对者"当然也是如此。两种时间原本不同，当然就可以将它们区分开并表达出来。但一些哲学家没有满足于此，他们又将无限的、永恒的绝对者变成为理想的、规范性的存在，以此使具体事物拥有"超长时间尺度"或者永恒时间尺度。如"灵魂不死""神不灭""三不朽""长生不死"等各种各样的永恒论就是如此。哲学家追求具体事物时间上的超越性，反过来我们就可以说其具有根源性永恒时间之基础。对于认定老子的"道恒"来说，这同样有效。

在《老子》中，我们不难看到可以用来求证"道恒"的以下这样一些论说。

其一是"道乃久"。这是《老子》第十六章中的一句话："知常容，容乃公，公乃全，全乃天，天乃道，道乃久，没身不殆。"根据上下文的语境，老子所言"道乃久"所承上文是，谁知晓了道之常他就能包容；他能包容他就合乎了"天"；他合乎了"天"他就合乎了道；他合乎了道他就能"恒久"，进而能"终身不殆"。"道"能使事物恒久，这说明"道"自身有"永恒性"。

其二是"不失其所者久"。这句话出自《老子》第三十三章："不失其所者久，死而不亡者寿"。"久"和"寿"都是时间概念。"寿"是指人生命的长久。在古代社会，人活百年被认为是寿之大齐。但这种寿，对老子来说，还不够。他主张一种超出自然寿命的更长久的寿命。这种寿命是，一个人的自然生命结束了，但他依然被人们所牢记，依然活在人们心中。将人的精神生命的不断延续叫作寿，这是强调人的精神生命的永恒性。"久"更是解释人为什么能够"长久"（自然生命、精神生命），它更广泛地说明了所有事物为什么能够长久。老子认为根本原因在于"不失其所"，保持其"所"，恒守其"所"。"所"即"道"。事物保持"道"就能"久"，这说明道具有永恒性。《老子》第五十章说："出生入死。生之徒，十有三；死之徒，十有三；人之生，动之于死地，亦十有三。夫何故？以其生生之厚。盖闻善摄生者，陆行不避兕虎，入军不被甲兵。兕无所投其角，虎无所用其爪，兵无所容其刃。夫何故？以其无死地。""以其无死地"也就是"不失其所"。

其三是"不道早已"。它是《老子》第五十五章中的一句话："物壮则老，是谓不道，不道早已。"老子认为事物柔和、柔弱就能长久。事物如果过于强壮、刚强，它衰老得就快，这就不合乎道。不合乎道，事物就会过早逝去。《老子》第二十三章和第九章说的也是这个道理："故飘风不终朝，骤雨不终日。孰为此者？天地。天地尚不能久，而况于人乎？""持而盈之，不如其已；揣而锐之，不可长保。"老子"道"就是以"柔弱"发挥作用和活动的："柔者道之用，弱者道之动"。具体事物能够通过柔弱获得持久的时间性，根本上是源于道以柔弱而永恒。

其四是"天长地久"。这是《老子》第七章中的一句话："天长地久。天地所以能长且久者，以其不自生，故能长生。"根据前述，老子的道先于天地。相对于其他具体事物而言，天地又是比较恒久的存在。老子认为天地所以能够如此，是因为它们"不自生"，超然于生。"自生"可以结合《老子》第五十章说的"以其生生之厚"来理解。《老子》第四十四章所说与此类似："名与身孰亲？身与货孰多？得与亡孰病？是故甚爱必大费，多藏必厚亡。知足不辱，知止不殆，可以长久。"按照老子的推论，贪恋的人耗费一定多，多藏的人失去的一定多，这样的人就不可以长久。相反，知足的人不会有羞辱，知止的人不会有危险，这样的人就可以长久。《老子》第五十二章说："天下有始，以为天下母。既得其母，以知其子，既知其子，复守其母，没身不殆。""守其母"也是"知足""知止"，他终身就不会有危险。"母"是道的隐喻。能够"守母"的人终身没有危险，他也就能尽享天年。这说明作为天下之母的道具有永恒性。

　　其五是"长生久视之道"。这是《老子》第五十九章中的一句话："治人事天，莫若啬。夫唯啬，是谓早服；早服谓之重积德；重积德则无不克，无不克则莫知其极；莫知其极，可以有国；有国之母，可以长久。是谓深根固柢，长生久视之道。"按照这一章所说，人大自治理国家，小到养生，最好的方法是珍惜和节俭。他能坚持不懈地奉行，能不断地积累这种美德，他就能够神通广大，无所不能。这样的人能够拥有一个国家，并且因他掌握了治国的根本，他也能够使这个国家长治久安。这叫作深根固柢，它也是长生久视的方法。"国之母"的"母"也是指"道"。"长生久视之道"也就是作为国之母的"道"。

从以上《老子》中的这些论说可知，具体事物（主要指人事和人）获得时间上的长久性不仅值得向往，而且完全可以期望。期望的根据在于事物必须与道合一，必须合乎道、持守道。只要如此，事物就能获得恒久，人就能够长生。老子的这一逻辑和义理，就是建立在道本身具有永恒的时间特性这一前提之上。

老子的"恒道"和"道恒"之"恒"主要是一个根源性永恒时间概念，这也是这个字的本义在演变中产生的一个哲学上的结果。老子的永恒之道（"恒道"），反过来说就是道永恒（"道恒"）。根据《老子》文本中的"恒"的一些用法及一些时间概念，根据老子对事物和人生时间恒久性的言说，都可证明老子有一个"道恒"的概念。

第四章 早期道家"一"的概念演变余论

　　东西方哲学探寻世界和万物的根源、普遍性原理而给出的答案多种多样。热衷于寻根探源的道家，不仅将作为"路"的常识性的"道"根源化和普遍化，而且也将作为数字的"一"升格为跟"道"同格的根源性概念和原理。"道"和"一"都是被老子首先哲学化和本根化的。如同"道"这一关键词那样，自从老子创建了"一"这一概念之后，它就处在不断的演变和扩展之中，形成了早期道家"一"的概念的复杂谱系。但迄今我们对它的探讨非常有限，远不像对"道"的探讨那样。这同它在道家概念丛中的重要性很不匹配。考察"一"这一概念在早期道家文本中的演变过程及其意义的变化，是探讨它的方式之一。我曾主要围绕老子"一"的概念和意义及其在之后部分文本（即《凡物流形》《太一生水》《管子》《黄帝四经》《庄子》等）中的演变做了追寻①，尚未论及《文子》《鹖冠子》《吕氏春秋》等文本中的"一"，这是需要弥补

---

　　① 参见笔者的《早期道家"一"的思想的展开及其形态》，《哲学研究》2017 年第 7 期，第 51-63 页。另，此前围绕《凡物流形》中的"一"，笔者发表了《〈凡物流形〉中的"一"的思想构造及其位置》，《学术月刊》2013 年第 10 期，第 40-48 页。

和补充的。

追寻"一"在《文子》《鹖冠子》《吕氏春秋》这三个文本中的演变，相应地就需要明确它们的时间坐标，但恰恰在这一点上我们遇到了某种疑难。其中《吕氏春秋》的成书时期不成问题。但不能回避的是，传世的《文子》和《鹖冠子》曾被断定为汉代以后的伪书，不被视为先秦子学经籍。令人鼓舞的是，各种反驳或证伪使这种立场的影响和余波正在减弱。许多对简本和传世本《文子》的研究 ①，对《鹖冠子》的研究 ②，使我们能够认定原本的《文子》（简本《文子》同传世本《文子》有一定的统一性）、《鹖冠子》整体上是先秦道家的经典（不排除后来增益的）。③ 再根据历史上文子为老子弟子的记载，大体上我们将《文子》置于《鹖冠子》之前来讨论。

――――――――――

① 有关这方面，参阅丁原植的《〈文子〉资料探索》（台北：万卷楼图书有限公司，1999 年）、李定生等的《〈文子〉校释》（上海：上海古籍出版社，2004 年）、陈丽桂的《从出土竹简〈文子〉看古今本〈文子〉与〈淮南子〉之间的先后关系及几个思想论题》（《哲学与文化》1996 年第 8 期，第 1871-1884 页）、葛刚岩的《由出土竹简〈文子〉看今本〈文子〉的成书祖本》（《古籍整理研究学刊》2004 年第 1 期，第 1-18 页）、白奚的《〈文子〉的成书年代问题――由"太一"概念引发的思考》（《社会科学》2018 年第 8 期，第 105-110 页）等。

② 有关这一问题，参阅 A.C. Graham, A Neglected Pre-Han Philosophical Text:Ho-Kuan-tsu（*Bulletin of the School of Oriental and African Studies*，1989，52（3）：497-532）、戴卡琳的《解读〈鹖冠子〉――从论辩学的角度》（沈阳：辽宁教育出版社，2000 年）、孙福喜的《〈鹖冠子〉研究》（西安：陕西人民出版社，2002 年）、黄怀信的《〈鹖冠子〉汇校集注》（北京：中华书局，2004 年）、林冬子的《〈鹖冠子〉研究》（银川：宁夏人民出版社，2016 年）、杜晓的《道法为民：〈鹖冠子〉研究》（北京：中国社会科学出版社，2021 年）等。

③ 这就肯定了《淮南子》同《文子》相同的部分不是后者抄录了前者，而是恰恰相反。这跟《淮南子》这部著作的集体编写特点也相吻合。基于此，《文子》中有关"一"的文本出现在《淮南子》中的，我们就将它作为《文子》中的"一"来考察。

第一节 "万物之始"和"执一无为"：《文子》中的"一"

道家的根源性概念就是它名称中的"道"这个字，诸如母、玄牝和谷神等一类用语则是它的隐喻。但值得我们关注的是，"一"（或"太一"）也是道家表达根源性的概念。自老子创立后，它在之后的演变中活跃起来，在有的文本中还处于首要位置，成为道家能够同"道"并列的根源性概念。由老子的弟子留下的《文子》这部书，是它演变链条上的重要一环。从简本《文子》入手，结合传世本，我们来看看它的面相。

汉简本《文子》残损严重，但从它以"一"为"万物之始"和主张"执一无为"来看，"一"被它看作万物的根源和统治原理。"一"的用语在传世本《文子·道德》中多次出现，在简本《文子》中也有四处。[①]一处是"文子曰：执一无为"；一处是"是以圣王执一者，见小也"；一处是"'文子曰：一者，万物之始也。'平王曰'〔何〕'"。一处是"平〔王曰：'王〕者几道乎？'文子曰：'王者〔一道〕'"。简本中这几处有关"一"的文本都同传世本《道德》有关联。其中第一处、第二处的用法与传世本《道德》的关联是这一段话："文子（平王）问曰：古之王者，以道莅天下，为之奈何？老子（文子）曰：执一无为，因天地与之变化。天下大器也，不可执也，不可为也。为者败之，执者失之。执一者，见小也。见小故能成其大也。无为者，守静也。守静能为天下正。"

---

① 非常值得注意的是，在传世本中，出现平王问和文子答的地方，都只出现在《道德》、《微明》、《上仁》和《上义》这四篇中，其他篇中则没有。从这一事实和现象来看，简本《文子》首先同传世本的这四篇存在着高度的契合关系。

　　参照传世本的这段话，将简本残断的部分编连起来并略加补充，大体上就将简本的这段话复原了出来："〔平王曰：'吾闻古圣立天下，以道立天下，□（奈）何？〕文子曰：'执一无为。'平王曰：'□……'文子曰：〔天〕地大器也，不可执，不可为。为者败，执者失。是以圣王执一者，见小也；无为者，〔守静也。见小守静天〕下正。'平王曰：'见小守静奈何？'文子曰：'□……也。见小故能成其大功，守静〔故能……〕。'"将复原的简本这段话同传世本比较，我们能够看出它们之间在文字上有两个不同：一是传世本有错乱，"无为者，守静也"这句话应在"执一者，见小也"之后；二是简文不是一个问答而是三个问答。但两者在表达的义理上基本上是一致的。将简本第三处有关"一"的文本同传世本相比，两者文字上的差别更大："君执一即治，无常即乱……一也者，无适（敌）之道也，万物之本也。君数易法，国数易君，人以其位达其好憎。下之任惧，不可胜理，故君失一，其乱甚于无君也。君必执一，而后能群矣。"但两者在义理上也有一致性。简本第四处有关"一"的文本，在传世本中相关联的是这段话："文子（平王）问曰：王道有几？老子（文子）曰：一而已矣。文子（平王）曰：古有以道王者，有以兵王者，何其〔不〕一也？曰：以道王者，德也；以兵王者，亦德也。"两者文字有别，义理上大体上类似。

　　通过简本四处有关"一"的文本同传世本《道德》四个地方有关"一"的文本比较可知，简本《文子》中有关"一"的文本同传世本相关部分，可以说它是《文子》一书原有的文本和内容①，因此，我们能够在统一的意义上考察两者所用的"一"的语义。简本和传世本《文子》中的"一"的概念及其义理至少有两个重要方面。第一，它被看成是万物的根源；第二，它被看成是统治的根本。就第一个方面说，在简文"一者，万物之始也"这句话中，很明显"一"是指万物的开端和源头。②子学家们所谓物或万物，一般都是指宇宙中存在的一切具体事物。子学家特别是道家对它的一个追问是，万物从哪里来，万物的根源是什么，这同人们追问具体事物之间如何相互作用和相互依存不同，它是一种根源之问，是形而上学之问。简本《文子》以"一"为"万物之始"就是对此的一种形而上学回答。"始"字的本义指事物在时间上的开始，引申为万物的开端、根源和根本。

用"始"去说明"一"是万物的根本或根源性，在《老子》中就出现了。传世本《老子》第一章的"无，名天地之始"实际上原本是帛本的"无，名万物之始"。这里的"无"是指"道"的"无"，"始"当然也是道的始。"无，名万物之始"是说道作为无是万物的终极开端。《老子》第五十二章有"天下有始，以为天下母"的说法。"天下"有世界的意义。"天下有始，以为天下母"是以"母"同"始"对应，是以生育的隐喻表达世界的根源。《老子》第四章以"道"为"渊兮似万物之

---

① 简本《文子》中有关"一"的这几处文本，其中三处是平王与文子的问答内容。

② 传世本《文子·九守》有一个宇宙生成模式："一→天地→四时→阴阳→人虫→刚柔→万物"。"一"是生成万物的开端。

宗"，第六十二章以"道"为"万物之奥"，两处所使用的"宗""奥"，其定语都是"万物"。"宗""奥"都有主、本原、根本的所指，同"始"的根源义一致，这是以道为万物的根源。《文子》也以"道"为万物的根源，仅以《道原》和《道德》中的"道"来看就自不待言。因此，它的"一"和"道"这两个概念完全可以互换、互用。《老子》中有"字之曰道"的说法，《太一生水》中以"道"为"太一"的"字"、以"清昏"为"太一"的名（"道亦其字也，清昏其名"），《文子》中以"一"为"道"的"名"："道无形无声，故圣人强为之形，以一字为名。"（《精诚》）如上所述，传世本《文子》同简本《文子》中"一者，万物之始也"最接近的文本是这句话："一也者，无适（敌）之道也，万物之本也。"多出的"无敌之道"之言强调了"一"具有无限的力量；用的"本"字其义与"始"类似，也是以"一"为万物的根本。

在传世本《文子》中，"一"作为万物根源的意义，《道原》中的两个文本和《九守》中的一个文本很有典型性。我们分别来讨论一下。《道原》中的一个文本说："无形者，一之谓也。一者，无心合于天下也。布德不慨，用之不勤，视之不见，听之不闻，无形而有形生焉，无声而五音鸣焉，无味而五味形焉，无色而五色成焉，故有生于无，实生于虚……故一之理，施于四海；一之嘏，察于天地。"[1]另一个文本说："万物之总，皆阅一孔；百事之根，皆出一门。"第一个文本对"一"的

---

[1] "嘏"字，《淮南子·原道》和《黄帝四经·成法》皆作"解"，高诱释为"达"。"察"，《淮南子·原道》作"际"。

根源性言说有三个维度：一是把"一"和"无形"相提并论，认为"无形"的东西就是根本的"一"；与此相连，二是把"一"描述为超感知性的存在，认为"一"无声、无色、不可听、不可视，它创造了有形、五音、五味和五色①；三是把"一"看成对一切事物（从四海到天地等）都普遍有效的根本原理和法则。第二个文本的言说强化了第一个文本里的第三个维度。"一孔"和"一门"不是某一具体的孔和门，而是以一孔和一门为隐喻表达万物都出自一个地方，万物和一切事物都有最高的统领（"总"）和根本（"根"），这就是"一"。②

传世本《文子·九守》有关"一"的根源性语义是下面这段话："天地未形，窈窈冥冥，浑而为一，寂然清澄，重浊为地，精微为天，离而为四时，分而为阴阳，精气为人，粗气为虫，刚柔相成，万物乃生。天地运而相通，万物总而为一，能知一即无一不知也，不能知一即无一能知也。"这段话中"浑而为一"的根源性"一"，揭示了宇宙中的两个根本原理。一是将世界的原初状态看成是"浑一"的状态，这一个未有天地、幽暗模糊、混沌未分的状态，是简本《老子》说的"有状混成"的状态。宇宙正是从这种状态中一步步演化出了万物。这说明，"浑一"的"一"具有万物生成总源头的意义。这是道家解释万物起源的一种方式。二是万物都具有"一"的共同本质，认识和掌握了它，就掌握

---

① 老子认为"一"和"道"无形、无象，传世本《文子》对"一"的这两个维度的描述受到了老子的影响。

② 传世本《文子》中的"一"又叫"太一"。如《自然》说："天气为魂，地气为魄，反之玄妙，各处其宅，守之勿失，上通太一，太一之精，通合于天。"

了一切；不能掌握它，就不能掌握任何一种东西。这种意义上的"一"也是道家在"一"这一概念上的一个共见，只是这里是从认知上来说明这一点。

子学的天道观大都同人道观具有内在的统一性，天道的真理、原理、普遍法则和统一本质一般也是人道的真理、原理、普遍性基础和统一根据。① 儒家和道家的思维有很多不同，但在一点上，它们的思维具有共同性。对关注建立天下良好秩序的道家来说，"道"和"一"既是宇宙的根源和原理，也是人世间统治的根本和原理。老子确立的这种思维方式，印记在道家谱系的延长线上。这也是简本《文子》和传世本《文子》的共同之处。在简本《文子》中我们看到，平王向文子咨询过去的圣王如何用道治理天下。这是一个站在历史经验角度的提问。按说"用道"就是治理方式。平王可能觉得这样的回答太抽象，他又提出如何"用道"治理。于是文子做出了进一步的解释。简本《文子》（0564号简）记载："文子曰：执一无为。"这一回答由两个语词构成：一个语词是"执一"，一个语词是"无为"。两者都是道家政治思维和统治术的关键词。

结合传世本，将下面这部分残简连在一起可排列为：2262 曰："吾闻古圣立天下，以道立天下 0564 □何？"文子曰："执一无为。"平王

---

① 这种思维方式被看成是"自然"与"制作"的连续性思维，这是一种有机主义、整体主义的思维。参阅［日］丸山真男：《日本政治思想史研究》（修订译本），王中江译，北京：生活·读书·新知三联书店，2022 年。

曰：□□……2360 文子曰：0870〔天〕地大器也，不可执，不可为，为者贩（败），执者失。0593 是以圣王执一者，见小也。无为者 0775 下正。平王曰："见小守静奈何？"文子曰："□□……0908 也。见小故能成其大功，守静□□……"①在传世本《文子·道德》中，我们能够看到平王同文子的完整问答："文子（平王）问曰：古之王者，以道莅天下，为之奈何？老子（文子）曰：执一无为，因天地与之变化。'天下大器也，不可执也，不可为也。为者败之，执者失之。'执一者，见小也。见小故能成其大也。无为者，守静也。守静能为天下正。"将两者结合起来，文子回答平王如何用道和一统治有三层意思：一是先从整体上解释什么是"执一无为"，强调君王掌握一（根本原则）和不干涉主要是顺应天地的变化。更具体所指是"不违农时"。在农业社会中，农民按四时节令而活动是农事的根本，治理者顺应农时，不加干涉就是"无为"，就是掌握了治理的根本。二是文子引用《老子》第二十九章的话，从反面说明统治者如果采取控制、干涉等有为政治，就一定会陷入困境。三是分开解释"执一无为"，说君王掌握一（"执一"）就是"见小"（老子"见小曰明"的说法）。"小"指事物的细微处。"见小"即能看到事情的细微处，如农时。②能做到"见小"，就能成就大事，满足人民的生活。"无为"指"守静"，即不干涉、不控制，顺应民心民愿，如

---

① 有关这段话的复原编连，参阅张固也：《竹简〈文子〉复原及其意义》，《国学学刊》2020 年第 3 期，第 127-129 页。

② 李定生等解释"见小"，说是指"道的作用"。参考李定生等：《〈文子〉校释》，上海：上海古籍出版社，2004 年，第 200 页。

此天下就能形成良好的秩序（"守静能为天下正"）。

对道家来说，"执一"与"执道"是统一的。执道即执一，执一即执道。只是用"一"更能表现统治者之"一"与被治者之"多"的关系。在传世本《文子》中，将"执一"作为最高的统治原则有更多的例子。如《自然》说："夫道者……得一之原，以应无方，是谓神明"；如《下德》说："故圣王执一，以理物之情性。夫一者，至贵无适于天下。圣王托于无适，故为天下命。"《微明》说："发一号，散无竟，总一管，谓之心。见本而知末，执一而应万，谓之术。"在这些文本中，文子强调"执一"。单是说"执一"仍不容易理解。所以文子就将"执一"同"无为"相提并论。这在传世本《文子》中也有更多的例子。如《下德》说："一者，无为也。百王用之，万世传之，为而不易也"；再如《自然》说："所谓天子者，有天道以立天下也。立天下之道，执一以为保，反本无为。"道家的"无为"指不干涉和不控制，它有许多具体的表现，如柔弱、清静、虚静等。如《守弱》中的"执一无为"强调的就是柔弱和包容："圣人以道镇之，执一无为，而不损冲气，见小守柔，退而勿有，法于江海。江海不为，故功名自化；弗强，故能成其王；为天下牝，故能神不死；自爱，故能成其贵。"

文子的"执一无为"又是指坚持普遍性、稳定性的统治。这如何可能呢？对黄老学来说，这是坚持根本的原则，更是坚持普遍统一的制度。根本的原则是一贯性的东西，对道家来说这主要是指我们讨论的一、道、德等；普遍统一的制度是一贯性的东西，在黄老学中主要是指法律。黄老学既传承了老子的道，又发展出了法度。在简本《文子》中我们看到，平王问圣王有多少道，文子回答说"一道"。平王进一步追问，过去的统治者有以道王天下的，也有以军事王天下的，为什么他们又不同。文子回答说："以道王者，德也；以兵王者，亦德也。"① "德"是一贯性的"一"。简本《文子》记载："平王曰：'为正（政）奈何？'文子曰：'御之以道，〔养〕之以德，勿视以贤，勿加以力，□以□□……□言。'平王曰：'御……〔御之以道则民附，养之以德则民服，勿视〕以贤则民自足，毋加以力则民自〔朴〕可以治国。不御以道，则民离散。'"② "道"和"一"又是普遍性的"天理"。《自然》说："凡事之要，必从一始，时为之纪，自古及今，未尝变易，谓之天理。"《管子》和《黄帝四经》等强调不同事物的法度和法律制度作为"一"的普遍性和重要性。同样，《文子》也强调具体事物的"法度"作为"一"的普遍性。如《道原》说："圣人一度循轨，不变其故，不易其常，放准循绳，曲因其直，直因其常。"再如《下德》说："夫权衡规矩，一定而不易，常一而不邪，方行而不留。"《自然》说："王道者，处无为之事，行不言之教，清静而不动，一度而不摇，因循任下。"

在传世本《文子》中，"执一无为"的治理，不是空想，它是圣王们已有的实践和经验。《精诚》说历史上的治理虽有不同，但它们有一

① 简本有关这部分内容大体对应传世本《道德》中这段话："文子（平王）问曰：王道有几？老子（文子）曰：一而已矣。文子（平王）曰：古有以道王者，有以兵王者，何其一也？曰：以道王者，德也；以兵王者，亦德也。"

② 结合传世本，简本相关内容可以如此编连。

个共同点，即都是用道、一和德去治理："三皇五帝三王，殊事而同心，异路而同归。末世之学者，不知道之所体一，德之所摠要，取成事之迹，跪坐而言之，虽博学多闻，不免于乱。"《下德》还将这种最好的治理归为帝者的治理，这是一个体证太一的治理，其他的王者、霸者、君者的治理都不如帝治："帝者体太一，王者法阴阳，霸者则四时，君者用六律。体太一者，明于天地之情，通于道德之论，聪明照于日月，精神通于万物，动静调于阴阳，喜怒和于四时，覆露皆道，溥洽而无私，蜎飞蠕动，莫不依德而生，德流方外，名声传于后世。"①

第二节 "有一而有气"和"以一度万"：《鹖冠子》中的"一"

同样被列入道家，更准确地说是黄老学的著述《鹖冠子》，对"一"（"太一""泰一"）表达出的概念和语义令人注目。对东周子学古典如《老子》的年代颇有怀疑的葛瑞汉，则为《鹖冠子》的可靠性进行求证。他还专门考察了"道"与"一"这两个关键词的关系，说在公元前200年左右的几十年中，在道家中，"一"取代了"道"成为形而上学的中心概念。但这一变化没有引起注意，尤其是对《鹖冠子》的完整阐述。②葛瑞汉首先注意到了《鹖冠子》中"一"这一概念的重要性，戴卡琳对它的考察也是在他研究的基础上进行的。但不能简单说"一"取

---

① 有关太一与帝者的关系，参阅白奚：《〈文子〉的成书年代问题——由"太一"概念引发的思考》，《社会科学》2018年第8期，第105—110页。

② A.C. Graham, The Way and the One in Ho-kuan-tzu, in Hans Lenk and Gregor Paul ed., *Epistemological Issues in Classical Chinese Philosophy*, New York: State University of New York Press, 1993: 31-44.

代了"道"（比如在《黄帝四经》、《文子》和《吕氏春秋》中等），这也包括《鹖冠子》中"一"与"道"的关系在内。① "一"在《凡物流形》《太一生水》等出土文献中就被突出使用了，两者分别用"一""太一"而不是用"道"来说明万物的起源和人间秩序的可能。但整体上，早期道家的"一"与"道"作为形而上学概念，是二而一、一而二的同格、同位概念。《鹖冠子》中"一"的概念的重要性，与《凡物流形》和《太一生水》情形类似。《鹖冠子》中的"道"的语义同其他文本不同，有"一"相对"多"（各种道）的意味。这样的使用在早期道家文本中常常是以"理"（各种理）来表达的；还有《鹖冠子》对"一"（"泰一"）的使用有使之人格化、神格化的倾向。整体上看，《鹖冠子》对"道"的用法和语义还需要进一步清晰。

首先我们需要关注的是它的"一"的形而上学和根源性意义。这一层含义集中体现在《环流》中一段很难解释的话中："有一而有气，有气而有意，有意而有图，有图而有名，有名而有形，有形而有事，有事而有约。约决而时生，时立而物生。"这是一个宇宙生成模式。模式的起点就是"一"，终点是"物生"。这说明"一"被赋予了万物的根源性意义。《能天》说的"物乎物芬芬份份，孰不从一出"，也可证明这一点。列奥·施特劳斯（Leo Strauss）说："哲学对初始事物的寻求不仅假定了初始事物的存在，而且还假定了初始事物是始终如一的，而始终如一、

---

① 在《鹖冠子》中，"天"的概念也非常重要，单是其中三篇的篇名（"天则""天权""能天"）都有"天"字。中一篇的篇名叫"道端"。

不会损毁的事物比之并非始终如一的事物，是更加真实的存在。这些假定来自这一基本前提：凡事皆有因，或者说'最初，混沌生成了'（亦即初始事物乃是无中生有的）的说法乃是无稽之谈。"①

　　道家宇宙生成模式，有的用"生"（如道生一……；或"所生""生于"），有的用"有"等。"有"的句式，分两种情形，一种是《语丛一》"有天有命，有地有形"、《穷达以时》"有天有人"等的用法，这里的"有"是逻辑上的并列关系，而不是时间上的先后关系，也不是生和被生的关系。另一种是《恒先》的用法："有域焉有气，有气焉有有，有有焉有始，有始焉有往者"。这是生成论的用法。《鹖冠子》的用法也是如此。《鹖冠子》中这段话用的"有 A 有 B"是时间上的关系，不是逻辑上的关系。用"有"表达的这种生成模式，没有用"生"和"被生"表达的生成色彩浓。这种生成模式中的"有"可以从《太一生水》的"成"（从前者变出、变成后者）的生成模式来理解。《鹖冠子》的"有一而有气"，是从最初的"一"的实在之"有"，变成下一层的实在之"气"。我们看到，《泰录》中恰好就有"故天地成于元气"的说法（天地是从元气变成的）。道家的部分生成论模式对宇宙"开端"的状态都有一些描述（如《恒先》等），《环流》则有"空之谓一"的说法。这一说法认为宇宙的开端（"空"）是混沌状态（"一"）。"空"指虚、空虚，它被用于指"一"的虚无无形和实在。《能天》说的"一在而不可见"，

---

① ［德］列奥·施特劳斯：《自然权利与历史》，彭刚译，北京：生活·读书·新知三联书店，2003 年，第 90 页。

对此是一个很好的印证。万物正是从无形、虚和不可见"一"中演生出了"气"的实体。①

《鹖冠子》的生成论还有一个模式。它出现在《天则》中："人有分于处，处有分于地，地有分于天，天有分于时，时有分于数，数有分于度，度有分于一。"②简化这一模式，即"人←处←地←天←时←数←度←一"；反过来看，即"一→度→数→时→天→地→处→人"。这是以"人"这一具体事物为终端上溯，一直追溯到终极的开端"一"。这一模式的表达类似于《太一生水》中的一种形式："岁者，湿燥之所生也。湿燥者，寒热之所生也。寒热者，阴阳之所生也。四时者，阴阳之所生也。阴阳者，神明之所生也。神明者，天地之所生也。天地者，大一之所生也。"《太一生水》用的词汇是"所生"，《鹖冠子》用的词语是"分于"。"分"的原意是用刀将东西分成两半，引申为分割、分开。这里的"A分于B"的"分"不能机械地理解A从B分割、分离出来一部分，应该理解为A从B"分化"出来。《泰鸿》中就有这种意义上的用法。它说

① 这一模式难以解释的是"一→气→意→图→名→形→事→约→时→物"中的"意""图""名""事"等用语，具有很强的"人格化"色彩。戴卡琳更认为"君主"的意志和意识参与到了万物生成的过程中。按照这个模式，终点中的"时立而物生"，这里的"物"即万物，人是其中之一。因此，在万物产生之前的各个阶段，"人"都不可能参与其中。万物生成过程中的意、图、名、事都只能从生命化及其活动的意义上的东西来理解，就像《语丛》中说的"凡物由望生"那样，从"一"演生出了有机物、生命和意识等。其后出现的"形"、"约"、"时"和"物"等似乎又强调这些阶段上事物的"自然性"。有关它们的注解和解释，参阅黄怀信：《〈鹖冠子〉汇校集注》，北京：中华书局，2004年，第71-72页。

② 这个模式中的处、天、地、时、数、度概念，同上述第一个模式中重合的概念有天、地、时。处即处所，它同"所"一样是一个空间概念。"时"即四时，数即节令等，度即事物的各种量度。

的"浑沌不分，大象不成"这句话中的"分"就是指分化。浑沌即浑然一体的混沌。混沌在分化中产生出不同的事物，就像老子说的"朴散则为器"那样。宇宙在时间的不断分化中形成的演变论，同柏拉图的具体事物从完美的理念中"分有""分享"其自身的思想，同理学中的一种"理一分殊"义理具有某种可比性。①《鹖冠子》的这一模式，将宇宙分化的终点限于人，这是以独特的人类（《语丛一》说"天生百物，人为贵"；《说文》说"人，天地之性最贵者"）如何诞生而提出的一种宇宙生成论。张金诚就是从这一角度来解释这一模式的，他说人、处、地、天、时、数和度，追溯它们的本原无不出于"一"，而最终又归于"一"。②

接下来我们需要揭示的是《鹖冠子》中"一"的普遍和统一性思想。原本数字的"一"不仅被道家塑造成了指称万物所从出的终极性源头（《说文》将"一"注解为"惟初太始，道立于一，造分天地，化成万物"，就是来源于道家），而且被普遍化为万物的统一性基础和终极根据。老子的玄同，庄子的齐同，彭蒙和田骈等的"齐万物以为首"（《庄子·天下》），都显示出他们对万物具有统一性、共同性的认定。但万物统一于何，又为什么能够统一呢？同"道"并行的"一"的概念的诞生及演变，使万物的统一性能够在"一"的直观中，在一与多、一与万、一与众、一与杂的相对、相反和相成关系中被把握。《鹖冠子》有一篇

---

① 理学"理一分殊"中的"分"先是指"分位"之"分"，后演变出"分成""分化"之"分"。

② 张金诚：《〈鹖冠子〉笺疏》，载《国文研究所集刊》第十九号，台北：台湾师范大学，1975年，第663页。

的篇名叫"度万"（衡量万物），就是寻找万物统一性尺度的象征性符号。我们能用什么去衡量万物呢？《鹖冠子》明确回答说用"一"（"以一度万"）。对《鹖冠子》来说，一切事物都能够用统一的标准来衡量，哪怕是提问题也需掌握住"要旨"。"一"就是根本标准，就是要旨。

　　在《鹖冠子》中，万物的统一性和根本标准也是"道"。《鹖冠子》不像葛瑞汉所说的那样用"一"取代了"道"。事实上，它对道的一部分用法跟它对"一"的用法具有一致性和同一性。如《夜行》对"道"有一个描述说："有所以然者，随而不见其后，迎而不见其首。成功遂事，莫知其状。图弗能载，名弗能举，强为之说曰：芴乎芒乎，中有象乎，芒乎芴乎，中有物乎，宵乎冥乎，中有精乎？致信究情，复反无貌。"这一描述很容易被识别出来这是谁的手法以及它说的是什么。这是道家一般使用的手法，它描述的对象是道。一方面它以否定的方式说道不是什么（无形、无象），另一方面它以肯定的方式说道是什么（有物、有精）。很难想象道家会将这些描述用到具体事物上。正如庄子所说，道使一切物成为物，而它本身不是物。正是这样的道才能使一切事物都具有理而它自身不是某一种理。它是万物共同的理，是万物统一性的终极根据和法则。这也是《鹖冠子》的"道"同"一"一致的地方。《天权》说："通而霝（隔）谓之道……知一而不知道，故未能里（理）也。"[①] 在此，道是贯通一切事物的实在。这同下文说的"知一"（知其

---

① "而"字当作"无"，或"其"，其义皆可通。

一）而不知普遍统一的道就不能贯通理的思想一致。

《鹖冠子》的"道"确实又有跟"一"不一样的用法，它竟又被用作与"一"相反的"多"的意义。这种用法典型地出现在《环流》中："故同之谓一，异之谓道……贤者万举而一失，不肖者万举而一得，其冀善一也，然则其所以为者不可一也。知一之不可一也，故贵道。空之谓一，无不备之谓道。"这段话里的"一"与"道"的不同用法是三个对比：第一，"一"是"共同"（"同"），道是"不同"（"异"）；第二，普遍的"一"不能用单一的东西来体现，它相对于各种"不同的道"；第三，"一"是虚而无形的空，道是指所具备的一切具体的东西。这三者中的"一"与"多"的关系，既是同与异的关系，又是一理与众理的关系，还是一体与众体的关系。

《鹖冠子》中的"一"指万物统一性的根据和根本法则，从它对"法"的概念的使用中也能看到。《鹖冠子》使用的"法"，大体上有三种意义，一是指宇宙的根本的普遍法则，二是指自然和事物的不同法度，三是指人类的法律、法令。第一种意义上的"法"与"一"的普遍法则义具有同一性。如《度万》说"散无方化万物者令也，守一道制万物者法也"，就是将法令看成是"化万物""制万物"的根本法则，它们是对一切事物都适用的"无方"和"一道"。再如《环流》说："一为之法，以成其业，故莫不道。一之法立，而万物皆来属。法贵如言，言者万物之宗也。"其中说的"一为之法"和"一之法立"，是将"一"看成"法"，反过来说普遍的"法"也就是"一"。正是这种根本性的"一法"

能够规范万物和统属万物。如《天则》说："惟圣人究道之情，唯道之法，公政以明"；《环流》说："道德之法，万物取业。"

　　作为指称不同事物的《鹖冠子》的"法"，同黄老学所说的不同事物的度、数、理具有同一性。这种意义上的"法"，《鹖冠子》特别强调的是"天法"。道家思想中的"天"，作为万物之一（有形之大者）整体隶属于终极的"道"和"一"，有时它似乎又有"代表"道和一的用法及意味（如老子域中的四大）。从严格的概念层次上说，"天法"仍是一种事物的法。如《王铁》中说的"天者诚其日德也，日诚出诚入，南北有极，故莫弗以为法则"，"天者一法其同也，前后左右，古今自如，故莫弗以为常"，《天权》中说的"取法于天"，《天则》中说的"法章物而不自许者，天之道也"，其中所使用的"法"都是指不同事物的法。①作为人类制度和规范意义上的法，《鹖冠子》把它看成是圣人创立的。如《天则》说："生法者我也，成法者彼也。生法者，日在而不厌者也。生成在己，谓之圣人。"在《鹖冠子》说的"贤生圣，圣生道，道生法，法生神，神生明"这段话中，圣来源于贤，道来源于圣，法来源于圣人创造的道。因此，这里的"道生法"同《黄帝四经》中说的"道生法"的"道"不同，同所生的法当然也不同。这样，圣人创造的法令制度，在《鹖冠子》中就成了建立良好秩序的普遍法则。这是统治者必然使用的根本标准："故法者，曲制，官备，主用也"（《天则》），据此去统治

---

　　①　天法也来源于"一"之法。如《夜行》说："天之不违，以不离一，天若离一，反还为物。"

就能够"立表而望者不惑，按法而割者不疑"（《天权》）。否则，结果就是"赏加无功而弗能夺，法废不奉而弗能立。罚行于非其人而弗能绝者，不与其民之故也"（《天则》）。

《鹖冠子》中"一"的根源性和普遍性意义又体现在它被看成是统治的根本原理和法则。道家的统治者圣人、君主一般都被要求学习、掌握和遵循一、道来统治，这被看成是最好的又是最简易的统治。宇宙中的一与多、一与万的关系，在政治世界中就变成了一君与万民的关系。如《王铁》说的"天度数之而行，在一不少，在万不众，同如林木，积如仓粟，斗石以陈，升委无失也。列地分民，亦尚一也耳，百父母子，何能增减，殊君异长，又何出入，若能正一，万国同极，德至四海，又奚足阖也"，其中的"在一不少，在万不众"，以"一"作为"少"能够面对以"万"作为"众"的复杂性，强调用"一"统治的简易性；其中的"能正一"，说明做到"正一"的重要，强调统治结果的最大化。《天权》中说的"要领天下而无疏，远乎敌国之制，战胜攻取之道，应物而不穷，以一宰万而不总，类类生之"，其中的"要领天下"和"以一宰万"，以"要"对"天下"，以"一"对"万"，强调用"要"、用"一"就能够统领天下、主宰万物。《世兵》中说的"知一不烦，千方万曲，所杂齐同，胜道不一，知者计全"，以"一"对"烦"，以"智者"对"全"，强调掌握"一"、用"大智"就能够"不烦""计全"。《能天》中说的"故圣人者，取之于执，而弗索于察。执者其专而在己者也，察者其散而之物者也……至一易，故定审于人，观变于物"，以"至一"对

"一"和"物",强调统治者用"至一"就能够知晓天下人的愿望、认知一切事物的变化。《王铁》中说的"故主无异意,民心不徙,与天合则,万年一范,则近者亲其善,远者慕其德而无已",说的"用四时,地用五行,天子执一以居中央,调以五音,正以六律,纪以度数,宰以刑德",以大尺度时间的"万年"对法则"范",以"执一"对"五音""六律""度数""刑德",强调了"居中央"的天子建立人世间的一切秩序。《天则》中说的"符节亡此,曷曾可合也,为而无害,成而不败,一人唱而万人和,如体之从心,此政之期也。盖毋锦杠悉动者^①,其要在一也",以"一人"对"万人",以"车盖"等的联动对"要",强调"天子执一",天下所有的人都会响应,强调就连车辆的奔驰也有一个"一"之"要"。凡此等等,都是认定用"一"去统治就是最好和最有效的统治。^②

《鹖冠子》中"一"的根源性和普遍性意义,最后又显示在圣人、君主的符号中。把统治者同道和一结合在一起,统治者也就被赋予了神圣性。儒家中代表天的主要是天子,道家中代表一、太一和道的主要是圣人。在这种关系中,天、道都有了被身体化的表现。老子中的谦卑无为的圣人,在黄老学中和《鹖冠子》中既是圣人,又是君,它们似乎都

---

① "此"音误,实为"齿"字。"盖",车盖。"毋"通"贯"。"锦",彩帛。"盖毋锦杠悉动",是说车盖贯上锦帛都振动有一个共同的动因(黄怀信:《〈鹖冠子〉汇校集注》,北京:中华书局,2004 年,第 52 页)。

② 对"法"作为统一性统治重要性的强调,有《学问》说的"法令者,主道治乱国之命也"和《泰鸿》说的"法者,天地之正器也,用法不正,元德不成"等。

变成了至高无上的神了。如《道端》所说的"君主"就是如此："君者，天也。天不开门户，使下相害也，进贤受上赏，则下不相蔽，不待事人贤士显不蔽之功，则任事之人莫不尽忠，乡曲慕义，化坐自端，此其道之所致德之所成也。本出一人，故谓之天，莫不受命，不可为名，故谓之神"；如《能天》所说的"圣"也是如此："故圣，道也"。两处的君、圣符号，都已是天和道的化身了。这种化身，在《鹖冠子》中又表现为"泰一"神："泰一者，执大同之制，调泰鸿之气，正神明之位者也。故九皇受傅，以索其然之所生，傅谓之得天之解，傅谓之得天地之所始，傅谓之道，得道之常，傅谓之圣人，圣人之道与神明相得，故曰道德，纳始穷初，得齐之所出，九皇殊制，而政莫不效焉，故曰泰一。"（《泰鸿》）以圣人、君主为"一"和"太一"的化身，既强调了"一"的根本性和普遍性，又强调了统治者的权威性。但统治者如果只是利用这种逻辑，"假一"之名而没有"行一"之实，那么结果就只能是意识形态的虚假性。

第三节 "造于太一"和"王者执一"：《吕氏春秋》中的"一"

类似于主编角色的吕不韦同他的门客们共同编写的《吕氏春秋》，同《淮南子》这部书一样被《汉书·艺文志》列为杂家。① 实际上，这

---

① 这两部书内容的广博性，部分原因同它们分别由许多人一起来完成有关，更主要的原因同主编的意图和目标有关，即希望为统一的天下和国家提供一个全面的知识体系和世界观。这可以从《吕氏春秋》的《序意》中找到根据。《淮南子》具有类似的情形。因此，两书的内容广博不是无意识的结果，而是有意为之。《汉书·艺文志》没有在它的广博性中发现它们的中心而赋予它们"杂家"之名。

两书都有它们的中心，它们是融合了子学不同学派而又以道家、黄老学为中心的著作。因此，两者可以称得上是综合性或百科全书性的哲学著作，其中"一"又是两者共有的关键词。① 单从《吕氏春秋》中的《不二》和《执一》这两篇的篇名就看出它对"一"是多么注重。《吕氏春秋》中"一"的概念和语义，主要有两方面：一是被用来解释世界和万物起源的终极根源；二是被用作建立良好人间秩序的普遍原理和根本。

《吕氏春秋》中根源意义上的"一"也是"太一"和"道"，三者是同格、同位的概念。在"一"前面加一个修饰性的"太"字，只是为了表示"一"的至高无上性，就像在"道"前面加一个"大"字那样。但不加修饰语的"一"和"道"，同样也是至高无上的。"太一"的概念出现在《吕氏春秋·大乐》中。这一篇的主旨是讨论音乐的根源，对音乐提出了形而上学和本体论的解释。在儒家中，为音乐提出形而上学解释的是《礼乐·乐记》，它将音乐看成是源于天地的和谐（"天地之和"）。受此影响，《大乐》提出类似的说法："凡乐，天地之和，阴阳之调也。"但《大乐》没有停留在这种说法上，它使之同道家的本根论融合起来，引用"太一"和"道"的概念，认为音乐根源于"太一""道"："音乐之所由来者远矣，生于度量，本于太一。"

作为天地和谐秩序的音乐只是万物之一。《大乐》没有局限于只是为音乐寻找最高的根据，它进一步探寻世界和万物的起源和根据，认为不仅音乐源于太一，而且天地和万物都源于"太一"。《大乐》中有两段

---

① 《淮南子》中"一"的文本，有一部分是来自《文子》。

话是有关宇宙生成论的。其中一段说："太一出两仪，两仪出阴阳。阴阳变化，一上一下，合而成章。浑浑沌沌，离则复合，合则复离，是谓天常。天地车轮，终则复始，极则复反，莫不咸当。日月星辰，或疾或徐，日月不同，以尽其行。四时代兴，或暑或寒，或短或长，或柔或刚。"这一段话表达的宇宙生成论不完整。它的描述是，"太一"产生了天地（"两仪"），两仪产生了阴阳，阴阳的变化和相互作用产生了乐章或有花纹的东西。它没有说到万物的生成（"章"就像音乐那样只是万物之一）。接下来它将问题转到了天地、日月星辰、四时的变化、循环及其秩序上了。

同这段话的描述不同，《大乐》的另一段话说："万物所出，造于太一，化于阴阳，萌芽始震，凝濯以形。形体有处，莫不有声。声出于和，和出于适。和适先王定乐，由此而生。天下太平，万物安宁，皆化其上，乐乃可成。"这一段话描述的宇宙生成，是先用一句话来概括："万物"由"太一"所创造，由阴阳所化育（"万物所出，造于太一，化于阴阳"）。然后描述了从太一到万物的演变过程，先是经过萌生出的炽热状态的翻动，再经过冷却和凝聚，最后变成了一切有形的具体事物（"萌芽始震，凝濯以形"）。在道家宇宙生成论中，这是一个简化版的宇宙生成模式。①《黄帝四经·道原》把"一"看成是"道"的称号，与此类似，《吕氏春秋》以"太一"为"道之名"，说"道也者，视之不

---

① 宇宙有了具体的事物，它的存在处就是声音的所出处。

见，听之不闻，不可为状。有知不见之见、不闻之闻、无状之状者，则几于知之矣。道也者，至精也，不可为形，不可为名，强为之，谓之太一"。但在《吕氏春秋中》中，"一"不只是道之名，它还是与"道"并行的表达万物根源性的符号，这一点同样明显。如《圜道》说："以言说一，一不欲留，留运为败，圜道也，一也齐（疑为'者'）至贵，莫知其原，莫知其端，莫知其始，莫知其终，而万物以为宗。"

在《吕氏春秋》中，我们再次看到"一""太一"及其同名道，同样是被作为人间秩序的基础。这样的思维贯穿在这部书中，并涉及一系列概念。整体上说明这部书主旨的《序意》说："爰有大圜在上，大矩在下，汝能法之，为民父母。盖闻古之清世，是法天地……上揆之天，下验之地，中审之人……天曰顺，顺维生；地曰固，固维宁；人曰信，信维听。三者咸当，无为而行。"《大乐》将根源于太一又经过先王确定的统一和谐的音乐同良好的治理和秩序统一起来："天下太平，万物安宁。皆化其上，乐乃可成。"这也反映了《大乐》对世界秩序的整体思维和它为什么以"一"为建立良好秩序的最高真理："故一也者制令，两也者从听。先圣择两法一，是以知万物之情。故能以一听政者，乐君臣，和远近，说黔首，合宗亲；能以一治其身者，免于灾，终其寿，全其天；能以一治其国者，奸邪去，贤者至，成大化；能以一治天下者，寒暑适，风雨时，为圣人。故知一则明，明两则狂。"这里的"一"被解释为"道"或君王[①]，"两"被解释为万物、臣僚。但同一个地方一个

---

① 陈奇猷：《吕氏春秋校释》，上海：学林出版社，1984年，第264页。

词不能有两个意思，哪怕这两个意思有联系。结合下文，其中说的"法一，是以知万物之情"和"以一治"中的"一"，就是指根本的、普遍的统一性法则；"两"是指多，包括了百姓等。据此，不管是一个人用之于修身，还是诸侯用之于治国，天子用之于治天下，"一"都是普遍适用的。

《大乐》将"一"作为治理的普遍原则不是孤立的。从上述《不二》和《执一》的标题就可以看出，两篇的治道都是立足于"一"。《不二》开头就提出警告说，统治者治国如果没有根本的原则，而是去听从人们的各种议论，国家就会陷入到危险之中。相对于有着无数不同性情和差异的个人之"多"，圣王只是"少"和"一"。他如何用他的少和一去统治无数众多的个人呢？道家和黄老学的一个共同思维是，如果要以一治多，以寡治众，那就必须有一个适用于无数人的普遍有效的根本原则和法则。它认为这就是"一"。如同老子、孔子等的哲学都有其根本的理念和智慧那样，一个国家的统治者同样应该掌握根本和统一的原则："有金鼓所以一耳也；同法令所以一心也；智者不得巧，愚者不得拙，所以一众也；勇者不得先，惧者不得后，所以一力也。故一则治，异则乱；一则安，异则危。夫能齐万不同，愚智工拙，皆尽力竭能，如出乎一穴者，其唯圣人矣乎！无术之智，不教之能，而恃强速贯习，不足以成也。"（《不二》）持守"不二"，就是"守一"和"执一"。《吕氏春秋·执一》对此深信不疑："王者执一，而为万物正。军必有将，所以一之也；国必有君，所以一之也；天下必有天子，所以一之也；天子必执一，所以抟之也。一则治，两则乱。今御骊马者，使四人，人操一策，则不可以出于门间者，不一也。"从圣王、天子到君主，从军队将领到御马者，都需要掌握普遍有效的"一"，只有它才能够统一万物。按照《论人》的说法，君王如果能够"执一"，他就神通广大，他的德行就可比于天地日月的境界："知神之谓得一，凡彼万形，得一后成。故知一，则应物变化，阔大渊深，不可测也。德行昭美，比于日月，不可息也。豪士时之，远方来宾，不可塞也。意气宜通，无所束缚，不可收也……故知知一，则若天地然，则何事之不胜，何物之不应？譬之若御者，反诸己，则车轻马利，致远复食而不倦。"①《为欲》对"执一"重要性的肯定也无以复加："执一者至贵也。至贵者无敌。"

如果只是说到"执一"或者"执道"而不进一步说明其具体所指，那是很难掌握和运用的。《执一》对"一"的具体所指没有更多的说明。但在《吕氏春秋》其他篇中，我们就能看到"执一""执道"的一些具体所指。它们都是什么呢？归纳一下，第一，"执一"就是遵循天地的根本法则（"法天地"），这是上述《序意》中我们已经看到的。第二，"执一"是遵循朴、理和数。如《论人》说："故知知一，则复归于朴……举错以数，取与遵理，不可惑也。"第三，"执一"就是审名分。如《审分》说："有道之主，其所以使群臣者亦有辔。其辔何如？

---

① 《圜道》说："以言说一，一不欲留，留运为败，圜道也，一也齐至贵，莫知其原，莫知其端，莫知其始，莫知其终，而万物以为宗。圣王法之，以令其性，以定其正，以出号令。令出于主口，官职受而行之，日夜不休，宣通下究，灢于民心，遂于四方，还周复归，至于主所，圜道也。"

正名审分，是治之辔已。故按其实而审其名，以求其情；听其言而察其类，无使放悖。夫名多不当其实、而事多不当其用者，故人主不可以不审名分也。"第四，"执一"就是"执法"。黄老学对老子治道的最重要发展是将法与道结合起来，将道和一的普遍性和统一性变成了法的普遍性和统一性。在《吕氏春秋·不二》中，"一"被具体为普遍的"法令"，它适用于所有的人。天下治不治，就取决于统治者是不是坚持法令之"一"去统治："故一则治，异则乱；一则安，异则危。"第五，"执一"就是指所掌握的纪纲合乎百姓的利害倾向："用民有纪有纲，一引其纪，万目皆起，一引其纲，万目皆张。为民纪纲者何故？欲也恶也。何欲何恶？欲荣利，恶辱害。辱害所以为罚充也，荣利所以为赏实也。赏罚皆有充实，则民无不用矣。"（《用民》）第六，"执一"就是崇尚孝的价值。《孝行》主张务本，其所说的"本"则是孝："务本莫贵于孝……夫孝，三皇五帝之本务，而万事之纪也……夫执一术而百善至、百邪去、天下从者，其惟孝也。故论人必先以所亲而后及所疏，必先以所重而后及所轻。"这显然是吸取了儒家的伦理价值。第七，"执一"是君主只任用人而不自为事，是让百官尽职其责。《知度》说："明君者，非遍见万物也，明于人主之所执也。有术之主者，非一自行之也，知百官之要也。知百官之要，故事省而国治也。明于人主之所执，故权专而奸止。"君主如果"好暴示能，以好唱自奋，人臣以不争持位，以听从取容"（《任数》），结果就是"代有司为有司也，是臣得后随以进其业〔也〕"（同上）。

　　通过对《文子》、《鹖冠子》和《吕氏春秋》这三个早期道家文本中"一"的概念的演变和语义的考察，我们可以明确几点，第一，这三个文本中的"一"的概念同"道"的概念保持着基本的同一性，两者整体上是同格、同位的概念。只是在《鹖冠子》中，"一"的概念所处的位置比"道"的概念更显赫（以至于葛瑞汉说其"道"被"一"取代了）。第二，这三个文本中的"一"的概念，整体上都被看成是宇宙的终极性根源，世界上所有的事物都被看成是源于"一"和出于"一"（物、人、音乐等）。第三，这三个文本都以"一"为开端提出了各具特色的宇宙生成论，描述了宇宙的演化、分化和生成过程。第四，这三个文本都将"一"看成是万物统一性的本质和普遍法则，万物都被看成是相对于"一"的"多"和"众"（各种不同的度、数和理等）。第五，这三个文本都将"一"看成是统治的最高原理，看成是建立良好社会政治秩序的普遍有效法则。

第五章　杨朱的"人本主义"伦理学

　　历史上留下的有关杨朱思想的文献虽然非常有限，但从中我们仍然能够看出杨朱思想的鲜明特征和个性，也能看出他的思想在战国时代产生的影响和引起的争议。孟子将他同墨子相提并论，称他们两人的言论弥漫于那个时期的整个思想空间（"盈天下"）并垄断了话语权（"天下之言不归杨则归墨"）。孟子的描述至少就杨朱而言也许有夸大之嫌，但至少说明杨朱的思想在当时确实有相当的影响力，否则孟子也没有必要认为它对孔子之道产生了严重的挑战（"杨、墨之道不息，孔子之道不著"），甚至以拒斥他和墨子的言论为圣人信徒们必须承担的历史使命（"能言距杨、墨者，圣人之徒也"）。[①] 在儒家思想后来占主导性地位的中国历史和传统中，很难想象杨朱的思想还会像思想文化多元的战国时代那样具有影响力。

　　随着近代中国诸子学的复兴和对西学个人权利、自由、幸福和快乐等观念的引入，杨朱思想的意义和价值相应地也获得了被重新认识和认

---

　　① 以上所引孟子的话见《孟子·滕文公下》。除了孟子，《管子·立政》的作者和韩非（《韩非子·显学》）也对杨朱的思想提出了批评。

可的契机。[①] 如深受英国近代权利、自由和开明利己主义（严复翻译为"开明自营"）影响的严复，断言庄子和杨朱的"为我"思想是"三摩地正法眼藏"（专注一境的正法），说郭象对庄子主张"治身"的解释（人人皆自修身不用治理，天下自然而治），深得庄子思想的旨趣，这也正是杨朱学说的"精义"，孟子对杨朱的批评是肤浅的。[②] 人们从个人主义、人权、个体生命等角度对杨朱思想进行的研究和重新评价，不同程度上揭示和彰显了杨朱思想的内涵、意义和价值。为了更完整地把握杨朱学说的内在精神，这里我以杨朱的"人本主义"伦理学为视角来展开讨论。

广义上的人本主义包括了东西方哲学和思想传统中强调个人价值、尊严、自由、幸福、快乐、自我实现和创造等各种相近的主张和承诺。[③]

---

① 有关这方面，参阅何爱国：《清季民初杨朱思想的活化》，《安徽史学》2015 年第 1 期，第 81-90 页。

② 严复：《〈庄子〉评语》，载王栻主编：《严复集》第四册，北京：中华书局，1983 年，第 1125 页。

③ 中文"人本主义"是对"humanism"的一种翻译，它还被译为"人道主义"和"人文主义"。"人文主义"和"人道主义"的关注点略有差异。"人文主义"主张通过人文学科的教育和修养涵养人性，使个人身心、欲望与理性和谐一致，使自我日益趋向一种内心的和谐完满。"人道主义"使人的自然欲望获得满足，人的尊严和自由得到尊重，使人的潜能、才干和创造力得到实现。中文"人本主义"又是德文 Anthropologismus 的意译，也译人本学，是一种从生物学的角度解释人的形而上学学说。以 19 世纪德国的费尔巴哈及之后俄国的车尔尼雪夫斯基为代表，费尔巴哈拒绝唯物主义，避免采用甚至反对唯物主义这一术语，将自己的哲学称作人本主义或哲学中的人本主义原则。席勒描述了一种非常宽泛的"人本主义"："人本主义坚持要包括个人心灵的全部丰富多彩的东西，而不是把它们全部压缩为一个单一类型的'心灵'，假充它是一体并且是不可变动的；人本主义还包括每个人的心灵财富以及它的兴趣、感情、意志、抱负等各种复杂内容。"（［英］F.C.S. 席勒：《人本主义研究》，麻乔志等译，上海：上海人民出版社，1966 年，第 13 页）

具体到不同的时期和人物，"人本主义"的内涵和所指都有一定的伸缩性和差异性。说杨朱的学说是一种"人本主义"伦理学，当然是基于他对人世间什么是最宝贵的、什么是人应过的最好的生活的回答，基于他对人最应该选择什么、避免什么和消除什么的回答。按照他的回答，人的生命是不可替代的根本价值，人应该过一种高度满足的快乐生活，人要避免被"名教""外物"所束缚和役使。杨朱的这种人本主义，在当时和后来被冠以我们熟悉的"贵生""尊生""为我""为己"等名称，并同墨家的"兼爱"、儒家的"仁爱"等利他主义形成了鲜明的对比。

第一节　人的权利和生命的价值

在过去的大部分时间和哲学中，人类都有某种以自己为万物中心的思想倾向。不管是普罗泰戈拉（Protagoras）说的"人是万物的尺度"，康德说的"人是目的"，还是《尚书·泰誓》说的"惟人万物之灵"，这些说法都以人为宇宙和万物中最独特和最优异的存在，在不同程度上表现出"人本主义"或"人类中心"的世界观。人以自己的眼光和需求来区分事物和事物的价值，由此形成的价值观也以人过上最好的生活为中心。但人值得过的最好的生活是什么，人应该最珍惜什么，不同的哲学往往有着不同乃至相反的回答。单是早期中国的百家子学就产生了各种不同的观点。儒家以伦理道德和人格的完善为人生最高的目标和价值，人为了实现这种目标，即使舍弃自己的生命也是值得的；墨家以世间的兼相爱、交相利为最高的价值目标，认为人应该为此而忍受艰苦的生活乃至牺牲自我。这两家的哲学整体上都可称为"利他主义"。儒家提出的"为己之学"以提升人的伦理道德为中心，它同杨朱的"为己"主张只是具有形式上的相似性，因为后者以人的生命本身为最高的价值（他的"贵生""尊生"观念也首先体现在这里）。

同"利他主义"相对的一般是"利己主义"，但杨朱的"为己""为我"观念又不能简单说就是利己主义。被孟子等简化为"拔一毛而利天下，不为也"的杨朱的"贵生"学说，没有反映出他的思想的全貌。第一，按照《列子·杨朱》的记载①，这一表述本身不是杨朱直接提出的，而且与此相关的"不以一毫利物""损一毫利天下，不与也"的说法，杨朱把它看成是伯成子高和过去人们的说法，尽管实际上他就是杨朱的思想。第二，杨朱还有一个同"损一毫利天下，不与也"相并列的说法，即把天下所有的好处都给我一人用，我也不能接受（"悉天下奉一身，不取也"）。杨朱的前一个说法是强调"不损己利人"，而这一说法则是强调"不损人利己"。因此，杨朱的这种"为我""为己"思想就不能同自私自利、损人利己的"利己主义"混为一谈，它是介于两极性的"利他主义"与"利己主义"之间的一种立场，这也是为什么我们称

①《列子·杨朱》中记载的有关杨朱的言论，同《列子》其他篇章一样，基本上保存了《汉书·艺文志》所记载的作为先秦《列子》一书的内容。根据新的重要研究，过去辨伪所得出的结论实不可取。参阅严灵峰的《列子辩诬及其中心思想》（台北：文史哲出版社，1994年）、马达的《〈列子〉真伪考辨》（北京：北京出版社，2000年）等。顾实为了维护一个非纵欲主义者的杨朱，认为《杨朱》的有关杨朱的纵欲主义言论完全不属于杨朱，这也不足为据（顾实：《杨朱哲学》，长沙：岳麓书社，2011年，第115-139页）。

他的思想为"人本主义"而不是"利己主义"的原因。第三，杨朱提出的"为己"对天下所有的人都适用，它不是少数人的特权。人人都不去损害自己而利天下，人人都各安其位、各守其分，这是治理天下的最好方法（"人人不损一毫，人人不利天下，天下治矣"）。

杨朱的"不以一毫利物""不损一毫利天下"的主张，整体上是一种以人的"生命"为根本价值的"人本主义"，尽管这些说法有极端性。信奉儒家的仁爱理念和墨家的兼爱主张，很容易让人将杨朱的这种主张同人的自私自利联系在一起，而不去从这种主张中得到一定的真理性的东西。事实上正是这样，墨子的信徒禽子（即"禽滑釐"）当面向杨朱提出了一个假设，如果拔去他身上的一根毫毛去救济社会，他是不是为之。按照杨朱的宣称，他已经回答了这个问题，那就是不为。但杨朱用"一毛不足以济世"来回答，他就陷入了被动。当禽子再次追问时，他只好避而不答。实际上，杨朱不是这样的意思，否则孟子也不会那么激烈地批评他，说他的主张是"为我"。杨朱一开始就要拒绝禽子的假定，这才符合他的主张。拔一毛对天下没有什么利所以不为，同拔一毛即使有利于天下也不为，两者的意义完全不同。后者才是杨朱的真实主张，也是他的这一主张为什么会那么引人注目的原因。像做拔一毛这样的轻微事就能够有利于天下还竟然不为，具有这种人生观的人，他还会为他人、为社会做什么呢？

杨朱同禽子的论辩没有结束。禽子使杨朱无言以对，感到得意，他就将这一情况告诉了杨朱的弟子孟孙阳。但孟孙阳告诉禽子，说他没有理解杨朱老师的真意，没有认识到他的老师的主张有深刻的道理，即人的生命的任何一个部分都不能去伤害。按照一般的价值观，事物的价值有大小、轻重之不同。事物的价值小，放弃起来容易；事物的价值大，要放弃就不容易。人"损一毛"之轻就可"利天下"，何乐而不为。禽子正是这样想的。但生命主义者孟孙阳则不这样看。对他来说，人的生命的任何一部分都不能受到损害，不管是四肢相对重要的部分，还是肌肤、毫毛相对不那么重要的部分，都应该加以保护和爱护。按照这种逻辑，连身体轻微的一毛都不拔取，何况身体的其他部分，更别说人的整个生命了，尽管他没有明确说出这种逻辑。孟孙阳对禽子提出的问题，实际上选用的就是这种逻辑。人的身体的轻微的部分可以带来益处就可以去伤害，那么身体的更重要部分，可以带来更大的益处，是不是也可以去交换，如断掉他的关节，给他一个国家，他是不是能接受？推论到这一步，禽子就开始犹豫不决了。看来他也是重视生命的人，他不愿用身体的一个关节去交换一个国家。接下来，孟孙阳做出了一个很有说服力的推论，身体的整体由身体的部分组成，身体的整体离不开身体的部分，既然身体的毫发和肌肤都是组成身体的有机的部分，那么看似轻微的毫毛也是不能拔取的。至此，孟孙阳既阐明了他的老师的真实主张，也为他的老师挽回了面子。墨子的信徒禽子只好说："吾不能所以答子。然则以子之言问老聃、关尹，则子言当矣；以吾言问大禹、墨翟，则吾言当矣。"（《列子·杨朱》）

按照禽子的最后应答，杨朱和孟孙阳的"贵生""为己"主张是对老聃、关尹思想的传承，而禽子则将他的"利他"倾向同大禹和墨子的精神联系在一起。如果说重生、贵生学说整体上是道家哲学的一部分，那么老子则是道家这一学说的最初创立者。《老子》第十三章一边说"无身"，一边又说"故贵以身为天下，若可寄天下；爱以身为天下，若可托天下"。大禹和墨子的利他精神，通过《庄子·天下》的描述可以清楚地看出："墨子称道曰：'昔禹之湮洪水，决江河而通四夷九州也。名山三百，支川三千，小者无数。禹亲自操橐耜而九杂天下之川。腓无胈，胫无毛，沐甚雨，栉疾风，置万国。禹大圣也，而形劳天下也如此。'使后世之墨者，多以裘褐为衣，以跂蹻为服，日夜不休，以自苦为极，曰：'不能如此，非禹之道也，不足谓墨。'"

杨朱的"贵生"哲学，包含着谁都没有权利去损害人的生命的根本主旨，他对自己的生命也是一样。彻底的贵生论，意味着一个人也没有理由去损害自己的生命，包括自杀。何况，伤害自己和自杀，对于他的亲人和朋友们来说也是件很不幸的事情。按照儒家的"孝"的观念，子女的身体哪怕是肤发，都是受之于父母的。子女尽孝应该做的就是要爱护自己的肤发，这是儒家要求人重视生命的一种表现。健康的哲学都会提倡人要重视自己的生命。在社会生活中，有时会出现人的生命价值与人的义务之间的矛盾，比如作为一名士兵，他就有义务在战场上勇敢作战乃至献出自己的生命。儒家一方面主张尽孝和爱护自己的生命，另一方面又主张"舍生取义""杀身成仁"的道德价值观。这就是我们所说的道德困境。杨朱允许这种特殊情况存在吗？我们不知道。他可能会说，他只是从最一般方面来看，人的生命是终极的目的，它不能成为其他事物的手段。即使你是自愿的也不行，更别说是被迫的。对于私有财产，人们都说它神圣不可侵犯；对于人的生命，人们更要说它神圣不可侵犯。杨朱没有前者的主张，他只有生命神圣不可侵犯的理念。

杨朱以人的生命为崇高价值的人本主义，同近代的人权观念中的生命权相吻合。近代以来人们主张的人权，《国际人权公约》所保护的人的权利，其中人的生命权是基本的，它是人的其他权利的基础。但在现实中，人权、人的生命权又常常会受到集权主义的威胁。在集权主义者那里，人对于自己的生命没有什么权利，它只是服务于其权力的工具。他们在目的正当、手段就正当的逻辑下，损害和摧残人的生命。集体主义者认为，个人的生命就像个人的其他方面那样都是集体的一部分，它应该完全服从于集体的需要。① 杨朱的"贵生""为己"和人的生命至高无上的主张，是对集权主义和集体主义的反抗和解构。撇开各种专制主义对生命权的损害，当今社会中人的器官移植同杨朱的生命权主张也是相冲突的。现代社会的器官移植，虽然引起了生命伦理的反思，但如果

---

① 李风华说杨朱的"不拔一毛以利天下"主张充分体现的是个体自由的至上主义立场，因此他批评孟孙阳和杨朱的"充分所有权"主张是一种谬误和诡辩，这就等于说，坚持自由至上的立场和人的生命权的神圣性就是谬误和诡辩；也等于说，专制主义者有了集体利益和整体利益的名义也就有了处置每个人生命的权力和权利（李风华：《"一毛"与天下：论自我所有权的局限及多级人身所有权的存在》，《哲学动态》2016年第11期，第82-91页）。撇开这种极端不幸的局面，在自由、人权、平等现代政治理性内讨论人的生命权，也出现了不同的倾向，比如罗尔斯认为人的先天优异的能力不应该独享，而应该纳入公共分配中，这是一个十分激进而无法操作的异想天开的主张。

是建立在个人纯粹的自愿和帮助别人的动机之上，它也被认为是合乎道德的，值得肯定。但完全按照杨朱的"贵生"主张，器官移植就不能被允许。人需要合作，人的生活就是在合作中实现的，没有合作人就生活不下去。"各人自扫门前雪，哪管他人瓦上霜"，是一个非常相对的概念。人世间的很多事情都不是单凭自己一个人就可以完成的。人的生命至高无上，但有时人们为了生命又会失去生命，比如在危险时刻有人为了救助他人而牺牲自己。

杨朱以生命为崇高价值的"为己"人本主义，被他的弟子如子华子（此外还有巫马子、詹何、公子牟等）所传承。其中一部分内容在《吕氏春秋》和《庄子》中可以看到。有关子华子的生平事迹留下的记载不多，《庄子·让王》和《吕氏春秋》的《审为》《贵生》等，保留了他重生、贵生的重要材料。依据《庄子·让王》和《吕氏春秋·审为》的记载，子华子向韩国昭僖侯（又写作韩釐侯、韩昭釐侯等）建言说，重生高于治国。当时韩国同魏国相互争地。事情大概发生在公元前361年，这是韩昭僖侯继承君位的第二年，前一年秦国曾在西山击败了韩国的军队，这一年魏国占领了韩国的朱邑（同年稍早宋国占领了韩国的黄池）。当时的韩国政治混乱，政令不一。对于刚继位不久的昭僖侯来说，当时的韩国可谓是内忧外患。面对这种困境，昭僖侯忧虑重重。但子华子给他提出的建言居然是"重生""贵生"，这是多么不知轻重缓急之言。令人意外的是，昭僖侯竟然称赞了子华子，说他的建言非常好，这是当时许多教诲过他的人从来都没有提过的建言。对此《吕氏春秋》的作者还评论说，子华子是一个懂得"轻重"的人。[①]

在子华子给昭僖侯的建言中，他将个人的生命同一个国家的权力进行孰重孰轻的比较，认为如果要在自己的生命与国家的权力之间必须选择其一的时候，人的最好选择是不要用自己的生命去换取一个国家的权力。显然，这是视人的生命高于一个国家的权力。对于那些迷信权力的人来说，这是不可想象的，也是不可接受的。但对于以人的生命为最高价值的人来说，这则是当然的选择，何况还有人爱美人而不爱江山那样的选择。《吕氏春秋》有关篇目的作者也受到了杨朱贵生哲学的影响。如《重己》相信生命是人生最宝贵的东西，没有任何东西能够超过它和取代它："倕，至巧也。人不爱倕之指，而爱己之指，有之利故也。人不爱昆山之玉、江汉之珠，而爱己之一苍璧小玑，有之利故也。今吾生之为我有，而利我亦大矣。论其贵贱，爵为天子，不足以比焉；论其轻重，富有天下，不可以易之；论其安危，一曙失之，终身不复得。此三者，有道者之所慎也。"这是对人的生命价值的最高肯定，是对杨朱的"人本主义"的传承。

第二节　什么是最好的生活、最大的快乐

人的生命同其他有机生命一样，都是在生活的过程中存在的。对于

[①]　重视自己的生命同努力治理好自己的国家不是两难的选择。实际上，从公元前 355 年开始，韩昭僖侯任用申不害为相实行改革，遵循申不害的"术道"治国，实行中央集权制，统一法令，整饬秩序，韩国成为当时的强国之一。这主要是他接受申不害的施政方略造就的。《史记·韩世家》称赞他说："申不害相韩，修术行道，国内以治，诸侯不来侵伐。"《史记·老子韩非列传》也说："终申子之身，国治兵强，无侵韩者。"

以生命为根本价值的杨朱来说，人的生命的存在就是过最好的生活。但什么是人值得选择和值得过的最好的生活，我们一直有不同的答案。抽象地说，最好的生活就是幸福、快乐的生活。但不同的人对幸福和快乐的理解也不同。一些人可能只注重人的生活的某些方面，他们将这种生活看成是幸福和快乐的生活；另一些人可能注重人的生活的完整性和整体品质，他们视这种生活为幸福和快乐的生活。对杨朱来说，人应该过好的生活和幸福、快乐的生活，简单说就是最大限度的快乐的生活。

在杨朱看来，人的寿命是很短暂的，百年长寿的人非常少。他为人生算了一个时间账。假如以百年长寿为人生的大限，即使在这一大限中，人能够主动生活的时间也是非常少的。孩童和老年这两头各占了一半，晚上睡觉和白天消遣的时间又占了一半，还有疾病和忧愁也快占了一半，算下来人能过上好日子的时间很少。这种算法有它的片面性，童年和老年是人生的不同阶段，休息和睡眠是必需的，一个人一生也不能完全不生病，忧愁只是多少的问题。杨朱这样来计算人生的时间，是要提醒人们人生是非常短暂的，人应该过好他短暂的一生。一些人希望长寿，甚至梦想长生不老。杨朱没有给人提出这种希望，也没有让人去奢望长生不老。因为他认为人的寿命有限，更不可能长生不老。就此而言，杨朱非常理性。孟孙阳问他，如果有人"贵身爱身"、期求久生和不死，是不是可以。杨朱回答说"理无不死""理无久生"。人的寿命都有结束的时候，死亡是人的生命不可逾越的极限，决不是珍惜和爱护就能让生命永驻（"生非贵之所能存，身非爱之所能厚"——《列子·杨朱》）^①，今人同古人一样最终都要死亡。不仅如此，人也没有久生的必要："且久生奚为？五情好恶，古犹今也；四体安危，古犹今也；世事苦乐，古犹今也；变易治乱，古犹今也。既闻之矣，既见之矣，既更之矣，百年犹厌其多，况久生之苦也乎？"（《列子·杨朱》）要说杨朱主张"贵生"，也应该"贵长生"，但他没有这样想。孟孙阳可能主张长寿和久生，他不满意他的老师"久生苦多"和人没有必要久生的观点，就片面推论他的老师的观点，说既然人生苦多，人为何不去快点结束自己的生命，人赴汤蹈火不就很容易满足他的心愿（"若然，速亡愈于久生；则践锋刃，入汤火，得所志矣"）。孟孙阳的这一推论，既不符合他自己认同的他的老师的"贵生"主张，也违背了他的老师的理性主义和自然主义。杨朱当然明确否定了孟孙阳的说法。他向孟孙阳说明了什么才是正确的人生观和生死观："既生，则废而任之，究其所欲，以俟于死；将死，则废而任之，究其所之，以放于尽。无不废，无不任，何遽迟速于其间乎？"（同上）

　　认识杨朱心目中的好生活是什么，他说的"废而任之，究其所欲"这句话非常重要。^②照这句话，来到世间的人，他在有限的生命历程中，应该听任、顺从他的自然倾向，最大限度地满足自己的欲求。同样，当人的生命走到终点时，他也应该听任、顺应生命的结束。《列子·杨朱》另一处记载的杨朱的说法，同这里的说法可以相互印证："太古之人知

---

① 在这一点上，杨朱不同于老子。老子有"长生久视""死而不亡者寿"的说法。

② "废"有"置"的意思。

生之暂来，知死之暂往，故从心而动，不违自然所好，当身之娱非所去
也，故不为名所观（通'劝'）；从性而游，不逆万物所好，死后之名非
所取也，故不为刑所及。名誉先后，年命多少，非所量也。"根据这段
话，杨朱主张的好的生活是，知道了人生短暂的人，他立足当下，顺从
他的心愿而活动，不违背他的"自然"倾向，不违逆万物共同的所好，
充分享受人生的各种乐趣，不去求取什么名誉、名声而伤生害性。"从
心而动""从性而游"，即"废而任之"；"不违自然所好""不逆万物所
好"，即"究其所欲"。为了过上这种好的生活，就要摆脱对名誉、寿命
长短等各种东西的考虑（有关这一点，下面我们专门讨论）。

杨朱主张"从心""从性"，主张从其"自然所好""究其所欲"，
《淮南子》将他的思想概括为"全性保真"。现在我们需要弄清他说的
"心""性""所好""所欲"具体是指什么，《淮南子》说他要"全"的
"性"、要"保"的"真"是指什么。人心、人性、人的自然好恶、人的
"欲求"，包含着不同的东西，既有一般所说的耳目鼻口心等自然的感性
欲求，又有复杂的理性、情感和伦理方面的倾向。对人性、人心中这些
不同的东西，有的哲学注重其先天道德和理性禀赋及其充分发挥，有的
哲学强调其先天本能和欲望的充分满足。在先秦诸子中，儒家和墨家代
表了前者，《庄子·天下》记载的墨子及其信徒是实践清苦主义的代表。
与此相反，荀子在《非十二子》中批评的它嚣、魏牟，他们代表的是尽
欲论、纵欲论的倾向。[1] 杨朱说的顺从人的性情，听任人的心愿，充分

---

① 荀子批评魏牟等的纵欲主义，也批评宋荣子的寡欲论和清苦主义。

享受人生的乐趣,可能说,整体上类似于后者,是指人的自然本能和生理欲望及其充分满足。杨朱是比魏牟等更早的"尽欲论"者。一般人们会说人的欲望无穷无尽,无法完全满足。但历史上也有人认为人的情欲并不多,如宋荣子就说人的"情欲寡浅",很容易满足。谢灵运认为"良辰""美景""赏心""乐事"("四者难并")是让人最快乐的东西(《拟魏太子〈邺中集〉诗》)。杨朱则以好的住宅、美味、美服和美色这四者为人生最好的享受。人享有了这些,就是最大的满足;如果还不满足,那就是贪得无厌。① 由此来说,杨朱认为人应满足的欲望是有限的,虽然有人欲求太多。

《庄子·盗跖》为了嘲讽孔子和他的价值观,塑造了一个生动的故事,说孔子试图用他的伦理和道德价值去说服盗跖改邪归正,反而被盗跖驳斥得哑口无言,最后失魂落魄而逃。无独有偶,《列子·杨朱》也塑造了一个生动的故事。这个故事说,子产作为郑国最高行政长官,把郑国治理得井井有条,但他的兄长(公孙朝)好酒,弟弟(公孙穆)好色,两位沉湎于酒色之中,唯酒色是乐。对此子产忧心忡忡,一筹莫展。无奈之下,他私下访问了邓析子寻求良策。邓析子建议子产,对他的兄弟"喻以性命之重,诱以礼义之尊"。子产找机会看望了他的兄弟,苦口婆心规劝他们:"人之所以贵于禽兽者智虑,智虑之所将者礼义。礼义成,则名位至矣。若触情而动,耽于嗜欲,则性命危矣。子纳侨之

---

① 杨朱说:"丰屋、美服、厚味、姣色,有此四者,何求于外?有此而求外者,无厌之性。无厌之性,阴阳之蠹也。"(《列子·杨朱》)

言，则朝自悔而夕食禄矣。"

但子产对他两位兄弟的规劝没有产生丝毫的作用。他的兄弟反而对他说，他讲的道理和道德他们何尝不知道，他们遵循和奉行这些东西时间还不短，怎么还需要他来给他们讲这些东西。他们之所以放弃这些东西而对酒色乐此不疲，是因为他们认识到，在有限的人生中，充分满足自己的自然欲求才是最重要的，才是最快乐的。他们还批评子产只会治外，不懂得如何去治人心。如果天下的人都能够各自满足自己的性情，天下自然而然就治理好了。他们原本想向他讲一讲这个道理，没想到他竟然来教育他们："凡生之难遇，而死之易及。以难遇之生，俟易及之死，可孰念哉？而欲尊礼义以夸人，矫情性以招名，吾以此为弗若死矣。为欲尽一生之观，穷当年之乐，唯患腹溢而不得恣口之饮，力憊而不得肆情于色，不遑忧名声之丑，性命之危也。且若以治国之能夸物，欲以说辞乱我之心，荣禄喜我之意，不亦鄙而可怜哉！我又欲与若别之。夫善治外者，物未必治，而身交苦；善治内者，物未必乱，而性交逸。以若之治外，其法可暂行于一国，未合于人心；以我之治内，可推之于天下，君臣之道息矣。吾常欲以此术而喻之，若反以彼术而教我哉？"（《列子·杨朱》）故事的结果是，子产茫然而无言以对。当子产给邓析子讲述了他的兄弟给他讲的道理后，邓析子也被说服了，竟然说子产同两位"真人"在一起却不了解他们。

杨朱为了表达他的尽欲和快乐主义的价值观，还塑造了晏婴向管仲询问"养生"的故事。历史上，晏婴和管仲都是春秋时期齐国著名的政治家和思想家，但两人的生活方式截然不同。晏婴以生活节俭而闻名，而管仲则以生活奢侈著称，用他们两人的生活方式来讨论什么是好的养生方法具有强烈的对比性。杨朱塑造这个故事的目的十分明显，就是否定晏婴节俭的生活方式。管仲告诉晏婴说，好的养生方式是听任自然的欲望，不要去约束它、限制它（"肆之而已，勿壅勿阏"）。晏婴不知道具体如何去做，他向管仲进一步询问。管仲告诉他："恣耳之所欲听，恣目之所欲视，恣鼻之所欲向，恣口之所欲言，恣体之所欲安，恣意之所欲行。"（《列子·杨朱》）"恣"同"肆"，即"放纵""肆意"。放纵欲望和肆意地生活，就是让耳、目、鼻、口、体、意等人的自然欲求都达到最大限度的满足。限制和约束它们，不让它们得到充分的满足，就是"壅"和"阏"。管仲劝晏婴要享受这种生活，晏婴没有正面回答而是反过来问管仲什么是好的"送终"方法。晏婴说送终很简单，没有什么可以说的。管仲很想知道晏婴的观点，坚持让他讲一讲。晏婴告诉他说："既死，岂在我哉？焚之亦可，沈之亦可，瘗之亦可，露之亦可，衣薪而弃诸沟壑亦可，衮衣绣裳而纳诸石椁亦可，唯所遇焉。"（同上）听完之后，管仲对他的最好的朋友鲍叔和齐国大夫黄子说，他和晏婴两人是生死之道的参透者（"生死之道，吾二人进之矣"）。

　　杨朱通过子产兄弟口中讲出的享乐主义也好，通过晏婴和管仲问答中说出的快乐主义也好，这应该都是杨朱的依托之言，其实两个故事所讲的就是杨朱的人生观。它不是别人的，更不是魏晋人士的。《列子·杨朱》还塑造出卫国快乐主义者端木叔的故事。传说端木叔是子贡的后裔，他有一个传奇的人生。他很会利用自己已有的资产，进而积累了许多财富。他对世事没有兴趣，他自己在充分享受人生乐趣的同时，还乐善好施，把自己多余的财物都赠送给了关系从近到远的人，等到最后他死去时，他一贫如洗，连丧葬的费用都没有了。受到他帮助过的人反过来回报他，还返还端木叔的子孙一些钱财。端木叔的行为惊世骇俗。他的享乐主义，受到了墨子弟子禽滑釐的批评，他说端木叔是一位"辱其祖"的"狂人"。但魏国的段干生（"生"当为"木"），相传他是子夏的学生，魏文侯曾请他做官被他拒绝了，闻听端木叔的事迹后，称赞他是一位"德过其祖"的"达人"："其所行也，其所为也，众意所惊，而诚理所取。卫之君子多礼教自持，固未足以得此人之心也。"（《列子·杨朱》）不管端木叔是一个怎样的人，我们只要知道这讲的是杨朱的人生观就可以了。

杨朱奉行的快乐主义人生观，作为他的人本主义伦理学的一部分，同他的"贵生""贵己"主张看起来是矛盾的。许多注重养生的人都会说，纵欲会伤害自己。如《老子》第十二章就说："五色令人目盲，五音令人耳聋，五味令人口爽，驰骋畋猎令人心发狂，难得之货令人行妨。"《吕氏春秋》中的《本生》、《重己》、《贵生》和《情欲》等篇，被看成是杨朱的思想，实际上它们既有与杨朱思想相同的地方，又是不同的道家"贵生"派别之一。因为这几篇讲贵生，但它们却不主张纵欲、尽欲。相反，这几篇的作者都反对纵欲，劝告人过有节制的适度生活。但对于杨朱来说，人的欲望及其最大满足是人的自然倾向；充分享受感官的满足，就是最大的快乐，压制它们不仅是痛苦的，而且恰恰还会伤生。《吕氏春秋·审为》说："中山公子牟谓詹子曰：'身在江海之上，心居乎魏阙之下，奈何？'詹子曰：'重生。重生则轻利。'中山公子牟曰：'虽知之，犹不能自胜也。'詹子曰：'不能自胜则纵之，神无恶乎。不能自胜而强不纵者，此之谓重伤。重伤之人无寿类矣。'"詹何被认为是杨朱的弟子，他这里的说法同杨朱的思想一致。

很显然，谁要想最大限度地满足自己的欲望，充分享受人间的快乐生活，他就必须是个富有的人。一个贫穷的人，能生存下来就不容易了，怎么还能过花天酒地的奢侈生活。他能够做的是以粗茶淡饭为最大的快乐，或者去做黄粱美梦，在梦中去享受富足的生活。上述杨朱塑造的故事中的几个尽欲主义者，都是富有的人，因此他们能够充分享受人间的美色、美乐、美味、美酒等生活。这说明杨朱的物质快乐主义哲学，是对富有者阶层说的，而不是对贫穷的人说的。对于欲望节制论者来说，富有的人放任自己的欲望，反而会伤生害生。如果这样，那他们还不如贫贱些更好，他想尽欲也没有条件。

杨朱主张"全性保真"，他的弟子子华子以"全生"为人生的最高境界，认为等而下之的人生都是有缺陷的"亏生"和"死亡"，最不好的人生是"迫生"。看起来，杨朱的"全性"类似于子华子的"全生"，但两者又有差别。《吕氏春秋·贵生》的作者认为"贵生"是"全生"，他解释了子华子说的几种不同人生，认为"全生"是人的"六种欲望"

都得到"恰当的满足"（"各得其宜"）①；"亏生"是指人的部分欲望得到恰当的满足；"迫生"是指人的欲望不仅不能满足，而且他遇到的事物都是违背欲望的东西，这样的人生还不如"死"。我们来看看《吕氏春秋·贵生》的说法："子华子曰：'全生为上，亏生次之，死次之，迫生为下。'故所谓尊生者，全生之谓；所谓全生者，六欲皆得其宜也；所谓亏生者，六欲分得其宜也。亏生则于其尊之者薄矣。其亏弥甚者也，其尊弥薄。所谓死者，无有所以知，复其未生也。所谓迫生者，六欲莫得其宜也，皆获其所甚恶者，服是也，辱是也。辱莫大于不义，故不义，迫生也，而迫生非独不义也，故曰迫生不若死。""全生"作为子华子所说的最好的人生，它只是"六欲皆得其宜"，是欲望的"适度"满足，它不同于杨朱的尽欲。杨朱也许会说，人想充分满足自己的欲望并且他感觉满足了，这也是"得其宜"。

第三节　克服"殉名"和"殉物"

人的生命是万物中最宝贵和最崇高的价值，不能用它同任何东西进行交换；充分享受人生的乐趣，最大限度地满足人性的自然欲求，就是人要过的最好生活，这是杨朱人本主义伦理学的两个主要理念。与此相应，杨朱同时还批判和否定同这两种理念不相容的东西。这种东西也是被社会认可的价值和信念，它常常被称赞并影响着许多人的选择，在杨

---

① 　高诱注释《吕氏春秋·贵生》中的"六欲"，说是指生、死、耳、目、口、鼻。按照《列子·杨朱》的用法则是指耳、目、鼻、口、体、意。

朱的那个时代也是如此。但在杨朱看来，这种价值和信念则是人的最好生活方式的腐蚀者和破坏者，不克服和否定它们，生命的崇高价值就不能受到肯定，最好的生活也不能被期望。

杨朱批判和否定的东西都是什么呢？它们既有人们一般期望的社会地位、寿禄、财货、利益等东西，也有精神上的荣誉、廉洁、贤能等伦理道德价值。在《列子·杨朱》中，杨朱列出了人们忙碌追求的四种价值：长寿、名誉、地位和财货，他说被这四种东西左右的人，就会畏惧鬼神、人、威势和刑罚。有了这四种畏惧的人，就是"遁人"（应为"民"）。"遁"原为"逃避"，引申为"违背"。"遁民"即违背人的自然的人。它类似于《庄子·养生主》的用法："是遁天倍情，忘其所受，古者谓之遁天之刑。"杨朱没有具体说明为什么人有四种迷恋就会有四种畏惧。根据他下文说的"可杀可活，制命在外"，我们可知，长寿取决于命运，荣誉取决于人们的评价，社会地位取决于权势，获得财富取决于免于刑赏。杨朱认为这些东西都是人的外在的东西，人能不能得到它们，都是由外部力量左右的。人们被这些东西所左右，就会失去自己的独立性和自主性。自己是死是活，自然就受制于这些外部的"命运"。相反，一个人如果不去追求这些外在的东西，不依赖于这些东西（即"不逆命，何羡寿？不矜贵，何羡名？不要势，何羡位？不贪富，何羡货"），他就是一个顺应自然的人（"此之谓顺民也"），世界上也就再没有什么外在的东西让他动心了，他自己就是自己的主人，是自己命运的决定者（"天下无对，制命在内"）。人连食色、当官都不需要了，他还有什么欲望，他就更不会受到外在东西的左右了："故语有之曰：人不婚宦，情欲失半；人不衣食，君臣道息。"主张尽欲的杨朱，同他这里讲的人若没有欲望就能独立也许并不矛盾。《庄子·天地》中记载的所谓尧的人生观，类似于杨朱一派；而所说的华封人的人生观则是儒家式的。我们看看这段对话："尧观乎华，华封人曰：'嘻，圣人！请祝圣人，使圣人寿。'尧曰：'辞。''使圣人富。'尧曰：'辞。''使圣人多男子。'尧曰：'辞。'封人曰：'寿、富、多男子，人之所欲也。女独不欲，何邪？'尧曰：'多男子则多惧，富则多事，寿则多辱。是三者，非所以养德也，故辞。'"

杨朱批判束缚人性的东西，主要是指人被"物"和"名"诱惑，从而"殉名""殉物"，这非常不幸。我们先看看他对"人为物役"的否定。《韩非子·显学》说杨朱的思想要旨是"轻物重生"，《淮南子·氾论训》认为杨朱确立的思想是"不以物累形"。上述的权势和财货属于"物"这一方面。人受到外物的诱惑，被"外物"所左右，就会连累和伤害身心。为了爱护自己的生命，为了保持身心的安逸、快乐，人必须摆脱外物的约束。人们也许会有一个疑问：人为了过上快乐的生活，为了使自己的耳、目、口、鼻、体和意等自然欲求都能够得到充分满足，这不是恰恰需要很多"外物"作为条件吗？如何调和两者的矛盾呢？杨朱提出了解决的方法："杨朱曰：'原宪窭于鲁，子贡殖于卫。原宪之窭损生，子贡之殖累身。'然则窭亦不可，殖亦不可，其可焉在？'曰：'可在乐生，可在逸身。故善乐生者不窭，善逸身者不殖。'"（《列子·杨朱》）杨朱大概是以人的富有为前提来提倡尽欲的，没有外物的人，当然不能享受更别说充分享受物质上的快乐。但杨朱的这种人生观并不是富有的人都会选择的。一些人创造和积累财富，不是为了追求物质生活上最大限度的享受；还有一些人，他们继承了许多财富，为了将家业传下去，他们也会抑制自己的欲望。杨朱的快乐是讲给"有产者"和"富有者"听的，但他们未必都能听得进去。杨朱可能会说这些人是可悲的，他们被"外物"束缚，拥有了财富，却不知道去享受。

创造财富而不充分享受物质快乐的人，他们"受外物"左右的另一个表现是，为了获得更多的外物而失去了生活的乐趣，甚至为了得到外物而损害了自己的身心甚至失去了自己的生命。对于没有财富的人来说，按说他们就应该安于清贫的生活。但一些人不是这样，他们不安于这种生活，也想过上好的物质生活，尽量享受生活的快乐。为此，他们就需要外物，就要去追求外物。可是求得外物不容易，发财更不容易。有的人为了积累财货，抑制自己的消费，甚至变成了守财奴；有的人为了外物不择手段，铤而走险，触犯了法律，结果受到惩罚，甚至失去自己的生命。本来，追求外物是为了过上好生活，是为了让自己安逸和享受，其结果却劳苦不已，不得安宁，乃至不得其死。正如《吕氏春秋·本生》所说的那样："夫水之性清，土者抇之，故不得清。人之性寿，物者抇之，故不得寿。物也者，所以养性也，非所以性养也。今世之人，惑者多以性养物，则不知轻重也。不知轻重，则重者为轻，轻者为重矣。若此，则每动无不败。"《吕氏春秋·审为》也说："身者，所为也；天下者，所以为也。审所以为，而轻重得矣。今有人于此，断首以易冠，杀身以易衣，世必惑之。是何也？冠，所以饰首也；衣，所以饰身也。杀所饰要所以饰，则不知所为矣。世之走利，有似于此。危身伤生、刘颈断头以徇利，则亦不知所为也。"这里的世人，用杨朱说的标准来衡量都是"以物累形"的人，都是"遁民"。《庄子》一书也批评人为物役。例如，《让王》说："今世俗之君子，多危身弃生以殉物，岂不悲哉！凡圣人之动作也，必察其所以之与其所以为。今且有人于此，以随侯之珠，弹千仞之雀，世必笑之。是何也？则其所用者重而所要者轻也。夫生者岂特随侯之重哉！"再如，《徐无鬼》说："钱财不积则贪者忧，权势不尤则夸者悲，势物之徒乐变。遭时有所用，不能无为也，此皆顺比于岁，不物于易者也。驰其形性，潜之万物，终身不反，悲夫！"《庄子》一书中的这种立场同杨朱的思想有一致之处。

杨朱注重物质生活和快乐，同时又主张"轻物"，主张人不要为外物所左右，两者就这样不协调地并存着。人有了生命，他就必须好好养护它；养护好它是为天下的公共生活尽义务；为了养护生命而需要的外物，人要使用自己的智力而不是非常有限的体力来获得，而且它是公共的，我们不能私有。杨朱说："人肖天地之类，怀五常之性，有生之最灵者也。人者，爪牙不足以供守卫，肌肤不足以自捍御，趋走不足以逃利害，无毛羽以御寒暑，必将资物以为养性，任智而不恃力。故智之所贵，存我为贵；力之所贱，侵物为贱。然身非我有也，既生不得不全之；物非我有也，既有不得不（'不'当为'而'）去之。身固生之主，物亦养之主。虽全生身，不可有其身；虽不去物，不可有其物。有其物，有其身，是横私天下之身，横私天下之物。不横私天下之身，不横私天下物者，其唯圣人乎！公天下之身，公天下之物，其唯至人矣！此之谓至至者也。"（《列子·杨朱》）在此，杨朱又提出了生命公有、外物共享的理念。杨朱引用古语说的"相怜之道"与此理念是一致的："古语有之：'生相怜，死相捐。'此语至矣。相怜之道，非唯情也。勤能使逸，饥能使饱，寒能使温，穷能使达也。相捐之道，非不相哀也。不含珠玉，不服文锦，不陈牺牲，不设明器也。"（同上）

杨朱不仅批评人逐于物、役于物，更批评人"好名"和"殉名"。求"名"同求"利"一样，也是人的欲求之一。世上有"宠辱不惊"的达观者，历史上的宋荣子被认为就是这样的。《庄子·逍遥游》记载他"举世而誉之而不加劝，举世而非之而不加沮"。大多数人程度不同地都有希望赢得肯定和赞赏的冲动。荣誉和名声令人快乐，而且还能带来其他一些好处。从这种意义上说，"名"和"利"又是联系在一起的。正如杨朱所说："行善不以为名而名从之，名不与利期而利归之，利不与争期而争及之。故君子必慎为善。"（《列子·说符》）《列子·杨朱》记载了杨朱同孟氏的一段对话，孟氏问杨氏做人为什么要"求名"，杨朱说求名是为了富贵。有声名的人，还能为子孙带来无穷的利益："杨朱游于鲁，舍于孟氏。孟氏问曰：'人而已矣，奚以名为？'曰：'以名者为富。''既富矣，奚不已焉？'曰：'为贵'。'既贵矣，奚不已焉？'曰：'为死'。'既死矣，奚为焉？'曰：'为子孙。''名奚益于子孙？'曰：'名乃苦其身，燋其心。乘其名者，泽及宗族，利兼乡党，况子孙乎？'"但求名不容易，为了赢得美名，人要牺牲很多东西，即杨朱所说的"苦其身，燋其心"。这是杨朱批评人们追求美名的主要原因。杨朱说追求名誉的人无异于被桎梏的囚犯。杨朱以反问和感叹的口吻说："则人之生也奚为哉？奚乐哉？为美厚尔，为声色尔。而美厚复不可常厌足，声色不可常玩闻。乃复为刑赏之所禁劝，名法之所进退，遑遑尔竞一时之虚誉，规死后之余荣；偊偊尔顺耳目之观听，惜身意之是非；徒失当年之至乐，不能自肆于一时。重囚累梏，何以异哉？"（《列子·杨朱》）

杨朱同孟氏的对话还没有完。孟氏认为那些真正爱好声名的人，也就是能够真正做到廉洁和谦让的人，他们也一定是贫贱的人（"凡为名者必廉，廉斯贫；为名者必让，让斯贱"）。但是，杨朱向他举出管仲和田氏的例子，说好名的人并非都是这样："管仲之相齐也，君淫亦淫，君奢亦奢，志合言从，道行国霸，死之后，管氏而已。田氏之相齐也，君盈则己降，君敛则己施，民皆归之，因有齐国，子孙享之，至今不绝。"（同上）从这里出发，孟氏区分"实名"和"伪名"，认为求前者的人则贫，行后者的人则富。杨朱整体上批评好名的人，认为求名都是在作伪，名与实不能两立，有实无名，有名无实："实无名，名无实。名者，伪而已矣。昔尧舜伪以天下让许由、善卷，而不失天下，郭祚百年。伯夷、叔齐实以孤竹君让而终亡其国，饿死于首阳之山。实伪之辩，如此其省也。"（同上）

在杨朱那里，好名同政治生活和社会伦理有关。比如臣僚忠诚于君主既是应该，也是美德。儒家和法家都主张这样的政治伦理。但对道家来说，这样的东西起不到积极的作用，反而还会滋生许多弊病，因此，它主张"无名"的治理。杨朱也持这样的立场，他还引用老子等人的话反对统治者"用名"："忠不足以安君，适足以危身；义不足以利物，适足以害生。安上不由于忠，而忠名灭焉；利物不由于义，而义名绝焉。君臣皆安，物我兼利，古之道也。鬻子曰：'去名者无忧。'老子曰：'名者实之宾。'"（《列子·杨朱》）但人们的"好名"之心为什么那么强烈且那么不容易克服呢？杨朱也不能无视现实，他承认"有名"还是"无名"确实会给人带来好坏不同的结果："而悠悠者趋名不已。名固不可去？名固不可宾邪？今有名则尊荣，亡名则卑辱。尊荣则逸乐，卑辱则忧苦。忧苦，犯性者也；逸乐，顺性者也，斯实之所系矣。名胡可去？名胡可宾？"（同上）但他仍然反对人们追求"名"，认为"名"让人只有一时的快乐，更大的问题是它破坏了人的"真实"，而人有没有"真实"则是事关生死存亡的大事："但恶夫守名而累实。守名而累实，将恤危亡之不救，岂徒逸乐忧苦之间哉？"（同上）

否定"名"既是杨朱的主张，也是他评判历史人物的标准。儒家颂扬远古、"三代"帝王、圣王，批判不同时期出现的暴君，这是它历史叙事和历史评价的一般方式。杨朱颠覆和解构儒家的这种历史观和历史人物评价方式，说天下之誉被归到舜、禹、周、孔等人身上，但他们生前都遭遇过人生的辛劳、痛苦、磨难和不幸。尧是"天人之穷毒者也"，禹是"天人之忧苦者也"，周公是"天人之危惧者也"，孔子是"天民之

遑遽者也"："凡彼四圣者，生无一日之欢，死有万世之名。名者，固
非实之所取也。虽称之弗知，虽赏之不知，与株块无以异矣。""彼四圣
虽美之所归，苦以至终，同归于死矣。"（《列子·杨朱》）与此相反，天
下的邪恶被归到桀、纣的身上，但他们生前则享受了荣华富贵和人间
的威势，桀是"天民之逸荡者也"，纣是"天民之放纵者也"："彼二凶
也，生有从欲之欢，死被愚暴之名。实者，固非名之所与也，虽毁之不
知，虽称之弗知，此与株块奚以异矣。""彼二凶虽恶之所归，乐以至终，
亦同归于死矣。"（同上）杨朱列举的好名和殉名的历史人物，还有伯夷
和展季："伯夷非亡欲，矜清之邮，以放饿死；展季非亡情，矜贞之邮，
以放寡宗。清贞之误善之若此！"（同上）杨朱更从一般的意义上认为，
历史上的一切是是非非、善恶成败，在人死后都被埋没在了历史的长河
中，那些好名的人，那些生前获得了声名的人，死后名对他们还有什么
意义呢？杨朱说："太古之事灭矣，孰志之哉？三皇之事若存若亡，五
帝之事若觉若梦，三王之事，或隐或显，亿不识一，当身之事或闻或
见，万不识一，目前之事或存或废，千不识一。太古至于今日，年数固
不可胜纪。但伏羲已来三十余万岁，贤愚、好丑、成败、是非，无不消
灭，但迟速之间耳。矜一时之毁誉，以焦苦其神形，要死后数百年中余
名，岂足润枯骨？何生之乐哉？"（同上）

杨朱的这种价值观和历史观，容易被视为历史或价值的虚无主义。
按照上述，人们追求声誉和名望本身就是人的欲求之一，也是人的快乐
的一部分。问题在于追求声誉是否就是人生的全部。显然不是，完整的

人生包括了人在许多方面的欲求和满足，还包括人的精神乐趣。如果人只追求某一方面，或者被某一种东西所左右，人生的丰富内涵就失去了。《庄子·至乐》指出了人们的一般价值观："夫天下之所尊者，富贵寿善也；所乐者，身安厚味美服好色音声也；所下者，贫贱夭恶也；所苦者，身不得安逸，口不得厚味，形不得美服，目不得好色，耳不得音声。若不得者，则大忧以惧，其为形也亦愚哉！"但《庄子·至乐》的作者发现了人的价值观中的矛盾："夫富者，苦身疾作，多积财而不得尽用，其为形也亦外矣！夫贵者，夜以继日，思虑善否，其为形也亦疏矣！人之生也，与忧俱生。寿者惛惛，久忧不死，何苦也！其为形也亦远矣！"特别是像被天下称为"烈士"的人，其中的矛盾就更突出。面对世俗的价值观，面对人生的矛盾和冲突，《庄子·至乐》提出一个重要问题，天下有没有"最高的快乐"，有没有最好的生活方式？它的回答是："吾以无为诚乐矣，又俗之所大苦也。故曰：'至乐无乐，至誉无誉。'天下是非果未可定也。虽然，无为可以定是非。至乐活身，唯无为几存。"杨朱以人生的"快乐"为最高的价值，只要是同这个价值相矛盾的东西就是要克服的东西。"好名""好利"乃至"殉名""殉利"，对他来说都是人生的异化，都是要排除的。

第六章 "差异性"和"多样性"的世界：庄子的"物之不齐论"

　　庄子有一个非常独特的符号——"齐物"（或"齐同""齐一"）概念。[①] 这一概念大致可以同庄子的另一个独特的"逍遥"概念相提并论。因此人们在对庄子思想和《庄子》文本的研究中关注它并呈现出大量的论说既很自然也是应然。[②] 只是，探讨庄子的"齐物""齐同"概念就会发现[③]，它同庄子的差异性（如"异""殊""别"）和多样性（如"多""万"）概念紧密结合在一起。在庄子哲学中，作为一方面的共同、

---

　　① 庄子的"齐物观"集中在《庄子·齐物论》中而又不限于此，它是《庄子》文本整体上的一个论题和论旨。正因为这样，过去人们常常将庄子（或《庄子》）的思想称为否定了一切"界限"的相对主义；庄子的"逍遥观"集中在《庄子·逍遥游》中但也不限于此，它是《庄子》整个文本的另一个重要的论题和论旨。

　　② 有关庄子的"齐物论"的讨论，参阅陈少明的《〈齐物论〉及其影响》（北京：北京大学出版社，2004 年）、池田知久的《道家思想的新研究——以〈庄子〉为中心》（王启发、曹峰译，郑州：中州古籍出版社，2009 年）等。

　　③ 整体上我们将《庄子》这部书主要是看成是庄子的作品并以此展开讨论，主要是为了方便，以免于陷入复杂的争论。魏晋时期人们乐道"三玄"，对《庄子》一书则更乐道其"逍遥"。另，《庄子》内七篇的篇名非常有可能是被改过的，其中《逍遥游》和《齐物论》实际上应为《逍遥》和《齐物》。七篇篇名被改后产生了歧义、不通、累赘、画蛇添足的后果。有关这一问题，参阅王葆玹：《老庄学新探》，上海：上海文化出版社，2002 年，第 220-223 页。

统一、一致、同一（"齐""同""通""道"）等概念，则与另一方面的不同、不一、不齐等概念既相对又相成。由于在这两者之中，庄子更倾心的则是"异"中的"同"，是"不齐"中的"齐"，是"多"中的"一"，是"别"中的"共"，这就使他成了"齐同""齐一"思想的典型代表，乃至被说成是"相对主义"的化身。

一般来说，哲学真理都是对世界整体性的一种概括，单一性的描述都是不完整的，它需要其他的真理来补充，甚至在看似相反的说法中两者都有它们的真理性。庄子对"齐物"，不管多么津津乐道，情有独钟，他强调的也是部分真理而不是全部真理。同这一真理构成互补的是他的"物之不齐论"，这也是属于庄子的。我们完全可以这样说，庄子的"齐物""齐同"思想恰恰同他承认物之不齐、物之不同概念相对应，恰恰要由他的万物的差异性和无限多样性（"万物""万殊""不同"）这一真理来补充。应该没有人会说庄子不是"齐物论者"，但现在我们要补充说，他同时又是"物之不齐论者"。①我们需要承认和肯定它在庄子思想中的存在和一定地位。

将庄子思想中相对于"齐物"符号的"万物不齐"的思想呈现出来，认识庄子思想中没有受到应有讨论的这一面，就能扩展我们对庄子思想整体面貌的认识。探讨庄子的丰富而又复杂的多样性、差异性思想和智慧，可以从他描述差异性和多样性使用的概念、呈现出的世界图像

---

① "物之不齐"之语出自《孟子·滕文公上》中的"物之不齐，物之情也"之句。将之用来概括庄子的事物差异性和多样性思想很合适。

得到求证，可以从他对差异的根源以及事物为什么是多样的和不同的解释得到说明，还可以从他所说的人类观察和认识事物的不同方式和视角加以佐证。

第一节　庄子的"差异性"世界图像

对于认识庄子的"差异性"世界图像来说，提一下博物学的概念是恰当的。我们可以说，《庄子》一书是先秦非常有代表性的一部博物学著作。要是再列举一部的话，那恐怕也就只有《诗经》能够同它相提并论。①《庄子》这部著作中呈现出的具体事物和现象如此广泛和广博，使它同一些主要以抽象性概念表达哲学思想的做法（特别是《老子》）很不相同。《庄子》的篇幅大只是一个因素，更关键的是，作为一部哲学思想类的著作，它的哲学论说、论断和主张，主要是从大量的不管是现实的还是虚拟的"具象"、"现象"、"事件"和"人物活动"中抽象、概括和引申出来的。这是《庄子》这部书的一大特点，也是庄子思考、立论的主要方式和手法。这里不是对《庄子》这部书展开博物学讨论的地方，我们只是作为一个铺垫以引出庄子的多样性和差异性的世界观。

根据《庄子》这部书，庄子首先为我们描述和呈现了世界的差异性和多样性。我们可以从几个方面来说明这一点。第一，庄子有不少表达

---

① 比如，《诗经》中单是涉及的植物就非常多（潘富俊：《诗经植物图鉴》，上海：上海书店出版社，2003年）。

事物差异性的概念。这些概念有"物"和"万物"；有"形"、"体"和"象"；有"德"和"理"；有"多"和"殊"；有"异"、"别"、"分"、"不齐"和"不同"等；有"然"、"可"和"彼此"等；有"名"、"称"和"谓"等。其中的"物"和"万物"是庄子使用的非常多的以表示一切具体事物和现象的概念。这一点，庄子同其他重要子学家一样。庄子特别定义了"万物"的概念，说"号物之数谓之万，人处一焉"(《庄子·秋水》)。这一界定称世界上的事物为"万"，人类只是其中的一种。"万"显然是指事物的种类有"万种"之多，而不是指事物的个体之多；同时，这里的"万"（种）看似是一个实数，其实是说世界上事物之多的形容词，绝不是说世界上的事物只有"一万种"。事实上，《庄子·则阳》正是在这种意义上对"万物"的"万"给予一个明确的说明："不然，今计物之数，不止于万，而期曰万物者，以数之多者号而读之也。"《庄子》中类似于"万物"概念的"物"是外延上最广的指称一切"各不相同"的事物的概念。后来的《荀子》一书也是在这种意义上使用"物"的，如认为它是一个最广的普遍名称："故万物虽众，有时而欲偏（遍）举之，故谓之物。物也者，大共名也。"(《正名》)《庄子》中其他表示事物"差异性"的概念，都是以"物"或"万物"的概念作为前提，从不同方面说明"物"的特性。如"形"、"体"、"象"、"德"、"理"、"然"、"可"、"彼此"、"名"、"称"和"谓"等概念，都是用来描述"具体"事物的不同"类型"。而"异"、"别"、"殊"、"分"、"不齐"和"不同"等也首先是指具体事物的种类不同。

第二，庄子从与根源性之道的不同上来说明具体事物的差异性，认为万物皆是分有了道的"一"而成了"多"。道为万物的根源，万物皆出于道。相对于道的创造力和形上性，万物是被创生出来的，它们是形而下的。据此，庄子首先就有了道一与万物之多的划分。从万物都出于道、都分有了道来说，万物具有统一性和共同性。万物同道具有相同的地方，这就有了《庄子·知北游》中所说的"道无所不在"要表达的意思。但"万物"的每一种"有"，只是分有了"道"的一部分，这就使万物又千差万别，各不相同。因此，在相对于根源性"道一"的意义上，万物又不同于道。庄子对万物的这种不同有许多描述和说明。按照上述的概念来说，具体事物有形、有体、有象，它们不同于道的无形、无体、无象；具体事物都各有其德和理，它们不同于整全性的道（全德、总理）；它们都各有其某种然、某种可和彼此关系，而不同于道的大全、合一；它们都各有其可名、可称、可谓，而不同于道的不可名、不可称、不可谓。《庄子》中的"多"、"殊"、"分"、"异"、"别"、"不齐"和"不同"等概念，恰恰都说明了"物"与"道"的形下与形上关系。"物"是"多"，而不同于道的"一"；是"殊"，而不同于道的"共"；是"分"，而不同于道的"合"；是"异"，而不同于道的"同"；是"别"，而不同于道的"不别"；是"不齐"和"不同"，而不同于道的"齐"和"同"。其一系列的不同，可举例列表如下：

物之多与道之一					
物 - 道 万物 - 道 物 - 物物	有 - 无 有形 - 无形 有象 - 无象	德 - 道 理 - 道	有名 - 无名 有称 - 无称 可言 - 不可言	多 - 一 分 - 合 偏 - 全	异 - 同 殊 - 共 别 - 不别 不齐 - 齐

第三,庄子对"道"的玄同与万物的不同的主张和说明,对事物的"齐"、"齐一"和"齐同"与事物的不齐、不一和有异的主张和说明,恰恰又是在两者的相对关系中来求证的。人们讨论庄子的"齐物"哲学很了解这一点,这也是人们为什么说庄子具有相对主义倾向的主要根据。但庄子既肯定事物的多样性和差异性,同时又肯定事物的统一性和共同性。正是在相对于具体事物的差异性关系中,庄子强调道的一和事物的共同性、齐一性和齐同性。如他指出,事物皆有自身的特性("物固有所然,物固有所可"——《庄子·齐物论》),但在特别强调事物从"道"而论的十分相对性时,他就将分殊、各异的事物说成是"齐一"的:"故为是举莛与楹,厉与西施,恢诡谲怪,道通为一。"(《庄子·齐物论》)事物的形成与毁坏,是事物变化过程中的两种表现,它们是不同的,但它们因相互转化而又具有共同性:"其分也,成也;其成也,毁也。凡物无成与毁,复通为一。唯达者知通为一,为是不用而寓诸庸。"(同上)《庄子·秋水》承认事物的无限多样性(如说"夫物,量无穷,时无止,分无常,终始无故"),但又强调它们的齐一性和齐同性,认为无论是微小的事物还是巨大的事物,人们都无法确定它们的界限:"由此观之,又何以知毫末之足以定至细之倪,又何以知天地

之足以穷至大之域！"这同《庄子·齐物论》所说的逻辑一致："夫天下莫大于秋豪之末，而太山为小；莫寿乎殇子，而彭祖为夭。天地与我并生，而万物与我为一"；"天地一指也，万物一马也"。《庄子·齐物论》承认人类、动物、鸟类等对食物、对什么是美和处所都有不同的需求，它们各有所好，各有所需，这恰恰说明了它们的差异性。但《齐物论》又以它们各自具有不同的味、色和处，以天下没有共同的"正味"、"正色"和"正处"，得出了无法分辨它们的结论："自我观之，仁义之端，是非之涂，樊然殽乱，吾恶能知其辩！"同样，庄子承认人们的看法有是非、有彼此不同的界限，在辩论中人们也不容易说服对方并达成共识，然后他得出了是非无法判断的"齐同论"。《庄子·天下》一方面承认"百家众技"，但另一方面又肯定世界有统一的整全的真理："犹百家众技也，皆有所长，时有所用。虽然，不该不遍，一曲之士也。判天地之美，析万物之理，察古人之全，寡能备于天地之美，称神明之容。"庄子强调"齐同论"，其中一个重要的意义是为了扩大人们的心灵和精神世界，将人们从狭隘的、僵化的、封闭的意识中解放出来，就像北海若一步一步将河伯引向一个无限广阔的世界那样。但事物存在着差异性和多样性，这又是它们彼此需要的。

第四，庄子就万物本身而言其差异性和多样性，认为世界之所以丰富多彩就在于事物有数不胜数的种类，一般所谓的"万物"概念本身就是指事物的种类非常多。上述我们说《庄子》一书是一部博物学著作，就已经指出了它涉及和论及的具体事物非常广泛，从自然到人类和社会，种类繁多。如庄子对自然现象"风"的区分和描述就是如此。庄子区分"天籁"、"地籁"和"人籁"，然后说"吹万不同"，说"夫大块噫气，其名为风。是唯无作，作则万窍怒呺"，它们发出各种不同的声音："激者、謞者、叱者、吸者、叫者、譹者、宎者，咬者，前者唱于而随者唱喁，泠风则小和，飘风则大和，厉风济则众窍为虚。"（《庄子·齐物论》）[①]庄子如果没有对于"风"的细心观察，他就不能做出这么多的细致区分。再如《庄子·至乐》对事物转生和转化的说明，认为有一种"种子"，它包含着内在的"几微性"，在不同的事物和条件的作用之下，它们能产生出各种不同的植物和生物（一个很长的链条）。对此，我们容易联想到生物物种起源的"分叉进化说"。虽然庄子所说的那些东西究竟是指什么，我们很难确定；虽然庄子对事物和生物转生的机理的说明也比较抽象（"出于机""入于机"）。[②] 不过，我们从中可以看出事物和生物在生成链条上的多样性。从一般意义上说，庄子肯定现实事物都是各不相同的，它们具有各自的所以然和各自的所以可，并以此同其他事物（"不然""不可"）相区别："有自也而可，有自也而不可；有自也而然，有自也而不然……物固有所然，物固有所可。"（《庄子·寓言》）如同上述，事物的差异性和多样性，对庄子来说，既是"多"和"众"，又是"异"和"殊"。如《庄子·则阳》中列举的事物的一些差异，有

---

① 又如《庄子·秋水》观察和描述了人的"喷嚏"现象的差异性；再如，《庄子·天地》虚拟了一个故事，说尧向许由问齧缺可不可以做天子，想通过齧缺的老师王倪邀请齧缺，许由认为齧缺非常不合适，其中说到齧缺将会做不符合天德的事情就各种各样。

② 《庄子·寓言》又提出"万物皆种也，以不同形相禅"的说法。

自然方面的（如"四时殊气""万物殊理"），也有社会方面的（如"五官殊职""文武殊材"）；如《庄子·秋水》列举的"殊"有"殊器"、"殊技"、"殊性"、"殊禅"和"殊继"等。"异"即差异、差别；"殊"即特殊。

第二节　万物为什么"不齐"：事物"差异性"的根据

根据上述考察可知，庄子确实拥有丰富的差异性和多样性思想。对柏拉图主义来说，这会是一个残缺不全的现象世界的多样性；对佛教空宗来说，这会是一个没有实在性的幻象的世界（真空妙有）。但对庄子来说不是这样，虽然他倾向于齐同、齐一的世界，倾向于道的本根性和根源性，但他同时肯定世界的差异性、多样性是世界的实有和实在。这整体上反映了中国哲学的一个基本特性，即本根有具体的表现，具体的现实也是实在的。从庄子肯定世界的差异性和多样性这一前提出发，我们需要追问的是，世界为什么是多，为什么是不齐的，为什么是多样的。回答这一问题，同时也是进一步求证为什么说庄子有一个"物之不齐论"。庄子对万物为什么是多样的和世界为什么具有差异和不齐提出的解释，主要有两个方面：一是从各种事物自身的内在根据而论；一是从观察者观察、透视事物的不同角度而论。这里先考察前者。

说到事物多样性和差异性的根据，我们先要看看庄子所说的道以及道物关系。如上所述，整体上，"道"被庄子认为是万物的创造者和根源，万物都来源于道。这同《庄子·知北游》所说的"道无所不在"一致。庄子强调万物的齐一性、齐同性（"道通为一"），正是以此为前提的。^①这样说来，事物的差异、不齐的根据是否也要由"道"来解释呢？不同于"一切即一"，在"一即一切"的表述中，"一"有没有为不同的"一切"提供根据呢？既然万物都源于道，"一切"来源于"一"，按说道或一既要成为万物齐一、齐同的来源，也要成为万物差异、不齐的最高根据。这一问题在宋明理学中是以"理一分殊"来展开的。庄子虽然没有"道一分殊"的说法，但他有没有这种思想和逻辑呢？按理说"万物"分有了"道"（"道无所不在"），它们"分有"的不仅要有相同的、共同的东西，也要有使自身这一类事物与其他事物有所不同的东西。这可能要从"道"的"无限"的"不同可能性"上来解释。换言之，一方面，道为万物赋予了共同性的东西，另一方面也为万物分别赋予了不同的东西，即从"道"的"不同可能性"上"分得"了不同的东西。

考察起来，庄子的"道物关系论"中确实包含着这一义理。这首先可从庄子的"德"和"理"的概念来看。庄子对"德"的一个重要用法是指"道之德"，这也是老子说的"德"的一个重要意思。庄子对"德"的又一个用法是指"物之德"。"物之德"的用法在老子那里还不明显，但可以说隐隐约约已经有了。《老子》第三十九章说："天得一以清，地得一以宁，神得一以灵，谷得一以盈，万物得一以生，侯王得一以为天下正。"这里的"一"就是《老子》的"道"。不同的事物是因从"一"（也是"道"）那里得到了不同的东西而不同的（天之清、地之

---

① 《庄子》说"通天下一气"，认为气聚为生、气散为死，这也为事物的齐一性提供了一个解释。

宁、神之灵、谷之盈、万物之生、侯王之天下正）。这个"不同"就是事物的不同的"德"，就像老子所说的事物"含德之厚，比于赤子"那样。在《老子》中，事物"得"之于"一"或"道"就具有了不同的"特性"这一思想，到了庄子就被明确表述为事物的"德"。庄子是在老子之后事物得于道就有不同事物的"德"这一理路的重要发展者。[①]《庄子·天地》说："泰初有无，无有无名。一之所起，有一而未形。物得以生谓之德。"这里的"无"和"一"就是根源性的"道"。按照"物得以生谓之德"的说法，事物能够"生成"并使之如此的东西就是它的"德"。《天地》中说的另一句话（"生非德不明"）同样指明了事物的生成正是其不同的"德"使之具有了各自不同的显明特性。而事物之不同的"德"[②]，整体上就是源于"道"的大全（"一"）。如《庄子·徐无鬼》说："故德总乎道之所一………道之所一者，德不能同也。"

事物因不同的"德"而具有差异性和多样性，而事物的不同的"德"正是"得之于道"，这一点《庄子·大宗师》中的说法也是一个很典型的例子。这一说法一方面强调道的根源性和根本性，说"道"是"自本自根，未有天地，自古以固存；神鬼神帝，生天生地"；另一方面列举了一些传说、神话或记载中的历史人物，说他们的超级独特能力都得之于道（"得之"），其中如说"黄帝得之，以登云天；颛顼得

[①] 有关庄子的物德论，参阅叶树勋：《道家物德论在〈庄子〉中的展开》，《陕西师范大学学报（哲学社会科学版）》2014年第3期。

[②] 如《庄子·齐物论》说："夫道未始有封，言未始有常，为是而有畛也。请言其畛：有左有右，有伦有义，有分有辩，有竞有争，此之谓八德。"

之，以处玄宫；禺强得之，立乎北极；西王母得之，坐乎少广，莫知其始，莫知其终……"，万物之德和"德"即"得"之于道的这种关系，《管子·心术上》中的说法就是直接的表现："德者道之舍，物得以生生……故德者，得也。得也者，其谓所得以然也。""得于道"的事物的不同的"德"就是事物差异性和多样性的根据。其"德"既是各种事物所以然的本性和法则，也是事物活动的各自能量和动力。

事物有不同的特性（德），人类对待它们的方式就要有不同。如果人类以自身的特性（如以人类的口味为天下的"正味"）为标准去衡量其他一切事物，就会产生《庄子·至乐》虚拟的孔子与颜回对话中孔子所说的"以己养鸟"的不幸："昔者海鸟止于鲁郊，鲁侯御而觞之于庙，奏九韶以为乐，具太牢以为膳。鸟乃眩视忧悲，不敢食一脔，不敢饮一杯，三日而死。此以己养养鸟也，非以鸟养养鸟也。"《庄子·至乐》还举例说："咸池九韶之乐，张之洞庭之野，鸟闻之而飞，兽闻之而走，鱼闻之而下入，人卒闻之，相与还而观之。鱼处水而生，人处水而死。"这同《庄子·齐物论》中举的例子类似："民湿寝则腰疾偏死，鳅然乎哉？木处则惴栗恂惧，猿猴然乎哉？三者孰知正处？民食刍豢，麋鹿食荐，蝍蛆甘带，鸱鸦耆鼠，四者孰知正味？猿猵狙以为雌，麋与鹿交，鳅与鱼游。毛嫱丽姬，人之所美也；鱼见之深入，鸟见之高飞，麋鹿见之决骤，四者孰知天下之正色哉？"真正按照鸟的"德"来养鸟则是"以鸟养养鸟"："夫以鸟养养鸟者，宜栖之深林，游之坛陆，浮之江湖，食之鳅鲦，随行列而止，逶迤而处。……彼必相与异，其好恶故异也。

故先圣不一其能，不同其事。"（《庄子·至乐》）"彼必相与异，其好恶故异"，从一般意义上说明了事物因有不同的"德"，它们的"好恶"也各不相同。就像"褚小者不可以怀大，绠短者不可以汲深"那样，事物都有不同的功能，各有"所适"，人类不要违背事物的德性（"夫若是者，以为命有所成而形有所适也，夫不可损益"——《庄子·至乐》）。这是庄子用"德"这一概念去解释事物为什么是多样的。

庄子为事物的差异性提供的另一个重要解释是认为事物因其不同的"理"而具有差异性和多样性。《老子》中没有"理"这一概念，也没有道与理的关系这一问题。① 与此不同，在《庄子》中，不仅有"物之德论"，也有"物之理论"，而物之理也同最普遍的道相对。《庄子·则阳》有一个典型的文本说："四时殊气，天不赐，故岁成；五官殊职，君不私，故国治；文武殊材，大人不赐，故德备；万物殊理，道不私，故无名。"从"万物殊理，道无私"这一论断中我们可以看出，"理"在"不同"（"殊"）与"道"在"共同"（"无私"）的意义上被对比。"理"的原意是人们在作坊中将玉石从璞石中分离出来，并顺着玉石的纹路加工使之成为玉器，从中引申出纹路、治理等意义，又进一步引申为事物的纹理、条理、法则。各种具体的事物有不同的条理和法则，因此，"理"就有了"分理""殊理"的意义。《礼记·乐记》说："凡音者，生于人心者也；乐者，通伦理者也。"对"伦"和"理"，郑玄的注说："伦，犹类也。理，分也。"音乐能够贯通"不同"的事物，同时也是贯通不同事物的"分理"。

---

① 《庄子·缮性》有"道，理也"的说法。

《说文解字·序》中说："黄帝之史仓颉，见鸟兽蹄迒之迹，知分理之可相别异也，初造书契。"按照许慎这里所说，仓颉是从鸟兽的不同"迹象"中，懂得了不同事物的理（"分理"）相互区别，从而创造了文字。

庄子说的"万物殊理"很清楚地表明，"理"是被用以指万物和具体事物各有不同的"条理"和"法则"，与作为万物根源的最普遍的道相对。相比于作为不同事物的特性的"德"，"理"更强调万物的不同条理和法则。这是庄子对"理"的基本用法。如《庄子·知北游》中说的"万物有成理而不说""原天地之美而达万物之理"，《庄子·天下》中说的"析万物之理"等，很明显"理"的概念都是指"万物"的法则。只是，"万物殊理"的论断不仅指出了"理"是相对于万物而言，而且指出了不同的事物有不同的"理"（"殊理"）。韩非很可能是受了《庄子》的"万物殊理，道不私"这种思想的影响，他对"理"的意谓、对道与理的关系给予了一个非常清晰的说明："道者，万物之所然也，万理之所稽也。理者，成物之文也；道者，万物之所以成也。故曰：'道，理之者也。'物有理，不可以相薄；物有理不可以相薄，故理之为物之制。万物各异理，万物各异理而道尽稽万物之理，故不得不化。"（《韩非子·解老》）根据韩非的这段话可以看出几点。第一，"理"是相对于"物"而言；第二，"理"是成就物的纹理、条理性的东西[1]；第三，万物

---

① 韩非对"异理"有更具体的解释："凡理者，方圆、短长、粗靡、坚脆之分也。故理定而后可得道也。"（《韩非子·解老》）许慎《说文解字》解释"理"说："知分理之可相别异也"；戴震也是从区别事物的"分理"上解释《孟子》中的"理"："理者，察之而几微必区以别之名也，是故谓之分理。"（戴震：《孟子字义疏证》卷上，北京：中华书局，1961年，第1页）

有不同的"理"（"万物各异理"）；第四，相对于"道"的"总理"（"道尽稽万物之理"）①，万物的"异理"都是"分理"；第五，"理"对物都确定了"限制"（"理之为物之制"）。《老子》中虽然没有说到"理"，但韩非解释老子的"道"，引入了"理"，更清晰地说明了"理"以及理与道的关系，这可以帮助我们认证庄子的"理"也是指称事物的差异性和多样性。

事物因具有不同的"德"和"理"而各异，也因其不同的"形""所待"而不同，这也是庄子说明世界差异性和多样性的一个表现。对庄子来说，事物差异性和多样性的根据又在于其形体和形态的"不同"上。道无形、无象。无形、无象的道创造了万物，而万物都有形、有体（类如《老子》所说的"朴散则为器"的"器"）。《庄子·寓言》说："夫昭昭生于冥冥，有伦生于无形，精神生于道，形本生于精，而万物以形相生。"事物的形态和形体各不相同，就像《荀子·富国》中说的"万物同宇而异体"那样。在庄子看来，不同形体的万物之间是相互转化的："万物皆种也，以不同形相禅，始卒若环，莫得其伦，是谓天均。"（《庄子·寓言》）据此我们可以说，事物的不同乃因形态和形体不同。

对庄子来说，一方面，事物都根源于道，并受到道的"畜养"。如《庄子·知北游》说："六合为巨，未离其内；秋豪为小，待之成体；天下莫不沈浮，终身不故；阴阳四时运行，各得其序；惛然若亡而存；油然不形而神；万物畜而不知。此之谓本根，可以观于天矣！"这说明

———————
① 韩非说："道无双，故曰一。"（《韩非子·扬权》）

"道"具有无限的可能和能量。"道"就像一个宇宙上最大的慈善家那样，畜养着一切事物。但另一方面，具体事物又都不是孤立存在的，它们相互依存。它们既是能量的输入者，又是输出者。如《庄子·马蹄》说："万物群生，连属其乡；禽兽成群，草木遂长。"又如《庄子·田子方》说："日出东方而入于西极，万物莫不比方，有目有趾者，待是而后成功。是出则存，是入则亡。万物亦然，有待也而死，有待也而生。吾一受其成形，而不化以待尽。"用《文子·道原》说的"有万不同而便乎生"来理解庄子的事物之间的"有待说"是很恰当的。人的生存和需求比其他事物都要复杂，因此他所依赖的东西就更多。《荀子·富国》说："人伦并处，同求而异道，同欲而异知，生也。皆有可也，知愚同；所可异也，知愚分……故百技所成，所以养一人也。能不能兼技，人不能兼官，离居不相待则穷，群而无分则争。"《庄子·逍遥游》向往一种"无所待"的自由，其实这只是强调了人要减少依赖性，而不是完全无所依靠。不管如何，事物总要相互依存。由于事物不同，所以事物所依存的东西也不同，它们各有所待。事物都因所待而成，这是庄子说明事物差异性和多样性根据的又一个方面。

第三节 "以差观之"：事物的多样性和视点（"观"）

事物为什么充满着差异性和多样性，对庄子来说，既在于事物本身的特性（"德"）、法则（"理"）、形态和形体（"体"）、相互依存性（"待"）的不同，又在于人类观察事物的方式不同，在于我们的"视点"

和价值观的不同。按照上述，万物既有齐同性和齐一性，又有不同性和不齐性。前面谈到的"道通为一""通天下一气也"就是基于事物最高统一性的齐同性和齐一性而论。我们从齐同、齐一的立场和视点去看待、观察事物，我们眼中和心目中的事物也是齐同的、齐一的。在庄子那里，这是"以道观之"的结果。从不同的观察立场和视点看世界或事物，说它是什么而不是什么，说它是齐同的、齐一的，还是不齐的、不同的，不等于说世界和事物只是人塑造的结果，或者就等于贝克莱说的"存在就是被感知"或王阳明说的"心外无物"（如：山里的花，我不看它，它就死寂）那种很强的主观本位立场。我们看到某东西可以说它有，但不能反过来说，我们没有看到某东西就说它没有。至少，说无比说有困难。世界和事物是非常复杂的，观察世界和事物同样如此。从不齐、不同观察世界或事物所看到的和认识到的，有别于从齐同、齐一观察所看到的和认识到的。这不等于说两者彼此矛盾和彼此否定，更不等于说世界和事物原本只是"单一的"或者原本只是"非单一的"。事实上，庄子思想中恰恰存在着齐同、齐一论与不同、不齐论。其中说事物不齐、不同的根据之一，在庄子看来，就是因观察和认识事物的不同立场和视点而产生的结果。

因人类观察视点的不同而看到事物的差异性、多样性，在《庄子·秋水》中有一个非常象征性的说法——"以差观之"。《庄子·秋水》中这一观察事物的方式，是在同其他观察事物的方式的对比中提出的，除了"以差观之"，还有"以道观之""以物观之""以俗观之""以功观之""以趣观之"等。《庄子·秋水》中的这段话很著名，我们看一下："以物观之，自贵而相贱；以俗观之，贵贱不在己。以差观之，因其所大而大之，则万物莫不大；因其所小而小之，则万物莫不小。知天地之为稊米也，知毫末之为丘山也，则差数睹矣。以功观之，因其所有而有之，则万物莫不有；因其所无而无之，则万物莫不无。知东西之相反而不可以相无，则功分定矣。以趣观之，因其所然而然之，则万物莫不然；因其所非而非之，则万物莫不非。"根据这段话，人们观察事物的方式不同，所看到的东西也不同。"以差观之"所看到的是事物形体上的大小不同。与此不同，"以物观之"所看到的是事物的"自贵相贱"的不同；"以俗观之"所看到的是事物的贵贱不由自己决定；"以功观之"所看到的是事物的有用与无用的差异；"以趣观之"所看到的是事物的是与不是、非与不非的差异。顺便指出，人类观察事物的方式不同，这本身就说明了事物的差异性和多样性。只是，庄子看到了不同的"观之"所看到的东西具有相对性，他又走到了事物无大无小、皆大皆小等"齐同""齐一"的立场上。[①] 不管如何，包括"以差观之"在内的这些观察事物的方式不同，事物就呈现出它们的差异性和多样性。

　　跟"以差观之"类似，因观察和看待事物的方式不同，事物就显示出不同，在《庄子》中也表现为"异视"（相对于"同视"）、"散同"（相对于"合异"）等主张。在这一点上，我们首先想到的是《庄子·德充

---

　　① 如《庄子·秋水》说："以道观之，何贵何贱……万物一齐，孰短孰长？道无终始，物有死生，不恃其成。一虚一满，不位乎其形。年不可举，时不可止。消息盈虚，终则有始。是所以语大义之方，论万物之理也。"

符》中的一句话："自其异者视之，肝胆楚越也；自其同者视之，万物皆一也。"根据这句话，人们"自同视之"，他们所看到的事物就是齐一的、齐同的（"皆一"）；人们"自异视之"，他们所看到的事物就是不齐的、不同的，他们就会将人体中的肝与胆之间的距离，看得像楚国与越国之间那样相距遥远。从常识的观点说，人体中的肝和胆相距很近，但它们又决不是没有界限。从两者不占有"同一个"空间来说，它们再近也处在不同的位置上，也有距离上的差异（尽管微小），需要划清两者之间的界限。同《庄子·则阳》中提出的"散同以为异"的说法相对的是"合异以为同"。问题是其中的"散同"的"散"和"合异"的"合"应该如何解释。从一般意义上说，事物的整体（同）与部分（异）的关系既是客观上存在的（不管是静态上的已成状态，还是正形成的状态），又是人们如何看待它们而所看到的东西。"合异"是指将不同的部分统一起来而看到的事物的整体，"散同"则是指在整体、统一体中看出它的各个部分的不同。"盲人摸象"批评的是人们不能"合异"，只摸到一个部分，并将一个部分看成是整体。只以"散同"而论，事物的不同，即使是作为"部分"意义上的相互不同，那么其中的一个原因则是人们观察事物的不同方式。"合异以为同"类似于《庄子·天地》中说的"不同同之"（下文有"有万不同"），"散同以为异"可以说是在同中看异。从异来看事物，具有齐同的事物同时也是不同的。

人们以不同的方式利用事物，也会使事物显示出差异性和多样性。一般来说，事物都有其自身的特性和作用，但人类对事物利用的多少、利用程度的高低，不仅在于事物本身，而且也同人们看待事物的眼光、认识事物的功用和作用有关①，同人类使用事物的方法和技能有关②。庄子同惠施围绕事物有用和无用发生了争论。对于庄子的说法，惠施以"无用"为由加以否定。对此，庄子进行反驳。在庄子看来，惠施所谓的东西的无用，其实不是东西本身无用，而是惠施自己不会用，如果他会用，一种东西不仅有用，而且还会是大用。《庄子·逍遥游》记载，惠施告诉庄子，说魏王送他的葫芦种子结出了巨大的葫芦，他无论如何想法用它都没法用，就把它砸掉了。庄子批评他这是由于他不善于使用大的物件。庄子举出宋国人有一个让手不被冻裂的药方，这家人代代只会用它在水中漂洗棉絮（"洴澼绕"）而挣得少量的钱，但一个人用一些钱买到了这个药方，将它用在吴越的水战中使吴国获得胜利。由此可知，同是一个东西，由于人们的不同用法而使它发挥的作用差别很大。庄子说大葫芦不是它本身没有用处，而是惠施"犹有"的"蓬之心"没有使它发挥出真正的作用，为什么不用它去浮游于江湖。《庄子·外物》记载，惠施说他有一棵叫作臭椿树的大树，虽然巨大，却完全不合规矩绳墨，没有一点用处，因此路过的木匠们没有人多看它一眼。庄子又批评惠施说："何不树之于无何有之乡，广莫之野，彷徨乎无为其侧，逍

---

① 人们的立场和视点不同，也同人的身体的健全和机能有关。这是人们容易认识到的。如《庄子·逍遥游》说："瞽者无以与乎文章之观，聋者无以与乎钟鼓之声。"但《庄子》也指出人的视点同人的理智也有关系："岂唯形骸有聋盲哉？夫知亦有之。"

② 《庄子·天下》说："犹百家众技也，皆有所长，时有所用。虽然，不该不遍，一曲之士也。"

遥乎寝卧其下？不夭斤斧，物无害者，无所可用，安所困苦哉！"《庄子·外物》还记载，惠子对庄子说"子言无用"。庄子说懂得了无用，人才可以去说什么有用。他举一个例子，大地很广阔，人们走路时所用的只是一脚之地就够了。但其他地方对人走路来说也不是完全无用，因为将一脚之地之外的地方都挖掉并深挖，人们就无法走路。惠施承认确实如此。庄子由此得到结论说看似"无用"的东西也是有用的（"然则无用之为用也亦明"）。如《庄子·知北游》说："是用之者，假不用者也以长得其用，而况乎无不用者乎？物孰不资焉！"《庄子·人间世》还有"无用之用论"的例证："庄子行于山中，见大木，枝叶盛茂，伐木者止其旁而不取也。问其故，曰：'无所可用。'庄子曰：'此木以不材得终其天年。'""山木，自寇也；膏火，自煎也。桂可食，故伐之；漆可用，故割之。人皆知有用之用，而莫知无用之用也。"确实如庄子所说，事物的有用与无用，是一个非常相对的说法，其表现出不同的一个原因，是人们会不会用。看似无用的东西，对会用的人来说，它不仅有用，而且还会是大用。

在一个社会中，人们利用事物的眼光和方式是多样的，正如《庄子·知北游》所说的"是其所美者为神奇，其所恶者为臭腐。臭腐复化为神奇，神奇复化为臭腐"那样，人们的价值观也是多样的。庄子有自己的价值观，这就使他能够以此去批评其他的价值观。《庄子·刻意》列举了人们的不同价值观和价值选择："刻意尚行，离世异俗，高论怨诽，为亢而已矣。此山谷之士，非世之人，枯槁赴渊者之所好也。

语仁义忠信，恭俭推让，为修而已矣。此平世之士，教诲之人，游居学者之所好也。语大功，立大名，礼君臣，正上下，为治而已矣。此朝廷之士，尊主强国之人，致功并兼者之所好也。就薮泽，处闲旷，钓鱼闲处，无为而已矣。此江海之士，避世之人，闲暇者之所好也。吹呴呼吸，吐故纳新，熊经鸟申，为寿而已矣。此道引之士，养形之人，彭祖寿考者之所好也。"对这些不同的价值和选择，庄子在批评和否定的同时提出了自己倾心的价值观和选择："若夫不刻意而高，无仁义而修，无功名而治，无江海而闲，不道引而寿，无不忘也，无不有也。淡然无极而众美从之。此天地之道，圣人之德也。"①站在局外的立场来说，庄子所说的价值观也只是人们多样价值观中的一种。

同上述人们的多样价值观相联系，从社会分工和职业来看，社会的分工不同，人们选择和从事的行业也是多种多样的。《庄子·徐无鬼》记载了当时社会分工的多样性和人们的不同偏好和选择："知士无思虑之变则不乐，辩士无谈说之序则不乐，察士无凌谇之事则不乐。皆囿于物者也。招世之士兴朝，中民之士荣官，筋力之士矜难，勇敢之士奋患，兵革之士乐战，枯槁之士宿名，法律之士广治，礼乐之士敬容，仁

---

① 《庄子》中表达人类价值观多样性的其他例子，如《刻意》说："野语有之曰：'众人重利，廉士重名，贤士尚志，圣人贵精。'"又如《在宥》说："大同而无己。无己，恶乎得有……贱而不可不任者，物也；卑而不可不因者，民也；匿而不可不为者，事也；粗而不可不陈者，法也；远而不可不居者，义也；亲而不可不广者，仁也；节而不可不积者，礼也；中而不可不高者，德也；一而不可不易者，道也；神而不可不为者，天也。"再如《秋水》说："此其比万物也，不似豪末之在于马体乎？五帝之所连，三王之所争，仁人之所忧，任士之所劳，尽此矣！伯夷辞之以为名，仲尼语之以为博。"

义之士贵际。农夫无草莱之事则不比，商贾无市井之事则不比，庶人有旦暮之业则劝，百工有器械之巧则壮。钱财不积则贪者忧，权势不尤则夸者悲，势物之徒乐变。"从世俗的立场来看，在社会分工和相互交换的多样化的前提下，人们有不同的偏好和选择本来是正常的，但在庄子看来，人们的选择太单一和片面了，以至于人们忘记了更为重要的东西。所以，庄子批评说："遭时有所用，不能无为也，此皆顺比于岁，不物于易者也。驰其形性，潜之万物，终身不反，悲夫！"（《庄子·徐无鬼》）庄子早期有从事吏职的经历，但之后他对从事政治失去了兴趣，他的生活也变得困难，以致陷入向人借粮食的贫穷之中。

在我们乐道庄子的齐物论、齐同论习以为常的情况下，这里提出并考察庄子的物之不齐论，也许会使人感到惊讶。但这并不奇怪。确实，"万物齐一""道通为一"的思想在庄子哲学中非常显要，乃至成了他的哲学的基本特征和主要面貌。按照《庄子》中的记载，庄子同惠施不时有辩论，他们对事物的看法不同，庄子主要批评了惠施的观点，但在一个重要立场上，庄子同惠施又是相同的。这就是惠施所说的"合同异"。① 一般认为，惠施所说的"合同异"是强调事物的相对性和共同性，它同公孙龙夸大事物的差异性形成了明显的对比，整体上同庄子的

---

① 《庄子·秋水》记载："公孙龙问于魏牟曰：龙少学先王之道，长而明仁义之行；合同异，离坚白；然不然，可不可；困百家之知，穷众口之辩：吾自以为至达也。今吾闻庄子之言，茫然异之。不知论之不及与？知之弗若与？今吾无所开吾喙，敢问其方。"按照这一记载，除了其中说的"离坚白"属于夸大事物的差异性，属于一般所说的"别同异"外，公孙龙具有的更是"合同异……然不然，可不可"这种将事物界限相对化的主张。但至少这不是公孙龙的主要倾向。

"齐物论"一致。但同时我们也要承认，惠施主张"合同异"（"毕同"）的时候，他同时承认了事物的"毕异"，也就是承认事物又都是不同的，是多样的。从大的方面说，庄子也是这样。以上我们通过几个方面考察了庄子的"物之不齐论"。庄子和《庄子》一书不仅为我们提供了事物多样性、差异性的画面，而且也提供了为什么说事物同时又是多样的不同根据。其根据既在于事物自身的德性、法则等，又在于人们观察事物的视角、利用事物的方法不同，还在于人们的价值观、社会分工及追求目标的不同。从这些方面我们可以肯定庄子不仅具有"齐物论""齐同论"，还具有一个与之相对的"物之不齐论"。

第七章 "别宥"辨正：以尹文"别形名"学说
为中心的检证

《庄子·天下》概述宋钘和尹文的思想宗旨，其中"接万物以别宥为始"这句话引人注目，其重要性犹如同篇中概括彭蒙、田骈和慎到思想说的"齐万物以为首"这句话。但如何理解和解释这句话，并不像看上去的那样简单，其难度也犹如理解和解释"齐万物以为首"这句话。正如"齐万物以为首"是理解和掌握彭蒙、田骈和慎到思想的关键，"接万物以别宥为始"也是认知和把握宋钘、尹文思想的枢纽。越细致观察他们的思想，就越能认识他们思想的这一宗旨。

回顾今人对"接万物以别宥为始"这句话的理解和解释，大都是说人们应接"万物"要以"去除隔蔽或偏见"为先。[1] 单就其作为一般的认知来说，这是一个重要道理，我们不会说它不恰当。但在很大程度上成了定说的这一解释，它是原文所要表达的义理吗？它是宋钘和尹文两个人的重要思想吗？若究其实，不能不令人产生很大的疑问。问题的根本点是对其中的一个关键词——"别宥"做如何理解和解释才是

---

① 后面我们将列出有关这方面的一些例子。

恰当的。它真的能被解释为去除隔蔽或偏见吗？它真的同《吕氏春秋》中的"别囿"和《荀子》中的"解蔽"所指一样吗？它同《尸子·广泽》所说的"料子别囿"的"别囿"又是什么关系？这都是需要我们回答的。

通过考察，我们要强调一个与所谓定说不同的理解和解释。事实上，《庄子》这句话中的"别宥"所指同《吕氏春秋》中的"别囿"不同，它也不是《荀子》中的"解蔽"的意义。它同料子（疑为宋子）所说的"别囿"则是一个类型，两者都是指"别区域""分界限"，更具体地说它是强调"区分""辨别""明察"事物的形名、名实关系，确定万物的界限和事物的各自名分。这是宋钘、尹文名辩哲学和政治学的核心。这里我们主要通过《尹文子》的文本和思想来加以验证。

第一节　"别宥"诠解之"定说"

让我们先看看将"别宥"理解和解释为去除隔蔽或偏见的这一定说的形成。今人多将"别宥"解释为去除隔蔽、偏见，说"接万物以别宥为始"是指认知（或应接）万物要以去除、克服隔蔽、偏见为首。稍微追溯一下我们可以看出，这整体上是承袭先贤而来。稍远些可列举的有毕沅的《吕氏春秋新校正》、马其昶的《庄子故》、奚侗的《庄子补注》、马叙伦的《庄子义证》、钱基博的《读庄子天下篇疏记》、钱穆的《先秦诸子系年》、蒋锡昌的《庄子哲学》、王叔岷的《庄子校诠》等。这些著作中都有类似和接近的注释和解释。如毕沅称："'宥'疑与'囿'同，谓有所拘碍而识不广也。"①奚侗引《说文》解释"别"为"分解"，以"宥"为"囿"，引《说文》释"囿"为"苑有垣"，说"垣"指界限，并进一步说人心有所限制也叫作"囿"。"别囿"即分解人心之所囿，犹言破除它之意。②马叙伦说，郭象注说的"不欲令相犯错"，《经典释文》引崔譔说的"以别善恶，宥不及"，王闿运说的"不赏罚，但别之，宥之"，诸解皆非。说"宥"借为"囿"，其义同《尸子·广泽》记载的"料子（疑为宋子）贵别囿"。"别囿"即"解其宥"，去其因蔽而产生的分别，以使平等。③钱基博将宋钘、尹子的思想看成是墨子学说的支流，认为其思想的核心是"以禁攻寝兵为外，以情欲寡浅为内"，"别宥"则是实现两者的方法。其所说的"别宥"与《吕氏春秋·去囿》所指相同。"别宥"即"盖别白其囿我者而不蔽于私之意"④。钱穆同样认为《庄子·天下》中所说的"别宥"，即《吕氏春秋·去宥》的"去宥"（克服局限和偏见）和《尸子·广泽》"料子贵别囿"的"别囿"："此盖宋尹别宥说之犹存者"。他甚至猜测《吕氏春秋》的这一篇是取之于《宋子》十八篇。⑤蒋锡昌承前说，认为"囿"是说人的知识有所隔蔽。《说文》以"分解"释"别"，是离去之意。"别囿"即"去蔽"。"接万物

① 高诱注、毕沅校、徐小蛮标点：《吕氏春秋》，上海：上海古籍出版社，2014 年，第372 页。

② 奚侗：《庄子补注》4 卷，当涂溪氏排印本，民国六年（1917 年），第 19 页。

③ 马叙伦：《庄子义证·庄子天下篇述义》，杭州：浙江古籍出版社，2019 年，第 810-811 页。马叙伦对"宋子"何以改为"料子"做了颇为有力的说明。

④ 钱基博：《读庄子天下篇疏记》，台北：台湾商务印书馆，1967 年，第 35 页。

⑤ 钱穆：《先秦诸子系年》，石家庄：河北教育出版社，2002 年，第 412 页。

以别宥为始"是指人欲接受万物而识其真相，就先要去蔽。"别宥"跟《吕氏春秋》的"去囿"、《尸子·广泽》的"别囿"和《荀子》的"解蔽"义同。料子"贵别囿"，可见"别囿"为古人求知之一种方法。这种方法或就是宋钘所创，《去宥》和《解蔽》乃是据此而作。"宥"也是《庄子·徐无鬼》中批评的"囿于物"之"囿"。只是《庄子》这里用正字。①

当今学者对"别宥"的理解和解释，多承上述先贤之说。今略举几例。如陈鼓应注"别宥"说，"宥"与"囿"通，"别宥"即"去囿"，去除隔蔽。陈鼓应的解释特别引用了蒋锡昌的说法。②方勇的《庄子》注说，"宥"指各人知识上的隔蔽。"别宥"即去除偏见，说"接万物以别宥为始"即人"应接万物以抛弃偏见为先"。③章启群的《庄子新注》直接说"别宥"即"解蔽"，并引用钱穆（《庄子纂笺》）和王叔岷（《庄子校诠》）的说法以为证。④池田知久注"接"为"知"，义同《墨子·经上》所说的"知，接"；说"宥"即"囿""蔽"，如毕沅所说，是指囿于、拘泥于、局限于一定的看法。"别宥"之义，就像毕沅、马其昶、奚侗、钱基博等指出的那样，同《吕氏春秋》之《去宥》《去尤》中的

---

① 蒋锡昌：《庄子哲学》，成都：成都古籍书店，1988 年，第 227-228 页。顾实也有类似的解释（张丰乾编：《庄子天下篇注疏四种》，北京：华夏出版社，2009 年，第 34-35 页）。

② 陈鼓应：《庄子今注今译》，北京：中华书局，1983 年，第 872 页。

③ 方勇：《庄子》，北京：中华书局，2010 年，第 576-577 页。

④ 章启群：《庄子新注》（下），北京：中华书局，2018 年，第 770 页。其他此类的解释，见陆永品的《庄子通释（修订版）》（北京：中国社会科学出版社，2006 年，第549 页）等。

"去宥"，同《尸子》之《广泽》中的"别囿"意思相同，也同《荀子》"解蔽"之义。池田强调这是自毕沅以来的一个"定说"。池田没有说到郭象的注和成玄英的疏是不是恰当，他只是指出《经典释文》引崔譔解释说的"以别善恶，宥不及也"不恰当。基于对"别宥"的理解，池田将"接万物以别宥为始"解释为"面向万物要摒弃一切先入之见"。①

概括以上类似的解释，有几个共同点可以强调：第一，人们从字义上求证，主要是判定"宥"即"囿"，引用《说文》对"囿"的解释，说"囿"即苑垣的界限，引申为隔蔽、一偏之见；以"别"为去除、排除之意，或者如蒋锡昌所解，"别"为分解，引申为离去。第二，人们大都认为"接万物以别宥为始"的"别宥"，同《尸子·广泽》的"别囿"、《吕氏春秋》的"去囿"和《荀子》的"解蔽"义同，它们均是用作相同或类似的意义。第三，人们将之作为一种认知方法，说其主旨是要人去除隔蔽、克服偏见，以获得万物的真相。整体上，这是一种普遍性的解释，甚至就像池田知久所说，这种解释实际上已成定说。

但这不是唯一的解释，在此之外还存在着其他的解释。其中之一是马恒君的说法。马恒君释"别"为"不同于自己的意见"，以"宥"为本字，即宽恕、谅解。"别宥"即"宥别"。"宥别"是指宽容不同于自己的看法。"接万物以别宥为始"是说"与万物的来往，以谅解不同意

---

① ［日］池田知久訳注：《荘子》，东京：讲谈社，2014 年，第 1028-1033 页。

见为首"。① 与此多少有点类似之处的解释可以追溯到林希逸。林希逸将"别宥"看成是类似于《庄子》的"在宥"，说人"随分而自处为别，宽闲而自安为宥"。"始"是"本"；"接万物"，是"以此意接引人"。② 其中之二是李守奎、李轶的解释。他们在注释"料子贵别囿"时，接受以料子为宋子的猜测，说宋子即宋钘，认为宋钘的"别囿"是指区分、甄别，指出宋钘的"别囿"即《庄子·天下》中"接万物以别宥为始"的"别宥"。③ 对此做出讨论的浅野裕一，也是在这种意义上解释"别宥"的。他说"宥"通"囿"，意指按照界限区分领域。"别宥"即区分相互不同领域的行为。④ 他的更具体的考察，后面我们还会接触到。

上述我们谈到的解释整体上有三种，但第一种注释和解释具有主导性，其他两种则是罕见的。我们如何看待这三种解释特别是第一种解释呢？至此我们还没有谈到郭象的注和成玄英的疏的具体情况，他们又是如何解释的呢？这是下面我们需要考察的。

第二节 "别""宥"之义和"别宥"另解

我对"别宥"主流的解释甚至是定说产生的疑问，源于对《尹文子·大道上》中的一句话产生的直感。这句话是"接万物使分"。它的

---

① 马恒君：《庄子正宗》，北京：华夏出版社，2014年，第394-395页。

② 林希逸著、周启成校注：《庄子鬳斋口义校注》，北京：中华书局，1997年，第497页。

③ 李守奎、李轶：《尸子译注》，哈尔滨：黑龙江人民出版社，2003年，第42-43页。

④ ［日］浅野裕一：《古代中国の言語哲学》，东京：岩波书店，2003年，第280页。

下文是"别海内使不杂"。①王启湘怀疑这两句话都是以六字为句，似应是"接万物使□分，别海内使不杂"，或者是"接万物使分别，□海内使不杂"。②这一怀疑非常有道理。据此，前者所脱之字或可补为"区"，即"接万物使〔区〕分"；后者所脱之字或可补为"辨"，即"〔辨〕海内使不杂"。"区分"即明确划分、分别。《论语·子张》说："譬诸草木，区以别矣。""辨"即"辨别""辨明"。这两句话是并行和并列的，意思都是强调区分、辨别。即使我们不这样处理，同样也不影响这两句话强调的"分"和"别"的义理。这两句话特别是第一句很容易使我们联想到"接万物以别宥为始"这句话。问题在于，它们两者之间有没有关联，是不是在用不同的语句表达相同或相近的意思和义理？结合其他方面的重要根据，我们认为这是非常可能的，或者是可以肯定的。"接万物以别宥为始"强调的是区别、区分和辨明万物的形名、名实及名分，并非是指去除认知上的偏见、隔蔽和局限，虽然对事物进行区分、区别和辨别也包含有认知上的意义，但它不是从认知上来立论的。③

我们先从文义上的"别""宥"说起，然后再进入义理，特别是从尹文的名辩学来进行具体的考察。主流的解释有一点是可以肯定的，即

---

① 马叙伦注意到了《尹文子》的这两句话。但他先入为主，一是认为其义同《吕氏春秋》所用不同；更甚者，二是认为此书为伪书，而作伪者不得"'别宥'之义，而强造其说也"（马叙伦：《庄子义证·庄子天下篇述义》，杭州：浙江古籍出版社，2019 年，第 811-812 页）。

② 王启湘：《周秦名家三子校诠》，北京：北京古籍出版社，1957 年，第 29 页。

③ 从《尹文子》来看，尹文没有认知论中克服偏见的一般论说，其佚文说的"聋者不歌，无以自乐；盲者不观，无以接物"（出自《太平御览》七四〇）只是说到了人没有视听功能就不能察知万物。

认为"接万物以别宥为始"的"宥"通"囿"。但进一步用其引申义中的"隔蔽""局限"则是误入歧途。"囿"的本义是"苑囿"，按《说文》所说即"苑有垣"，是指有围墙和界域的畜养禽兽以供君王游览、观赏的地方。[①]《诗·大雅·灵台》说："王在灵囿，麀鹿攸伏。麀鹿濯濯，白鸟翯翯。"《孟子·梁惠王上》引这首诗，规劝梁惠王不要只顾自己在沼泽之地游乐和观赏禽兽，要与民同乐。毛《传》注释"囿"是"所以域养鸟兽"的地方。银雀山汉简《晏子二》说："居□中台上以观之，婴子悦之，因为请，公许之。"这里的"□"即"囿"。传世本《晏子春秋·谏上》有类似的记载："居囿中台上以观之，婴子说之，因为之请曰：'厚禄之！'公许诺。"（《景公爱嬖妾随其所欲晏子谏第九》）有说汉代前这种地方称"囿"，汉以后称"苑"。其实不是。《吕氏春秋·重己》说："昔先圣王之为苑囿园池也，足以观望劳形而已矣。"在职掌中，还有专门的管理者，即"囿人"。如《周礼·囿人》说：囿"掌囿游之兽禁。牧百兽"。

但"别囿"的"囿"不是用为本义的苑囿，也不是用为引申义的"局限"或《正字通》所说的"识不通广曰囿，犹言拘墟"。它同其引申义"区域"有关。这是个别主流解释者也注意到的，但却又被忽视了。"囿"从有围挡或围墙以划分内外界限的意义，引申出划定区域的意义

---

① 这种地方看来不小。《孟子·梁惠王下》记载："齐宣王问曰：'文王之囿，方七十里，有诸？'孟子对曰：'于传有之。'曰：'若是其大乎？'曰：'民犹以为小也。'曰：'寡人之囿，方四十里，民犹以为大，何也？'"

等。段玉裁《说文解字注·口部》说："囿，又引伸之，凡分别区域曰囿。"上博简《凡物流形》有"九□出亩，孰为之封"，其"□"或释为"域"。此处之"□"也可释为"囿"。只是，《凡物流形》中的"囿"，用的则是引申义上的"区域"。但主流解释者的问题在于他们没有仔细注意宋钘、尹子所说的"区域"指的究竟是什么，它并非指人的识见的局限、偏见和隔蔽，而是指事物、人事中的界限和名分等。

主流解释者的不确当又同他们对"别"的理解不恰当相关。主流解释者引《说文》中释"别"为"分解"，说"别"有引申义"离去"，并将它同《吕氏春秋》中的"去囿"的"去"字和《荀子》中的"解蔽"的"解"字视为同义。"解"的原意是"分解""分剖"，从中引申出的是"离别"，姑且也可以说是"离去"，甚至是去除。但"别宥"的"别"用的不是这种意义，而是引申义的区分和明辨。这种用法同它的"差别"义一样，在先秦经籍中很常见。如《左传·僖公二十四年》中有"目不别五色之章为昧"，《论语·为政》中有"不敬，何以别乎"，《荀子·儒效》中有"明不能分别""别白黑"，《荀子·乐论》中还有"乐合同，礼别异"，等等。这些"别"都是用作"区别""区分""辨别""辨明"的意义。

据上所说，"别"之义为辨别，"宥"（囿）之义为区域、界限，"别宥"就是辨别、辨明区域、界限的意义。结合宋钘、尹文的形名、名分之学，广义上的"别宥"是辨别一切事物的形名、名实、名分，狭义上是辨别社会和政治领域中的名实、名位、名法、名分等。现在我们终于可说到郭象和成玄英的古注了。同清以来的主流注解不同，郭象的《庄子注》和成玄英的《疏》，恰恰就是在辨别界域、界限的意义上解释的。郭象的注很简略，只说"不欲令相犯错"。"错"有"杂乱"之义。如《诗·周南·汉广》之"翘翘错薪，言刈其楚"的"错"即杂乱。《韩诗外传》卷六说："人习事而因，人之事，使如耳目鼻口之不可相错也。故曰：职分而民不慢，次定而序不乱，兼听齐明而百事不留。"其"错"指杂乱不分。郭象说的"不欲令相犯错"，是指不欲使事物的界限相互杂乱不明。成玄英先疏解字义，又解说句义："宥，区域也。始，本也。置立名教，应接人间，而区别万有，用斯为本也。"①非常奇怪的是，从上述毕沅的注解开始，到今人的注解，人们对郭象和成玄英的注解和释义整体上是置之不顾，最多只是引用了成玄英的疏"宥"为区域的这一点，而又不在意。但郭象和成玄英的注疏不能被视而不见。上述李守奎、李轶注解料子的"贵别囿"，说"别宥"即区分、甄别，并将其同《庄子·天下》的"别宥"相提并论，当有参考。还有浅野裕一也是这样。他们的注解虽然不是主流，但可谓其来有自。或许他们受到了郭象和成玄英注疏的影响。就近处而论，高亨也提出了这种解释的可能。他先是引用了奚侗、马叙伦的类似解释，认为将《庄子·天下》说的"别宥"理解为《吕氏春秋》中的"去囿"，义理固然可通，但不能确证。高亨的独特之处是，他强调郭象的注也颇有见地，指出宥、囿、域古通

---

① 郭象《注》"作为华山之冠之以自表"说："华山上下均平"，成玄英《疏》说："华山，其形如削，上下均平，而宋尹立志清高，故为冠以表德之异"。

用。"别宥""别囿"可以注解为"别域"，说："别域者，划分万物之畛界，使不相侵犯也。"①

据上所说，我们可以判定宋钘、尹文的"别宥（囿）"同《吕氏春秋》的"去囿"和"别宥"是两种不同的用法和意义。《吕氏春秋·去宥》先举了一些例子，然后概括意旨说："夫人有所宥者，固以昼为昏，以白为黑，以尧为桀。宥之为败亦大矣。亡国之主，其皆甚有所宥邪？故凡人必别宥然后知，别宥则能全其天矣。"此"宥"即"囿"，这没有问题。根据所举的例子，人之囿在于根据自己的主观好恶偏听偏信，颠倒是非善恶。为"囿"所限，即为人的主观性和片面性所限。"去囿"或"别囿"就是去除和排除人的主观性和片面性。《吕氏春秋·去尤》中的"去尤"同《去宥》中的"去宥"有直接的关联。浅野裕一恰当地将"别宥"解释为区分界限，但却不恰当地将它同《吕氏春秋》中的"去囿"（或"别宥"）统一起来。他承认两者看上去是矛盾的，但又说两者实际上是可以兼容的。尹文是直接肯定"别宥"，《吕氏春秋》是用贬义的"去宥"反过来肯定"囿"实际上不能"去除"。②

但《吕氏春秋》的文本不是将"囿"看成是正当的，也确实主张要"去除"它，而不是相反。《吕氏春秋》中虽有少量的篇名用的是贬义词（如《淫辞》《骄恣》），但文本的论说则是否定之。《吕氏春秋》的《去

① 高亨：《〈庄子·天下篇〉笺证》，载张丰乾编：《庄子天下篇注疏四种》，北京：华夏出版社，2009年，第193-194页。

② ［日］浅野裕一：《古代中国の言語哲学》，东京：岩波书店，2003年，第281-284页。

尤》《去宥》用的不是否定词,两者的文本皆肯定要去除、抛弃"宥"或"尤"("赘余")。无须回避,在《去宥》之后,《吕氏春秋》还有《正名》、《审分》和《君守》等篇,它们同尹文的"名辩学"具有很高的一致性。特别是《正名》和《审分》,甚至被认为就是尹文学派的作品。《正名》中有关正名的例子,引用的就是尹文认为齐湣王对"士"之名的看法前后不一。陈奇猷认为,这是此篇属于尹文学派的一个明证,同前面的《去尤》《去宥》一样。[①]但我们要强调的是,因两者使用的"宥"的意义正反不同,所以两者对待"宥"的立场是相反的,一是主张排除和抛弃之,一是主张辨别和明辨之。

《吕氏春秋》的"去宥"同《荀子》所要解除的"蔽"、同庄子批评的"宥"是一致的,主流解释肯定这一点是正确的。荀子所说的"蔽"很多,意义更广,有很强的认知论意义。《庄子》中所说的"宥",如"从师而不宥"(《则阳》)、"宥于物者也"(《徐无鬼》)、"辩者之宥也"(《天下》)等,其"宥"都是指局限、拘泥的意义。将这两者同《吕氏春秋》的"去宥""别宥"相提并论则是完全可以的。《吕氏春秋》不仅使用了"去宥",也使用了同名的"别宥",其"宥"又同宋钘、尹文所用的"宥"一样,如果不细致观察它们论说的主旨,就很容易将这两种不同意义的"别宥"混为一谈。但实际上,它们是"同名异义""同

---

① 陈奇猷:《吕氏春秋校释》,上海:学林出版社,1984年,第1021、690页。陈说"尤"不作"宥";若这样,前后篇名重复。"尤"是"肬"的本字,后假"疣"为"肬"。意为"赘疣",引申为心意上多余的东西(同前书,第690—691页)。

名异用"。一个用作正面的要肯定的东西，一个则用作反面的要否定的东西。

附带指出，马恒君对"别宥"的释义虽然是正面肯定的，但这也同样不是宋钘、尹文的用法。"宥"当然有"宽恕""赦免"之义。如《易·解》："君子以赦过宥罪"。《庄子》中有《在宥》，其"宥"也是指宽恕。"别"的一个重要意义是差别和差异，也许可以灵活解释为不同意见。但问题在于，尹文所指的宽容，是不是这么狭隘。《庄子·天下》中说宋钘、尹文"不忮于众"的这句话，有宽容的意思；《尹文子》强调"因俗"，规劝君王要以法而治，但又强调律法不要繁苛，政令也要谨慎以合乎人情，这也属于宽容的思想。特别是《说苑·君道》记载，齐宣王征询尹文有关君主的治理之道，尹文向他提出的建言是清静、简省的无为原则。这一原则的目的就是实现对万民的包容和宽容："齐宣王谓尹文曰：'人君之事何如？'尹文对曰：'人君之事，无为而能容下。夫事寡易从，法省易因；故民不以政获罪也。大道容众，大德容下；圣人寡为而天下理矣。《书》曰：睿作圣。诗人曰：岐有夷之行，子孙其保之！'宣王曰：'善！'"根据这些，尹文的宽容思想不限于言论。如果将"别"的意义放宽为包容各种差异，这是不是能够说"别宥"就是宽容呢？不能。关键在于宋钘、尹文的"别宥"围绕的中心是区别、辨别形名和名分而展开的。①

---

① 此外，从语言上说，将"别宥"改变字序，直接变为"宥别"，则是以义移文，以义取文。

第三节 "别宥"和"别海内"之"名分"

认定宋钘、尹文的"别宥"的意义非《吕氏春秋》所用之意，要从字义和文义上看，要从历史上的古注解来看，更需要从宋钘、尹文的思想的实质和特点来看。《汉书·艺文志》"名家"中有《尹文子》一篇，班固注说尹文游说齐宣王，先于公孙龙。颜师古注引刘向说，认为他和宋钘一起游学于稷下。《四库全书》录《尹文子》一卷，将它列入杂家。这两种做法都有某种根据。其书确实有丰富的别形名的思想，但又兼摄儒道、墨法的思想。若从其以黄老学为本来看，亦可列入道家。就别形名而言，《四库四书总目》称"其书本名家者流。大旨指陈治道，欲自处于虚静，而万事万物则一一综核其实。故其言出入于黄老、申韩之间"①。所说"一一综核其实"即尹文"辨形名"以求其相符一致。《汉书·艺文志》将《宋子》归入"小说家"，记载《宋子》有十八篇。班固注释说："孙卿道宋子，其言黄老意。"② 遗憾的是《宋子》失传，我们不好判断具有黄老意且同墨家、儒家思想等具有关系的《宋子》为什么被列入"小说家"中，更不好据此去讨论宋钘的黄老意及其"别宥"。根据有关记载，宋钘、尹文的思想都受到了墨家的影响。如《庄子·天下》记载的"见侮不辱，救民之斗，禁攻寝兵，救世之战"和"以禁攻寝兵为外，以情欲寡浅为内"等。《尹文子》也有尹文所说的君王之德——"见侮不辱，见推不矜，禁暴息兵，救世之斗"。《庄子》和《荀

---

① 永瑢等：《四库全书总目》，北京：中华书局，1965 年，第 1007 页。

② 一般认为宋子即经籍中记载的宋钘、宋牼、宋荣子。

子》都记载宋荣子的"情欲寡浅"思想，对此荀子还不厌其烦地进行批评。这两个思想可以说是对墨子"非攻"、"节俭"和"非乐"学说的引申。① 但《宋子》失传，马国翰的辑佚只能使我们看到他的几个非常有限的思想记载。据此，我们无法求证《尸子·广泽》中说的料子（宋子）"贵别囿"。但幸好尹文的著作《尹文子》流传了下来，并且是一部以道家之道为本并兼取儒墨、名法的典型的黄老学著作，我们可以据此求证属于他和宋钘思想特点的名辩、名分政治学。

我们再次回到《尹文子·大道上》的那句话"接万物使分"和下文的"别海内使不杂"。"接万物使分"的"接万物"是应接、接触、认识；"使分"是说人要通过名称、名谓使事物区分、区别开。"接万物使分"是说人应接或认识万物要通过名称使它们互相区分和分别。这一最广意义上的"别宥"后面我们再讨论，这里我们先考察一下"别海内使不杂"中的君臣上下关系的"别宥"。"海内"指域内、人间、国家、天下；"不杂"即不错乱、不紊乱等。如《墨子·非攻下》说："日月不时，寒暑杂至。""别海内使不杂"是说域内、国内和天下的事情要通过名分使之不错乱、不失序。这段话主要是强调社会特别是政治世界君臣上下等各种不同的名分和职分，"别海内使不杂"可解释为辨明人间各种名分、君臣上下的关系，不使错位、错乱和相互越分、越位。我们完整地看一下这段话：

---

① 《荀子·非十二子》中将墨翟和宋钘并列而批评之，说他们"上功用，大俭约而僈差等，曾不足以容辨异、县君臣"。荀子这里强调了他们"相同"的方面，而没有注意到宋钘吸取儒家等贵名分和"别宥"（别差等）的方面。

　　庆赏刑罚，君事也；守职效能，臣业也。君料功黜陟，故有庆赏刑罚；臣各慎所任，故有守职效能。君不可与臣业，臣不可侵君事。上下不相侵与，谓之名正。名正而法顺也。接万物使分，别海内使不杂。见侮不辱，见推不矜，禁暴息兵，救世之斗。此仁君之德，可以为主矣。守职分使不乱，慎所任而无私。饥饱一心，毁誉同虑，赏亦不忘，罚亦不怨。此居下之节，可为人臣矣。(《尹文子·大道上》)

这是尹文名辩政治学的核心内容。黄老学像儒家和法家那样，将政治一方面主要建立在如何严格君臣上下关系上；一方面建立在如何处理君主与百姓的关系上。现在一般官僚制和科层制的官僚体系，古代中国一般称为君臣上下关系和体系。君主的职分和权限是"庆赏刑罚"，臣下的职分和权限是"守职效能"。这是黄老学受儒、法影响最大的地方。

　　政治上的"别宥"就是严格按照君臣上下各自的名分和职分，始终持守好自己的名分，履行好自己的职分；不仅臣下不能越分、越位，君上也不能越分、越位。相互都不越分、越位，这才是"名正"，否则就是"相侵"和"名不正"："君不可与臣业，臣不可侵君事。上下不相侵与，谓之名正。名正而法顺也。"君主对下属分守的"不可与"，臣下对君上的职分的"不可侵"，这就是"名分"得到了辨别、辨明。区分两者的职分，也就是严格两者的各自权限。人都是有欲求的，权位、权势和利益总是引诱人，大臣们同样。他们各自的名分使他们不敢轻易越分。在揭示这一点时，尹文引用了田骈的话：

> 名定则物不竞，分明则私不行。物不竞，非无心；由名定，故
> 无所措其心。私不行，非无欲；由分明，故无所措其欲。然则心欲
> 人人有之，而得同于无心无欲者，制之有道也。田骈曰：天下之
> 士，莫肯处其门庭、臣其妻子，必游宦诸侯之朝者，利引之也。游
> 于诸侯之朝，皆志为卿大夫而不拟于诸侯者，名限之也。(《尹文
> 子·大道上》)

社会法度的名分确定了东西和财物的所有者，这就约束了人们对非分之
物的获得。尹文引用彭蒙的一句话："彭蒙曰：'雉兔在野，众人逐之，
分未定也；鸡豕满市，莫有志者，分定故也。'"(《尹文子·大道上》)
在尹文那里，名分还扩展到了社会的分工。人们有不同的"分工"和
"职业"，也就使人具有了不同的职分和名分。世上没有全能全才的人，
试图求诸这种人来满足社会的各种需求，这完全是不可行的：

> 天下万事，不可备能，责其备能于一人，则贤圣其犹病诸。设
> 一人能备天下之事，则左右前后之宜、远近迟疾之间，必有不兼者
> 焉。苟有不兼，于治阙矣。全治而无阙者，大小、多少，各当其
> 分；农商工仕，不易其业。老农、长商、习工、旧仕，莫不存焉，
> 则处上者何事哉？（同上）

尹文这里主要是规劝君主不要越俎代庖实行全能的"有为"政治。这是

体现他黄老意的一个重要表现。在其他两个地方，尹文更是明确批评君主试图用自己的"独善""独巧""独贤""独能"来治理社会，这既不可能（人的能力都是有限的），又完全是越名越分，权限不明。[①]君主真正要做的只是按照自己的名分和权限，让臣下和天下所有的人（不管贤愚等），都能够按照各自的名分和职分各尽其职，各尽其能，这才是最有效而又最简省（"无为"）的治理。

但分位的约束并不总是有效。为了防范大臣们的越分，君主还需要掌握有效的方法。法家出于维护君主的权威和权势，他们专门为君主提供了控制权力、驾驭臣僚们的"术道"，还提出了稳固君权"势力"（"势"）概念，认为对此君主需要保持隐蔽，执守权势的地位，以防止臣下的越分、越权。这是尹文作为黄老学接受和强调的法家的东西：

> 人君有术而使群下得窥，非术之奥者；有势使群下得为，非势之重者。大要在乎先正名分，使不相侵杂。然后术可秘，势可专。（《尹文子·大道上》）

掌握好了对臣下的"术略"和"势位"，就能实现"正名分""不相杂"。

---

① 尹文说："为善使人不能得从，此独善也；为巧使人不能得从，此独巧也；未尽善巧之理。为善与众行之，为巧与众能之，此善之善者，巧之巧者也。故所贵圣人之治，不贵其独治，贵其能与众共治也；所贵工倕之巧，不贵其独巧，贵其能与众共巧也。""今世之人，行欲独贤，事欲独能，辩欲出群，勇欲绝众。独行之贤，不足以成化；独能之事，不足以周务；出群之辩，不可为户说；绝众之勇，不可与征阵。凡此四者，乱之所由生。是以圣人任道以夷其险，立法以理其差。使贤愚不相弃，能鄙不相遗。能鄙不相遗，则能鄙齐功；贤愚不相弃，则贤愚等虑。此至治之术也。"（《尹文子·大道上》）

越分当然不都是来自臣下。在以君主集权为中心的传统政治中，居高临下的君主，更容易介入到臣下的职分中（除非他昏庸或放任权力旁落）。以上是我们对尹文在政治社会领域中的"别宥"讨论。

第四节　"接万物"和"别宥"

尹文的"别宥"决不限于官僚体系中的君臣上下关系，它有广泛的外延。"接万物以别宥为始"也好，"接万物使分"也好，两者要区别和辨明的是一切事物，人事（政治领域和人伦方面）是其中的重要方面。尹文在《尹文子·大道上》几个文本段落的最后都有一个结论，如说"故形名者不可不正也"，"故曰：名不可不辩也"，"故曰：名称者，不可不察也"，"故曰：名分不可相乱也"，等等。由这几个论断可知，他是多么注重"别宥"。尹文还引用孔子的话（"必也正名""名不正，则言不顺"）强调"正名"的重要性。

第一，人类接触万物需要"别宥"，是由于万物形形色色，千差万别，对它们进行命名，才能表示和称谓它们。这是语义论意义上的"别宥"。在尹文那里，除了"大道"无形不可称谓、没有称谓之外，一切具体事物都可以命名，都有称谓和名称（"大道无形，称器有名"——《尹文子·大道上》）。尹文所辨别的一切事物，是用"万物""物""众有""有形""器"等名称来表示的。对他来说，"器物之名"，不是可有可无的，而是必需的："大道不称，众有必名"，"有形者必有名"（《尹文子·大道上》）。这里说的"器"不限于人类制作的器具之类，它类似于老子说的"朴散为器"（《老子》第二十八章）、《易传》说的"形而下者谓之器"（《系辞》）之"器"，同"众有""有形者"一样，是指一切具体的事物。

由于名称本于形（"名生于方圆，则众名得其所称也"——《尹文子·大道上》），而"形"又对应着描述它们的各种不同的名称（"形者，应名者也"——《尹文子·大道上》），所以，不同的"名"和不同的"形"彼此就有了不可"相无"的一一对应关系。在尹文划分的三种不同的命名类别（"名有三种"）中，第一种是同"物"有关的命名（如方圆黑白等）。在此之外的另外两种命名，是评价方面的"毁誉之名"（如善恶贵贱等）和比照方面的"况谓之名"（如贤愚爱憎等）。后两种涉及人类的价值观、才性和情感方面。尹文的划分并不严格。"物"同"众有"和"器"一样可以包括人类事务在内的一切事物，但他说"名之三科"的"物"及其例子又限于自然事物的性质方面。不管如何，尹文之所以"别万物之宥"，首先是为了表示和称谓各自不同的事物。

第二，人类赋予各种事物以名称是为了区别和辨别它们。这可以说是语用论上的"别宥"。自然界的事物有没有名称，对事物本身来说没有什么影响，这就是尹文说的"形而不名，未必失其方圆白黑之实"（《尹文子·大道上》）。但人类交流，表达不同的意谓，则需要用语言和不同的名称说出（用手只能指出眼下的）。因此，人类不仅要用"名"来"名形"，而且还要用"名"来"正形"："名也者，正形者也。形正由名，则名不可差。"(《尹文子·大道上》)) 如果不用名去正形，就会造成形名之间的混乱："今万物具存，不以名正之，则乱；万名具列，不以形应之，则乖。故形名者，不可不正也。"(同上) 尹文认识到，人类为事物命名存在着名称不能"尽合"其"实"的情形，但只要整体上两者是相合的，就可以用名称来说明和辨别它们：

> 善名命善，恶名命恶。故善有善名，恶有恶名。圣贤仁智，命善者也；顽嚚凶愚，命恶者也。今即圣贤仁智之名，以求圣贤仁智之实，未之或尽也。即顽嚚凶愚之名，以求顽嚚凶愚之实，亦未或尽也。使善恶尽然有分，虽未能尽物之实，犹不患其差也。(同上)

第三，人类需要"别宥"是因为在实际中可能会产生名形、名实、名分不符的情况。名称本身不能辨别它同事物是否适合，事物本身更无法辨别赋予它的名称是否恰当，这是需要人加以辨别的；另外，即使它们在客观上是相符的，也不等于说人们在运用名称时就一定能做到使名实相符，特别是在"有名未必有形"(有虚名或空名)的情形下更是如此。人们辨形名就是要检查所说的名是否符合事物的形和实，所说的形和实是否对应于它们的名称。尹文说：

> 名称者，别彼此而检虚实者也。自古至今，莫不用此而得，用彼而失。失者，由名分混；得者，由名分察。今亲贤而疏不肖，赏

善而罚恶。贤不肖善恶之名宜在彼，亲疏赏罚之称宜属我。我之与彼，又复一名，名之察者也。名贤不肖为亲疏，名善恶为赏罚，合彼我之一称而不别之，名之混者也。故曰：名称者，不可不察也。（《尹文子·大道上》）[1]

按这里所说，人们用名称区分彼此和检查虚实，可能得其正，也可能失其正。得其正是因为将 "名分"分得很清；失其正则是名分混乱不清。这里的 "名分"是不同名称之间的关系。如 "贤不肖" "善恶"的名分属于受施的彼方 "臣下"，而 "亲疏赏罚"的名分则属于施与的我方君上，这就又有了 "我"与 "彼"的不同名分。对于这两者也是必须区分的。只有臣下确实属于贤或不肖，君上才可亲或疏，确实属于善或恶才可进行赏或罚，否则君上的亲疏名分与臣下的贤不肖名分、君上的赏罚名分与臣下的善恶名分就不相符。尹文这里是要指出，君上对臣下的远近、赏罚一定要分明。对名称的明辨，还有一种情况，即可以运用到不同具体事物上的不定形的 "通名"与定形的具体事物是不同的，两者需要辨别清楚。如 "好"是一个通名，而牛、马、人则是指定形的具体事物的名称。将 "好"用到这几个名称上，就有了 "好牛" "好马" "好人"等名称。它们同牛、马和人的名称显然不一样（如人不等于好人），它

---

① 有关这方面的辨名分，还有一个例子值得关注："五色、五声、五臭、五味，凡四类，自然存焉天地之间，而不期为人用。人必用之，终身各有好恶，而不能辨其名分。名宜属彼，分宜属我。我爱白而憎黑，韵商而舍徵，好膻而恶焦，嗜甘而逆苦。白黑、商徵、膻焦、甘苦，彼之名也；爱憎、韵舍、好恶、嗜逆，我之分也。定此名分，则万事不乱也。"（《尹文子·大道上》）

们也是容易混淆的。这种辨名分主要是为了避免通称与具体事物出现的不相符。①

第四，尹文从现实中存在着形名、名实混乱和不相符的事实来说明"别宥"的重要性和必要性。这是尹文"别形名"名辩学的一个特点。应然不等于实然，应该的不等于现实的，能言不等于会做。尹文列举和批评的人们不别形名和名实的实例说明了这一点。我们看一下他列举的部分例子。（1）这是通过人的言论上的矛盾和混乱来暴露其名实不符的。齐潜王对尹文声称他喜好士，感叹齐国缺乏士，渴望齐国多士以为其所用。尹文先向他求证士人的标准（名）。他肯定尹文所说，认为如果一个人具备了"事亲则孝，事君则忠，交友则信，居乡则悌"这四种品行，他就是真正的"士"。但尹文提出如果这个人在庙堂上深受侮辱而不反击，这样的人齐王是不是仍可任用他为臣下。齐王马上说受到轻慢（"侮"）而不为自己的荣誉而反击这是耻辱，不能以他为臣。尹文质问说，但他并没有失去为士的四项美德的任何一项，他仍然还是士。况且王令说"杀人者死，伤人者刑"，人们畏惧君王的法令而不争斗，您却说这是耻辱。尹文的辨析和质问让齐王无话可说。《吕氏春秋·正名》记载的这个例子应是可信的。尹文通过这个例子揭露了齐

---

① 这段话说："语曰'好牛'，又曰，不可不察也。好则物之通称，牛则物之定形，以通称随定形，不可穷极者也。设复言'好马'，则复连于马矣，则好所通无方也。设复言'好人'，则彼属于人矣。则'好'非'人'，'人'非'好'也。则'好牛'、'好马'、'好人'之名自离矣。故曰：名分不可相乱也。"（《尹文子·大道上》）

王所谓"好士"的自相矛盾。①（2）这是人们实际行为中发生的形名不一、名实不符的例子。如齐宣王喜好射箭，他使用的硬弓实际上只有三石之力，但他的大臣们为了讨好和奉承他，说他的硬弓足有九石之力，宣王竟信以为真。显然这是名不符实。齐国黄公的两个女儿长得都很美，但黄公过度谦虚，总是对外说他的两个女儿长得丑，传得很广，以至于他的两个女儿一时都嫁不出去。这是黄公两个女儿貌美之实与谦虚贬抑的丑名之假的混淆。类似这种名实不符的例子比较多。（3）这是名实不符与实际结果好坏相反的一种特别情况。如天下具有"是非"的共论。一般来说，按"是"去做，就应有好结果，否则就应是坏结果。但现实中却有相反的情况。宋襄公不善于利用时机按"是"（"义"）同楚国作战，结果败给了楚国并被俘；齐公子小白（齐桓公）、晋文公等不择手段而获得了权位；等等。这都为"是非之名"与"是非之实"（结果）不符的例子。对于为什么会产生这种情况，尹文解释说人们行为结果的好坏，还同人们善于不善于把握"时机""情势"有关。

---

① 要说宋钘应同尹文一样，也善于"别宥"和"辨形名"，但《尹文子·大道下》记载，宋钘竟不懂得"圣人之治"与"圣法之治"的区别，以致受到彭蒙的批评（"子之乱名甚矣"）。当彭蒙解释后，他还迷惑不解。这个记载说："田子读书，曰：'尧时太平。'宋子曰：'圣人之治，以致此乎？'彭蒙在侧，越次答曰：'圣法之治以至此，非圣人之治也。'宋子曰：'圣人与圣法何以异？'彭蒙曰：'子之乱名甚矣。圣人者，自己出也；圣法者，自理出也。理出于己，己非理也；己能出理，理非己也。故圣人之治，独治者也。圣法之治，则无不治矣。此万世之利，惟圣人能该之。'宋子犹惑。质于田子。田子曰：'蒙之言然。'"我们可以想象一下当时的场景，他们都在稷下学宫自由地读书讨论，"不治而议论"。黄老学主张制度（法治）治理而否定人治。"圣法之治"与"圣人之治"即制度之治与人治之别。"贵别宥"和立一家之言的宋钘，若当时还不明白两者的不同，也许那时他还年轻、学问未成。

通过以上不同方面的考察，我们可以肯定，宋钘和尹文的"别宥"不是主流解释的"去除隔蔽或偏见"，不是《吕氏春秋》中所说的"去宥"或"别宥"之义，而是指"辨别界域或界限"，它是成玄英的疏解所说的"置立名教，应接人间，而区别万有"。《尹文子》中说的"接万物使分"真可谓是"接万物以别宥为始"的最好注脚。加上前者之后还有一句"别海内使不杂"，我们大可推测，《庄子·天下》的作者或许就是依据这两句非常原则性之言，再进一步根据宋钘和尹文之别形名、辨名分的思想主旨，而概括其思想为"接万物以别宥为始"。对此我们还能提供的佐证是，《尹文子》批评社会上"累于俗、饰于物者，不可与为治矣"的话，在《庄子·天下》中就变成了宋钘、尹文的一种精神——"不累于俗，不饰于物"。《天下》中说宋钘、尹文主张"见侮不辱，救民之斗，禁攻寝兵，救世之战"，更明显是来自《尹文子》中作为仁君应有的美德而强调的"见侮不辱，见推不矜，禁暴息兵，救世之斗"。正如尹文引用孔子说的"必也正名""名不正，则言不顺"那样，他是要辨别一切名，端正一切名（重点在正治道之名实、名分）。"贵别囿"和"接万物以别宥为始"，可谓是宋钘、尹文"别形名""辨名实""察名分"之"名辩形上学"、"名辩政治学"和"名辩伦理学"的象征性符号。他们的"贵别宥"同儒家（特别是孔门、荀子）、墨家（特别是后期墨学）、名家（特别是邓析子、公孙龙）、黄老学（特别是《黄帝四经》）等整体上都处在轴心时代诸子丰富多彩的名辩学家族谱系上和延展线上。

中　篇

第八章 什么最值得学习和知晓：论孔子的"学道"和"知道"

人们对事物的认识程度同它本身的重要性不一定对等，对此不断进行检视有助于扩展对事物的认识。就孔子之"道"而言，我们对它的探讨①，还没有达到它在孔子思想世界中的重要性程度。在此我想利用三个文献考察一下孔子的"学道"和"知道"这两个概念。这三个文献，一个来自未受到注意的传世文献（《史记·孔子世家》），另外两个来自新出土的文献（肩水金关汉简和海昏侯汉简《论语》）。它们都为我们认知孔子之"道"提供了新的材料和有价值的信息，因而也使我们观察孔子之道的视域得以扩大。

---

① 有关孔子之道的讨论，参见梁家荣：《仁礼之辨：孔子之道的再释与重估》（北京：北京大学出版社，2010 年）、顾立雅：《孔子与中国之道》（郑州：大象出版社，2014 年）、郝大维、安乐哲：《通过孔子而思》（北京：北京大学出版社，2005 年）、王炎平：《孔子之道》（太原：三晋出版社，2018 年）、陈汉生：《中国思想的道家之论：一种哲学解释》（南京：江苏人民出版社，2020 年）、颜炳罡：《孔子"道"的形上学意义及精神价值》（《贵州社会科学》2010 年第 2 期，第 12-18 页）、杨平：《孔子之道及其英译之法》（《语言与翻译（汉文版）》2015 年第 2 期，第 62-70 页）、廖名春：《〈论语〉"朝闻道，夕死可矣"章新释》（《清华大学学报（哲学社会科学版）》2009 年第 6 期，第 151-155 页）、李景林：《孔子"闻道"说新解》（《哲学研究》2014 年第 6 期，第 43-51 页）等。

第一节　什么最值得学习："学道"

《论语·述而》中记载了孔子说的一段话："默而识之，学而不厌，诲人不倦，何有于我哉？"^①我们很熟悉这段话，并且习以为常，历史上没有发生疑问，现在也是如此。但实际上是有问题的。撇开头一句的"默而识之"，关键是"学而不厌"这一句。将它同"诲人不倦"连到一起说，两者已成为固定的熟语，语义也没有难解之处，指人在学习上和教人上应持有的态度：学习从不要有满足之心，教人从不要有厌倦之心。这两句话中的谓语"不厌"与"不倦"对应，两个词的搭配很合适。按说两句的主语"学而"与"诲人"也应是对应关系，但两者的用语明显不类。"学"和"诲"都是动词，这没有问题，但后者有宾语，前者没有宾语，却用了连词"而"，完全不对应。既然"诲"有宾语，施教的对象是"人"，那么与此相对应的"学"也应有宾语和学习对象。问题出在什么地方呢？

没有人会否认孔子是好学的人^②，也都知道他是一位喜爱谈论学习的人。在《论语》中，"学"这个字出现的次数非常多。《论语》第一篇第一章孔子说的三种快乐中的第一种就来自学习（"学而时习之"）。^③孔

---

① 定州《论语·述而》记载："黑（默）而职（识），学不厌，诲人不卷（倦），何有于我哉？"

② 《韩诗外传》卷六记载："孔子曰：'可与言终日而不倦者，其惟学乎！其身体不足观也，勇力不足惮也，族姓不足称也，宗祖不足道也；而可以闻于四方，而昭于诸侯者，其惟学乎！'"

③ 1847 年日本创办的贵族大学"学习院"（现称"学习院大学"）的"学习"二字就取自于此。

子在不同语境下阐述"学"，希望人们具有好学的精神，教导人们应该学习什么：有广泛意义上的"学文"①，也有具体意义上的"学诗""学礼""学易"，等等。孔子还谈论了人们应该如何去学习。例如，他告诉人们，仅有学习是不够的，还要复习和练习；学习必须同思考结合起来；等等。

在学习什么上，孔子提出的"学道"的概念则是我们要重点讨论的。但在传世本《论语》中，这一概念只出现在《阳货》中："子之武城，闻弦歌之声，夫子莞尔而笑曰：'割鸡焉用牛刀？'子游对曰：'昔者，偃也闻诸夫子曰："君子学道则爱人，小人学道则易使也。"'子曰：'二三子！偃之言是也。前言戏之耳！'"依据这一记载，"学道"这一概念是孔子提出的。子游在这一特殊场景下通过引用孔子说过的话，婉转地表达了他对老师批评意见的不接受。孔子说过这两句话表明，不管是什么人（君子和小人），他们只要"学道"，对社会总是有益的。"道"这一概念在孔子那里比"文"这一概念的意义更广，它有路、原则、真理、价值和方法等许多意义。"学道"就是学习和掌握这一切东西，"志于道"就是以追求这些为志向。子夏将君子学习要达到的目标定位为"道"："百工居肆以成其事，君子学以致其道。"（《论语·子张》）按照社会分工，社会大众从事的是各种不同的具体工作，"君子"从事的工作则是追求普遍真理和价值，这也是孔子所说的"君子不器"。

---

①　如说"行有余力，则以学文"（《论语·学而》），说"博学于文，约之以礼"（《论语·颜渊》），等等。后将谈到"学道"。

"志于道"就要"学道"。但"学道"在《论语》中就只有这一处吗？在"学而不厌，诲人不倦"这两句中，"而"与"人"这两个词不类。这两句话，如果单独说，文通义顺，没有什么问题，但合到一起看，就有问题。"学而不厌"的上一句是"默而识之"，两句中都用了"而"字，将这两句相提并论似乎也可以。孔子有"学而不思"、子夏有"学而优则仕"等类似的"学而"的句式。但在这三句话中，后两句话前后的呼应性很强，"识之"同"不厌"不是对应关系，"不厌"只能对"不倦"，因此"学而"相对应的只能是"诲人"。既然"诲"后面是名词"人"，那"学而"后面的"而"字就有可能是误传。这就是问题所在。

在偶然之中，我发现了这一问题。这就是《史记·孔子世家》的记载同《论语·述而》对这两句话的记载有异。我们来看这一记载："明年①，孔子自蔡如叶。叶公问政，孔子曰：'政在来远附迩。'他日，叶公问孔子于子路，子路不对。孔子闻之，曰：'由，尔何不对曰"其为人也，学道不倦，诲人不厌，发愤忘食，乐以忘忧，不知老之将至"云尔。'"在这一记载中，我们清楚地看到，孔子幽默地替子路拟出了介绍他的方式，说他是一个"学道不倦，诲人不厌""发愤忘食，乐以忘忧，不知老之将至"的人。在《论语》中，叶公这个人出现过好几次，有两个地方的记载是他直接请教孔子。《论语·述而》中的记载是："叶公问孔子于子路，子路不对。子曰：'女奚不曰，其为人也，发愤忘食，乐以忘忧，不知老之将至'云尔。"与此不同，司马迁的记载加上了"学

①　"明年"即鲁哀公六年（公元前 489 年）。

道不倦，诲人不厌"，它应同《论语·述而》记载的"学而不厌，诲人不倦"有关联。文字上两者的差别，除了"不倦""不厌"位置互换（语义上没有特别的影响），引人注目的是，司马迁的记载中是"学道"而不是"学而"。

照上述《论语·阳货》的记载（"君子学道则爱人，小人学道则易使也"）可以肯定，孔子确实使用了"学道"一词。《史记·孔子世家》记载为"学道"，很有可能是司马迁有所本。关键是在"学而不厌，诲人不倦"这两句话中，"学道"对"诲人"显然比"学而"对"诲人"于文于义都要好，传世本《论语》非常有可能是误写（或承上文"而"字而改"道"为"而"）。

孔子一生敏而行之，其爱好学习和乐于培养学生的"不厌""不倦"美德，既是他的承诺和倡导，又是他所履行的。这是孔子追求崇高圣人人格目标的一部分。孔子的言行示范于他的弟子们，也示范于公众，因此他受到了广泛的关注。不了解他的人，想进一步了解他（如上述叶公问子路），了解他的人肯定他，将他誉为圣人。但孔子从不以"圣者"和"仁者"自许，也不接受别人对他的这种赞美，他总是谦虚地说，他没有做到。但在学道不懈怠、教人不疲倦上，他有当仁不让之自许，这是他的"夫子自道"。

有两个例子能进一步佐证学（什么）与教（谁）是相对的，不厌与不倦是相对的。一个是《论语·述而》的记载："子曰：'若圣与仁，则吾岂敢？抑为之不厌，诲人不倦，则可谓云尔已矣。'公西华曰：'正唯弟子不能学也。'"在这一语境中，似乎是他的弟子公西华称赞他为圣人，但孔子不接受，他用"岂敢"加以否定。孔子称他大概只是做到了"为之不厌，诲人不倦"。"为之"的"为"和"之"比"学"和"道"要广，但两者很相类。

另一个例子是《孟子·公孙丑上》的记载。孟子称颂孔子时引用了子贡与孔子的一个对话。在这一对话中，子贡询问他的老师是不是圣人，孔子一方面否定，一方面依然以学不厌、教不倦来肯定自己："昔者子贡问于孔子曰：'夫子圣矣乎？'孔子曰：'圣则吾不能。我学不厌而教不倦也。'子贡曰：'学不厌，智也，教不倦，仁也。仁且智，夫子既圣矣。'"[①]这里的"学什么"和"教谁"都省去了，但实际上暗含有学是学道、诲是诲人的实指。补上的话当然就是"学道"和"诲人"。

"学道"一语不见于"六经"，它可能首见于《论语》，也可能是孔子首先提出的一个概念。从小就爱学习的孔子，主张人们广泛学习一切东西（"博学"），认为人应该培养各方面的能力（"多能"），对儒家来说，这主要就是"六艺"（技能）和"六经"的学习和技能训练。孔子说的"学文"、"学易"、"学诗"和"学礼"等主要同"六经"（"游文于六经之中"）有关。此外，孔子主张广泛接触实际生活，主张多闻和多识。如《论语·述而》记载说："子曰：盖有不知而作之者，我无是也。多闻，择其善者而从之；多见而识之；知之次也。"

[①] 《吕氏春秋·尊师》的记载也省去了学和教的对象："故子贡问孔子曰：'后世将何以称夫子？'孔子曰：'吾何足以称哉？勿已者，则好学而不厌，好教而不倦，其惟此邪。'"

但孔子又强调学有所主。子贡敬佩孔子知识广博和多知。孔子反问他说："'赐也，女以予为多学而识之者与？'对曰：'然，非与？'曰：'非也！予一以贯之。'"（《论语·卫灵公》）"道"就是孔子用以表达学习的主要对象和目标的一个关键词，这也是孔子为什么说"吾道一以贯之"（《论语·里仁》）。孔子后学承继了他的"学道"概念。《礼记·学记》说：

> 玉不琢，不成器；人不学，不知道。是故古之王者建国君民，教学为先。《兑命》曰：念终始典于学。其此之谓乎！
>
> 虽有嘉肴，弗食，不知其旨也；虽有至道，弗学，不知其善也。①

这两段鼓励人们"学道"的话语非常著名，读起来也朗朗上口。人只有通过学习才能知道和懂得道的价值；反过来说，人要"知道"就要"学道"。人不学习就不可能知道。岂止"道"，要认知和掌握其他事物都需要学习。

因此，将《论语》及其他有关记载和《史记》的记载统而观之，孔子说的原话很可能是"学道不厌，诲人不倦"。这也证明，对孔子来说，"道"是最值得人学习的。之前司马迁的这一不同记载一直没有受到关注，我们自然也就不怀疑所传"学而不厌"文本有误。

---

① 《礼记·燕义》谈到了"学道"："凡国之政事，国子存游卒，使之修德学道，春合诸学，秋合诸射，以考其艺而进退之。"

第二节　什么最值得知晓："知道"

进一步认知孔子的另一个重要概念"知道"，两个新出土的文本带来了重要契机。这两个文本，一个是海昏侯墓出土的汉简《论语》；一个是肩水金关出土的汉简《论语》。这两个文本共同印证了《齐论语》确实有《知道》篇，而且"知道"这个概念就出现在这一篇中。根据这两个新文献，我们来讨论一下孔子的"知道"概念。

主要出自《鲁论语》的传世本《论语》中没有"知道"一词。按照班固《汉书·艺文志》的记载，《齐论语》有二十二篇，比《鲁论语》多出了《问王》《知道》两篇。何晏《论语集解序》肯定《齐论语》有《问王》《知道》，也认为这是多于《鲁论语》的两篇。但《齐论语》后失传，多出的两篇的内容也无从得知。1973 年出土的肩水金关汉简《论语》首先改变了这一点。根据整理和研究，其抄本被认为是《齐论语》。其中就有《知道》篇，首章记载："孔子知道之易也。易易云者三日。子曰：'此道之美也，□□□□。'"

2015 年出土的海昏侯汉墓竹简同样有《论语》（被认为是《齐论语》），特别是其中也有《知道》（一支竹简反面写有"智（知）道"两字）篇。这也证实《齐论语》有《知道》篇。《知道》篇首章记载（这支竹简正面写的内容）："孔子智（知）道之易（易）也。易＝（易易）云者三日。子曰：'此道之美也，莫之御也。'"[1]

---

① 这支简的正面写有"智（知）道"等 24 字，反面写有"智（知）道"。

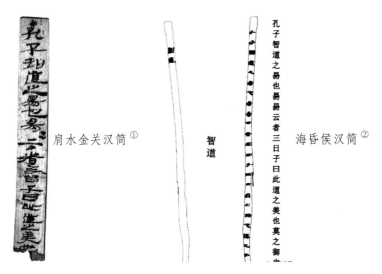

肩水金关汉简①　　　智道　　　海昏侯汉简②

出土的这两个文本《齐论语·知道》使我们确定，第一，"知道"确实为《齐论语》一篇的篇名（反面写的"智（知）道"两字），印证了传世文献的记载；第二，《知道》篇的"知道"也是孔子思想中的一个重要概念。在肩水金关汉简《齐论语·知道》中，我们看到的是简一的内容；海昏侯墓汉简《齐论语·知道》整体还没有公布，我们能讨论的也只是目前公布的这一支简。

孔子以求道为志向。海昏侯墓汉简《齐论语·知道》首章记载孔子对"道"的看法，说孔子深知，道易知易行，不复杂，不深奥，是可望

① 有关肩水金关汉简《论语》，参见肖从礼、赵兰香：《金关汉简"孔子知道之易"为〈论语·知道〉佚文蠡测》，载卜宪群、杨振红主编：《简帛研究：二〇一三》，桂林：广西师范大学出版社，2014 年；王楚定、张予正、张楚蒙等：《肩水金关汉简〈齐论语〉研究》，载北京联合大学文化遗产保护协会编：《文化遗产与公共考古》第四辑，2017 年。

② 有关海昏侯墓汉简《论语》，参见杨军、王楚宁、徐长青：《西汉海昏侯墓出土〈论语·知道〉简初探》，《文物》2016 年第 12 期，第 72-75 页。

可即的东西。与此不同，孔子称"朝闻道，夕死可矣"，又指出了知道不易和悟道的庄严，这让他的弟子们对学道、知道产生畏惧心理。《论语·雍也》的记载佐证了这一点："冉求曰：'非不说子之道，力不足也。'"但孔子不接受他的说法："子曰：'力不足者，中道而废。今女画。'"①孔子是道德意志自由论者，他认为每个人只要追求仁爱就能实现它的价值。照《论语·里仁》记载，孔子鼓励人们追求仁，说一个人哪怕只有一天这样做，他也是做了。人在道德价值面前，只有为不为的情况，从来没有能不能（"力不足"）的问题。对于"道"同样如此。每个人都能够弘扬道，而不是道去弘扬他自己。在《知道》篇中，孔子向他的弟子们强调通晓道并不难，可能同样是在具体的语境下有感而发。孔子语重心长，在几天中一有机会就说"知道容易"（"易易云者三日"）。②这是孔子鼓励和增强他的弟子们追求"道"的信心和斗志。

《齐论语·知道》有关孔子"知道之易"的记载并不孤立。与此类似的记载一处在《礼记·乡饮酒义》中：

> 乡饮酒之礼：六十者坐，五十者立侍，以听政役，所以明尊长也。六十者三豆，七十者四豆，八十者五豆，九十者六豆，所以明

---

① 在受教过程中，冉求曾受到孔子有时还非常尖锐的批评。如"季氏富于周公，而求也为之聚敛而附益之"，孔子批评他说"非吾徒也。小子鸣鼓而攻之可也"（《论语·先进》）。但他又是孔门十哲之一，孔子称赞他"千室之邑，百乘之家，可使为之宰也"（《论语·公冶长》）。

② "知道之易"是说人懂得道容易，如同《庄子·列御寇》记载的庄子所说"知道易，勿言难"。

养老也。民知尊长养老，而后乃能入孝弟。民入孝弟，出尊长养老，而后成教，成教而后国可安也。君子之所谓孝者，非家至而日见之也；合诸乡射，教之乡饮酒之礼，而孝弟之行立矣。孔子曰："吾观于乡，而知王道之易易也。"①

另一处是在《韩诗外传》卷五中：

> 人有六情：目欲视好色，耳欲听宫商，鼻欲嗅芬香，口欲嗜甘旨，其身体四肢欲安而不作，衣欲被文绣而轻暖，此六者，民之六情也，失之则乱，从之则穆。故圣王之教其民也，必因其情而节之以礼，必从其欲而制之以义。义简而备，礼易而法，去情不远，故民之从命也速。孔子知道之易行也。《诗》云"诱民孔易"，非虚辞也。

可以看出，《齐论语》所记同这两个传世文献的记载，在文义上没有什么差异，都是说孔子知道，如果人真的去求道、行道，那对他并不是一件困难的事。但它们在文字上有不同：一是"道"与"王道"；二是"易"与"易易"和"易行"；三是说明与引用。它们的语境也有不同。传世文献的记载都是在与"礼"相关的上下文中引出的。乡饮酒礼

---

① 《孔子家语·观乡射》也记载有孔子的这句话（"吾观于乡，而知王道之易易也"），虽记载的礼仪有所不同，但也是强调人们通过乡饮酒礼很容易建立尊重长者的伦常："贵贱既明，降（隆）杀既辩，和乐而不流，弟长而无遗，安燕而不乱，此五者足以正身安国矣。"《礼记·射义》也说："乡饮酒礼者，所以明长幼之序也。"

是儒家礼仪之一，它主要是按照人的年龄区分座次和摆放不同量的食物，以体现尊长养老的伦常，引导人们懂得和践履孝悌。孔子通过观察乡饮酒礼，认识到推行王道并不难。这里说的"王道"，既是尊长敬老之道，又是孝悌之道。《韩诗外传》将人的生理和身体需求概括为六种（目欲、耳欲、鼻欲、口欲、身体四肢欲和衣欲等），认为"礼"的规范一定要根据人的自然欲求来建立，才能使人们既可满足生活的需求，同时又知道有所节制。这也是人们容易按照礼的规范去行动的原因。《韩诗外传》从孔子懂得道容易实行这一点出发，又引用《诗》"诱民孔易"，说这不是"虚辞"，都为了论证礼的正当性（合乎人情又节制人情）。

海昏侯汉简《齐论语·知道》首章的下一句是记载孔子的话："子曰：'此道之美也，莫之御也。'"[1]肩水金关汉简《齐论语·知道》首章这支简下残，则只有"子曰：'此道之美也'"。当也有"莫之御也"这半句。孔子是带着遗憾说的这两句话（此道虽好，但人们却没有努力去运用它）。留下的一个疑问是，孔子在这句话中说的"此道"，是一个泛指还是有具体的所指。《孔子家语·颜回》的记载对此提供了一个可能的答案："颜回问子路曰：'力猛于德而得其死者，鲜矣，盍慎诸焉。'孔子谓颜回曰：'人莫不知此道之美，而莫之御也，莫之为也，何居？为闻者盍日思也夫？'"据此，孔子说的"此道"是指颜回询问子路的道理，即"力气勇猛远超德行的人，能够死得其所的很少"。颜回追问

---

[1] "御"有对当、相当之义，如《诗·秦风·黄鸟》说："维此针虎，百夫之御。"但这里的"御"应解释为"运用"。如《荀子·礼论》说："然而礼兼而用之，时举而代御。"

人们为什么不能避免。孔子的回答，包含了几个方面的意思：一是人知道什么不等于就能做到什么（"人莫不知此道之美，而莫之御也，莫之为也"），这同《齐论语·知道》中说的话意思大体一致，只是加上了一个主语（"人"）；二是孔子对此又提出追问（"何居？"）；三是孔子以反问的方式给予了回答：人们做不到的原因是没有好好去思考（"为闻者盍日思也夫"）。

根据这一记载可以推测，汉简《齐论语·知道》首章可能引用了孔子说的这句话，但省去了《孔子家语》记载的孔子说话的这一背景。[①] 但这一背景很重要，它不仅让我们知道"此道"具体指的是什么道，也让我们知道颜回为什么会向子路子提出这一道理。子路以力大和果敢而闻名，孔子不时告诫和批评他不要逞强。正如人们容易好色而不容易好德那样，人们也容易好勇而不容易好德。颜回问子路的这句话，可以说包含着规劝子路的用意。孔子的强调既是对子路而发，也是从一般意义上强调在勇气和道德两者之间首先要注重的是"德行"。孔子对仁爱和勇气、道义与勇气关系的说明可以证明这一点：

> 仁者必有勇，勇者不必有仁。（《论语·宪问》）
>
> 子路曰："君子尚勇乎？"子曰："君子义以为上。君子有勇而无义为乱，小人有勇而无义为盗。"（《论语·阳货》）

---

① 这不是孤立的一个例子。《论语》记载的孔子的言论不少都有背景，但在《论语》中则省去了。如"吾未见好德如好色者也"（《论语·子罕》）。从《孔子家语》的记载可以看出，孔子这句话是对颜回说的，颜回又是问子路的。

对于孔子而言，勇气的重要只能同道德结合起来而论，单纯的好勇根本不可取。孔子周游列国，多次受到过围攻，子路勇敢地保护他的老师和同学令人肯定。但孔子对子路的勇气又多有批评，因为他容易冲动，鲁莽有余，冷静不足。这是孔子所不希望的。但子路总希望他的勇气能够受到老师的肯定，一有机会就表现出这种愿望："子谓颜渊曰：'用之则行，舍之则藏，惟我与尔有是夫！'子路曰：'子行三军，则谁与？''暴虎冯河，死而无悔者，吾不与也。'"（《论语·述而》）孔子更希望的是"必也临事而惧，好谋而成者也"（同上）。孔子在子路面前感叹他很难再继续推行道，想隐逸于海上，子路觉得这是他可以发挥作用的机会，但孔子马上给他泼了一盆冷水："子曰：'道不行，乘桴浮于海。从我者，其由与。'子路闻之喜。子曰：'由也好勇过我，无所取材。'"（《论语·公冶长》）子路最终还是未能超越自我，违背他的老师"危邦不入，乱邦不居"（《论语·泰伯》）的教导，介入卫国君权之争而被杀死。孔子很伤心，痛哭了一场。

孔子认为"知道"容易 [①]，就某些道理特别是孔子说的一些人伦日常之道来说是如此，人们"知晓"它们并不难。[②] 但"天道"等一类的

---

① 从孔子的一些论述来看，体现在行动上要比知难困难。荀子乐观地相信，人只要真正懂得了"道"的重要，就一定会行道："凡人莫不从其所可而去其所不可，知道之莫之若也，而不从道者，无之有也。"（《荀子·正名》）

② 孔子后学和他的追随者在一些场合也强调"道"的平易和"道"的人间性特点。如《中庸》说："道不远人。人之为道而远人，不可以为道。"再如，《荀子·儒效》说："道者，非天之道，非地之道，人之所以道也，君子之所道也。"但认识和掌握"人道"即使容易，也不等于按道去行事也容易。明白易知的简单道理，做起来又是不容易的。

道，人们就不容易认知和理解。竹简《语丛一》说："知天所为，知人所为，然后知道，知道然后知命。"这也是孔子为什么会说"民可使由之，不可使知之"（《论语·泰伯》），从孔子的"朝闻道，夕死可矣"我们更可以看出，人要"知道"又是多么不易，它是需要人一生为之献身的事业。

《孟子》中有两处记载孔子的"知道"概念。按这两处的记载，"知道"并不简单。一处是在《公孙丑上》中。这里孟子有一个立论，认为人们追求道德价值就会获得荣誉，否则就会蒙受耻辱。但不幸的是，人们不甘于耻辱而又不去实践道德价值。一个人如果真的不甘于耻辱，他就应该自立自强。因为人的福祉是人努力自求而得到的。为了论证这一点，孟子先引用《诗》中的"迨天之未阴雨、彻彼桑土，绸缪牖户。今此下民，或敢侮予"（佚名诗《鸱鸮》），然后又引用孔子对此诗的评论，说"为此诗者，其知道乎"。另一处是在《告子上》中。在此，孟子认为，每个人先天都具有良善的道德能力，他只要努力就能将它发挥出来，否则它就会丧失。人们为不善不是他的才质的过错，而是他不能尽自己的道德才能所致。为了论证这一观点，孟子引用《诗》中的"天生蒸民，有物有则。民之秉彝，好是懿德"，又引用孔子评论的话"为此诗者，其知道乎"。孔子是《诗》的整理者，又是《诗》的阐释者，《孔子诗论》也保存了孔子对《诗》的阐释。从德义看，《诗》是孔子诠释的一个维度。就这两首诗的例子来说，"知道"不易。

对荀子来说，"知道"也不是容易的事。站在儒家的立场，荀子对百家子学做了批评性的总结，认为子学家们虽然都有所见，立论持之有故，言之成理，但又都是一偏之学，没有掌握道："万物为道一偏，一物为万物一偏。愚者为一物一偏，而自以为知道，无知也。"（《荀子·天论》）荀子将道看成是衡量一切事物的标准（"何谓衡？曰：道"），认为治理天下的根本也在于"知道"（"故治之要在于知道"）。治理者不懂得道，只会造成混乱："心不知道，则不可道而可非道。人孰欲得恣而守其所不可以禁其所可！以其不可道之心取人，则必合于不道人而不知合于道人。以其不可道之心与不道人论道人，乱之本也。"（《荀子·解蔽》）相反，如果人们掌握了道，就掌握了治理的根本："心知道然后可道。可道然后能守道以禁非道。以其可道之心取人，则合于道人而不合于不道之人矣。以其可道之心与道人论非道，治之要也。何患不知！"（同上）荀子主张的"道"主要是"人道"，它是很容易通晓和掌握的。它之所以不容易被掌握，是因为人们往往容易为事物的部分所蒙蔽，而不能认识事物的整体。人如何才能完整地通晓道呢？荀子提出了一个重要而又不容易做到的方法：心灵的虚心、专一和宁静（"人何以知道？曰：心。心何以知？曰：虚壹而静"）。荀子相信，人只要遵循这一方法，他就能掌握道："知道察，知道行，体道者也。虚壹而静，谓之大清明。"（同上）

第三节　什么是孔子之"道"？

"道"之所以最值得人们学习，最值得人们通晓和掌握，是因为孔子信奉它、信仰它。孔子信奉和信仰的"道"是什么呢？对这一问题的回答，同时也是回答道为什么最值得人们学习、通晓和掌握。孔子之道是什么，我们已经有了一些解答。但我们对它的讨论整体上还不充分。造成这一现象的部分原因，是孔子的仁和礼常常被聚焦，而孔子的"道"被淡化。由于这里我要探讨的主要是孔子的"学道"和"知道"这两个概念，对孔子之道是什么的回答需要在相应的限度内来进行。

有关孔子之道的文本，除了见之于《论语》外，还见之于《礼记》《孔子家语》等其他早期儒家的文献中。统观这些文本，我们可以对孔子之道大体上都有一些什么用法和意义做出概括。孔子之道有时带有个人化的色彩，它被说成是"吾道""夫子之道"等。但既然孔子承诺他的志愿是追求道（"志于道"），他一旦掌握了道就是很快离开这个世界也心甘情愿（"朝闻道，夕死可矣"），既然"道"在人间产生作用或衰退都受制于人力无法改变的力量（"道之将行也与，命也；道之将废也与，命也"），那么孔子的"道"就不会是纯粹个人化的东西，就一定有它的根本性、普遍性意义和内在的力量。

孔子之道有很普通的用法，如指人行走的"路""道路"。① 在普通

_____

① 如《论语·阳货》记载："子曰：'道听而涂说，德之弃也！'"又如《论语·子罕》记载："且予纵不得大葬，予死于道路乎？"曾子曰："士不可以不弘毅，任重而道远。仁以为己任，不亦重乎？死而后矣，不亦远乎？"（《论语·泰伯》）孔子用作"路"的"道"这一意义，有可能已是道的引申义了。按照"道"的最初构型，它很可能一开始是用作动词"行"的意义，作为"路"的用法是后起的。写法上同它接近的"行"反而一开始很可能是作为名词的"路"使用的，它的行走的动词义则是引申出来的（曹定云：《释道、永兼论相关问题》，《考古》1995年第11期，第1028-1035页）。

的用法之外，孔子之道的第一个重要用法和意义是指规则、规范和礼仪等。要使都有个性和追求各自利益的人们，和谐地生活在一个群体中，共同的理性、伦理规则、规范等是需要的。孔子特别重视的礼仪则是其中的一部分。《论语·雍也》记载，孔子追问说，既然人无论是谁都要从门户出入，那么人做什么事可以不遵循原则（"谁能出不由户？何莫由斯道也"）？在《论语·八佾》中，孔子谈到射礼，说"射不主皮"是过去的一种规则（"古之道也"）；在《论语·卫灵公》中，孔子谈到"相师之道"，这里的"道"是指拜见老师的礼节。

孔子之道的第二个重要用法和意义是指根本的法则、最高的理性或真理。这可以联想到儒家的"天道"观念，联想到儒家带有宗教意味的上天概念。人们常以子贡说的"夫子之言性与天道，不可得而闻也"（《论语·公冶长》）为依据①，说孔子不谈人性和天道。单看《论语》，里面确实没有孔子使用"天道"这个词汇的记录。但不能由此就说孔子不谈天道。《礼记·哀公问》记载鲁哀公请教孔子君子为什么尊崇"天道"，孔子的回答四言"天道"："公曰：'敢问何谓成身？'孔子对曰：'不过乎物。'公曰：'敢问君子何贵乎天道也？'孔子对曰：'贵其不已。如日月东西相从而不已也，是天道也；不闭其久，是天道也；无为而物成，是天道也；已成而明，是天道也。'"这就是孔子的"天道观"，而且这与《论语·阳货》中记载孔子对"天"的看法是一致的。一次子贡

———————

① 孔子谈到"性"时说的"性相近，习相远"，包含着丰富和复杂的义理。孔子也谈论了人的才质和才智的不同，这是广义的人性论的一部分。

请教孔子，孔子留下了对"天"的看法——"天"以自身自然而然的内在法则活动："天何言哉？四时行焉，百物生焉，天何言哉？"这表明孔子具有自然天道观，但参悟和懂得它很不容易。有关孔子的"命"和"天命"等概念，我们有复杂的讨论和争论。简单说，孔子有两种不同的天命论，一是人类信仰的正义性的天命之命；一是个人不可左右的命运之命。这两种命很不相同。孔子一生探索和信奉的道，既是自然的天道，又是最高正义的天命。孔子说的"士志于道"（《论语·里仁》）、"信道"、"君子学以致其道"（《论语·子罕》），说的"人能弘道，非道弘人"（《论语·卫灵公》）、"朝闻道，夕死可矣"（《论语·里仁》），就有这两方面的意义。

　　孔子之道的第三个重要用法和意义是指正义和道义等。孔子谈到富贵是人所希望的，贫贱是人所厌恶的，但获得富贵必须合乎道义和正义，摆脱贫贱也必须采取正当的方式："子曰：'富与贵，是人之所欲也。不以其道得之，不处也。贫与贱，是人之所恶也。不以其道得之，不去也。'"（《论语·里仁》）孔子称"行义以达其道"（《论语·季氏》）和"直道而事人"（《论语·卫灵公》）①，称"君子之仕也，行其义也"（《论语·微子》），都将义与道相提并论，其"道"主要是指义、道义和正义。

---

　　① "道"分"直枉"，"枉道"即不义之道。孔子说"道不同，不相为谋"的"道"，有可能就是指不义之道。有关"直道"，孔子还说："三代之所以直道而行也。"（《论语·卫灵公》）

孔子之道的第四个重要用法和意义是一些比较具体的伦理价值。孔子说他的道是"一以贯之"。曾子将它解释为"忠恕"（"曾子曰：夫子之道，忠恕而已矣"——《论语·里仁》）。如果是这样，"忠恕"之道就是孔子伦理价值的核心。孔子伦理之道的其他一些方面，如"孝悌"被孔子看成是仁之"本"，孔子说这一根本确立了，道也就确立了（"本立而道生"——《论语·学而》）；孔子曾经告诉子产"君子之道"有四个方面："其行己也恭，其事上也敬，其养民也惠，其使民也义。"（《论语·公冶长》）孔子说"知者不惑；仁者不忧；勇者不惧"，这被子贡看成是"夫子之道"，孔子谦虚地说他还没有做到。孔子赞扬子路有自尊和自足的美德（"是道"），说他"衣敝缊袍，与衣狐貉者立，而不耻者……不忮不求"，同时又告诫他不要满足于此。孔子之道的这一类用法和意义，整体上是将"道"看成是某些具体的伦理价值。

孔子之道的第五个重要用法和意义主要是指美好的、理想的社会或天下太平。孔子常常将天下有道与天下无道进行对比，这可以理解为天下太平与天下混乱和无序的不同。如孔子谈到天下太平与天下无序的一个不同时说："天下有道，则礼乐征伐自天子出；天下无道，则礼乐征伐自诸侯出……天下有道，则政不在大夫；天下有道，则庶人不议。"（《论语·季氏》）孔子还多次谈到人在两种完全不同的社会中应该如何进行选择：

> 笃信好学，守死善道。危邦不入，乱邦不居。天下有道则见，

无道则隐。(《论语·泰伯》)

子谓南容，邦有道，不废；邦无道，免于刑戮。(《论语·公冶长》)

子曰："宁武子，邦有道，则知；邦无道，则愚。其知可及也，其愚不可及也。"(同上)

子曰："邦有道，危言，危行；邦无道，危行，言孙。"(《论语·宪问》)

宪问"耻"。子曰："邦有道，穀，邦无道，穀，耻也。"(同上)

直哉史鱼！邦有道如矢，邦无道如矢。君子哉，蘧伯玉！邦有道则仕，邦无道则可卷而怀之。(《论语·卫灵公》)

这是一个矛盾。对儒家来说，邦无道的时候不恰恰是需要人去改变它的时候吗？孔子和他的追随者们不正是为此而周游列国的，孔子不正是因此而受到隐者嘲讽的，不正是因此而被称为"知其不可为而为之者"？单从明哲保身来说，要做到这种选择也不容易。以勇敢著称的子路，孔子不时批评他，告诫他"危邦不入"，担心他"不得其死然"。但子路最后还是介入到了"危邦"的权力争夺之中而死于非命。事实上，孔子正是在春秋"礼崩乐坏"的混乱无序中追求天下有道、期望天下太平的。他最期望鲁国达到有道的国家："齐一变，至于鲁，鲁一变，至于道"。(《论语·雍也》) 敬仰他的仪封人预言"天下之无道也久矣，天将以夫子为木铎"(《论语·八佾》)。但在鲁国，孔子的政治期望没有实现，在其他国家同样如此。孔子一生渴望和追求天下有道的太平秩序落空了。孔子发出"甚矣，吾衰也，久矣吾不复梦见周公"（《论语·述而》）的感叹，鲁哀公十四年（公元前481年）孔子看到鲁哀公西巡所获麒麟说"吾道穷矣"，逝世前孔子对子贡说"天下无道久矣，莫能宗予"（《史记·孔子世家》）①，这些都是孔子对政治失望的自我写照。但单凭孔子对政治的失望，不能说他就是一个失败者。孔子没能挽救一个衰落的世界，但他却创造了一个人文的世界，创造了一个人类精神的世界，创造了一个伦理价值的世界。这也是司马迁为什么会如此评论他："孔子布衣，传十余世，学者宗之。自天子王侯，中国言六艺者折中于夫子，可谓至圣矣！"（同上）

---

① 《礼记·檀公上》（"夫明王不兴，而天下其孰能宗予"）和《孔子家语·终记解》（"夫明王不兴，则天下其孰能宗余"）的记载有所不同。

第九章 孔子好《易》和追寻"德义"：以帛书"易传"类文本中的"子曰"之言为中心的考论

孔子研习《周易》的事实通过帛书《易传》带来的新信息而得到了进一步的印证①，孔子对《周易》义理的阐释，也因帛书《易传》而变得更加丰富。我这样说，主要是基于帛书"易传"类作品既记载了孔子晚年喜好《易》的更多的情况，而且也记载了孔子诠释《易》的不少言论。这些记载具有可靠性，不能简单靠推测就视之为虚构或依托。其中以"子曰""夫子曰"（一处的"孔子曰"）这种形式记载的话语，整体上都是孔子阐释《周易》的言论②，尽管更多的人倾向于认为只是其中的一部分（即《系辞》、《二三子问》、《要》和《衷》中的）才是这样，而其他部分（即《缪和》和《昭力》中的）则不是。③但人们为此提供的论

① 有关这方面，参阅廖名春：《从帛书〈要〉论孔子易学观的转变》《帛书〈要〉与〈论语〉"五十以学"章》，载《帛书〈周易〉论集》，上海：上海人民出版社，2008 年，第 120-130、138-145 页。

② 丁四新：《周易溯源与早期易学考论》，北京：中国人民大学出版社，2017 年，第 125-144 页。

③ 廖名春：《帛书〈缪和〉、〈昭力〉简说》，载《帛书〈周易〉论集》，上海：上海人民出版社，2008 年，第 347-356 页。虽然更多的人倾向于这样认为，但提供的论证都是间接性的，说服力很弱，不能否定文本自身中的直接证据。

证实际上非常薄弱[①]，特别是《缪和》中记载的"子曰"的一段话在《说苑·杂言》中也被记载为孔子之言。[②] 因此，可以肯定，它们同样也是孔子的言论。除此之外的传世的"易传"类作品中的"子曰"，我也倾向于认为它们记载的是孔子的言论。

基于这样的判断，我将首先考察的是，孔子为什么晚年好《易》，促使他这样做的原因和动机主要是什么；继而我将主要探讨孔子对《易》的诠释及其对德义的追寻。人们从不同的角度和方面对帛书《易传》的义理已有一定的研究，包括孔子对《易》的传述。[③] 在这里我只探讨孔子对《易》的诠释，并且分层次来进行。第一个层次是孔子对《易》这部书整体性质和特性的诠释；第二个层次是孔子对《易》中一

---

① 在早期儒家思想的传承中，整体上孔子弟子（或加上再传弟子）将孔子的言论称之为"子曰""夫子曰"，使"子曰""夫子曰"的用法，变成了"专门"的用法。除此之外，同孔子没有直接师生关系的孟子、荀子引用孔子的言论，用的几乎都是"孔子"。这一现象决不能简单地以"依托"或所谓"导师之言"而一笔勾销。在一定意义上，我们可以说，传世的和帛书"易传"类文本不是一时一地的产物，但其中以"子曰""夫子曰"记载孔子言论的作品，不能推到战国晚期之后。帛书《缪和》和《昭力》中记载的孔子弟子，虽然不在已知的80位左右之内，但由于孔子的弟子非常多（虽然不一定有三千多），他们也很有可能是其中的几位。

② 只是这里的记载是子贡问、孔子回答。张政烺解释说，《缪和》的记载是原始形式，记载为子贡与孔子的对话是被改变的结果（张政烺：《张政烺论易丛稿》，李零等整理，北京：中华书局，2011年，第273页）。

③ 有关帛书《易传》的释文和注释，参阅邓球柏的《帛书周易校释（修订本）》（长沙：湖南人民出版社，2002年）、赵建伟的《出土简帛周易疏证》（台北：万卷楼图书有限公司，2000年，第139-317页）、廖名春的《帛书〈周易〉论集》（上海：上海人民出版社，2008年，第370-400页）、刘彬的《帛书〈要〉篇校释》（北京：光明日报出版社，2009年）、张政烺的《张政烺论易丛稿》（北京：中华书局，2011年，第150-292页）、丁四新的《楚竹书与汉帛书周易校注》（上海：上海古籍出版社，2011年，第508-542页）、裘锡圭主编的《长沙马王堆汉墓帛书集成（叁）》（北京：中华书局，2014年，第40-152页）等。

些"卦辞"的整体诠释；第三个层次是孔子对卦中一些"爻辞"的诠释。孔子对《易》的"德义"的追寻，也是在这三个层次上进行的。孔子追寻的"德义"是一个广泛的概念①，它包括不同方面的道德价值、天道和义理等，不仅"仁"在其中，"道"也在其中。孔子有时将"义"与"德"并列而言，他还有"易"之"义"、《易》之"道"等说法，这时候他说的"义""道"同他所说的"德"有侧重点上的差异，但它们整体上又有交叉性。为了方便起见，我们大体上用"德义"统一来考察它们。

第一节 晚年的孔子为什么好《易》？

一些学人对传世文献记载的孔子晚年喜好研习《易》一直持怀疑态度，乃至也不相信帛书"易传"类作品中的记载。通过帛书"易传"记载的孔子"老而好《易》"等新信息，可以进一步去认证孔子晚年好《易》确乎是一个事实。我赞成有关这方面的看法，认为孔子晚年爱好《易》的事实不能否认。帛书《要》篇记载的孔子"老而好《易》"，同《史记·孔子世家》记载的"孔子晚而喜《易》"，可以相互印证。孔子在居住的地方将《易》放在身边，外出时将它放在行囊中随行（"居则在席，行则在囊"），反复阅读以至于把它的编绳都磨断了（"读《易》，韦编三绝"）。这些记载向我们呈现了孔子晚年研习《周易》的具体情

---

① 有关孔子通过《易》追寻"德义"的问题，参阅朱金发的《由君子"恒德"到"观其德义"——〈易传〉和〈帛书易传〉的心性观比较》(《哲学研究》2015 年第 7 期，第 64-69 页)、丁四新和李攀的《论马王堆帛书《要》篇"观其德义"的易学内涵》(《武汉大学学报（人文科学版）》2015 年第 1 期，第 39-45 页) 等。

景。从这里出发，我想集中讨论的是，晚年的孔子为什么对《易》情有独钟，孔子主要是出于什么样的目的入迷地研习和诠释《易》。

晚年的孔子之所以喜欢研习《易》，用很多精力去诠释它，按照《要》篇记载的孔子自己的说法，他一是为了"察其要"和"闻要"；二是为了"乐其辞"；三是为了"观其德义""求其德"。按照《论语》的记载，他是为了"无大过"；依据《史记·孔子世家》的记载，他是为了"于《易》则彬彬矣"。把《要》篇的记载同传世的记载结合起来，可以说孔子晚年喜欢研习《易》和诠释《易》，一是为了避免犯大的过错；二是为了欣赏《易》的言辞；三是为了洞察《易》的要旨、要义；四是为了彰显《易》的道德价值。显然，这些都是联系在一起的，在相对区分的意义上我们可以分别看一下。

孔子"好《易》"之事发生在他的晚年，要理解他所说的"加我数年，五十以学《易》，可以无大过"（《论语·述而》），先要同他这一个时段的人生经历结合起来看。自称"十五"就"志于学"的孔子，年轻时就应该接触到《易》并对它有所了解。过了"不惑之年"而快到五十岁的孔子，特意说他希望能有更长的寿命从五十岁开始学《易》，当然不能是指一般的学习，而是要深入地去钻研和体认《易》的义理，从中获得人生的指导，以避免有大的过错。孔子在五十岁前的几年中，即使他已意识到了《周易》的重要，想好好学习它，但由于公务在身，恐怕他还是没有时间（至少是集中时间）去研习《周易》，所以他希望在五十岁以后能够有时间去研习。但五十岁后，孔子先是担任了中都宰

（51 岁），很快又被鲁定公任命为司空、大司寇并兼行相事。至此，孔子的政治生涯几乎达到了顶峰，他更会忙于政治事务，更难有多少业余时间去研习和传述《周易》了。因此，孔子"老而好《易》"最有可能是其政治生涯受到了挫折，从 55 岁离开鲁国、周游列国开始的。根据《要》篇说的"居则在席，行则在囊"，可以合理推测，它应是发生在孔子周游列国、漂泊不定的经历中。经历了十几年漫长时间的周游，最后孔子又回到鲁国，直到 73 岁时逝世，这一段时间整体上可以说是孔子的老年或晚年时期。[①] 政治事业挫折和命运多舛也好，为了之前说的"可以无大过"也好，这都会促使孔子去研习和诠释《易》。

　　《易》原本是一部占筮之书，历史上，它主要被用于获知神意，预测人类重要活动的吉凶、祸福。不用说，孔子也是这样看的，而且他也有占筮的经验。子贡问："夫子亦信其筮乎？"孔子没有犹豫就回答说："吾百占而七十当，虽周梁山之占也，亦必从其多者而已矣。"（《要》篇）孔子为什么对这部占筮之书有了浓厚的兴趣，让子贡大惑不解。尤其是他的老师之前曾教诲他说："德行亡者，神灵之趋；知谋远者，卜筮之繁"（同上）；"逊正而行义，则人不惑矣"（同上）。根据孔子的说法，有德行和智谋的人，不需要求诸神灵和卜筮；谦逊、正直和行义的人，没有什么困惑。对孔子的教诲，子贡深以为然，他铭记在心并勉力

[①] 李学勤将孔子晚而好《易》的时间确定在结束周游归鲁之后的短短几年中（李学勤：《从帛书〈易传〉看孔子与〈易〉》，载《周易经传溯源》，北京：中国社会科学出版社，2007 年，第 209-214 页）。但实际上恐怕不是这样。在这个时间内，孔子已经安居了，这虽然可以解释"居则在席"，但不能解释"行则在囊"的情况。

实行。子贡旧话重提，以他一贯的风格怀疑、诘问他的老师。孔子很可能没有事先向子贡说明晚年他特别喜好《易》的缘故。因此，子贡根据之前老师的说法和做法，自然认为老师现在这样做，诉诸超自然的"神谋""鬼谋"，违背了他之前的立场，前后自相矛盾。

子贡的质疑，正好使孔子有机会来解释何以晚年好《易》。按照上述，孔子晚年为什么喜欢《易》，主要也是他在回答子贡的诘问时直接表达出来的。其中之一是因为他喜爱《易》的言辞（"乐〔其〕辞"）。《要》篇记载说："《尚书》多囗（张政烺读作'诬'）矣，《周易》未失也，且又有古之遗言焉。予非安其用也，予乐〔其〕辞也。"据此可知，孔子对于《易》的兴趣不在其象数和占筮之用，而在于《易》中保存的"古之遗言"，在于《易》中的言辞，即卦辞和爻辞。按照帛书《系辞传》的说法，《易》包含了圣人之道的四种东西："以言〔者尚其辞〕，以动者尚其变，以〔制器者尚其象，以卜筮者〕尚其占。"由此来说，孔子"乐其辞"类似于这里说的重视《易》中的言论（"尚其辞"）。子贡没有明白孔子所说的"乐其辞"的真正意义，他更直率地批评他的老师，说如果是这样则是"已重过矣"。他拿之前孔子教育他的话"逊正而行义，则人不惑矣"，说他的老师"今不安其用而乐其辞，则是用奇于人也"。孔子批评了子贡的这一指责，进一步解释说他"乐其辞"有更深的含义，即为了探求"《易》道"。这是孔子晚年好《易》的又一个缘由，即为了掌握《易》的要旨和要义。孔子说："察其要者，不诡其辞。"（《要》篇）一个人真正做到了这一点，他就不会违背《易》辞的意义。

"乐其辞"也好，"察其要"（还有"闻其要"）也好，这都是比较抽象的说法，孔子以此很难使自己同侧重于占筮和象数之《易》的人划清界限。实际上，孔子也意识到了他的这种"好《易》"很可能成为后人怀疑他的原因（"后世之士疑丘者"）。既是为了更具体地向子贡说明他晚年好《易》的实质，也是为了避免引起后人对他的怀疑，孔子又进一步说：

> 《易》，我后其祝卜矣！我观其德义耳也。幽赞而达乎数，明数而达乎德，又仁〔守〕者而义行之耳。赞而不达于数，则其为之巫；数而不达于德，则其为之史。史巫之筮，向之而未也，恃之而非也……吾求其德而已。吾与史巫同途而殊归者也。君子德行焉求福，故祭祀而寡也；仁义焉求吉，故卜筮而稀也。祝巫卜筮其后乎！

这是孔子说明晚年他为什么"好《易》"的非常重要的一段话。在此，孔子首先指出，对于祝卜从事的占筮，他完全是将其放在次要的位置上去看（"后其祝卜""祝巫卜筮其后"）。他之所以这样做，是因为在他看来，一个人的幸福和吉祥，根本上是取决于他的德行和仁义。这样的人很少也不必要去求助于祭祀和卜筮（"君子德行焉求福，故祭祀而寡也；仁义焉求吉，故卜筮而稀也"），他也没有困惑（"逊正而行义，则人不惑矣"）。相反，一个人不去追求自己的德行和发展自己的智慧，

他就会去求助于超自然的力量和占筮方法（"德行亡者，神灵之趋；知
谋远者，卜筮之繁"）。孔子说，表面上看他同祝卜者都在求助于《易》，
但由于他的目的和方法同祝卜者不同，因此他们所得到的结果自然也就
不同。这就是说，孔子喜欢《易》，根本上是为了从中追寻道德价值，
用孔子说的话就是"观其德义""求其德"。这一点已被大家充分指出了。
归根结底，孔子晚年喜好《易》决不在其"象数"，而在其德义；决不
在其占筮，而在其修身和增益美德。

孔子对《易》的所好在其"德义"，这是对文王从《易》中"推演
美德"做法的传承和扩展。[①] 在《要》篇中，孔子对文王"演《易》"同
纣的无道的关系说："文王仁，不得其志，以成其虑。纣乃无道，文王
作，违而避咎，然后《易》始兴也。予乐其知之自〔□〕。"在《左传》
《国语》等记载的占筮案例中，所说的吉凶取决于人（"吉凶由人"），主
要是说取决于人的美德。这实际上是强调单纯的占筮对人生的吉凶没有
什么作用。[②] 从子服惠伯说的"易不可以占验"和"拟德占之，则《易》
可用矣"，从孔子说的"不占而已矣"，从帛书《衷》篇说的"无德而
占，则《易》亦不当"，从荀子说的"善为易者不占"等等，我们可以
看出，这些说法都是一脉相承地强调《易》在成就人的美德中的重要
性。明智的人都知道，人的吉凶、祸福根本上取决于人的行为，不取决

---

① 有关文王从《易》推演"道德"（"演德"），参阅姜光辉：《"文王演〈周易〉"新
说——兼谈境遇与意义问题》，《哲学研究》1997 年第 3 期，第 64-72 页。

② 朱伯崑：《易学哲学史》上册，北京：北京大学出版社，1986 年，第 24-31 页。孔子
曰："存亡祸福，皆在己而已，天灾地妖，亦不能杀也。"（《说苑·敬慎》）

于占筮或者什么超自然的东西。

如何从《易》中追寻美德，孔子主要采用了两种方式：一是求助于《周易》的卦爻辞和遗言。上面我们已经谈到，孔子乐于研习《易》的"卦爻辞"。在他看来，《尚书》由于久远而失实的地方颇多，而《易》则没有这方面的缺点，它里面还包含有"古之遗言"。二是孔子从《易》的象数入手，通过象数而达到美德。从孔子也主张"达乎数""明数"来看，他并不否认《易》的"象之数"，这是他同占筮者的相同之处（"同途"），但他不是以此来预测吉凶，而是以此"达乎德"并"守仁"和"行义"。

第二节　《易》的整体特性和"德义""道义"

现在我们来考察孔子对《易》的诠释和对"德义"的追寻。孔子诠释《易》采取的主要是"取义"的方法，即主要是从卦爻辞中寻找道德和价值。孔子作为"六经"的整理者和诠释者，他对《易》的传述是他经典诠释学的一部分。在帛书《易传》中，孔子对《易》的整体意义的诠释及其对德义的追寻，主要体现在帛书《系辞》和《衷》篇中。认识《易》的"德义"的前提，是它本身确实蕴含着"德义"。对孔子来说，《易》整体上就是一部有关"德义"的书。譬如，他认为，《易》这部书在殷周之际转变中发挥的主要作用是惩恶弘德，改变殷纣的无道，确立和光大周的"盛德"。《衷》篇说：

> 子曰：《易》之用也，殷之无道，周之盛德也。恐以守位，敬以承事，智以避患，〔□□□□□〕文王之危，知史说之数书，孰能辩焉？

这段文字的开头同传世《系辞》的记载略有差异（"《易》之兴，其当殷之末世，周之盛德耶？当文与纣之事耶"），而且也没有说它是孔子的话。[①] 今本紧接着的后面的文字则同《衷》篇完全不同："是故其辞危，危者使平，易者使倾。"这一内容是通过对比居危与居易的不同结果让人谨慎，但帛本强调的是为了获得"善"应该如何去做。其说的"恐"、"敬"和"智"都属于"德义"。孔子指出，《易》中的"德义"，是那些只知道"数术"的人所达不到的。

这是孔子从具体的历史教训和经验来认识《易》中的"德义"。与此相联系，孔子进一步认为《易》这部书原本就是圣人用来崇尚道德和扩大人类事业的：

> 子曰："《易》其至乎？夫《易》，圣人之所崇德而广业也。知崇礼卑，崇效天，卑法地。天地设位，《易》行乎其中。成性□□，道义之门。"（帛书《系辞》）

"成性"后面残损，传世本作"存存"。不管作什么，根据这一句的上下

---

① 帛书《要》篇中更具体地说明了《周易》的创作背景："文王仁，不得其志以成其虑。纣乃无道，文王作，违而避咎，然后《易》始兴也。"

文，孔子是说人们掌握了《易》，他就能够助成万物实现自己的性命，他就通向了道义之门。这里所说的"道义"同"德义"类似。帛书《系辞》中孔子又有"圣人之道"的说法，这里的"道"应比"德"的意义更广。帛书《系辞》根据人们言、动、制器和卜筮的不同需要，将"辞"、"变"、"象"和"占"称为圣人之道的四个方面，并说明人从事这些不同的方面都有什么不同的效果。孔子说《易》中圣人之道的四个方面指的就是这些（子〔曰："《易》有〕圣人之道〔四〕焉者，此言之谓也"）。"道"的这四个方面，显然不限于"德"的价值，它也包括利用、变动和神奇的价值。它同帛书《系辞》另一个地方记载的孔子的说法具有一致性（"子曰：'圣人之象以尽意，设卦以尽情伪，系辞焉以尽其〔言〕，变而通之以尽利，鼓之舞之以〔尽〕神。'"）。此外，孔子追问《易》这部书的创作目的（"夫《易》何为者也"），说它是为了"古物定命，乐天下之道，如此而已者也"（帛书《系辞》）。对"古物定命"之"古"，人们疑读作"占""始"等，但这都令人费解。"古"通"固"。郭店简《尊德义》有"因恒则古（固）"的用法。此处的"固"用作动词"安定"，如同《孟子·公孙丑下》的"固国不以山溪之险"的用法。"固物定命"即"安物定命"（"安""定"相对），意思是让事物稳固存在，安定各自的性命，这正合上文所说的"成性□□"。"固物定命"同时就是"乐天下之道"，它同"道义之门"类似。

　　孔子对《易》的整体特性及德义和道义的传述、追寻，反映了早期儒家传述《易》这部书的两种基本方式，一种是在广义的《易传》特别是在《系辞》中做出的；一种是在"六经"的序列（《诗》→《书》→《礼》→《乐》→《易》→《春秋》）中对每部经典整体意义的概括中做出的。① 有关第一种方式，《系辞》中非常多，上述孔子对《易》的整体特性的传述和对德义的追寻主要也表现在这里。但这仍是其中的一部分，其他的则是孔子后学做出的。有关第二种方式，在孔子那里也有，一个重要的例子保存在《礼记·经解》中，在此我们看到了孔子对"六经"每部经典整体意义的概括：

> 孔子曰："入其国，其教可知也。其为人也，温柔敦厚，《诗》教也；疏通知远，《书》教也；广博易良，《乐》教也；絜静精微，《易》教也；恭俭庄敬，《礼》教也；属辞比事，《春秋》教也。故《诗》之失，愚；《书》之失，诬；《乐》之失，奢；《易》之失，贼；《礼》之失，烦；《春秋》之失，乱。其为人也，温柔敦厚而不愚，则深于《诗》者也。疏通知远而不诬，则深于《书》者也。广博易良而不奢，则深于《乐》者也。絜静精微而不贼，则深于《易》者也。恭俭庄敬而不烦，则深于《礼》者也。属辞比事而不乱，则深于《春秋》者也。"

这里我们关心的是孔子对《易》这部经典整体意义的概括。按照孔子的

---

① 早期儒家对"六经"的传述和解释的其中一个方式，就是从整体上认识和概括每部经典的意义。有关这方面，参阅王中江：《儒家经典诠释学的起源》，《学术月刊》2009 年第 7 期，第 31-39 页。

诠释，《易》和《易》教整体上是让人心地纯洁、心灵宁静、心思精密和细致（"絜静精微，《易》教也"）。在孔子看来，《易》既能升华人的道德，也能提高人的思维能力。但就像其他经典运用不好就会产生流弊那样，在孔子看来，用不好《易》就容易让人精于心计而违道。同样，孔子后学对《易》的整体意义也有概括。如郭店简《语丛一》说《周易》是把天道与人道贯通起来（"《易》所以会天道、人道也"）。对儒家来说，天道和人道既有分别，又有统一性；天道不是纯粹自然性的存在，它也具有道德的意义，根源于它的人道当然更是以道德为中心。

孔子追寻《易》的德义，不是只提出一般性的"德"、"义"和"道"等总原则，他还将之具体化，提出了对人有不同作用的《易》德和《易》道。如在《要》篇中，孔子认为《易》能使不同特点的人获得他所需要的德行：

> 吾告汝《易》之道。□〔□□〕□〔□□□〕，此百姓之道〔也，非〕《易》也。夫《易》，刚者使知惧，柔者使知图，愚人为而不妄，渐人为而去诈。

这里的《易》之道是，它可以使刚柔两种不同性格的人增加畏惧之心、刚强之心，使愚昧的人没有妄行，使有欺诈之心的人变得单纯。《易》道的这四种作用，前两种如果用"中庸"的标准去看，那也具有道德价值；后两种当然也是"德义"。孔子特别注重"损""益"两卦的德义（后文详论），在《要》篇中，孔子诠释"损益"的德义时，又论及了整体意义上的《易》道：

> 故明君不时不宿，不日不月，不卜不筮，而知吉与凶，顺于天地之心，此谓《易》道。故《易》有天道焉，而不可以日月、星辰尽称也，故为之以阴阳；有地道焉，不可以水、火、金、土、木尽称也，故律之以柔刚；有人道焉，不可以父子、君臣、夫妇、先后尽称也，故要之以上下；有四时之变焉，不可以万物尽称也，故为之以八卦。故《易》之为书也，一类不足以极之，变以备其情者也，故谓之《易》。

孔子这里论及的《易》道，首先是强调明君学习《易》，不用占筮就能知晓人间吉凶，因为他能够顺应天地的法则——具体来说即顺应天道的阴阳、地道的柔刚、人道的上下和四时之变的八卦。其中天地和四时之道，主要是自然法则的意义（在《衷》篇中，孔子认为《易》充满着阴阳、柔刚及变化之道）[①]，但人道的上下，显然是指德义。

作为占著的象数之《易》，它原本是为了指导国家生活，就像《周礼·春官》所说的"凡国之大事，先筮而后卜"那样。孔子注重《易》的德义和道义，主要也是为从政者提供根据和指导（从他们的个人修身

[①] 帛书《衷》篇记载："子曰：《易》之义，萃阴与阳，六画而成章。曲勾焉柔，正直焉刚。六刚无柔，是谓大阳，此天〔之义也。□〕□□方。六柔无刚，此地之义也。天地相率，气味相感；阴阳流形，刚柔成体。万物莫不欲生而恶死。会三者而始作《易》，和之至也。""子曰：万物之义，不刚则不能动，不动则无功，恒动而弗中则亡，此刚之失也。不柔则不静，不静则不安，久静不动则沈，此柔之失也。"

到国家的治理)。《缪和》记载说："子曰：'夫《易》，明君之守也。'"
又说："夫《易》，上圣之治也。"很明显，在孔子看来，《易》能够帮助
明君和圣人治理天下和国家，而其根本在于它蕴含的德义和道义。

第三节　《易》中卦辞的"德义"

除了从整体上诠释和追寻《易》德和《易》道之外，孔子诠释和追
寻《易》德和《易》道还有另外两种方式：一种是从一卦的卦辞入手来
进行；一种是从一卦的爻辞入手来展开。在《易》的六十四卦的卦辞
中，孔子对其进行的诠释只是其中的一小部分，如"乾""坤""损""益"
等卦的卦辞；相比之下，他对六十四卦的爻辞的诠释则要多得多。下面
先讨论第一种方式。

孔子通过诠释一卦卦辞追寻一卦之德的言论，有《二三子问》中
的"晋"、"同人"、"谦"（又见《缪和》)、"小蓄"和"未济"；有《要》
中的"损"和"益"；有《衷》中的"乾"和"坤"；有《缪和》中
的"困"和"蒙"等。在帛书《衷》篇中，孔子把"乾"和"坤"两
卦视为掌握《易》之要义的主要途径。在八卦或六十四卦中，唯有
"乾""坤"两卦的六爻纯粹是由阳爻或阴爻组成的。孔子将两者看成是
最能体现阳阴、刚柔特性的两卦，认为两者代表了天地的不同变化，说
"乾，阳物也；坤，阴物也。阴阳合德而刚柔有体，以体天地之化"[1]。

---

① 在今本《系辞》中，孔子是这样描述乾、坤之德的："子曰："乾坤，其易之门邪？
乾阳物也，坤阴物也。阴阳合德，而刚柔有体，以体天地之撰，以通神明之德。其称名也，
杂而不越。于稽其类，其衰世之意邪？""

同是在《衷》篇中，孔子认为"乾"卦集中体现了"刚"和"方"的德性，它是"汤武之德"的反映；"坤"卦集中体现了"从顺"的德性，它是最高的谦让之德（"文之至也"）。虽然乾、坤各以刚柔为突出的德性，但两者的"德"都不会偏向极端，"坤"柔而能"方正"，"乾"刚而能"谦让"。孔子说："坤之至德，柔而返于方；乾之至德，刚而能让。"（《衷》篇）

孔子关注的另一对卦是"损"卦和"益"卦。按照《要》篇的记载，孔子研读"损"和"益"时掩书而叹，并对他的几位弟子说，一定要好好认识"损""益"之道，两者蕴藏着"吉凶"的秘密。按照孔子的说法，"益"体现的是从春到夏万物的生长之道，"损"体现的是从秋到冬万物的衰老之道。两者一正一反，相反相成。"益"始于吉终于凶，"损"始于凶终于吉。君主从"损益"之道中能够认识天地的变化（四时的循环和万物的生老），也能够认识人间的得失关系。孔子注重《易》的"损益"之道，在《说苑·敬慎》中也可以看到。这里的记载也是说，孔子读《易》，读到"损""益"时，"则喟然而叹"。不同的是，在他身边的弟子子夏，特意问他为什么感叹。孔子回答说："夫自损者益，自益者缺，吾是以叹也。"按照这一回答，孔子肯定能够做到减损的人，因为他能够从中得益，而增益的人则会缺失。子夏对这一回答有疑问，反问说"然则学者不可以益乎"。孔子进一步解释说：

> 否，天之道，成者未尝得久也。夫学者以虚受之，故曰得。苟

不知持满，则天下之善言不得入其耳矣。昔尧履天子之位，犹允恭以持之，虚静以待下，故百载以逾盛，迄今而益章。昆吾自臧而满意，穷高而不衰，故当时而亏败，迄今而逾恶，是非损益之征与？吾故曰："谦也者，致恭以存其位者也。"夫丰明而动，故能大；苟大，则亏矣。吾戒之，故曰："天下之善言不得入其耳矣。"日中则戾，月盈则食，天地盈虚，与时消息。是以圣人不敢当盛。升舆而遇三人则下，二人则轼，调其盈虚，故能长久也。子夏曰："善，请终身诵之。"

从孔子的进一步解释可知，他将"损"之道同谦虚、虚静结合了起来，认为谦虚、虚静能够无往而不胜；与此不同，"益"的盛大则容易走向自满，走向衰败。《敬慎》下文记载，孔子和他的弟子子贡参观周庙，看到庙里的"欹器"，孔子问守庙者它是什么器皿，当他得知是"右坐之器"时，就说他听说这种器皿"满则覆，虚则欹，中则正"，他不知道这是不是真的。他让子路去试验，果真如此。于是，孔子感叹说"呜呼！恶有满而不覆者哉！"子贡又问"持满之道"和"损之道"。孔子的回答也是从《易》的"损益"之道与人的美德的关系上去说。"持满之道"是"挹而损之"；"损之道"是"高而能下，满而能虚，富而能俭，贵而能卑，智而能愚，勇而能怯，辩而能讷，博而能浅，明而能暗：是谓损而不极，能行此道，唯至德者及之"。对孔子来说，"持满之道"是"损益"之道，也是"谦"之道。

《易》的"损益"一般是指减少和增加。在《论语·为政》中，孔子论述殷对夏礼、周对殷礼既有损又有益，所用的损益，也是指减少和增加，两者原本都是需要的。但孔子对《易》的"损益"之道的解释，则偏重于从谦虚上看"损"、从自满上看"益"，表现出了明显的重"损"轻"益"的倾向，这同他对《易》的"谦"德的注重不无关系。这就涉及孔子对"谦"卦美德的诠释。这是孔子在帛书《易传》中又重点诠释的一个卦辞。在帛书《二三子问》和《缪和》中，我们都看到了孔子对"谦"德的高度赞赏。如在《二三子问》中，孔子解释"谦"卦的卦辞"谦，亨。君子有终，吉"，说"谦"是谦卑和顺从。人做到了谦，他就一定吉祥；否则，如果他骄傲和傲慢，他就一定有凶（"谦一事而四吉，骄一事而四凶"）。正是因为谦吉骄凶，天、地、鬼神和人都厌恶骄傲、热衷谦虚："天乱骄而成谦，地彻骄而实谦，鬼神祸〔骄而〕福谦，人恶心骄而好谦。"

在《缪和》中，孔子对"谦"德的诠释，是在回答张射的请教时做出的。张射提出的问题是，为什么自古至今，天下之人"皆贵盛盈"；为什么《易》说君子有谦德就能亨通（"谦，亨。君子有终"）。《缪和》记载孔子回答张射的问题有好几段话。孔子的说明集中在两个方面，一是将"谦"德上升为天地的法则（"天之道崇高神明而好下，故万物归命焉；地之道静博以上而安卑，故万物得生焉"），并同在《二三子问》中的解释类似，认为天道、地道、鬼神和人道都厌恶"盈"而赞助"谦"："子曰：'天道毁盈而益谦，地道销〔盈而〕流谦，〔鬼神害盈〕而福谦，人道恶盈而好谦。谦者，一物而四益者也；盈者，一物而四损者也。""谦"卦《彖》传与此前四句的说法类似，但按这里的记载，它是孔子说的话。二是将"谦"德同"圣君""圣人""君人者""君子"等联系起来，说他们是"谦"德的提倡者，也是"谦"德的实践者。如在圣君、圣人那里，他们"卑体屈貌以舒逊，以下其人。能致天下之人而有之，此□〔□□〕享也。非圣人，孰能以此终？"在君人者那里，他们则"以德下其人，人以死力报之。其亨也，不亦宜乎？"在君子那里，他们"能成盈而以下，非君子，其孰当之？"在孔子看来，圣人、君子有一个共同点，他们都有位有势，但他们对人又都谦卑、谦和。这既是他们的伟大之处，也是他们的成功之道。可以肯定，在"易"卦的诠释中，孔子对"谦"德给予了充分的肯定，认为它是有百利而无一害的美德和价值。①

根据帛书《易传》，孔子还诠释了"晋"、"同人"、"小蓄"、"未济"、"困"和"蒙"（见《缪和》）等卦的卦辞。前四者见之于《二三子问》中，而且对其"德"的诠释比较简要。如孔子诠释"晋"卦卦辞"康侯用锡马蕃庶，昼日三接"，他说"此言圣王之安世者也"；对其中的"番庶"，他解释说："圣人之莅政也，必尊天而敬众，理顺五行，天地无灾，民□不伤，甘露时雨难骤降，飘风苦雨不至，民总相觞以寿，故

---

① 《二三子问》还记载说，卦曰："〔劳〕谦，〔君〕子有终，〔吉。"孔子曰："此言〕好善不伐也。夫不伐德者，君子也，其盈如不□□〔□□〕，是一举而再说，其'有终'也，亦宜矣。"

曰'番庶'。"孔子的解释，强调圣王遵循自然秩序，他就能为百姓带来
风调雨顺，使人民生活健康长寿。对"同人"卦的卦辞"同人于〔野，
亨，利〕涉大川"，孔子的解释是："此言大德之好远也。所行〔者〕
远，和同者众，以济大事，故曰'〔利涉大川〕'。"按照这一解释，有
大德的人，他就能和同天下、成就大业。对于"小蓄"卦的卦辞"密
云不雨，自我西郊，公射取彼在穴"，孔子解释说"此言圣君之下举乎
山林畎亩之中也"，这是强调圣君躬身田野、视察民事；对"未济"卦
的卦辞"未济，亨，〔小〕狐涉川，几济，濡其尾，无〔攸〕利"，孔
子解释说"此言始易而终难也，小人之贞也"，这是强调做事情不要先
易后难。

　　相比之下，《缪和》对"困"卦卦辞（"困，亨。贞，大人吉，无咎。
有言〔不〕信"）和"蒙"卦卦辞（"蒙，亨。非我求童蒙，童蒙求我。
初筮吉，再三渎，渎则不吉。利贞"）之德的解释则稍微复杂些。缪和
向孔子提出一个问题，问孔子天下之人（愚智、贤不肖）都希望"利达
显荣"，而《易》的"困"卦却说"大人吉"，这是为什么？孔子首先
解释说"此圣人之所重言也"。在孔子看来，天道有阴阳、短长、晦明
等矛盾性和相反相成性，人道同样如此。他举例说，汤、文王、秦缪
公、齐桓公、勾践、晋文等都经历过困境，但他们又都在困境中激发自
己、成就自己，将困境转化为动力和力量："夫困之为达也，亦犹
〔□□□□□□〕□。故《易》曰：'困，亨。贞，大人吉，无咎。有言
不信。'〔其此〕之谓也。"孔子对"困"卦卦辞的类似解释，又被保存

在《说苑・杂言》中。《杂言》中记载了事情发生的场景，即孔子和他的弟子"厄于陈蔡"。在此困境之下，孔子还弦歌不断，子贡感到不解提出疑问，孔子用齐桓公等人的故事告诉子贡，人在逆境中会产生勇气（"故居不幽，则思不远，身不约则智不广，庸知而不遇之"）。当孔子和他的弟子们摆脱陈蔡之厄时，子贡对他的同学们说，不要忘记大家跟随夫子所遭遇到的"此难"，孔子不赞成子贡的说法，纠正子贡，说困境能够考验人，能够让人奋发。一些了不起的人正是在逆境中成就了他们自己，"困"卦说的正是这一真理："恶是何也？语不云乎？三折肱而成良医。夫陈、蔡之间，丘之幸也。二三子从丘者皆幸人也。吾闻人君不困不成王，列士不困不成行。昔者汤困于吕，文王困于羑里，秦穆公困于殽，齐桓困于长勺，勾践困于会稽，晋文困于骊氏。夫困之为道，从寒之及暖，暖之及寒也，唯贤者独知而难言之也。易曰：'困亨贞，大人吉，无咎。有言不信。'圣人所与人难言信也。"

孔子对"蒙"卦卦辞之德的解释，是在回答吕昌的问题时做出的。吕昌先讲了一个道理，说："夫古之君子，其思虑举措也，内得于心，外度于义，外内和同，上顺天道，下中地理，中适人心……故有嘉命……"但"蒙"卦的"蒙"不合乎这一道理，却又说"利贞"，这让他困惑不解："以昌之私以为，夫设身无方，思索不察，进退无节，渎焉则不吉矣，而能亨其利者，固有之乎？"孔子回答说，按照一般的道理，人的品行好（"夫内之不咎，外之不逆，貊貊然能立志于天下，若此者，成人也"），他就会有好结果；人的品行不好，他就不会有好结果。但一个人的言行如何并非一成不变（"是则可以也，而有不然者"）。蒙昧的人，可以通过努力学习改变自己的无知，他也能成就自己："弗知而好学，身之赖也，故曰'利〔贞'。□□〕君子于仁义之道也，虽弗身能，岂能已哉！日夜不休，终身不倦，日日载载，必成而后止。"孔子对"困"卦和"蒙"卦之德的解释，都说明孔子强调转不利为有利的积极进取精神。

孔子对卦辞之德的解释和追寻，涉及的卦辞虽然不多，其中多加致意的是"乾坤"之德、"损益"之德和"谦"德。孔子对"困"卦卦辞之德和"蒙"卦卦辞之德的解释，更是意味深长，可以说它是孔子人生的写照。太宰问子贡，孔子博学多能，他是不是圣人。子贡回答说是。但孔子听说后指出，太宰也许更了解他，他"少也贱，故多能鄙事"（《论语·子罕》）。从孔子"入太庙，每事问"这一个故事可知，孔子的多知是勤问好学的结果。人生下来都蒙昧无知，但只要他后天好学，他就有知而吉。孔子一生曲折坎坷，但这也磨炼了他，使他能够体认"君不困不成王，烈士不困不成行"的真理，使他能够认识到"夫困之为道，从寒之及暖，暖之及寒也，唯贤者独知而难言之也"（《说苑·杂言》）这一道理。

第四节 《易》中爻辞的"德义"

孔子诠释《易》辞、追寻其德的第三种方式是从爻辞入手来进行。我们先看一下它在帛书《易传》中的分布。其中，《二三子问》有："乾"

之初九、上九和其他四爻；"坤"之上六和六四（还有初六、六二、六三）；"蹇"之六二；"鼎"之九四和上九；"屯"之九五；"同人"之初九和六二；"大有"之六五；"豫"之六三；"中孚"之初二等。在帛书《系辞》传中，孔子论及的爻辞有："中孚"之九二；"同人"之九五；"大过"之初六；"谦"之九三；"解"之六三和上六；"咸"之九四；"困"之六三；"噬嗑"之初九等。《衷》篇论及的有："乾"之上九以及集中对各爻的诠释；"大过"之九三；"鼎"之九四；"姤"之上九和初六；"渐"之九三；"屯"之上六；"坤"之各爻辞等。《要》篇论及的有："否"之九五；"鼎"之九四；"益"之上九；"复"之初九等。《缪和》篇论及的有："涣"之九二和六四；"困"之六三；"丰"之九四；"屯"之九五；"中孚"之九二；"谦"之初六；"归妹"之上六；"复"之六二；"讼"之六三；"恒"之初六和九三；"坤"之六二等。《昭力》论及的有："师"之六四和九二；"大蓄"之九三和六五；"比"之九五；"泰"之上六；"乾"之初九等。

　　根据孔子在上述帛书《易传》中对一些爻辞的诠释和对爻德的追寻，结合传世文献《文言》，我们可以看出，孔子对"乾""坤"两卦的爻辞都有诠释，并且主要集中在帛书《二三子问》和《衷》篇中。《文言》中记载了孔子对"乾"卦的六爻之德的诠释。这说明孔子不仅重视"乾""坤"两卦的卦德，而且也重视它们的爻德。[①] 现将孔子在不同地方的解释列出并对比一下。

---

　　① 在"二三子问"中，孔子特别赞扬了"龙"的美德。

孔子对"乾"卦爻辞的诠释

"乾"卦六爻爻辞	《二三子问》	《衷》	《文言》
"潜龙勿用。"	孔子曰："龙潜矣而不阳，时至矣而不出，可谓潜矣。大人安佚矣而不朝请，獸在廷，亦犹龙之潜也。其行灭而不可用也。"	"潜龙勿用。"子曰："废则不可入于谋，剩则不可与诚。忌者不可与亲，缴〔者〕不可予事。"	子曰："龙德而隐者也。不易乎世，不成乎名；遁世无闷，不见是而无闷；乐则行之，忧则违之。确乎其不可拔，乾龙也。"
"见龙在田，利见大人。"	孔子曰："此〔言见□□〕卑谦就民。卑谦，易告也；就民，易遇也。圣人君子之贞也，庶民宜之。"	"见龙在田，利见大人。"子曰："君子之德也。君子斋明好道，日自见以待用也。见用则动，不见用则静。"	子曰："龙德而正中者也。庸言之信，庸行之谨，闲邪存其诚，善世而不伐，德博而化。《易》曰：'见龙在田，利见大人。'君德也。"
"君子终日乾乾。夕惕若，厉，无咎。"	孔子曰："此言君子务时，时至而动，〔□□□□□〕，屈力以成功。夫日中而不止，时年至而不淹。君子之务时，犹驰驱也。"	"君子终日乾乾，夕惕若，厉，无咎。"子曰："知息也，何咎之有？"	子曰："君子进德修业。忠信，所以进德也；修辞立其诚，所以居业也。知至至之，可与言几也；知终终之，可与存义也。是故，居上位而不骄，在下位而不忧。故乾乾因其时而惕，虽危而无咎矣。"
"或跃在渊，无咎。"		"或跃在渊，无咎。"子曰："恒跃则凶。君子跃以自见，道以自成。君子穷不忘达，安不忘亡，静居而成章，道福有皇。"	子曰："上下无常，非为邪也；进退无恒，非离群也。君子进德修业，欲及时也，故无咎。"

续表

"乾"卦六爻爻辞	《二三子问》	《衷》	《文言》
"飞龙在天，利见大人。"	孔子曰："此言君子〔□□□□□□〕□君子在上，则民被其利，贤者不蔽。"	"飞龙在天，利见大人。"子曰："大人之义不实于心，则不见于德；不亶于口，则不泽于面。能威能泽，谓之龙。此以专名，孰能及〔乎〕？"	子曰："同声相应，同气相求。水流湿，火就燥；云从龙，风从虎。圣人作而万物睹。本乎天者亲上，本乎地者亲下，则各从其类也。"
"亢龙有悔。"	孔子曰："此言为上而骄下。骄下而不殆者，未之有也。圣人之茻政也，若循木，愈高愈畏下。"	"亢龙有悔。"子曰："物之上节而下绝者，不久大位，必多其咎。"	子曰："贵而无位，高而无民，贤人在下位而无辅，是以动而有悔也。"
"见群龙〔无首〕，吉。"	孔子曰："龙神威而静处，□而上通其德。"	"见群龙无首，吉。"子曰："让善之谓也。君子群居，莫敢首善而治，可疾其和也？龙不待光而动，无阶而登，〔唯圣〕人与龙相似，何〔不〕吉之有？"	

　　按照以上孔子的诠释和追寻，我们可以强调几点。第一，孔子对"乾"卦的爻辞最为重视，这也符合孔子说的"乾"和"坤"是认识《易》的门户这一主张。正因为如此，他对"乾"卦爻辞的诠释也最多。第二，在不同文本的记载中，孔子对同一爻辞的诠释有多少、繁简之异。简单的是一句话，稍繁的是一段话。孔子对"乾"之六爻爻辞及其德义的诠释也是有繁有简，有多有少。如在《衷》篇中，孔子对"乾"的爻辞的解释，有的非常简要，如说"匿也"、"德也"、"用也"、"息也"、

"隐〔而〕能静"和"〔见〕而〔能〕上"等，但也有解释稍多的。如在《文言》中，孔子直接用"德"去看待"龙"和"君子"的特性及活动。第三，就其基本倾向来看，孔子在不同地方的解释在整体上有一致性。如对"潜龙勿用"的诠释，《二三子问》用"行灭"、《文言》用"龙德而隐"，都旨在强调"潜龙"没有适当的时机，它只能沉潜、隐伏以等待时机。如对"君子终日乾乾。夕惕若，厉，无咎"的解释，《二三子问》用"务时"而又有"静"，《衷》用"用"而"息"，《文言》用"进德修业"而"因其时而惕"等，这都是强调人一旦有了时机就要积极行动，同时又要小心谨慎。第四，孔子在不同文本中对《乾》卦爻辞的解释，整体上说明了龙德的表现是一个变化的过程——从待时而静、因时而动到动极而过。这同孔子在《二三子问》中赞美"龙德"以多变著称相一致。

孔子对"坤"卦爻辞的诠释

"坤"卦 爻辞	《二三子问》	《衷》
"履霜，坚冰至。"	孔子曰："此言天时渐，戒保常也。岁〔始于东北，成于〕西南；温始〔于东北〕，寒始于〔西南〕。□□□□□□□□□□□□□□□□□□□□□□□□德与天道始，必顺五行，其孙贵而宗不崩。"	"履霜，坚冰至。" 子曰："逊从之谓也。岁之义，始于东北，成于西南。君子见始弗逆，顺而保谷。"
"直方大，不习，无不利。"	孔子曰："□□或也。直者，〔言其不〕自避也；方者，〔言其〕□□□□□□□；大者，言其德或之容焉。□□□□□□□□□□□□□□□□□也，□□无不〔利〕□，故曰'无不利'。"	"直方大，〔不习，吉〕。" 子曰："性文武也，虽强学，是弗能及之矣。"

续表

"坤"卦 爻辞	《二三子问》	《衷》
"含章可贞。或从王事，无成有终。"	孔子曰："此言〕□□□□〔含〕章□□□□□□□含亦美，贞之可也。亦□□□□□□□□□。"《卦》曰："□□□□□□□□□□□□〔或〕从王事矣。〔下〕□□□□□□□□□□。"	"含章可贞。" 〔子曰〕："言美情之谓也。文人动，小事待脱，大〔事〕顺成，知毋过数而务柔和。" "或从〔王〕事，无成有终。" 子曰："言《诗》、《书》之谓也。君子苟得其终，何必〔也〕？何尽也？君子言于无罪之外，不言于有罪之内，是谓重福。"
"括囊，无咎无誉。"	孔子曰："此言缄小人之口也。小人多言，多过；多事，多患。〔小人〕可以衍矣，而不可以言。缄之，其犹'括囊'也，莫出莫人，故曰：'无咎无誉。'"	"括囊，无咎。" 子曰："不言之谓也。有口能敛之，无舌罪；言不当其时，则闭慎而观。〔不言，何〕咎之有？默亦毋誉，君子美其慎而不自著也，渊深而内其华。"
"黄裳，元吉。"	孔子曰："此言〕□□□□元者也。元，善之始也。□□□□□□□〔黄〕色之徒，谦谦□□□□。"	"黄裳，元吉。" 子曰："蔚文而不发之谓也。文人内其光，外其龙，不以其白阳人之黑，故其文兹彰。"
"龙战于野，其血玄黄。"	孔子曰："此言大人之广德而施教于民也。夫文之理，采物毕存者，其唯龙乎！德义广大，法物备者，〔其唯〕圣人乎！"	"龙战于野，其血玄黄。" 子曰："圣人信哉！隐文且静，必见之谓也。龙七十变而不能去其文，则文其信于。"
"利永贞。"		"〔利永贞〕。" 〔子曰〕："〔圣人〕既没，有爵□□，〔或行或〕居，其德不忘。"

　　除了"乾"卦，孔子对"坤"卦爻辞的诠释也是最多的。这说明：第一，孔子也重视"坤"卦爻辞的德义。只是，《文言》中未记载孔子

对它的诠释；此外，《二三子问》记载的孔子的解释用的是"孔子曰"，《衷》用的是"子曰"。第二，同孔子对"乾"卦爻辞的解释类似，他对"坤"卦爻辞的诠释也是有繁有简。如在《衷》中，孔子解释"含章可贞"，说这是"言美情之谓也"。孔子只用了几个字，要言不烦。与此同时，如在《衷》和《二三子问》中，孔子解释"龙战于野，其血玄黄"，先是从总体上说明，然后又分开说，则稍微复杂点。第三，孔子对"坤"卦爻辞和德的解释，强调其文采、文静、柔和、慎言等价值。

在帛书《易传》中，孔子对其他卦爻辞的德义的诠释，涉及许多不同的美德。正如我们上面所强调的那样，孔子诠释《易》的德义和道义主要是就君子特别是就执政者而言，其所说的德也集中在君子之德和君主之德上。同样，孔子对《易》卦爻辞的德义的诠释也是如此。概括起来，我们可以强调几个方面。第一，《易》主要是为了成就君子之德，成就君王之德。显然，缺乏美德的人，他即使有其位也不能安于位。如在《要》篇中，孔子提出"德薄而位尊，〔智小而谋大，力小而任重〕，鲜不及"这一论断之后，引用《易》"鼎"卦之九四爻辞"鼎折足，复公𫗦，其形渥，凶"，诠释说这是"言不胜任也"。人为了能够胜任其位，以德配位，那他就要不断积德，厚其德。如在《缪和》中，对于"谦"卦之九三爻"劳谦，君子有终，吉"，孔子诠释说，这是以高位而谦让卑下，禹就是这方面的典型："禹之取天〔下也〕，当此卦也。禹〔劳〕其四肢，苦其思虑，至于手足骈胝，颜色〔黎墨，□〕□□□而果君〔天〕下，名号圣君，亦可谓终矣，吉孰大焉？故曰：'劳谦，君子有终，吉。'不亦宜乎？"

第二，孔子对《易》卦爻辞的诠释，强调"知几知微"，强调知时、得时。在帛书《系辞》中，孔子主张"君子见几而作，不俟终日"。他诠释"豫"卦之六二爻辞"介于石，不终〔日，贞〕吉"说："介于石，毋用终日，断可识矣！君子知微知彰，知柔知刚，万夫之望。"传世本《系辞》所记孔子的这一段话与此相比有差别，主要在于"君子见几而作"这一句前，还有孔子的这几句话："知几其神乎！君子上交不谄，下交不渎，其知几乎？几者动之微，吉之先见者也。"在孔子看来，人善于认识事物的先兆（"几"）、端倪，善于认识事物微小的变化（"微"），他就能够把握住时机而行动（"见几而作"）。孔子对"涣"卦之九二爻辞"涣奔其机，悔亡"的解释，同样将它同"时机"联系起来："涣者，散也。奔机，几也，时也。古之君子，时福至则进取，时亡则以让。夫时至而能既焉，散走亓时，唯恐失之。故当亓时而弗能用也，至于亓失之也。虽欲为人用，岂可得也哉……圣人知福之难得而奔也，是以有矣。故《易》曰：'涣奔其机，悔亡'，则〔□〕言于能奔其时，悔之亡也。"（《缪和》）人掌握了时机，他就是"得时"，他就获得了机会。但事物不是一成不变的，得时处顺，又需要有忧患意识，以防事物转向反面。孔子说："危者，安其位者也；亡者，保〔其存者也。乱者，有其治者也。是故〕君子安不忘危，存不忘亡，治不〔忘乱，是以身安而国〕家可保也。"（《要》篇）在孔子看来，"否"卦之九五爻辞"其亡，其亡，系于苞桑"，说的也是这个道理。

第三，孔子从爻辞中去探寻如何建立良好的君臣关系。在此，孔子强调君王首先要有厚德，要以此来赢得臣僚的忠诚。孔子说："夫《易》，上圣之治也。古君子处尊思卑，处贵思贱，处富思贫，处乐思劳。君子能思此四者，是以长有利，而名与天地俱。"（《缪和》）但君主如果像"屯"卦之九五爻辞说的"屯其膏"那样，那就是"自润者"，他就有凶险："夫处上位者，厚自利而不〔自〕恤下，小之犹可，大之必凶。"因此，君主要厚待臣，要同臣分享利益，要像"中孚"卦之九二爻辞说的"鸣鹤在阴，其子和之，我有好爵，吾与尔靡之"那样，使大臣们能得到他们应有的利益："夫爵禄在君、在人，君不徒与，臣不〔徒受。圣君之使〕其人也，诉焉而欲利之；忠臣之事其君也，欢然而欲明之。欢诉交通，此圣王之所以君天下也。"（同上）这样，他们就能够建立起良好的君臣关系："夫明君之畜其臣也不虚，忠臣之事其君也有实，上下通实，此所以长有令名于天下也。夫忠（惠）言情爱而实弗随，此鬼神之所疑也，而况人乎？将何所利矣？〔故〕曰：'女承筐无实，士刲羊无血，无攸利。'此之谓也。"（同上）与此同时，君主还要提防那些图谋不轨的大臣。《论语·卫灵公》记载孔子的话说："君子矜而不争，群而不党。"据此，孔子反对结党。与此思想一致，对"涣"卦之六四爻辞说的"散涣其群，元吉"，孔子指出结党是亡国败家之法："夫群党朋族，□推以〔□□□□□〕比周相誉，以夺君明，此固亡国败家之法也。"对此，明君要做的是严禁结党。一旦有结党，就要消除它，这才能吉祥："明王圣君之治其臣也不然。立为刑辟，以散其群党；

设为赏庆爵列，以劝其下。群臣、黔首、男女，夫人竭力尽知，归心于上，莫敢朋党恃君而生，将何求于人矣？其曰'涣其群，元吉'，不亦宜乎？"（《缪和》）

孔子通过《易》爻辞追寻德义的内容非常广泛，这里只是考察了其中的几个方面。再回到孔子对一些卦辞德义的追寻，孔子对《易》整体特性和德义的考察，我们就看到了孔子诠释《易》德的一幅丰富多彩的画卷，孔子的思想及其伦理世界由此也得以扩展，泽及后世。

第十章 孟子的伦理选择论：从"可欲"到"能"和"为"

谈论人的相似本性是什么和人先天具有什么能力，同谈论人实际上表现出了什么品格、履行了什么美德，一般来说两者是有区别的。孟子是伦理学中高度相信人先天具有伦理禀赋和道德能力（即一般所言的孟子的"性善论"）的代表性人物。[①] 不可否认，人的先天道德能力为人的道德生活提供了一定的伦理基础和可能，但也仅此而已。因为孟子没有承诺一个人在现实中自然而然就一定或必然是有善行的人，是有美德的人。我们知道，孟子在不同的地方提醒和告诫人们，人（先天的善端的相似性）同禽兽之间的差别，只有微小的不同（"几希"）；我们还知道，孟子对人们弃置本心（"放其心""失其本心"）的可能和现实也十

---

① 即使人性中有自私或不好的方面（道金斯：《自私的基因》，卢允中、张岱云等译，长春：吉林人民出版社，1998 年），那它也决不是人性的全部。人性中还包括利他、合群等道德能力。达尔文早在《人类的由来》（潘光旦、胡寿文译，北京：商务印书馆，2009 年，第 113-224 页）中就肯定了这一方面。新近的讨论，参阅克里斯托弗·博姆的《道德的起源——美德、利他、羞耻的演化》（贾拥民、傅瑞蓉译，杭州：浙江大学出版社，2015 年）。有关孟子的心性论等的讨论，参阅杨泽波的《孟子性善论研究》（北京：中国社会科学出版社，1995 年）、江文思和安乐哲编的《孟子心性之学》（北京：社会科学文献出版社，2005 年）等。

分清楚。

因此，对孟子来说也一样，人实际上成为什么样的人，实际上是否运用他的道德能力并表现出道德行为，最终取决于他究竟愿意和希望成为一个什么样的人，取决于他实际上做出了什么样的选择。可能性为现实性提供了条件，但它不等于现实性；哪怕有良好的动机，那也不是实际行动的代名词；人只有在现实中做出伦理选择、形成伦理意志并产生伦理行为，才算实现了他的道德能力。为什么具有先天道德能力的人，不能自然而然就是有道德的人，部分原因是人的先天禀赋中还有别的性情和能力，这些东西不同于他的道德能力。面对错综复杂的社会生活现实，面对着不同的可能和选项，特别是在面对彼此相互冲突的价值的时候，人们如何考虑、如何选择并最终如何行动，其结果当然大不一样。这是人的复杂性所在，也是人的道德选择和行动遇到的困难之处。孟子很清楚这一点。正因为如此，他用大量篇幅从不同方面、用不同方式提出的论辩，都是想方设法教导人们在不同的可能性和选择中，关键要做出的是伦理选择和决断，是努力去实现自己的道德能力，是坚持不懈地去成就自己的美德。这才是人真正"可欲"的东西，是人完全能够（"能"）做得到的事情，也是人应该去力行和践履（"为"）的事物。由此孟子构建起来的伦理选择论和模式，就像他的其他思想那样（包括"性善论"）同样重要，从这个角度去探讨孟子的伦理学显然也是需要的。

第一节 什么是"可欲的"？

只要认识到孟子的"性善论"仅仅是说人先天具有一定的道德禀赋和在现实中他有成善的可能，而不是指在现实中他自然就会有现成的善行；只要认识到孟子的"天"和"命"的观念（有关这方面后面将涉及）也不是指人如何做出选择和行动是被决定的，那么人要过一种什么样的生活，要成为一个什么样的人，就完全是自由的。事实上，孟子从不怀疑人的意志是自由的，这也包括人的道德意志。孟子的许多言行证明，他信奉人的独立、自尊、自主和自由精神。正是由于人的意志是高度自主和自由的，同时也由于人有着不同的"自我"并面临着各种不同的实际情形，他就可能会做出不同的选择。但这不等于说人只要做出了选择，他的选择实际上就一定是好的选择。因此，人自由选择并能够做出好的选择，首先就要认识清楚什么是真正的好，什么是值得选择和从事的，一句话，即什么是可欲的和可取的。

孟子对这一问题的回答，有不同的方式。其中一个方式是抽象性的。在这一方式中，孟子没有具体指明是什么好的东西，是什么好的价值，它又好在哪里。以下是孟子在这方面有代表性的几个说法：

> 人有不为也，而后可以有为。（《孟子·离娄下》）
>
> 无为其所不为，无欲其所不欲，如此而已矣。（《孟子·尽心上》）
>
> 于不可已而已者，无所不已；于所厚者薄，无所不薄也。（《孟

子·尽心上》)

这三个说法的共同之处在于，它们都是谈论人的选择的，但又是在抽象的意义上说的。从孟子使用的"不为""有为""无为""不欲""不可已""厚者薄"等词汇来看，他只是在最一般的意义上说出了人们应该如何做出选择，但他并没有告诉人们要选择的具体"事物"和"价值"是什么。

在第一个说法中，人的"不为"是"有为"的条件，人只有不去做某些事情，放弃某些事情，他才能去做另外的一些事情，他才能在这些事情上有所作为。这就等于说，有的事情不值得人去选择和做，有的事情才值得人去选择和做。不管是出于什么理由和原因，人如果去选择不值得选择的事情和去做不值得做的事情，那么他就无法再选择值得去选择和值得去做的事情。这与通常说的人要有所不为才能有所为、有所失才能有所得的理性选择论原则上有一致的地方。

孟子的第二个说法，是对第一个说法"人有不为"的立场的强化。"人有不为"是规劝人们放弃某些事情，虽然这些事情也不是完全不可以做，但人为了做更想做的、更值得做的事情而且还要把它们做好，那他就只能割舍这一部分事情。就像孟子的一个类比那样，在鱼和熊掌不能兼得的情况下，明智的做法是选择熊掌而放弃鱼。这种"不为"和"有为"的选择是基于事物等级上的差别（而不是基于事物的对立）而进行的权重和权衡，它选择的都是好的东西，但好的程度有高低不同。第二个说法扩大了"不为"的范围，其扩大的不做的事情，性质上也发生了变化。"无为其所不为，无欲其所不欲"这句话不难理解，它的意思是，一个人勿做自己不想做的事情，勿求自己不想求取的东西。[①]"人有不为"的"不为"有"想为"的含义，而"无为其所不为，无欲其所不欲"的"不为"和"不欲"，同它明显不同，两者都有不想、不情愿（行为和结果）的含义。

要说人不情愿去做什么事情，不希望得到什么东西，他不要去做、不要去求不就可以了吗？但实际上没有这么简单。孟子为什么要这样规劝，因为他知道人实际上难免去做他不想做的事情，难免去要他不想要的东西。这是违心的，看起来也是矛盾的。但要知道，如果说这是违心的，那并非外在强迫的结果，而是他不情愿实际上他又做了的结果。朱子把它解释为人的私心的抬头，我们也可以用无奈等来解释。孟子的"无为其所不为，无欲其所不欲"，既有"不想为""不欲欲"的意思，也有"不应为""不应欲"的意思。这是下面我们很快就要谈到的。孟子以伦理和道德为根本价值，他规劝人们不要去做他不想做的事情，不要去取他不想取的结果，不仅是基于人自己"不情愿"，而且也基于对人来说这是"不应该"的。反过来说，人不仅要做他想做的事情，要去求他想求的东西，这才是应该的和正当的。在孟子那里，应该的和正当的东西主要是伦理和道德上的。

---

① 即使文中的"其"作"己"，赵岐对于这句话的解释（"无使人为己所不欲为者，无使人欲己所不欲者"）也不恰当（焦循：《孟子正义》（下），北京：中华书局，1987年，第901-902页）。朱熹注引李氏（应是李侗）之说比较恰当（《四书章句集注》，北京：中华书局，1983年，第353页）。

　　孟子的第三个说法，是用不应该停止、不应该菲薄（"薄"）的这一"否定式"来表达一个"应该"的"肯定式"（要"不已"和"厚"），而且是必须的（"不可已"）。在人面临的选择中，有的事情看似是可以做也可以不做，但比较起来，两者之中仍有做何者是更好一些的选择的不同。孟子给出了这方面的一个例子："可以取，可以无取，取伤廉；可以与，可以无与，与伤惠；可以死，可以无死，死伤勇。"（《孟子·离娄下》）但有的事情是人应该去做也必须做的。对于这样的事情，人不仅要做，而且还要坚持做。同样，对于那些应该而且必须重视和厚待的事情，人们就必须重视和厚待。否则，人还能做什么，人还能厚待什么，就一目了然了。孟子的第三个说法，把人必须做而不做、必须厚待而不厚待的推论推向了极致——他没有什么要做的，也没有什么要厚待的。当然，实际上不是这样。孟子这样推论只是要强调，人只有选择最重要的事物和价值，这才是最好的选择。

　　现在我们可以总结一下。孟子以上的这三个说法分别表达了不同的选择。第一个说法是说人为了做 B，他就需要放弃 A，虽然 A 也有值得做的意义。第二个说法是要人们对他凡属"不情愿"的事情和东西都要一概排除。如果用 A 来表示这类事情和东西，那么对于 A，任何人都要排除它而且应该排除它。第三个说法是要人去做他应该也必须去做的事情。如果用 B 来表示这类事情，那就是说一个人应该也必须做 B。第二个说法和第三个说法，正好一反一正。前者是说人不应该做什么，后者是说人应该做什么。第三个说法大大加重了第一个说法中的"B"。

人应该做而且必须做的事情到底是什么事情呢？孟子的伦理选择论给出的第二种回答比第一种回答要具体一些，那就是他引入了"善"的价值观念。这是孟子回答齐国人浩生不害的问题而提出的。浩生不害问孟子"乐正子是一个什么样的人"。孟子回答说乐正子是一位善人和可信的人。浩生不害可能觉得孟子对乐正子的评价过高，他就进一步问孟子所说的"善"和"信"是指什么。孟子回答说"可欲之谓善，有诸己之谓信"。我们要关注的是孟子的"可欲"和"善"的观念。孟子这里说的"善"同他在有的地方说的"善"类似，它是指"好"的事物和东西。撇开孟子的"性善"的"善"不说，这里我们举几个孟子在其他地方用的"善"的例子。一个例子在《孟子·梁惠王下》中：

> 苟为善，后世子孙必有王者矣。君子创业垂统，为可继也。若夫成功，则天也。君如彼何哉！强为善而已矣。

一个例子在《孟子·离娄上》中：

> 诚身有道，不明乎善，不诚其身矣。

一个例子在《孟子·告子下》中。这一例子正好也同乐正子的"善"有关：

> 鲁欲使乐正子为政。孟子曰："吾闻之，喜而不寐。"公孙丑曰："乐正子强乎？"曰："否。""有知虑乎？"曰："否。""多

闻识乎？"曰："否。""然则奚为喜而不寐？"曰："其为人也好善。""好善足乎？"曰："好善优于天下，而况鲁国乎？夫苟好善，则四海之内皆将轻千里而来告之以善；夫苟不好善，则人将曰，訑訑，予既已知之矣。'訑訑之声音颜色距人于千里之外。"

这三个例子中的"善"，都是指好的事物和价值，都是指人们值得和应该去从事和应该去追求的东西，只有这些东西才是"可欲的"。"可以"希求、欲求的东西才是"善"，反过来说，就是只有"善"才值得人们希求和欲求。与之对立，人们不应该去做和求的，则是"不善"。"可欲"的是"善"的东西，在孟子那里也是真正"可贵"的东西。《孟子·告子上》指出，人们有一个共同的心理事实，那就是希望高贵："欲贵者，人之同心也。人人有贵于己者，弗思耳矣。"但人要达到"高贵"，他就必须拥有真正高贵的东西。

第二节　为什么是伦理选择？

从抽象的"不为""不欲"和"有为""不可已"，到比较具体的"可欲之善""可贵"，这是孟子伦理选择论的一种模式。按照这种选择论和模式，我们还看不出它要选择的更具体的东西究竟是什么，虽然实际上它同孟子的伦理和道德选择是统一的，但它没有直接表达出来。如同上面引用《孟子·告子上》说的那样，人人都有共同的"欲贵之心"，人人自身都有"可贵的东西"，但人心中这种"欲贵""贵于己"的东西具体是什么，孟子没有明确指出。孟子的选择论根本上是伦理选择论，孟子的选择模式主要也是伦理选择模式。现在我们就从他的"抽象的"、还不是"更具体"的选择论和模式进入孟子的更具体的伦理选择论和模式中。孟子追求的有为、可欲之善和可贵，具体来说就是"仁义"等伦理价值。为了使人们对此做出选择，孟子通过具体的伦理、道德观念与非伦理、非道德乃至反伦理、反道德的观念的对比、比较，来论证只有伦理和道德价值才是人们应该和值得去选择的价值，它同上述更多的是抽象性的论说既有区别，也有互补性。

对孟子来说，可欲、可贵的东西根本上不是物质上的，而是伦理和道德上的，更具体地说是"仁义"的价值。在下面这段话中，孟子正是将真正"可贵"的东西同"仁义"价值结合在一起：

> 人之所贵者，非良贵也。赵孟之所贵，赵孟能贱之。《诗》云："既醉以酒，既饱以德。"言饱乎仁义也，所以不愿人之膏粱之味也；今闻广誉施于身，所以不愿人之文绣也。（《孟子·告子上》）

从《孟子·告子上》说的"仁义忠信，乐善不倦"来看，作为伦理道德的"善"是"仁义忠信"；而"仁义忠信"就是"善"的伦理道德价值。

"可欲"的"善"就是"可贵"的，"可贵"的就是仁义的，也是可为的。上述我们谈到孟子的"可以有为"，现在我们可以说，孟子说的"可以有为"具体所指是"善的""贵的"，更具体所指是"仁义"。《孟子·尽心下》说"人皆有所不忍，达之于其所忍，仁也；人皆有所不为，达之于其所为，义也"，这里的"所不为"类似于"人有不为"中的"不为"，"所为"类似于"而后可以有为"中的"有为"，它们就是"仁"和"义"。

好、善或价值都可以在广泛的意义上使用，就如同亚里士多德所说的"良好生活"意义上的"善"那样，它有"外物诸善"、"躯体诸善"和"灵魂（性灵）诸善"三个方面的所指。[①]但亚里士多德对"善"也有狭义的伦理道德上的用法。如他说：

> 凡能成善而邀福的城邦必然是在道德上最为优良的城邦。人如不作善行（义行）终于不能获得善果（达成善业）；人如无善德而欠明哲，终于不能行善（行义）；城邦亦然。一个城邦必须由相同于人们所由称为义士、为达者、为哲人的诸品德，惟有勇毅、正义和明哲诸善性，才能达成善业〔而导到幸福〕。[②]

孟子所说的人的"可欲的善"，类似于亚里士多德的狭义的用法，它是指伦理和道德意义上的"善"。只是，对亚里士多德来说，善的美德主要是勇敢、节制、公正、中道等。对孟子来说，善的美德主要是仁、义、礼、智、忠、孝等。

在孟子那里，伦理的、道德的价值往往同非伦理、非道德的价值相区别（虽然一般情况下是同反伦理、反道德的东西相对照，如善与恶

---

① 亚里士多德：《政治学》，吴寿彭译，北京：商务印书馆，1965 年，第 339-340 页。
② 同上书，第 342 页。

等）。孟子的伦理选择论和模式又是在它们的对比中展开的。在《孟子》中，我们能够看到这方面的不少话语，其中有的是在场景和对话中产生的。对此，我们一定印象深刻。下面我们将它们分成两组分别来考察一下。

第一组是孟子在"天爵"与"人爵"、人的身心的"大体"与"小体"及"贵"与"贱"（或"大"与"小"）之间做出的区分和选择。"天爵"与"人爵"的区分见之于《孟子·告子上》：

> 古之人修其天爵，而人爵从之。今之人修其天爵，以要人爵；既得人爵，而弃其天爵，则惑之甚者也，终亦必亡而已矣。

"天爵"，孟子又称"天之尊爵"，两者的意思一样，均指伦理道德价值——仁义等。如孟子在《孟子·公孙丑上》中说："夫仁，天之尊爵也，人之安宅也。莫之御而不仁，是不智也。"相对于"天爵"的"人爵"，是指人的社会地位、权势、财产等方面。孟子用古人与今人对照之方式（儒家更喜欢这样对照），认为过去的人们修身养性，一心一意追求的是伦理道德价值，他们由此也受到了人们的称赞并获得了相应的社会地位和物质利益。但时下人们的做法却相反。对他们来说，社会地位和利益是首要的和根本的，伦理和道德不过是实现这些利益的工具和手段。人们一旦获得了利益，就会放弃伦理道德价值的学习和培养。孟子说，没有比这种人更"迷惑"的人了。他断定说这种人在社会上最终站不住脚。

孟子区分身体为"大体"与"小体"、"贵"与"贱"、"大"与"小"的方式，也见之于《孟子·告子上》：

> 体有贵贱，有小大。无以小害大，无以贱害贵。养其小者为小人，养其大者为大人。从其大体为大人，从其小体为小人。

按照这里的区分，人的整体性的生命主要包括两大方面：一方面是"身"，另一方面是"心"。身指人的形体和耳、目等感官；心指人的精神、自我认知和道德反思能力。在人的生命中，两者不是对等、平等性的存在。"身"和"形"卑贱、轻微、不重要；"心"是尊贵的、重要的。这是儒家意识中的"身心"二元论。其实这种二元论很难成立。身、形体、感官总是同心分不开的。身、形和耳目等的反应，都离不开意识和心灵的作用。两者的不同，归根到底是"心"的不同，正如古希腊哲学家区分"灵魂"有不同的方面那样。

孟子做这种区分，不是一般地否定人对于身体、形体和感官方面的需求和满足。人们应该爱护自己的身体，也应该满足人生的基本需要：

> 人之于身也，兼所爱。兼所爱，则兼所养也。无尺寸之肤不爱焉，则无尺寸之肤不养也。（《孟子·告子上》）

问题在于，有的人只选择感官欲望的满足，而忽视了伦理道德价值。他们不懂得人同时或首先要养护的是他的心灵和美德。对人来说，这才是根本性的价值。人的善与不善，他是有美德的大人，还是没有美德的小人，区别就在于他是不是培养了自己的美德。孟子说：

> 所以考其善不善者，岂有他哉？于己取之而已矣。体有贵贱，有小大。无以小害大，无以贱害贵。养其小者为小人，养其大者为大人。（《孟子·告子上》）

为了说明人在现实中区分贵贱和轻重的重要性，孟子使用了类比，这是他喜欢的一种论证方式。他用的一个类比，是将人是否选择伦理道德价值类比为林场师是否选择良木（同上）。很显然，林场师清楚地知道为了保护良好的树木和木材（"梧槚"），他就要伐掉荆棘（"樲棘"）。他决不会愚蠢地"舍其梧槚，养其樲棘"；同样，一个人爱护和养护他的身体，他也决不会不知轻重、因小失大（"养其一指而失其肩背，而不知也，则为狼疾人也"）。对于人们不懂得轻重、贵贱而做出不好的选择，孟子使用的另一个类比，是将人重视自己的"手指头"同重视自己的心灵进行对比。孟子说，一个人重视自己的"一个指头不若人"，却轻视自己的"心灵不若人"，这是"不知类"：

> 今有无名之指屈而不信，非疾痛害事也。如有能信之者，则不远秦楚之路，为指之不若人也。指不若人，则知恶之；心不若人，则不知恶，此之谓不知类也。（同上）

人的心灵显然比人的一个手指头重要，既然人都懂得养护他的手指，他就更应该养护他的心灵。这一类比很有说服力。只要认为事物有不同的等级和价值（实际上一般很难否认它），在它们之间我们就有选择取舍的问题。①人的身体作为完整的生命体当然是重要的，但在不得不做出取舍的无奈选择时，人们都知道何轻何重、何取何舍。享乐主义者只求感官的享受，忽视甚至否定美德的价值。孟子称这种人为"饮食之人"。那些肯定美德价值的人，就会藐视他们："饮食之人，则人贱之矣，为养其小以失大也。饮食之人无有失也，则口腹岂适为尺寸之肤哉？"（《孟子·告子上》）

第二组是孟子在"义"与"利"和"生"以及"礼"与"食"和"色"之间做出的区分和决断。在孟子的诸多论辩中，他的"义利之辨"最著名，也最为人熟知。虽然说在孟子的仁、义、礼、智四种价值中，"义"只是其中之一，它的"礼"也是。但仁义、礼义、义礼的使用在《孟子》一书中具有交叉性，有时候它们可以互换。孟子的"利"所指也很广，相对于他所说的伦理道德价值，"利"主要是指人的各种物质利益、经济利益。相对于"义"的"生"、"食"（饮食和食物）、"色"（两性、婚姻、生育）等，都是人的基本生存需求。

如何在义与利之间做出好的选择，孟子也使用了类比。《孟子·告子上》把义与利的轻重类比为鱼与熊掌的轻重。对许多人来说，鱼和熊掌都是可欲的，但同时人们也知道熊掌稀缺，而鱼则比较多。因此，如

①　孟子将人们对身心的重视同对一拱的桐梓树的重视进行类比。对于一拱的桐梓树，人们如果想要把它养成材，都知道要养护它；但对远远重于它的身心，竟然不知去爱护，令人不可思议："拱把之桐梓，人苟欲生之，皆知所以养之者。至于身，而不知所以养之者，岂爱身不若桐梓哉？弗思甚也。"（《孟子·告子上》）

果两者不能兼得，人们就应选择稀少的熊掌而不是选择常见的鱼。同样，在孟子看来，道义与生存也都是可欲的；人们也知道，道义比生存更重要。因此，在两者不能兼得的情况下，人们就应该勇敢地"舍生而取义"，就像孔子提倡的"杀身以成仁"那样。这一选择的可行性，关键在于人们是否认为道义比生存更重要。不管如何，这是孟子的信仰，他希望人们也有这种信仰。孟子相信，人有比生更重要的欲求，也有比死更可恶的东西。在这两种情况下，他就会不避祸患，选择更值得追求的东西。在实际生活中，生死与道义不能兼得，只是在特殊情况下才会发生，它不是伦理世界中的常态。

如何在礼义与食色之间做出选择，这原是一位不知名的任国人对孟子的弟子屋庐子提出的问题。他问屋庐子礼义与食物和婚姻何者更重要。当时的社会价值标准是否认为礼义比食物和婚姻更重要不好说，人们一般也不会提出这样的问题。屋庐子作为孟子的学生，他应该认同孟子的价值观，相信礼义重于食物和婚姻。他正是这样回答任子提出的问题。任子大概不满意屋庐子的回答，他引入了更多的条件，将问题变成了生死、两难的选择，即人如果遵守礼义，他就得不到食物并将饥饿而死，否则的话他就能活下来；同样，人如果遵守礼义，他就可能无法结婚，否则的话他就能够结婚。这难住了屋庐子，他无言以对。见到孟子时，他就求教于他的老师。按照孟子"舍生取义"的立场，他可以干脆地回答说，人宁可没有食物而饿死，宁可遵守礼义而不结婚，也不能违犯礼义而获得食色。实际上，在"嗟来之食"这个故事和假定中，孟子正是这样回答的："一箪食，一豆羹，得之则生，弗得则死，呼尔而与之，行道之人弗受；蹴尔而与之，乞人不屑也。"但在这里，孟子没有这样回答，他首先对任子附加、加重一边的条件提出了批评：

> 不揣其本，而齐其末，方寸之木可使高于岑楼。金重于羽者，岂谓一钩金与一舆羽之谓哉？取食之重者与礼之轻者而比之，奚翅食重？（《孟子·告子上》）

在通常情况下，说礼义重于食物和婚姻，并不等于说尊重礼义就会饿死和不结婚。既然任子将问题推向了极端，那孟子也加重了一方的行为来使任子陷入困境。他让屋庐子回去这样反问任子：

> 紾兄之臂而夺之食，则得食；不紾，则不得食，则将紾之乎？踰东家墙而搂其处子，则得妻；不搂，则不得妻；则将搂之乎？（《孟子·告子下》）

虽然孟子有相对于"经"的"权"的伦理境遇论，但这只在非常特殊的情况下才可以使用。类似于康德的伦理义务论，孟子整体上奉行的是伦理至上主义（如说"万钟则不辩礼义而受之，万钟于我何加焉？"——《孟子·告子上》）。[①]

---

① 孟子说："为宫室之美、妻妾之奉、所识穷乏者得我与？乡为身死而不受，今为宫室之美而为之；乡为身死而不受，今为妻妾之奉为之；乡为身死而不受，今为所识穷乏者得我而为之，是亦不可以已乎？此之谓失其本心。"（《孟子·告子上》）

在孟子那里，义与利等不同价值的选择不只是义理模式，也是历史上不同人物的不同选择。孟子举的一个例子是舜和他的信徒同跖和他的信徒的相反做法："鸡鸣而起，孳孳为善者，舜之徒也；鸡鸣而起，孳孳为利者，跖之徒也。欲知舜与跖之分，无他，利与善之间也。"（《孟子·尽心上》）孟子举的第二个例子，是将曾子同他人进行比较。在孔子的弟子中，曾子以孝著称。对孟子来说，曾子更是一般意义上的伦理典范："晋楚之富，不可及也；彼以其富，我以吾仁；彼以其爵，我以吾义；吾何慊乎哉！"（《孟子·公孙丑上》）除了过去的例子，孟子还以自身来期许。如他对如何面对权势和权贵做出了设想。在这种设想中，孟子表现出了强烈的自尊精神：

> 说大人，则藐之，勿视其巍巍然。堂高数仞，榱题数尺，我得志，弗为也；食前方丈，侍妾数百人，我得志，弗为也；般乐饮酒，驱骋田猎，后车千乘，我得志，弗为也。在彼者，皆我所不为也；在我者，皆古之制也，吾何畏彼哉？（《孟子·尽心下》）[1]

从以上的讨论可知，孟子伦理选择论的第二种模式，是直接肯定仁义等具体的伦理价值，并从天爵与人爵、身体的贵与贱和大与小，从义

---

[1] 《孟子·尽心上》的另一段话与此一致："古之贤王好善而忘势。古之贤士何独不然？乐其道而忘人之势，故王公不致敬尽礼，则不得亟见之。见且由不得亟，而况得而臣之乎？"

与利和生、礼与食和色等两组关系中来论证伦理价值是最值得选择的。其选择的两方都是"可欲"的东西，都是"值得"和应该具有的东西。但由于一方属于伦理价值，另一方则不属于伦理价值，因此，在两者不能兼得的情况下，人就应该选择伦理价值而舍弃非伦理的东西，不管自己会失去多少好处和利益。孟子的伦理学不同于功利主义，它不以功利的大小、多少和是否有助于人的快乐和福祉来权衡行为的正当。从他说的"杀一无辜得天下而不为"可以看出，人即使失去再多的实际利益，也不能去做违背伦理的事情。对于认为目的正当可以不择手段的人来说，这是一副巨大的清心剂。对于坚持理想和原则的人，机会主义者、投机主义者会说，他们是十分迂腐和不识时务的人。在他们眼里，孔子和孟子都是迂腐的人，都是不识时务的人。但这正是孔子和孟子卓越和伟大的地方。

第三节　人的相似性和能力："能"和"为"

伦理价值是"可欲"和"善"，是最值得人们去选择和追求的价值。这是孟子做出的清晰而又肯定的回答。但人能做到吗？他能成为一位有美德的人吗？对此，孟子也做出了果断的承诺：完全可能，而且不难。人间有许多美好的事物和价值，人们往往求之不得。伦理价值是最高的"善"，它不是更难求得吗？孟子不这样认为。对他来说，我们想要的最好的东西也是我们最容易得到的东西。美德就是这样的东西，它是所有的善中最好的东西，同时它又是最容易得到的东西。孟子辨别"求在我者"与"求在外者"两者何以不同。①"求在外者"是不属于自己的各种好的事物。"求在我者"是在自身中就能够得到的东西，是他自己只要想做、想得到他就能够做、能够得到的东西。孟子认为这就是每个人自身都拥有的潜在的道德能力和价值。孟子的承诺虽然可能有些乐观，但这正是他的根本信念。孟子伦理选择和模式中的"能不能""为不为"之分，就是要证明并说服人们接受这样一种信念：伦理选择和行动对于人来说是完全能够做得到的事情。

人为什么能够做出伦理选择和行动，在孟子看来，这首先是因为人先天就具有仁、义、礼、智等伦理道德的能力。说起来，人的能力在不少方面都有一定的差异。越来越多的研究和实际情形表明，有的人擅长这些事情，有的人则擅长另外一些事情。即使人先天具有伦理的能力，他们在这方面的能力同其他能力一样，应该也有差异，应该也有大小之不同。但孟子对此采取了忽略不计的做法。他相信人先天都具有类似于种子的仁、义、礼、智这四种道德方面的潜力。他说这些东西不是从外面渗透到他身上的，而是他自己固有的东西。他说这是人们不用学习就会的"良能"和不用思虑就知的"良知"。孟子举例子说，小孩、儿童没有不知道爱他们父母的；等他们长大以后，他们没有不知道尊敬自己的兄长的。先不说孟子举的这个例子是否有效，严格来说，"知道"和"能够做到"不是一回事。在这一点上，孟子同苏格拉底（"知识就是美德）

---

① 孟子说："求则得之，舍则失之，是求有益于得也，求在我者也。求之有道，得之有命，是求无益于得也，求在外者也。"（《孟子·尽心上》）

类似，也同后来继承他的思想的王阳明（"知行合一"）类似。对他们来说，一个人真正知道的就是他能够做到的，对每个人来说都是如此。

人人都能够实践伦理价值，首先是因为人心都是相似的，人人都具有道德能力。孟子对此的论证，也使用了类比的方法。他使用的一个类比是，人有"四端之心"就像他们都有"四肢"（"四体"）那样。只要你承认人都有四肢，你就得承认人都有"四心"。这是孟子的"四心"与"四肢"的类比，它出现在《孟子·公孙丑上》中。孟子使用的第二个类比是，他从耳目口鼻有共同的嗜好推论出人的"心灵"也有"同然"。人的耳目口鼻具有同听、同美、同味、同嗅等共同的嗜好；同样，人心则都具有对"理"和"义"等伦理价值的共同嗜好。美德能够让人心灵愉悦，就像美味使人的鼻口愉悦那样（"理义之悦我心，犹刍豢之悦我口"）。这个类比出现在《孟子·告子上》中。孟子使用的第三个类比，是从贤人、圣人都是人推出，每个人都可以成为圣人。人们一般可能会认为，贤人、圣人同自己不是一类人，他们之所以了不起是因为他们比我们的能力强。孟子说不是这样。圣人和我是"同类"（"圣人，与我同类者"——《孟子·告子上》），因此，人人都可以成为圣人。① 人很容易成为贤者，因为他同贤者也一样："非独贤者有是心也，人皆有

① 孟子说的"形色，天性也。惟圣人然后可以践形"（《孟子·尽心上》）强调，只有圣人才能坚持践形，同人只要坚持践形都能成就自己的人格并不矛盾。孟子说："舜，人也；我，亦人也。舜为法于天下，可传于后世，我由未免为乡人也，是则可忧也。忧之如何？ 如舜而已矣。"（《孟子·离娄下》）又说："舜，何人也？ 予，何人也？ 有为者亦若是。"（《孟子·滕文公上》）

之。"（《孟子·告子上》）

孟子的这几个类比，是通过人自身的不同部分、通过人与人进行类比来说明人具有伦理能力。除此之外，孟子还使用了一个类比，这是从"牛山"有树木并需要爱护来类推人心具有的道德能力也需要保护。人人都有"仁义之心"，就像牛山本来就有茂美的树木那样。牛山的树木如果被不断砍伐，它就会变成光秃秃的山。不能看到眼前光秃秃的山，就说它原来就没有树木。人的仁义之心如果不能得到保护和养护，它也会被破坏和失去。同样，不能由此就说人原本没有仁义之心。

对于人的道德能力的论证，孟子还用了人的真实性（"情"）和才能（"才"）这两个概念。原本人可以"为善"，也有能力为善。他如果不为善，那不是因为他的能力（"才"）不足，而是由于他"不能尽其才"。只要他"能"尽其"才"，他就可以具有美德：

> 人能充无欲害人之心，而仁不可胜用也；人能充无穿逾之心，而义不可胜用也；人能充无受尔汝之实，无所往而不为义也。（《孟子·尽心下》）

> 有是四端而自谓不能者，自贼者也；谓其君不能者，贼其君者也。凡有四端于我者，知皆扩而充之矣。若火之始然，泉之始达。苟能充之，足以保四海；苟不充之，不足以事父母。（《孟子·公孙丑上》）

既然人都是相似的，既然人都具有伦理和道德能力，那么人实际上奉行不奉行伦理道德，这就不是他"能不能"的问题，而是他"为不为"的问题。《孟子·梁惠王上》记载了孟子同齐宣王的一段对话，这段对话既长又重要。其中孟子向齐宣王辨别了"能不能"与"为不为"为什么不同，这是他的著名论辩之一。齐宣王对他是否能够成为一位"保民者"缺乏信心。孟子告诉他说，他完全能够做得到。孟子听说齐宣王不忍心从他面前经过的一头牛被带去杀掉，以祭祀刚落成的一座大钟。他就用这个故事向齐宣王说明，这种不忍之心就是他能够成为圣王的善良之心。孟子推论说，既然齐宣王能将这种仁心延伸到禽兽身上，他就更能将它用在对待百姓上。孟子的称赞虽然触动了齐宣王，但他还是不能理解人的不忍人之心为什么有那么大的作用——能造就圣王。为了说服齐宣王，孟子先向他做了一个假设推论：一个人说他的力量可以举起百钧重的东西，却举不起一根轻轻的羽毛；他的明目可以察看到细微的秋毫，却看不见很大的车子和木柴，这显然是不可能的。齐宣王当然也不会接受这样的逻辑。

孟子的这个假定里隐含着什么才是我们能够做得到的这个一般性的问题。按说，困难的事情能做到，容易的事情就更能做到。因此，孟子指出，人们不去做容易的事情，这就不是"能不能"的问题，而是属于"为不为"的范围。一羽不举，车薪不见，这是用不用力气、用不用目明的问题，而不是他能不能的问题。同样，一位君主不能为百姓带来福祉，这也不是他做不到的问题，而是他不去为的问题。在现实中，有一部分事情人们无能为力，有的事情也因人而异、因时而异，但在人力所及范围内的事情，一般就是人们能够做得到的事情。如果人们没有做，这是因为他不愿意做而不是他做不到。做不到的"不能"与能够做到的"不为"不难分别。但齐宣王还是向孟子询问"不为"与"不能"两者到底有什么不同。孟子又向他做了一个类推：

> 挟太山以超北海，语人曰："我不能。"是诚不能也。为长者折枝，语人曰："我不能。"是不为也，非不能也。故王之不王，非挟太山以超北海之类也；王之不王，是折枝之类也。（《孟子·梁惠王上》）

孟子的这个类推用的例子很夸张，他大概觉得巨大的反差更能产生说服人的效果。他从"老吾老以及人之老，幼吾幼以及人之幼"推出"天下可运于掌"，同样如此。① 治理天下决不会像孟子所说的那样，只要有一个善良的动机和愿望并将它推广出去那样简单。政治需要美德，但它又不是单纯运用美德的场所，它还需要理性、眼光、智谋等复杂的能力。但对孟子来说，伦理是良好政治生活和秩序的根本，君主又完全能够做得到，他从这里出发去治理天下就非常容易。

不管孟子如何坚信人能够为善，如何相信人具有伦理道德能力，他都要面对现实中的不道德和小人，要面对历史上的一些恶人。儒家所称的罪大恶极的历史人物，就像圣人那样总是少数，但他们所说的"小

---

① 相比之下，孟子说的"权，然后知轻重；度，然后知长短。物皆然，心为甚"（《孟子·梁惠王上》）则很平实。

人"却不会少。这就产生了一个十分尖锐的问题，人都一样，人都有伦理道德能力，人都能够成为有美德的人，能够成为贤人、君子和圣人，为什么他们不愿意这样做，甚至还做出了相反的选择，出现了孔子所说的情形，即人们的心性相近（"性相近"），而他们不同的"习"则使他们彼此变得非常不同（"习相远"）。或者按照孟子的说法，人们将会问，人能（"能"）实践伦理，他也认识到应该做、值得做，而他为什么没有去做（"不为"）呢？

儒家虽然有命运的思想，但正如我们一开始就指出的那样，在人的伦理是否能够实现上，儒家没有命定论的思想。在伦理和道德选择上，儒家坚信人的意志是自由的、自主的。从孔子说的"为仁由己"（《论语·颜渊》）、"我欲仁，斯仁至矣"（《论语·述而》）和"人能弘道，非道弘人"（《论语·卫灵公》）等言论中，我们可以清楚地看到孔子是道德意志自由论者。孟子同样，他的几段话大家都很熟悉：

> 尽其心者，知其性也。知其性，则知天矣。存其心，养其性，所以事天也。夭寿不贰，修身以俟之，所以立命也。（《孟子·尽心上》）

> 口之于味也，目之于色也，耳之于声也，鼻之于臭也，四肢之于安佚也，性也，有命焉，君子不谓性也。仁之于父子也，义之于君臣也，礼之于宾主也，知之于贤者也，圣人之于天道也，命也，有性焉，君子不谓命也。（《孟子·尽心下》）

> 祸福无不自己求之者。《诗》云："永言配命。自求多福。"(《孟
> 子·公孙丑上》)

> 莫非命也，顺受其正。是故知命者不立乎岩墙之下。尽其道而
> 死者，正命也；桎梏死者，非正命也。(《孟子·尽心上》)

孟子这几段话中说到的"命"，一是指正义之命和天义，它同人的伦理自由选择是统一的（第一、第三、第四段中的"命"）；一是指客观外在的某种人力无法决定的神秘性力量（第二段中的"命"）[①]，后者同人的伦理自由选择没有关系。

排除伦理上的命定论，人是否能够成就伦理上的自我，就完全取决于自己。孟子的弟子公都子向孟子提出了一个很好的问题。他不是直接问孟子人为什么"能而不为"，而是问孟子既然大家同是人（隐含了孟子所说的人都具有伦理道德能力），为什么有的人成了有美德的大人，有的人则成了没有美德的小人。孟子回答说，人如果按照伦理的欲求而生活，他就能成为"大人"；人如果按照生理感官的需求和享受而生活，他就会成为小人。孟子的这一回答，还没有触及问题的要害，因此也没有解除公都子的疑惑。于是，公都子进一步问，同是人，为什么有的人按照伦理价值而生活，有的人却按照感官欲求的满足去生活。孟子回答说：

---

① 它类似于《孟子·万章上》说的"天"和"命"："舜、禹、益相去久远，其子之贤不肖，皆天也，非人之所能为也。莫之为而为者，天也；莫之致而至者，命也。"

> 耳目之官不思，而蔽于物。物交物，则引之而已矣。心之官则
> 思，思则得之，不思则不得也。此天之所与我者。先立乎其大者，
> 则其小者不能夺也。此为大人而已矣。(《孟子·告子上》)

这可以是说孟子对人为什么"能而为"和"能而不为"提供的最终答
案。按照这个答案，人的耳目等感官没有"思虑"的能力，它们一旦
受到外物的影响就会被外物诱惑、蒙蔽和左右。心灵能够思考、衡量，
它能认识到人自己固有的伦理良知。人只要确立了对他来说根本的东
西——伦理价值，那么耳目等欲求就不能影响他，他就能够成为有美德
的人。

上述我们说过，人的耳目等感觉同心的意识有所不同，但不能将它
们完全分开。耳目之求同时也是心之求。在孟子的辨别中，我们同样看
到，他将耳目之官及机能同心之官及机能完全二元化。同样，在孟子的
说法中，我们还能看到，"心"本身也有着不同的可能，即"心灵"有
着思虑、思求与不思虑、不思求这两种相反的情形。正如"思则得之，
不思则不得也"那样，"不思虑"也是"心"的作用，它不是"耳目之
官"的作用。因此，"能而不为"实际上也是"心"的作用，只不过它
不是孟子所期待的作用。这说明"能而不为"同人的"耳目之官"只是
看起来有关系，而实际上关系不大。耳目之官想享受美的色彩，想听好
听的音乐，它们也是心的作用。包括孟子在内的子学家们往往将耳目感
官与心灵看成各有"好求"的两种官能，显然是表面的。"能而为"是

"心"的作用，"能而不为"同样也是"心"的作用。《孟子·告子上》说：

> 故苟得其养，无物不长；苟失其养，无物不消。孔子曰："操
> 则存，舍则亡；出入无时，莫知其乡。"惟心之谓与？

这段话同"思则得之，不思则不得也"的意思完全一致。"养"还是"失其养"，"操"还是"舍"，都是出于"心"。因此，如果我们继续往下追问的话，要问的就是，为什么"心"有"能而不为"或者是"知而不为"的不幸现实。

孟子的"能而不为"问题，按照戴维森的解释就是人的"意志薄弱"。[1]"能而不为"、"知而不为"或明知故犯，在一般所说的意志自由之下，它们同人的"能而为""知而为"等一样，皆是出自"心灵"的作用。古希腊哲学家将灵魂分为本能、情感、理性[2]，弗洛伊德将一个人的"我"分为"本我"、"自我"和"超我"[3]，都是要表明人的心灵不是单一的东西。人在选择取舍的时候，可选择的情况越多，越不一致，他同时就会倾听到心灵的好几个声音。它们有的微弱，有的强烈，有的同时都很强烈。只有更强、更大的声音最后决定了他的选择。这个声音就代表了他的心灵的某一倾向，正是他的这一倾向发出了决定性的指

---

① ［美］唐纳德·戴维森：《意志薄弱如何可能？》，周允程译，载牟博选编：《真理、意义与方法——戴维森哲学文选》，北京：商务印书馆，2008年，第462-492页。

② 亚里士多德等古希腊哲学家认为人的灵魂有不同的方面（［美］安东尼·朗：《心灵与自我的希腊模式》，何博超译，北京：中国人民大学出版社，2015年，第107-127页）。

③ ［奥地利］弗洛伊德：《自我与本我》，林尘等译，上海：上海译文出版社，2011年，第193-258页。

令。按照孟子的义理，这是他的主要"思虑"。

第四节　伦理实践和操练：灵修和践形

如何使人追求伦理道德的声音强而有力并成为决定性的呼唤呢？如何使人"能而为"而避免"能而不为"呢？由于孟子整体上将人的"能而为"与"能而不为"归之于人的"思不思""养不养""充不充""求不求""操不操"的问题①，因此，人要去"为"，要诉诸行动，孟子接下来进行的论证是，人们需要深思熟虑，需要坚持不懈地进行道德的实践、修行和修炼，要不断地去避免和克服他的不思、不养、不充、不求和不操等习性：

> 仁，人心也；义，人路也。舍其路而弗由，放其心而不知求，哀哉！人有鸡犬放，则知求之；有放心而不知求。学问之道无他，求其放心而已矣。（《孟子·告子上》）

人在"放其心"的时候，他已经误入了歧途，因此，他的"求其放心"只能说是一种补救性措施。因此，更重要的是，人一开始就要去培养、发展和实践他的伦理道德能力并促成他的美德：

> 君子所以异于人者，以其存心也。君子以仁存心，以礼存心。（《孟子·离娄下》）

---

① 这也是孟子所说的"存心"的问题："君子所以异于人者，以其存心也。君子以仁存心，以礼存心。"（《孟子·离娄下》）

这可以叫作孟子的"成善论"。如果说孟子说的"性善"是人心的一颗种子，那么"成善"就是如何让人心的这颗种子发芽、开花、结果。正如亚里士多德所说："我们的德既非出于本性而生成，也非反乎本性而生成；自然给予了我们接受德性的能力，而这种能力的成熟则通过习惯而得以完成。"①亚里士多德强调，人的美德是在履行德性的现实活动中获得的，正如人的各种技能（建筑、音乐）是在学习和试做的过程中学会的一样："我们做公正的事情，才能成为公正的人；进行节制，才能成为节制的人；有勇敢的表现，才能成为勇敢的人。"②人具有伦理道德能力固然重要，但更重要的是，他只有去行动和实践，他才能成为有美德的人。人不仅要有美好的道德愿望，他更必须将它转化为道德意志和行动。道德责任需要人的意志自由，但人要有道德行为更需要他有"道德的意志"。没有伦理志向和行动的人，他就是自暴自弃者。孟子说：

> 自暴者，不可与有言也；自弃者，不可与有为也。言非礼义，

---

① ［古希腊］亚里士多德：《尼各马科伦理学》，苗力田译，北京：中国社会科学出版社，1990年，第25页。富兰克林在《成功经验：本杰明·富兰克林自传》（北京：中国画报出版社，2011年）一书的第九章"生活原则与道德信条"中说："渐渐地，我开始确信在人与人的相互关系中，获得幸福最重要的东西莫过于诚实、真挚和正直。"（第83页）在该书第十九章"伟大的道德完善计划"中（第126-136页），他列出了他努力建立和实践的准则、秩序和伦理价值。关键不在于他列出了什么，而是他如何去采取方法和措施逐一实践和坚持，一一去履行这些价值，将它们内化为自己生活的一部分。

② ［古希腊］亚里士多德：《尼各马科伦理学》，苗力田译，北京：中国社会科学出版社，1990年，第26页。在亚里士多德看来，人的德性和卓越，主要是从它的习惯和实际上表现出来的东西而言，而不是从他的表白而言。存在主义者认为存在先于本质，认为人是自己选择的产物，他是什么要看他实际上选择了什么，做了什么。

谓之自暴也；吾身不能居仁由义，谓之自弃也。仁，人之安宅也；义，人之正路也。旷安宅而弗居，舍正路而不由，哀哉！（《孟子·离娄上》）

如同上述，儒家相信人有伦理意志自由，但它更主张人必须确立起自己的道德意志。这是孟子说的人特别是士人的"立志"问题。孟子说的"先立乎大"，就是要人先确立起追求伦理道德的根本志愿。而且，他还必须"专一"于此，"专心"于此。对此，孟子使用了两个类比。比如，对于天下易生之物，如果一日曝之十日寒之，它就不能生存下来。同样，建立自己的美德，也不是一朝一夕的事。再比如，射箭虽说是一种小的技能，但如果人不专心致志，他就掌握不了这一技能。奕秋射箭的技能再高，他也不能将不专心学习射箭的人教成能手（《孟子·告子上》）。[①]同样，学习美德和实践美德，也必须坚持专一和专心。

为什么人学习和修炼美德的历程必须连续，不能中断，在孟子看来，因为他只有这样做才能产生明显的效果，否则他将前功尽弃，一无所获。为了说明这一道理，孟子使用的类比有以下几个。一个（在《孟子·告子上》中）是，孟子将求仁的努力能够胜过非仁的冲动类比为水能胜过火。人如果求仁的意愿和努力不够强烈和坚决，他就不能战胜非仁。仁战胜不了非仁，那是因为求仁的意志太弱了，就像用一杯水去灭

---

① 在同一篇中，孟子还有一个类似的说法："羿之教人射，必志于彀；学者亦必志于彀。大匠诲人，必以规矩。学者亦必以规矩。"

一车干柴的火势那样。火不能熄灭，那不是因为水不能胜火，而是用的水太少了。再一个是，孟子将不断培养"仁"类比为"五谷"的成熟。人培养仁的价值，在于让它成为自己的道德意志和习惯（"夫仁，亦在乎熟之而已矣"），否则就没有结果，这就像五谷是非常好的种子，种植好了就会五谷丰登，如果它们都没有成熟，那就还不如野草（这个类比也见于《孟子·告子上》）。第三个类比是，孟子将追求伦理价值的有为者只有坚持才能产生良好的结果，类比为挖掘一眼井不到一定的深度就不会有水。人们去挖掘一眼水井，只有挖出了井水才算有结果，如果挖了九尺深不见水就停下来，那仍然是一口废井。同样，求仁也必须有结果才行。这个类比见于《孟子·尽心上》。第四个类比是，孟子将人志于道类比为流水："流水之为物也，不盈科不行；君子之志于道也，不成章不达。"这一类比也见于《孟子·尽心上》。①

建立伦理意志和修炼身心，孟子的"不动心"、"集义"和"浩然之气"等概念引人注目。这几个概念都是在公孙丑和孟子的一次问答中出现的（《孟子·公孙丑上》）。孟子同时还讨论到了志和气的概念，两者也很重要。"不动心"指坚守自己的信念，它不会因其他东西的影响而被改变。孟子说告子先于他做到了不动心，他到了四十岁才做到了"不动心"。但他的不动心不同于告子。《孟子》中引用告子的话说："不

---

① 《孟子·离娄下》的一段话对于理解这一点也很有帮助："君子深造之以道，欲其自得之也。自得之，则居之安；居之安，则资之深；资之深，则取之左右逢其原。故君子欲其自得之也。"

得于言，勿求于心；不得于心，勿求于气。"告子这段话要说的是，一个人对于别人说的话不理解，那就干脆置之不理，不要再去多想；同样，一个人对别人的用心不清楚，那就不要意气用事。告子的这种"不动心"，简单说就是，人不要受他人言语和心思的影响，要保持自己的心志如一。对于告子的这种不动心，孟子评论说："不得于心，勿求于气，可；不得于言，勿求于心，不可。"孟子的"不动心"，是"志"和"气"的统一体。在这种统一体中，"志"是统帅性的精神；"气"是充实自己身心的能量（气力）。人只有做到了不动心，他才能坚守自己的志愿，才能不损害自己的气力。公孙丑不能完全理解孟子所说的"志"与"气"的这种关系。孟子进一步向他解释说，志和气是统一的，意志专一就会带动它的气力；气力专一也会带动他的志愿（"志壹则动气，气壹则动志也"）。但在这两者中，"志"是根本的，如果失去了志的统帅性，"气"就没有了目的，就会对人心产生不良影响。

孟子培养出来的"浩然之气"，可以说是他的"不动心"和"志气"统一的具体表现。"浩然之气"，可以解释为"刚正盛大的精神和正气"，它类似于孟子所说的"大丈夫"精神："居天下之广居，立天下之正位，行天下之大道。得志，与民由之；不得志，独行其道。富贵不能淫，贫贱不能移，威武不能屈，此之谓大丈夫。"（《孟子·滕文公下》）孟子说他"善于"培养"浩然之气"。他所说的"善于"，一是对浩然之气的培养必须使根本性的人的"正直"和"道义"之心同他的"气力"统一起来，就像上述统帅性的"志"与"气"的统一那样。"浩然之气"不是私人之情中的"侠气""义气"之类的东西，它是人对伦理和道德的信仰，没有这种信仰作为基础，人的气力就容易用错地方。二是培养浩然之气必须以修炼这种"气"为志愿，必须通过连续不断的积累去实现它（"是集义所生者"），不能中途变卦、中止（"必有事焉，而勿正，心勿忘"）。因为它不能通过孤立的一件事、不能通过偶然的一个行为取巧而获得（"非义袭而取之也"）。孟子说的"强为善而已矣"（《孟子·梁惠王下》）、"强恕而行，求仁莫近焉"（《孟子·尽心上》）等，同他这里说的"集义"类似。"集义"是循序渐进的过程，是从自己的良知和才性出发，从内心里自然而然地去培养它，而不是勉强而为。否则它就像宋人的拔苗助长那样："非徒无益，而又害之。"（《孟子·公孙丑上》）从这里出发，我们也容易理解《孟子·离娄下》所说的"性"、"故"、"利"和"智"的关系：

> 天下之言性也，则故而已矣。故者，以利为本。所恶于智者，为其凿也。如智者若禹之行水也，则无恶于智矣。禹之行水也，行其所无事也。如智者亦行其所无事，则智亦大矣。天之高也，星辰之远也，苟求其故，千岁之日至，可坐而致也。

"故"有原因、缘故、法则的意思[1]，也有作为副词使用的类似于"固"的"本来""原来"的意思。

---

[1] 如《周易·系辞》说的"故"那样："仰以观于天文，俯以察于地理，是故知幽明之故。"

人们容易放弃应该做的事意味着坚持它不容易。但对承诺了伦理价值并以此为偏好和使命的人，他同时就应该做好经受各种考验的准备。这说明选择美德和坚持伦理的价值，又不是轻而易举的事情。人们熟知下面孟子的这段话，它非常重要：

> 故天将降大任于是人也，必先苦其心志，劳其筋骨，饿其体肤，空乏其身，行拂乱其所为，所以动心忍性，曾益其所不能。人恒过，然后能改；困于心，衡于虑，而后作；征于色，发于声，而后喻。(《孟子·告子下》)

孟子还有两段话，也很著名和重要：

> 人之有德慧术知者，恒存乎疢疾。独孤臣孽子，其操心也危，其虑患也深，故达。(《孟子·尽心上》)
>
> 故士穷不失义，达不离道。穷不失义，故士得己焉；达不离道，故民不失望焉。古之人，得志，泽加于民；不得志，修身见于世。穷则独善其身，达则兼济天下。(同上)

这样，伦理选择的能和为的问题，又变成了人要经受住考验的问题。孟子幼年失去了自己的父亲，他从小就经受了一次命运的考验。这种考验在他形成自己的人生信念和价值追求中肯定起到了作用。按照克尔凯郭尔的看法，一个人对真理的认识和把握的程度同他对生活的感受和遭受痛苦的程度相对应，尼采也表达了类似的立场。

　　孟子的伦理选择论具有复杂的义理，也有多样的选择模式。从最抽象的原则宣示，到比较具体的"可欲"之善和贵；从更具体的仁、义、礼、智等伦理价值，到事物不同等级的比较；从人的相似性和人心具有共同的道德能力（"能"），到成善之作为；从身心修炼，到实践和行动，等等，这些关系和环节都是孟子伦理选择论的不同方面和模式，它比孟子的"性善论"和一般所谓的"工夫论"都复杂。孟子的伦理选择论，也可以说是伦理论辩。其中孟子使用了大量的类比法，它作为孟子伦理选择论的方法论，特色鲜明，引人入胜。孟子被称为"好辩者"（《孟子·滕文公下》记载公都子的话，说"外人皆称夫子好辩"），对此，他不以为然（"予岂好辩哉？予不得已也"）。对他而言，论辩决不是通过析辞离意而胜人一筹，它是为了追求真理，为了复兴伦理价值。

第十一章 "自我"与"他者"的相与之道：儒家关系伦理的多重图像

认识历史深厚、谱系广大的儒家学说，需要我们采取非线性和复杂性思维，需要我们在认知它的一个维度时，不能忘记它的其他维度；在看到它的一种叙事和论说时，不能忽略它的另外叙事和论说。一种对儒家的看法说，儒家建立的人伦秩序整体上是一种差序格局[1]，引申这一看法对儒家伦理学提出的一个质疑说，它无法适应现代陌生人社会[2]。对此

---

[1] 按照费孝通的诊断，不同于西方的"团体伦理"，儒家是一种"差序格局"（没有团体性）伦理，维系的是血缘亲情、家族等私人关系的秩序，它无法应对由陌生人组成的现代社会（费孝通：《乡土中国》，北京：生活·读书·新知三联书店，1985 年，第 6-7、21-53 页）。

[2] 如赵汀阳判断说："费孝通对儒家的'差序格局'分析，实际上揭示了儒家在社会合作理论中存在的一个内在困难，即儒家道德体系一直都没有完成普世性的理论构造。也就是说，儒家理论并不是一种超越其实践情景的纯粹理论，其普遍原则总是消失在具体情景中。长期的主流话语地位使儒家未能反思自身理论上的不完善，但这个内在困难或悖论在儒家面对现代挑战时显露出来。"参阅赵汀阳的《身与身外：儒家的一个未决问题》（《中国人民大学学报》2007 年第 1 期）、柯小刚的《礼与陌异性——回应赵汀阳论儒家无能于面对陌生人问题的批评意见》（《云南大学学报（社会科学版）》2011 年第 1 期）。"陌生人"是一个涉及社会学、心理学和伦理学等不同领域的交叉性概念。传统社会中有陌生人，生活在城墙之内的人更不用说。但现代社会中的陌生人概念在外延上比古代社会要广得多，主要是指在社会中流动的城市人，他们在城市空间中相互擦肩，甚至住对门却互不相识，老死不相往来。这是传统社会中的乡下人和村里人所不能想象的。赵汀阳说儒家传统伦理不能适应现代社会中的陌生人，主要是指现代社会中的都市人。有关"陌生人"的概念，参阅黄泰轲的《鲍曼的"陌生人"

我们能够给予的回答是，这类看法只识别了儒家的部分特性，而遮蔽了它的其他特性；它受限于儒家伦理学中的部分东西，而没有关注它的更多维度。儒家有特殊的血缘亲情伦理观，也主张"礼"的差异性安排和秩序，这是事实。但儒家也强调人性平等，强调人的意志自由和人格自我发展；儒家还有广泛的人与人之间的普遍关系伦理观等，这也是事实。①

儒家的普遍伦理是相与之道，是交往之道，它建立在天人关系、人物关系和人与人等一般的关系世界中。儒家为此建立的伦理话语和学说，能够面对除了亲人、友人和熟人之外的一切陌生人，能够广泛适用人与人、自我与他者的各种关系。②儒家的关系伦理是复数，而不是单数。孔子对同一伦理概念在不同语境下的不同论说，孔子的弟子对孔子提出的同一论题的不同回答，都证明了儒家伦理的多义性和多重性。这就意味着探讨儒家的伦理，不能让它的血缘亲情伦理和差异性"礼"的

概念及其道德地位问题》（《伦理学研究》2018 年第 4 期）、格奥尔格·齐美尔的《社会是如何可能的：齐美尔社会学文选》（林荣远译，载冯钢编选：《社会学基础文献选读》，杭州：浙江大学出版社，2008 年）、闫威的《"陌生人"与现代社会》（《现代交际》2018 年第 14 期）、龚长宇与郑杭生的《陌生人社会秩序的价值基础》（《科学社会主义》2011 年第 1 期）等。

① 伦理主要是人类相互关系的产物，又是规范人类言行的道德准则和尺度。有关关系伦理学，参阅王中江：《关系世界、相互性和伦理的实态》，《武汉大学学报（哲学社会科学版）》，2020 年第 3 期。有关儒家伦理中人与人之间的关联、关系和角色概念，参阅安乐哲的《儒家角色伦理学——一套特色伦理学词汇》（孟巍隆译，济南：山东人民出版社，2019 年，第 50-255 页）、万百安（Bryan Van Norden）的 Introduction to Classical Chinese Philosophy（Hackett Publishing, 2011：18-47）、江文思与安乐哲编的《孟子的心性之学》（梁溪译，北京：社会科学文献出版社，2005 年，第 287-304 页）、陈来的《仁学本体论》（北京：生活·读书·新知三联书店，2014 年，第 30-99 页）、黄勇的《当代美德伦理：古代儒家的贡献》（上海：东方出版中心，2019 年，第 79-186 页）。

② 我在广义上使用"自我"（self）与"他者"（the other）这一对概念。自我与他者的关系的一般表达是人与人之间的关系。

伦理遮蔽住它的平等待人（一视同仁）的人与人之间的普遍关系伦理。

第一节 两个语境、文本与相与之道的表达

儒家伦理学可以概括为关系伦理（相与之道）。它的一种论说方式是将人与人之间的关系具体化为父子、夫妇、兄弟、君臣、朋友等五种特殊关系，并以"有亲""有义""有别""有序""有信"（《孟子·滕文公上》）来加以规范。这五种关系的前三种属于家庭中的血缘和亲情关系，后两种则属于政治领域中的上下关系和社会中的熟人关系。在古代社会中，人们活动的空间和范围小，流动性相对较低，交往也少。大多数时候，人们都生活在各自的亲情、村情、乡情及朋友和熟人的圈子内，儒家的具象化伦理同古代社会人们的这种生活方式具有关联性。但儒家一开始就没有将伦理的空间单一设置在人群的小圈子内或者熟人关系中，它的伦理学还有另一种叙说方式，它是在人与人、我与他等自我与他者的普遍关系中建立伦理价值和规范，它同儒家的四海一家和天下大同的共同体信念相呼应。

两个过去我们关注不够的语境和文本很适合作为讨论这一论题的切入点。其中一个文本被保存在《韩诗外传》卷九中：

> 子路曰："人善我，我亦善之；人不善我，我亦不善之。"子贡曰："人善我，我亦善之；人不善我，我则引之进退而已耳。"颜子曰："人善我，我亦善之；人不善我，我亦善之。"三子所持各异，

> 问于夫子。夫子曰："由之言，蛮貊之言也；赐之言，朋友之言
> 也；回之言，亲属之言也。《诗》曰：'人之无良，我以为兄。'"①

这是孔子同子路、子贡和颜回这三位弟子问答的一个故事。

孔门其他场景下的问答故事，大都是孔子提出问题，然后让他的三位弟子分别回答。《韩诗外传》卷九记载的这一故事没有具体的场景。依据其他文献记载的类似故事可以推测，一次孔子和他的三位弟子在一个地方相聚，孔子向他这三位弟子提出了一个"我如何对待他人"的问题，让他们分别回答。喜欢争先恐后的子路抢先回答说："人善我，我亦善人；人不善我，我亦不善之。"然后子贡回答说："人善我，我亦善之；人不善我，我则引之进退而已耳。"最后是颜子的回答："人善我，我亦善之；人不善我，我亦善之。"孔子这三位弟子对孔子提出的同一问题的回答差别很大。孔子听了他的三位弟子的回答后，可能没有马上说话。由于他们所持意见不同（"三子所持各异"），他们就求证于孔子（"问于夫子"），看他如何看待他们的不同回答。于是孔子说出了自己的评价："由之言，蛮貊之言也；赐之言，朋友之言也；回之言，亲属之言也。"很明显，孔子将他们的回答划分为高低不同的三个等级——从亲属关系到朋友关系再到陌生人关系（非文明社会的）。直观上看，我们就能判断出它们为什么等级不同。这一语境和文本中的伦理故事，我们称之为"故事 A"。

---

① 韩婴撰、朱英华整理：《韩诗外传》卷九，上海：上海书店出版社，2012 年，第102 页。

孔门伦理语境和文本中的第二个故事是，孔子询问他的三位弟子做一个明智的人是怎样的（"知者若何"），做一个爱人的人是怎样的（"仁者若何"）：

> 子路入，子曰："由！知者若何？仁者若何？"子路对曰："知者使人知己，仁者使人爱己。"子曰："可谓士矣。"子贡入，子曰："赐！知者若何？仁者若何？"子贡对曰："知者知人，仁者爱人。"子曰："可谓士君子矣。"颜渊入，子曰："回！知者若何？仁者若何？"颜渊对曰："知者自知，仁者自爱。"子曰："可谓明君子矣。"（《荀子·子道》）①

相比上一个故事，这一故事好像是在一个屋子里孔子对他的三位弟子进行了一场面试，让他们先后进去回答（子路先，次子贡，最后颜回）。孔子提出了两个问题——"知者若何，仁者若何"；他的弟子回答后孔子直接评论；三位弟子的回答同样是三个答案，孔子对三位弟子的回答的评价也是三个等级，从高到低依次是"士"、"士君子"和"明君子"。但孔子没有解释三者的不同，他一般也不用这种方式区分不同的人格。

---

① 王先谦撰，沈啸寰、王星贤点校：《荀子集解》，中华书局，1988 年，第 533 页。《孔子家语·三恕》也记载了这一故事，文字略有差异：子路见于孔子。孔子曰："智者若何？仁者若何？"子路对曰："智者使人知己，仁者使人爱己。"子曰："可谓士矣。"子路出，子贡入。问亦如之，子贡对曰："智者知人，仁者爱人。"子曰："可谓士矣。"子贡出，颜回入。问亦如之，对曰："智者自知，仁者自爱。"子曰："可谓士君子矣。"比较起来，《荀子》的记载更完整，因为孔子对子路和子贡的回答的评价不会是一样的，将评价颜回和子贡区分开，《荀子》记载的"明君子"更有可能。因此，我们按《荀子》的记载展开考察。

士、君子、贤、圣等（还有成人、大人、儒者）是孔门期望的人格形象，按照《荀子·哀公》的记载①，孔子这里所说的"士"、"士君子"和"明君子"，大体上可以对应于他的"士"、"君子"和"贤人"形象。这一故事和文本中的伦理语境，我们称之为"故事 B"。

孔门语境和文本中的这两个伦理故事向我们呈现出什么样的问题和意义维度呢？第一，孔子提出的不同问题及弟子们的回答，整体上都是围绕着自我与他者的相互关系展开的。从故事 A 来说，孔子提出的大概是一个我应该如何对待他人、他者的一般性问题。在故事 B 中，孔子不是一般就人应该如何做而是就做一位仁者和智者具体应该怎样提出问题，但孔子的三位弟子的回答，仍然是从自我与他者的关系来立论。颜回的回答虽说是从如何对待自己而言，但就像理解儒家的"为己之学"那样，它也不是一个撇开"他者"的孤立的"自我"概念。

第二，对于孔子三位弟子表达的自我与他者关系的相与之道，对于孔子做出的不同评价，我们要立体地去看。不限于这两个故事，孔子和他这三位弟子在其他场景之下的问答和评论与此类似（总是子路抢先回

①《荀子·哀公》言："人有五仪"——"有庸人，有士，有君子，有贤人，有大圣"。哀公询问孔子人怎么会有这五种不同，孔子回答说："所谓士者，虽不能尽道术，必有率也；虽不能遍美善，必有处也。是故知不务多，务审其所知；言不务多，务审其所谓；行不务多，务审其所由。故知既已知之矣，言既已谓之矣，行既已由之矣，则若性命肌肤之不可易也。故富贵不足以益也，卑贱不足以损也：如此则可谓士矣……所谓君子者，言忠信而心不德，仁义在身而色不伐，思虑明通而辞不争，故犹然如将可及者，君子也……所谓贤人者，行中规绳而不伤于本，言足法于天下而不伤于身，富有天下而无怨财，布施天下而不病贫：如此则可谓贤人矣……"

答，然后子贡，最后颜回；他们的答案也总是三个；孔子评判的结果，
又总是颜回占优，子贡和子路等而下之）；孔子及其门生在不同时地的
言论往往侧重点不同，如孔子对仁、义、礼、智、信、孝、忠、敬等概
念的界定就是如此，有时他的立论甚至相反（如"言必信"与"言不必
信"）。孔门在不同语境下的不同伦理表达，为它带来了语义的丰富性和
多样性，我们的考察也需要整体的眼光。

　　第三，在孔门的整体语境中，故事 A 和故事 B 所表达的自我与他者
的相与之道，都具有一般的意义。孔子的评价是相对的，它们彼此不是
简单的优劣、高下的等级，更不是非此即彼的排他关系。将它们置于不
同时期和不同的伦理传统中，也称得上是三种不同的相与之道或类型。
伦理价值有底线和上线的权重，也有常态和非常态之别。待人如己、爱
人如己和为了他者牺牲自我的利他主义，属于上线和非常态伦理；不伤
害他者，与人为善，按基本的道德规范去行动，可谓是底线伦理和常态
伦理。建立良好的个人生活和社会生活，首先需要的是底线伦理和常态
伦理，其次才是上线和非常态伦理。如果颠倒过来，就会陷入乌托邦主
义中。孔门的相与之道和交往伦理，整体上是底线伦理和上线伦理的统
一体，虽然它有很强的理想性，以至于也被说成是乌托邦主义。①

　　下面我们就将故事 A 和故事 B 所呈现的"自我"与"他者"的交

───────────

　　① 在故事 A 中，孔子肯定颜回和子贡的答案，完全否定子路的交往之道。但从孔门的
整体立场来看，从底线伦理来说，子路提出的交往之道，不仅具有正当性，而且也是常见的
相与方式之一。在故事 B 中，子路主要是让"他者"如何对待"我"，颜回则是让"自我"如
何对待"自己"。不同于子路和颜回，子贡的答案是让"自己"如何对待"他者"。

往之道放在孔门伦理学说的整体中来探讨，看它能不能被化约为差序格局，看它是否只能适应熟人之间的交往而不能适应和陌生人的交往，看它是不是一个普适性的伦理。

第二节 "我"与"他"：人应该如何相互对待？

孔门伦理故事 A 呈现的自我与他者的相互之道是多重性的，它包含了四种不同的模式：一是互惠模式；二是惩罚模式；三是宽容模式；四是至善模式。用传统的术语表述就是"以德报德"、"以怨报怨"、"以直报怨"和"以德报怨"。"互惠模式"或以德报德不同程度地存在于不同的伦理学传统中（在当今又有发展），它的通俗表达是人家对我好，我也对人家好。故事 A 中孔子三位弟子一致回答的"人善我，我亦善之"，可简称为"以善报善论"，这就是互惠模式。它的意思很清楚，别人善待我，我也要善待别人。或者说，别人施与了我善的东西，我也要用善的东西去回报别人，这是伦理上的应该和公正。对于别人的善待，自己不加回报，甚至报之以不善，那就不仅是伦理上的缺乏，而且也是伦理上的恶。①

---

① 洛克在《政府论》（下篇）中引用胡克尔的话以说明人们基于自然平等彼此应该承担互爱的义务："相同的自然动机使人们知道有爱人和爱己的同样的责任；因为，既然看到相等的事物必须使用同一的尺度，如果我想得到好处，甚至想从每个人手中得到任何人所希望得到的那么多，则除非我设法满足无疑地也为本性相同的他人所有的同样的要求，我如果能希望我的任何部分的要求得到满足呢？如果给人们以与此种要求相反的东西，一定会在各方面使他们不快，如同我在这种情况下也会不快一样。所以如果我为害他人，我只有期待惩罚，因为并无理由要别人对我比我对他们表现更多的爱心。因此，如果我要求本性与我相同的人尽量爱我，我便负有一种自然的义务对他们充分地具有相同的爱心。从我们和与我们相同的他们之间的平等关系上，自然理性引申出了若干人所共知的、指导生活的规则和教义。"（叶启芳、瞿菊农译，北京：商务印书馆，1983 年，第 5-6 页）胡克尔的论说也很适合用于说明我们这里讨论的伦理价值的相互性。

互惠的达成建立在双方相互的善良意志和行为中。在这种互惠模式中，"善"的施与者是"他人"，善的接受者和回报者则是"我"。别人是不是先善待我，那是别人的意志、选择和行为，但我是不是后以善回报则是由我决定的。从道德理性来说，善的施与者一般对我有一个预期，而回报者的我也会给予回报。而我如果确实以善回报了，他者与我的互惠伦理价值就实现了。如果善的施与者是我，接受者和回报者是他人，情况同样。这是"若想要别人如何，那自己就'必须'先如何"的一个推断。对此，孟子也有一个表达："爱人者，人恒爱之；敬人者，人恒敬之。"（《孟子·离娄下》）这是一种更直接的"如果我如何，那么别人就会如何"的推论。儒家以修己、自律为先，更多的是先要求自己要善待别人，然后再期待得到别人的回报。即使我的期望落空，我也不要轻易指责别人，而是再回来反省自己是否真正做到了善待别人，如果得到了确认，就可知道如何应对。孟子的互惠论就与此紧密地结合在一起。如孟子设想并回答说："有人于此，其待我以横逆则君子必自反也：我必不仁也，必无礼也；此物奚宜至哉！其自反而仁矣，自反而有礼矣，其横逆由是也；君子必自反也：我必不忠。自反而忠矣，其横逆由是也；君子曰：此亦妄人也已矣！如此则与禽兽奚择哉！于禽兽又何难焉！"（同上）

孔子三位弟子的"以善报善"只是孔门伦理互惠论的一种表达[1]，我们很容易联想到孔子的"以德报德"和《礼记》中的"礼尚往来"这

---

[1] 《管子·霸形》有"善人者，人亦善之"的表达。

两种互惠表达。孔子的"以德报德论"很著名，它是用"德"在彼此之间的施与表达的互惠模式。孔门"礼尚往来"的完整表述是《礼记·曲礼上》中的两句话："往而不来，非礼也；来而不往，亦非礼也。"这是用具体的"礼"的施与关系表达的互惠性关系。《礼记·曲礼上》将伦理价值划分为两个等级："太上贵德，其次务施报。"按照这一划分，最高的是"贵德"，其次是"务施报"。相对于"务施报"，"贵德"表示的是只施与而不求回报（它同道家说的"上德不德"有点类似）的伦理价值。它比"务施报"的伦理价值高，但它不能取代"务施报"。"礼尚往来"是《礼记·曲礼上》对"施报"的具体界定。广义的施报论还包括惩罚论或报复论。^①"礼尚往来"的施报论，则是狭义的。"以善报善"、"以德报德"和"礼尚往来"的表达不同，但整体上都属于互惠模式，这是儒家相与之道的一个重要论域。

互惠模式是孔子三位弟子的共同模式，也是孔子赞成的模式。故事A中孔子对三位弟子评价的悬殊，是在孔子三位弟子分别表达的另外三个相互之道上，它们是三种不同的相互之道，即惩罚模式、宽容模式和至善模式。被孔子批评为"蛮貊之言"的子路的说法（"人不善我，我亦不善人"），可以叫作"以不善报不善说"，用隐喻表述是"以眼还眼""以牙还牙"。这是惩罚模式或报复模式，是以其人之道还治其人之身，是我对他者施与的不善，义无反顾地还报以不善。它的强化形式就是有仇必报。对不善施与不善的还报，这实际上是对不善者施加的惩

---

① 儒家诉诸上天意志的"福善祸淫论"也是施与和回报的一种表达和论说。

罚，是让加害者为他的加害行为承担责任并付出代价。这是维护伦理规范和修复社会秩序的有效方式之一，在伦理上是正当的。凭什么让加害者有权利（更别说是一味地）施害于其他人？惩罚不限于伦理上，按照阿克塞尔罗德的讨论，理性的人为了自己的利益，采取"一报还一报"是占优的。法律的主要机制也是惩罚，只不过它不是伦理上的软性惩罚，而是硬性惩罚，是以刑法让加害者付出失去人身自由的代价，以民法让受害者得到补偿。①

子路主张以不善对不善（爱憎分明、恩怨分明），这是一般意义上的伦理惩罚论。孔子批评子路，说明孔子在这里否定了伦理上的惩罚论。"蛮貊"也作"蛮貉"或"蛮狢"，是古代中国对南方和北方部族的称呼，是未开化或野蛮社会的隐喻。惩罚论不限于未开化的社会，它也是开化社会或文明社会的一种伦理。②孔子严厉批评子路的惩罚模式，一则因为子贡和颜渊的回答更动人；二则因为他主张"以直报怨"。但实际上孔子又没有完全排斥惩罚模式，《论语·里仁》的两个记载都表

---

① ［美］罗伯特·阿克塞尔罗德：《合作的进化（修订版）》，吴坚忠译，上海：上海世纪出版集团，2007 年，第 35-36 页；［美］罗伯特·阿克塞尔罗德：《合作的复杂性：基于参与竞争者与合作的模型》，梁捷、高笑梅等译，上海：上海世纪出版集团，2011 年，第 8-12 页；［美］缪尔·鲍尔斯、［美］赫伯特·金迪斯：《合作的物种——人类的互惠性及其演化》，张弘译，杭州：浙江大学出版社，2015 年，第 27-44 页。

② 伦理和道德上的"还报论"被叫作铜律，比金律、银律的价值等级低（赵敦华：《中国古代的价值律与政治哲学》，《北京大学学报（哲学社会科学版）》2005 年第 5 期）。但在正常的、健全的现实社会中，它是广泛实践的伦理规范之一。现代市场中的自由、公正交易、交换是普遍的，没有多少免费午餐，没有多少予而不取的慈善。现代社会的伦理互爱、互惠和惩罚也是普遍的，单方面的伦理利他都是在特殊场景下发生的。以金、银、铜、铁为不同伦理价值的隐喻，容易产生误导。高调的伦理主义还会带来伪善。

明了这一点："子曰：唯仁者能好人，能恶人"；"子曰：我未见好仁者，恶不仁者。好仁者，无以尚之；恶不仁者，其为仁矣，不使不仁者加乎其身"。对孔子来说，一位仁者又会是"厌恶人"的人。仁者为什么要厌恶人，孔子给出的理由是他"不仁"。对于这样的人，仁者应该厌恶，而且这还是他为仁的一个方式。厌恶不仁的人实际上就是对他的惩罚。这肯定不是以德报怨，也很难说是以直报怨。彼处孔子指责子路的惩罚模式，此处他又主张惩罚，两者是不协调的。

上述作为互惠模式和惩罚模式的施报论（"以德报德"和"以怨报怨"），在古典文本中就出现过。《尚书·汤诰》最早将它看成是上天的正义（"天道福善祸淫，降灾于夏，以彰厥罪"），以此论证商取代夏的正当性。《诗》中多处表现了报答的思想，如《抑》说"无言不雠，无德不报"，《木瓜》说"投我以木瓜，报之以琼琚"等。孔门的施报论是这种思想的发展。《荀子·宥坐》、《孔子家语·在厄》、《韩诗外传》卷七和《说苑·杂言》等这四个文献，都记载有孔子的这两句话——"为善者，天报之以福；为不善者，天报之以祸"；《中庸》记载孔子以舜为例，表达福善受报的必然论立场："故大德，必得其位，必得其禄，必得其名，必得其寿……故大德者必受命"；《易传·文言传》也相信施报的必然性："积善之家，必有余庆，积不善之家，必有余殃。"这都属于孔门的施报论（"福善祸淫论"），它同故事 A 的施报论一致，是哲学上的因果论在伦理世界的表现，它的扩大版是佛教的复杂的"因果报应论"。

对他人施加给自己的不善不去报复，子贡的这种主张是宽容模式，大体上属于孔子说的"以直报怨"。识别子贡的这一模式需要将子贡所说（"引之进退而已耳"）和孔子所作的评价（"赐之言，朋友之言也"）以及孔子的"以直报怨"结合起来看。对于一位不知名者提出"以德报怨，何如"，孔子给出的答案是："何以报德？以直报怨，以德报德。"这一记载可能不完整。按照孔子的回答，他应该是自设了两个问题——"何以报德？何以报怨？"（《论语·宪问》）对孔子来说，"以直报怨"的施与模式，在伦理价值上要高于"以怨报怨"的惩罚模式，而低于"以德报怨"的善良模式，这是介于两者之间的折中方式，类似于子贡的"引之进退"。①举一个例子，在父子关系中，父慈子孝属于以德报德论。但如果子不孝，父亲也许可以报怨；但如果父不慈，子就不好报怨。对于父亲的过错，在孔子那里既是"以德报怨"（如对舜的孝的赞美），也是"以直报怨"，孔子用"微谏"表达。

孔子说的"朋友之言"肯定是友好之言和善意之言。但什么样的言论才属于友好之言就需要分析。孔子的交友之道有"友直、友谅、友多闻"（《论语·季氏》）三个尺度，也有"忠告而善道之，不可则止，毋自辱焉"（《论语·颜渊》）的劝告原则。比较这两处的标准，进退是一种同不善待我的人交朋友，这种做法有"忠告"和"适可而止"的内涵。"进退"一词有政治生活上的出仕、退隐或任免的意思，有人的行

---

① 有关"以直报怨"，参阅黄勇：《当代美德伦理》，上海：东方出版中心，2019年，第81-108页。

为举止（同人交往中的表现）合乎礼仪方面的意思，也有斟酌和权衡情况而行动的意思。子贡的"引之进退"，可解释为合乎"礼"和谨慎从事，运用起来也要掌握好分寸。对于不善待或加害自己的人产生不满、愤怒和惩罚，很合乎人的一般心理和价值观。反之，我有很强的自制力，不加惩罚，加以忍受和承受，敬而远之，这是宽容；不仅如此，我更友好地劝告他者（"引之进退"），希望他改变自己，"化敌为友"，这需要更高一级的伦理价值观，这更是宽容，甚至有一定的以德报怨的内涵了。

朋友之情作为可贵的美德，它超出了一般的熟人关系，是更亲切的人际关系，建立这种关系不容易。朋友被说成是另一个自己，是气味相投的人，但就像自己还会抱怨自己那样，要将两个不同的个体非常友好地融合到一起，既需要人们的志同道合，又需要人们学会彼此尊重，包容差异，达到真正的知己、知心。孔门有不少地方谈论朋友之道，关注人们发展友情，排除同"便辟"、"善柔"和"便佞"（《论语·季氏》）这几种人交朋友，还说"无友不如己者"（《论语·学而》）。孔子将子贡对加害者采取"引之进退"的方式看成是朋友之言是其中之一。这是在不计前嫌的特殊情况下的朋友之道，它首先是宽容，其次又加以帮助，它高于一般的交友标准。宽容是人类的美德，若非心胸宽广、超然达观，很难做到。因此，它比惩罚模式的社会化程度低。

颜渊主张善待不善待自己的人（"人不善我，我亦善之"），这是"以德报怨"的善良模式，比子贡的宽容模式还要高，是理想化程度最高的模式，这也是为什么孔子将它评价为"亲属之言"。亲情是人类最

自然的情感，它主要表现在家庭中。孔门肯定这种伦理价值，进而期望
政治领域中的君民关系变成父子关系，期望四海之内皆兄弟，期望天下
一家。孔子赞美颜渊的立场，说明孔子还有"以德报怨"的立场，而不
是只主张"以直报怨"。"以德报怨"的立场不限于孔门，与他们同一时
期的老子也明确主张"报怨以德"（《老子》第六十三章），他的具体表
述是"善者吾善之，不善者吾亦善之"（《老子》第四十九章），说这是
道德上的善（"德善"）。[①] 很明显，第一句的"善者吾善之"，是上述孔
子三位弟子都主张的互惠模式；第二句的"不善者吾亦善之"是颜渊的
主张。对不善待自己的人不加怨恨和惩罚，而是承受、宽容，甚至更善
待之，当然也会更难。在亲人、朋友之间不容易做到，在陌生人之间可
想而知。但它作为人类伦理价值之一，有它适用的地方。[②] 孔门和老子
是东周时期这种伦理价值的期望者。舜被儒家看成是履行这种伦理价值
的典范。他很不幸，父亲、继母、弟弟都对他不好，多次想加害他，他
每次都设法摆脱了危险，事后依然善待他们。

　　孔门的四种相与之道，从伦理价值等级上说，至善模式最高，其次
是宽容模式，再其次是互惠模式，最后是惩罚模式。从实践上说，等级
不同，人们履行起来的难度自然不同。越高的越难做到。幸运的是，社
会越健全，互惠模式的运用就越普遍，而惩罚模式、宽容模式和至善模

---

　　① 老子说："善者吾善之，不善者吾亦善之"，认为这是"德善"；"信者吾信之，不信
者吾亦信之，德信"（《老子》第四十九章）。

　　② 但它是上线伦理，如果人们在日常生活中很容易遇到加害他的人，他又总是被要求
宽容加害于他的人，这说明他生活其中的社会很不健全，一定是病态的。

式运用的机会就越稀少。社会越不健全，才越需要惩罚、宽容和至善模式来面对大量的不善者。互惠模式是建设性的，是建立和保持良好秩序的最有效模式；后三种模式是消耗性的，是弥补缺陷的补救模式。惩罚主要是对互惠缺失的补充，宽容和至善是用充足的善意和能量救助害己害人者。在任何一个社会中，这四种模式都是需要的，但需要的程度则取决于这是一个什么样的社会。

第三节 "智者"的"相知之道"："认识自己"与"认识他者"

什么是智者或做一位智者应该怎样？孔子询问他的三位弟子的时候，他应已有自己的考虑，他的肯定性评价说明他满意这三个答案。故事 B 中孔门以"智者"和"仁者"身份呈现出的相与之道，是人与人之间的相知之道和相爱之道。两者涉及孔门的智和智者、仁和仁者概念，也涉及与此相关的知和爱的概念。三位弟子对何谓智者、何谓仁者的三种回答和孔子的三种评价，就塑造出了三种不同的智者和仁者，也塑造出了三种不同的相与之道，即让别人认识我、我认识别人和我认识自己三种类型。我们先考察"智者"的这三种"相与之道"。

在同仁者勇者两者或单一的仁者的比较中，孔门对"智"有许多不同的界定[1]，如"智者不惑"（《论语·子罕》）、"智者乐水"（《论语·雍也》）、"智者乐"（同上）、"智者动"（同上）等。这些界定突出了"智"的不同特性：智者不惑突出了人通达事物，没有困惑；智者乐和智者

---

① 孔门的智是多义的，有一般的明智和理性的意义，更有对伦理的认知和自觉的意义。

乐水突出了人乐天不忧和对水的喜爱；智者动突出了人喜欢活动和生动活泼。但在孔门中，"智者"主要是指人聪明、明智和理性，而且又同伦理价值认知、选择和美德结合在一起，他是有理性的人，同时也是有美德的人。故事 B 从认识自己和认识他人上论说智者，认为智者或者是能够让别人认识自己的人，或者是能够认识别人的人，或者是能够认识自己的人。其"智者"一是被限定为在人的相知上达到了明智、高明和通达的人，它不同于一般意义上的对事物的整体认知和通晓；二是在人的相知上，孔门三位子的立足点又不同，他们心目中的"智者"是三种不同的智者，其"知"作为相与之道又是三种不同的相知之道。

人的彼此需要使人认识自己和认识他人成为相与之道的一部分。老子认为知人者有智慧，自知者明智（"知人者智，自知者明"——《老子》第三十三章），孙子认为"知己知彼"能百战而没有危险。在知人与知己的关系中，子路心目中的智者是能做到使别人知道自己的人。人希望被人知道和受到肯定，知己和知心人一般是指最了解自己的人，以至人们愿意为他而死（"士为知己者死"）。抱负、志向高的人，有才能的人，如果不被人知，难免会抱怨别人，感叹自己怀才不遇。正因为如此，孔子就说"人不知而不愠，不亦君子乎？"（《论语·学而》）子路认为做到了被人所知就是一位智者，这说明他特别希望被人知道，更希望受到他人的肯定和赞扬。

在孔门内外，子路以勇敢知名，只因表现过度不时受到孔子的批评。① 他的不少承诺和行为表明，他总想向人证明自己的勇敢，总想让人知道自己的勇敢，何况孔子也肯定勇敢这一美德，更何况孔子称"君子疾没世而名不称焉"（《论语·卫灵公》），甚至称"四十五十而无闻焉，斯亦不足畏也已"（《论语·子罕》）。关键在于人如何让人知道自己，如何为自己赢得声名。儒家坚持认为，名本于实，人只能通过他的美德美行获得声望和荣誉。现实中的名实不一，一是好名者的有名无实。② 这种人没有真实的良好言行，没有值得人们称誉的地方，凭着自己的权势谋取荣誉，既不真实，也不会长久，这是不道德的，儒家当然持批判和否定态度。二是无名者的有实无名，他们做了很多而不被人知，这是不幸的，也是儒家所不乐见的。但儒家担心的主要不是自己的有实无名，而是自己是不是真的有实。这就是孔子为什么说"不患人之不己知，患其不能也"（《论语·宪问》），"君子病无能焉，不病人之不己知也"（《论语·卫灵公》）。

不能说子路是追求虚名的人，他认为智者是让人认识自己和受人称赞，包含着通过自己的美德而实现它的含义 ③，否则孔子也不会肯定他的答案达到了"士人"的标准。只是，子路的"使人知己"的表述，没有立足于孔子的先求诸己后求诸人的立场，是让人先如何，不是让自

---

① 如《论语·公冶长》记载："子曰：'道不行，乘桴浮于海。从我者，其由与？'子路闻之喜。子曰：'由也好勇过我，无所取材。'"

② 正如《庄子·胠箧》所说的那样："侯之门，仁义存。"

③ 《论语·公冶长》记载："子路有闻，未之能行，唯恐有闻。"

己先如何 [①]，直观上将让人知道自己变成了首要的事情，带有气盛的意味，看上去不合乎孔子基本主张："不患人之不己知，患不知人也"（《论语·学而》），"不患无位，患所以立。不患莫己知，求为可知也"（《论语·里仁》），孔子评价他的答案没有子贡的高，缘由也许就在这里。[②]

智者的相知之道，在子贡那里是认识他者（"知人"），孔子对它的评价更高。子贡的"智者知人说"，有可能就是接受了孔子的说法。《论语·颜渊》记载：樊迟"问'知'。子曰：'知人'"。这是明确以"知人"为"智"。上述他说的"不患人之不己知，患不知人也"（《论语·学而》），也是强调"知人"。但为什么我要知人呢？一般来说，"知人"隐含着两个前提：一是人与人、我与他有所不同，譬如人的性情、好恶、心志、价值观等等。这些不同有的来自天生，有的来自后天。二是人不能不生活于群体中，自我与他者不能不交往和相处。因此，要跟不同于我的"他者"进行良好的交往和相处，自我就离不开对他者的认识和了解。我的特性不是他人的特性，我的所欲和偏好不等于他人的所欲和偏好。即使我是善意的，将我的所欲施加给他者，也难免事与愿违。"己之所欲，亦施于人"如同"己所不欲，勿施于人"那样，是一个需要限定的命题。要以他者所欲对待之，不要以我之所欲对待之。只有认识他者，我们才能按照别人所希望的方式对待之。在尊重多样性和差异性的当代社会就

---

① 照孔子说的"君子求诸己，小人求诸人"（《论语·卫灵公》），子路表面上有先"求诸人"的现象。

② 如果别人不了解自己而自己又不生气，孔子认为这是可贵的："人不知而不愠，不亦君子乎？"（《论语·学而》）

更应如此。

子贡没有具体解释为什么我们需要知人和如何知人。对孔子来说，政治上的尚贤需要知人，治理者只有"知人"才能"善任"，才能"举直错诸枉，能使枉者直"（《论语·颜渊》）；家庭中的事亲需要知人，只有"知人"才能"事亲"（"思事亲，不可以不知人"——《礼记·中庸》）。但知人不易，孔子坦称他在判断人上有过差错，说"吾以言取人，失之宰予；以貌取人，失之子羽"（《史记·仲尼弟子列传》）。这是不是庄子说儒家（"中国之君子"）"明乎礼义而陋于知人心"（《庄子·田子方》）的依据呢？实际上，"以言取人"和"以貌取人"是人认识他人容易犯的两种过失。这说明只有真正认识了他人，才能避免这两种过失。而认识他的"言"，辨别他的言论，又是认识他的一个方式，"不知言，无以知人也"（《论语·尧曰》）。同样，真正认识一个人，他也不会失人和失言："可与言，而不与之言，失人；不可与言，而与之言，失言。知（智）者不失人，亦不失言。"（《论语·卫灵公》）

颜渊的"智者自知"是孔门的又一种相知之道，它受到孔子的最高评价，又一次证明孔子最欣赏他。不像孔子从"知人"的角度来说"智"，颜渊没有从"自知"方面谈论智或智者。但孔子最称赞颜渊的说法，证明在人们的相知之中，他肯定自己"认识自己"是首要的。自己是最清楚自己的，经济人的概念不就认定每个人最清楚自己的利益吗？为什么要将"自知"看成是智者的特性，孔子又称赞不已？颜渊和孔子都没有解释知者自知的意思，但他们心目中的"自知"或苏格拉底的

"认识自己"，肯定比一般所说的自我了解要复杂。人贵有自知之明（如老子说的"自知者明"），说明做到这一点不易。

在很多事情上，人容易将目光首先投向别人，"认识自己"首先是将目光转向自身，要自己反观自己。孔门的"反求诸己"就是反观自己。《穷达以时》强调"君子敦于反己"，反观自己的什么和为什么要反观？孔门以修身完善自我为志业，在道德上的反观自己，就是认识自己的不足。如曾子说他一日"三省吾身"，一是"为人"是不是"谋而不忠"，二是与"朋友交"是不是"不信"，三是接受教育是不是"传习"了（《论语·学而》）。反观自己的不足是为了升华自己，是为了"见贤思齐焉，见不贤而内自省也"（《论语·里仁》），是为了"躬自厚而薄责于人"（《论语·卫灵公》）。在认知上，我们容易以不知为知，容易以似是而非的知为真知。因此，对苏格拉底来说，认识自己就是认识自己的无知；对孔子来说，认识自己就是懂得"知之为知之，不知为不知"（《论语·为政》），人只有认识了自己无知才能获得知。①对孟子来说，认识自我首先是认识自己的善心和善端，扩充和实现自己的良知和良能。

人类的相与和交往基于人们的相知。故事 B 中的这三种相知之道，也是人们的相与之道，只是它们的着眼点不同。让他人认识自己，注重使他者见证自己，这是一个他者的眼中有一个我；认识他者注重对他者

---

① 《吕氏春秋·先己》还有另外的逻辑："故欲胜人者心先自胜，欲论人者必先自论，欲知人者必先自知。"（吕不韦编、许维遹集释：《吕氏春秋集释》，北京：中华书局，2009 年，第 72 页）

的尊重，这是我的眼中有一个他；认识自己注重自己对他者的自主性，这是我的眼中有一个不同于别人的自己。这都是我们交往需要的。

第四节 "仁者"的"相爱之道"：自爱、爱人和被爱

故事 B 中的"仁者"集中体现在"相爱之道"上。它是三种不同的仁者类型，也是三种不同的相爱之道。它的奇特之处在于，子贡心目中的仁者和相爱之道，是孔门中的标准答案，儒家围绕仁的大量论说，都指向如何去爱人，但孔子给他的评价是中等。子路的（"仁者使人爱己"）和颜渊的（"仁者自爱"）模式都是稀有的，孔子的评价为最低一等和最高一等。子路的模式比不上子贡的容易理解，但颜回的模式得到了孔子的最高评价就不易理解。这里我们结合孔门的其他文本重点考察颜渊的"自爱说"。

在孔门中，此前我们看到使用"自爱"一语的就只有颜回的这一个例子。十分难得的是，肩水金关汉简《齐论语》让我们知道孔子还说过这样的话："子曰：'自爱，仁之至也；自敬，智之至也。'"如果这是颜渊的"仁者自爱说"所本，那就说明他和他的老师在"仁"的概念上还有一个与"仁爱说"并行的"自爱说"。[①]进一步追问，颜回为什么突出"自爱之仁"，孔子为什么又认为它比"爱人之仁"更高呢？"自爱"同孔子的"为己之学"是什么关系？"自爱"与"爱人"又是什么关系？

"自爱"的表达就像"为己"一样看上去容易同自私自利的利己主

---

① 老子也主张"自爱"，说"自爱不自贵"（《老子》第七十二章），将作为善的"自爱"与作为不善的"自贵"区分开。

义混淆。杨朱的学说以"为我""贵己""重己""先己"等符号而知名,他的"拔一毛而利天下,不为也"言论就被认为是主张自私自利的利己主义,孟子激烈地批评他,甚至违背论辩逻辑说他主张"为我"是目中无君,简直就是禽兽。[①]直接以"自爱"为恶的是墨子,因为对他来说,自爱不仅是只爱自己的自私,而且是损人利己的自私,自爱导致了争夺和混乱。墨子的逻辑非常清晰:"父自爱也不爱子,故亏子而自利;兄自爱也不爱弟,故亏弟而自利;君自爱也不爱臣, 故亏臣而自利。是何也? 皆起不相爱。"(《墨子·兼爱上》)[②]用亚里士多德的说法,这是一种坏的自爱。孔门的"自爱"和"为己"当然同这种贬义的损人利己的自私自利没有关系。完全相反,它是纯粹善良意义上的"自爱"和"为己",是为了最好地爱自己而又最大限度地爱他人的自爱。

颜回心目中的"自爱"是孔子心目中的"自爱",也是孔子"为己之学"意义上的"为己"。同孔子批评的"为人之学"的"为人"相反,它是指人内在的自我道德发展和自我实现,是形之于内施之于外的统一。[③]荀子有一个非常好的解释:"君子之学也,入乎耳,箸乎心,布乎四体,形乎动静。端而言,蝡而动,一可以为法则。小人之学也,入乎耳,出乎口,口耳之间则四寸耳,曷足以美七尺之躯哉!古之学者为己,今之学者为人。君子之学也,以美其身。小人之学也,以为禽犊。"

---

① 不能将杨朱的为我论简单归结为自私自利的利己主义,因为他还有"悉天下奉一身,不取也"的表达。

② 孙诒让撰、孙启治点校:《墨子闲诂》,北京:中华书局,2001 年,第 99 页。

③ 程树德:《论语集释》(三),北京:中华书局,1990 年,第 1004-1005 页。

（《荀子·劝学》）[1]对孔子来说，修身养性、成就自我本身就是目的，不能将之作为谋取和获得其他东西的手段。如果将其工具化和手段化，那就是"为人之学"，就不是同自己性命攸关的生命的学问。只要是良善的言行，它对自己是最好的，它对别人也是最好的；立足于此的成己和为己，同时又是最好的成人和成物；是对自己的最好的爱，也是对别人的最好的爱。

颜回的"自爱论"是孔子"推己及人"的忠恕之道。儒家"仁"（身心合一）字的构成，是从一个人对自己身心的关心和爱引申出来的。儒家"忠恕之道"，恰恰又是"己立"而"立人"、"己达"而"达人"，"己不欲"勿施人和"己欲"而施人的"推己及人"。一个人能够懂得爱人，首先是知道自己需要爱，应该爱自己。从人的同类相似性出发，他就能够推论别人也需要爱，别人也应该感受到爱。从这种"共情"出发，他既会爱自己，也会爱别人；他既会珍惜自己，也会珍惜他人。正如《大学》所说："君子有诸己而后求诸人，无诸己而后非诸人。"《中庸》也有类似的思想，只不过它是从反面言之："忠恕违道不远，施诸己而不愿，亦勿施于人。"一个麻木不仁的人，既失去了对自己的爱，也失去了对他人的爱。所谓零共情、冷漠的人，也是如此。依情理而论，一个人不应该不自爱、不自重，也不应该对别人冷漠；但事实上，人群中确实有不自爱、不自重的人。这样的人实际上能不能爱别人、尊重别人，

---

① 王先谦撰，沈啸寰、王星贤点校：《荀子集解》，北京：中华书局，1988 年，第 12 页。

至少有疑问。对于一个不爱自己的人，别人很可能也不会爱他，这是扬雄的一个推论："人必其自爱也，然后人爱诸；人必其自敬也，然后人敬诸。"（《法言·君子》）

颜回的自爱类似于亚里士多德的"自爱论"。对亚里士多德来说，好的或真正的自爱者是善良的人，这样的人"是应该最爱自己的人，因为一切理智都为自己选择最好的东西，把最大的善分给自己，他们重视高尚胜于一切，他们是真正的自爱者"[①]；这样的人是一贯地做公正的事、有节制或做各种合乎德性之事的人，他们是能够满足灵魂中的逻各斯部分的人，是听从努斯的人，是能够为公道、国家在必要时甚至牺牲自己生命的人。[②]亚里士多德的自爱论同时又是爱人论，这种人真心与人交朋友，乐于为朋友舍弃钱财，将善施与朋友，是最能爱朋友和同朋友心心相印的人。颜回的"自爱"也是能为自己选择最好的东西并获得这种东西，只是这种东西在亚里士多德那里主要是理性和智慧，在颜回

---

① ［古希腊］亚里士多德：《尼各马科伦理学》，苗力田译，北京：中国人民大学出版社，1990 年，第 201 页；［古希腊］亚里士多德：《尼各马可伦理学》，廖申白译，北京：商务印书馆，2017 年，第 301 页。

② ［古希腊］亚里士多德：《尼各马可伦理学》，廖申白译，北京：商务印书馆，2017 年，第 301 页。亚里士多德的"自爱论"指出"自爱者"（希腊文是爱自己的人）有贬义的用法。这种"自爱"爱的是"钱财""荣誉""肉体快乐"，是满足于自己情感的人，是不能满足他自身主宰部分的人，是灵魂中无逻各斯部分的人，是不爱"努斯"的人。这种自爱者是坏人："坏人则必定不是一个自爱者。因为，按照他的邪恶感情，他必定既伤害自己又伤害他人。所以坏人所做的事与他所应当做的事相互冲突。"（同前书，第 301 页）亚里士多德主张不能将爱钱财、荣誉和身体快乐的人同损人利己的人（坏人）相提并论和混为一谈。原则上，儒家也不反对"君子爱财"、人们爱利和求利，只是反对"取之无道"、"富而不仁"和"见利忘义"等。要让所有的人都像哲学家那样过沉思和思辨生活，也不符合他的社会分工论。

那里主要是仁爱等伦理价值。颜回的"自爱"包含着更一般的"爱人"的内涵，它是通过真正的自爱去懂得爱人。

孔门对仁有各种不同侧重的回答，但子贡说的"仁者爱人"可谓孔门和儒家有关"仁"最直截了当和最容易理解（不等于容易做）的主张。《论语·颜渊》记载："樊迟问仁。子曰：'爱人。'问知，子曰：'知人。'"樊迟不解，孔子又进一步解释如何做才是爱人。《论语·颜渊》记载："子贡曰：如有博施于民而能济众，何如？可谓仁乎？子曰：何事于仁！必也圣乎！尧舜其犹病诸！夫仁者，己欲立而立人，己欲达而达人。能近取譬，可谓仁之方也已。"子贡说"仁者爱人"可称为标准答案，并在儒家乃至其他子学中被接受。如孟子也称"仁者爱人"（《孟子·离娄下》）；陈嚣不懂得兴师动众的战争行为如何能同爱人统一起来，他感到困惑并询问："先生议兵，常以仁义为本。仁者爱人，义者循理，然则又何以兵为？凡所为有兵者，为争夺也。"荀子回答说："非女所知也。彼仁者爱人，爱人故恶人之害之也；义者循理，循理故恶人之乱之也。彼兵者所以禁暴除害也，非争夺也。故仁人之兵，所存者神，所过者化，若时雨之降，莫不说喜。"（《荀子·议兵》）[①] 墨子多用爱人和兼爱（利人和兼利）。《庄子·天地》记载：夫子曰："夫道，覆载万物者也，洋洋乎大哉！……爱人利物之谓仁。"《庄子·则阳》说："圣人之爱人也，人与之名，不告则不知其爱人也。若知之，若不知之，若闻之，若不闻之，

---

① 王先谦撰，沈啸寰、王星贤点校：《荀子集解》，北京：中华书局，1988年，第279页。

其爱人也终无已，人之安之亦无已，性也。"①《韩非子·解老》："仁者，
谓其中心欣然爱人也；其喜人之有福，而恶人之有祸也；生心之所不能
已也，非求其报也。"② 有关这方面的讨论非常多，这里就不赘述了。

最后讨论一下子路的"仁者使人爱己"模式。这种模式看上去不是
说自己先爱别人，然后赢得别人的爱。但实际上它说的是，一个人能够
使别人爱己，是他自己善良和爱人的结果。就像孟子所说的那样："爱
人者，人恒爱之；敬人者，人恒敬之。"（《孟子·离娄下》）《国语·晋
语四》记载了一个有关礼的说法，这个说法明确表达了要被爱而先要
爱人的因果关系："《礼志》有之曰：'将有请于人，必先有入焉。欲人
之爱己也，必先爱人。欲人之从己也，必先从人。无德于人，而求用于
人，罪也。'"③ 我们不清楚《礼志》这本书，在郭店简《成之闻之》中，
我们能够看到其中与之类似的表达："故君子所复之不多，所求之不远，
窃反诸己而可以知人。是故欲人之爱己也，则必先爱人；欲人之敬己
也，则必先敬人。"根据这两个文本，一个人如果不爱人，他怎能得到
别人的爱呢？孔子对子路的回答给予肯定，说明子路的说法不会是指一
个不爱他人的人而又能使别人爱他（只是，子路上去就说使人爱己，容
易给人一种先求于人的感觉）。

完全可以设想，一个能够被别人爱的人，不正是因为自己的友好、

① 郭庆藩撰、王孝鱼点校：《庄子集释》，北京：中华书局，2012 年，第 406、882 页。
② 王先慎撰、钟哲点校：《韩非子集解》，北京：中华书局，1998 年，第 131 页。
③ 左丘明撰，徐元诰集解，王树民、沈长云点校：《国语集解》，北京：中华书局，2002 年，第 338 页。

自己与人为善而赢得的吗？这很符合儒家的要"使"别人如何（"爱己"）、自己先要如何（"爱人"）的相与之道（"仁爱之道"）。通过自己的美德赢得他者的共鸣，对他人是善，对自己也是善，是"成人"，也是"成己"。实际上可能会有例外，爱人不一定总会被别人爱，不爱人不一定总会不被人爱。但曾子不接受这种例外。他做出的是必然推断："同游而不见爱者，吾必不仁也；交而不见敬者，吾必不长也；临财而不见信者，吾必不信也。三者在身曷怨人！怨人者穷，怨天者无识。失之己而反诸人，岂不亦迂哉！"（《荀子·法行》）[1]

　　东西方有许多不同的伦理学及其谱系，其中一部分源远流长，影响广泛而深远，儒家的伦理学及谱系是其中之一。说这样的伦理学只是为人的身份做出差序性安排，让人受到等级性的差别待遇，说这样的伦理学不能面对和适应陌生人社会。这怎么可能呢？莫非这种伦理学真的存在着严重的乃至致命的缺陷，莫非我们整体上弄错了，再或者是它确实存在着某种缺陷，这种缺陷被我们夸大了，以至于它的很重要的其他方面被我们遮蔽和否定了。我认为它是第三种可能。从现在的人权立场看儒家的"三纲"伦理，看儒家的性别规范，我是不会为它们辩护的；何况从过去的立场看，从历史上的道家和佛家的立场看，它们就不被接受。儒家伦理学的缺陷不限于此，如它的内圣外王的理想人格对人的要求过高，它的修齐治平的伦理主义过于泛化。儒家的伦理学有礼的差序

---

① 王先谦撰，沈啸寰、王星贤点校：《荀子集解》，北京：中华书局，1988年，第536页。又见汪晫：《曾子全书·三省》，上海：上海古籍出版社，1990年，第27页。

性、差别性对待的礼义和礼制，儒家也确实重视来自血缘亲情的孝和从五伦来设定人如何处理相互关系的规范。但这只是儒家伦理的一部分，而不是儒家伦理学的整体。儒家还存在着广大的地带，这就是它围绕着人与人之间、自我与他者之间的普遍伦理语言和主义。从过去使用不多的孔门的两个文本和故事入手，结合孔门的大量伦理的话语和叙事，儒家五伦关系之外的另一个普适性的人与人、自我与他者的关系伦理、相与之道和交往理性世界和图像的多重性就呈现出来了，这是无论如何不能遗忘的，更不能被否定。否则我们就真的解释不了儒家之所以为儒家以及它的高度和影响的广度了。

第十二章 权力的正当性基础：早期儒家"民意论"的形态和构成

　　探讨儒家的政治合法性和正当性观念，人们关注比较多的维度是它的"民本论"。这有其历史和文本上的根据，也有人们所系的当下关怀。从历史上来说，这种意识至少可以追溯到《尚书·五子之歌》中的"皇祖有训：民可近，不可下。民惟邦本，本固邦宁"这一著名论断。早期儒家传承了这种意识并开始扩展它。在这一点上，孟子给我们留下的印象非常深刻，他认为庶民在社会政治生活和秩序中具有根本的作用，以明显的顺序排列出庶民、国家和君主三者在社会政治世界的轻重不同（"民为贵，社稷次之，君为轻"）。[①] 从东周一直到晚清，"民本论"始终是儒家政治思维和思想中的象征性符号之一，儒者们以不同方式承继和阐述它，并渴望它在建立良好政治生活和秩序中能够扮演重要的角色。

---

　　① 有关讨论儒家"民本论"的论著，参阅金耀基的《中国民本思想史》（北京：法律出版社，2008 年）、孙晓春的《儒家民本思想发微》（《吉林大学社会科学学报》1995 年第 5 期）、梁治平的《民本思想源流》（《中国法律评论》2014 年第 3 期）、李祥俊的《民本论——中国传统政治的基石》（载周桂钿主编：《中国传统政治哲学》，石家庄：河北人民出版社，2001 年）等。

　　传统儒家的"民本论"同现代"民主"理性的相遇（"传统"与"现代"的关系）以及对当下中国政治秩序的关怀，促使人们对两者是否具有契合性、是否能够相容进行探讨：一种主要做法是在两者之间寻找某种契合点或结合处①；与此有别的另一种主要做法是要区别两者的界限，避免使之混为一谈②。这里不讨论两者的一些论述。简单地说，判断这一问题的关键是在政治权力的工具性与目的性两者的关系之中"民本论"属于何者。就我的看法而言，"民本论"的"民本"不是对政治目的性的表达，而是主要用于说明在不同的政治手段中"庶民"具有根本的作用（在不同的政治工具和手段中回答何者根本和重要的问题）。正像《荀子·王制》以引用的口气（"传曰"）所说的"君者，舟也；庶人者，水也。水则载舟，水则覆舟"很典型的表现那样。"民本论"的主旨是认为在建立社会政治生活和秩序的一些工具中，"公众"具有根本性的作用，而不是指明满足公众的各种愿望和需求才是政治的目的。③肯定公众在政治和国家生活中的根本性和重要性，具有要求统治者谨慎使用权力和约束权力的作用，但它不是为权力或政治设定根本目的和基础。

---

　　① 有关这方面，参阅俞荣根的《民权：从民本到民主的接转——兼论儒家法文化的现代化》（《学习与探索》1999 年第 1 期）、李存山的《儒家的民本与人权》（《孔子研究》2001 年第 6 期）、黄玉顺的《"民本"的"人民主权"实质及其正义原则——周公政治哲学的解读》（《河北学刊》2010 年第 3 期）等。

　　② 刘泽华主编：《中国传统政治思维》，长春：吉林教育出版社，1991 年，第 304-305 页。

　　③ 虽然有一个做法是将民本分为工具理性与价值理性，以显示"民本论"的不同方面，但后者的意义要弱得多（刘清平：《儒家民本思想：工具性之本，还是目的性之本》，《学术月刊》2009 年第 8 期）。而"民意论"或"民心论"则可以充分呈现儒家的政治权力的"目的性"何在论说。

但这是否意味着历史上的儒家包括早期儒家就没有认识到公共权力或政治的目的性呢？不是。我们发现，儒家除了"民本论"传统外，还有一个"民意论"(the theory of popular wishes) 传统[1]，同我用的这个词汇最接近的是儒家古典中的"民心"概念（ the concept of popular heart ）。这一概念起源很早，在早期儒家中就有了相当的发展。不同于"民本论"主要立足于衡量作为手段的不同政治因素的重要性，"民意论"则主要是用来指称政治权力的目的性[2]，可以说它为作为手段和工具的政治和权力设定了目的。

一般认为政治的合法性是指公众对政治权力、政治统治、政治权威的认同、接受和服从。[3]但如果我们进一步追问，公众为什么会认同、接受和服从政治统治和权威呢？那就要看政治统治和权力的使用是否合乎公众的意愿和愿望，是否最大程度上满足了他们对自身利益的追求、选择和实现。我称此为政治正当性、合法性的深层基础。这里我要提出的看法是，儒家的"民意论"为政治权力和统治设定了目的，为政治权

---

[1] 这里我使用的"民意"概念同现代一般所说的"民意测验"的"民意"概念（有关这方面，参阅［法］罗兰·凯罗尔：《民意、民调与民主》，何滨、吴辛欣译，北京：社会科学文献出版社，2015 年）差别很大，我为它赋予了民众的主要自然倾向、情性、意愿、自我选择和实现等广泛的意义，它可以用来指代儒家的广义的"民心"概念。因此，在行文中我也将交替使用它们。

[2] 后现代主义的"权力观"是非常广泛的，这里我使用的权力概念限于"政治权力"上。将权力作为手段去追求和作为目的去追求，这两者很不相同。罗素对此有很好的解释。参阅［英］罗素：《权力论：新社会分析》，吴友三译，北京：商务印书馆，1991 年，第 187-194 页。

[3] ［法］罗兰·凯罗尔：《民意、民调与民主》，何滨、吴辛欣译，北京：社会科学文献出版社，2015 年，第 10-51 页。

力的正当性、合法性确立了衡量的根本标准和尺度。[①]

但在儒家政治思维和政治学说的研究中，我们一直关注的主要是它的"民本论"，这就在很大程度上忽略了早期儒家发展出来的"民意论"（广义上它相应于儒家"民心论"的范畴，我在类似的意义上使用它们）传统，以至于没有得到像对儒家的德治论和民本论那样的应有的探讨，而个别对民意论的讨论又有很深的误解。[②] 对儒家"民意论"的关注和深度认知，将使儒家的政治学说的图像发生一个重要变化。

第一节　权力的起源和目的：从君主"天设说"来看

从治理者与被治理者的关系来说，统治者是政治权力的运用者和治理者，而大众则是权力施加的对象和被治理者。在这种关系中，大众似乎是被动的接受者和从属者。问题是社会的多数人为什么愿意这样，他们为什么愿意接受治理，为什么他们竟然能够抑制乃至压抑自己的爱好而服从治理者的喜好。休谟说这是一个令那些以哲学家眼光考察人类事务的人深感惊讶的事实。[③] 从政治正当性和合法性来看，人们为什么会认可、认同治理者的权力（难道人天生就具有乐意服从和听从的本

---

① 我在近似的意义上使用"正当性"和"合法性"概念。有关"合法性"概念，参阅让－马克·夸克的《合法性与政治》（佟心平、王远飞译，北京：中央编译出版社，2008 年）、斯科特·夏皮罗的《合法性》（郑玉双、刘叶深译，北京：中国法制出版社，2016 年）、郭晓东的《重塑价值之维：西方政治合法性理论研究》（上海：华东师范大学出版社，2007 年）。

② 在非常有限的讨论中，列文森（J. R. Levenson）对儒家的"民意"概念的解释存在着严重的偏差（［美］列文森：《儒教中国及其现代命运》，郑大华、任菁译，北京：中国社会科学出版社，2000 年，第 156-159、200-207 页）。

③ ［英］休谟：《休谟政治论文选》，张若衡译，北京：商务印书馆，1993 年，第 19-21 页。

性）？那一定有一个前提，这个前提主要不是统治者将他们作为统治中的根本工具，而是基于政治权力的运用整体上满足他们的广义的生存愿望和需求。只有如此，人们才会认同政治权力和权威，才会乐意接受治理和产生服从（心悦诚服）。换言之，人们认同政治权力和统治只是认同了一种工具性的东西，只是要以此来达到和实现他们的整体目的和需求。

早期儒家对此提供了一些重要的论说，它对政府和国家起源的解释首先就说明了这一点。对儒家来说，世上最初设立统治者——君主①，这是上天的意志和产物。就此而言，它同政治起源的西方"契约论"这一源远流长的解释很不相同：一个主要以君主（"君"）的身份立名，一个主要以政府的名目而言；一个说设立君主是上天的造化，一个说设立政府是大众之间相互让渡权利和约定。但两者有一个相似的地方，即不管是上天设立君主，还是人们建立政府，两者本身都只是一种手段，它们的目的都是满足社会公众的意愿和自身的权益。按照契约论，人们乐意让渡自己的部分权利并由国家来垄断暴力等权力，是出于自身安全、和平、利益等目的和需要；按照天立论，圣人之所以要创设君主，同样是以此为手段来满足大众的基本愿望和需求。

儒家的天立君主论是它解释文明起源和创造的一个方面。根据儒家广义的"文明起源论"，人类最初的一些文明是圣人为了适应人类的需

①　这里使用的"君主"是广义上的，它既指早期儒家一般所说的"君"，有时也包括了儒家所说的圣王、君王等。

求而创制出来的。以《周易·系辞传》的说法为例，从包牺氏依据自然现实创立八卦，到神农氏、黄帝、尧、舜依据事物的不同特性创立各种工具，这都是为了满足人们生活的需要，如说"通其变，使民不倦，神而化之，使民宜之"；如说"上古穴居而野处，后世圣人易之以宫室，上栋下宇，以待风雨"。《系辞传》认为在制备器物、居住空间满足人们的使用，为天下带来方便等方面，没有谁比圣人更伟大（"备物致用，立成器以为天下利，莫大乎圣人"）。这是用"圣人"的创造来解释众多"器物"的起源。但不管是什么器物，圣人创制它们都是以它们为手段来满足人类的各种需求。

中国早期器物文明是不是全为圣人创制，这很难做出单一的判断，也不好说究竟有多少属于历史事实（正如一些契约论者所说的那样，不能将它简单地作为历史事实来看待），但一些了不起的人物在其中肯定发挥了重要作用，儒家（还有其他子学）将这些人看成是圣人。但在早期儒家那里我们没有看到记载说人类最初的君主制也是圣人创造的。可以想象一下，最初的君主如果是"圣人"所立，他实际上同时就应是君主。对子学家们心目中的远古圣人，也应如此看待。他们作为孟子所说的先知先觉者，很有可能既是君主制的创建者，同时又是最早的君主。子学上古"历史叙事"中的最早帝王大体上就是这种人。但儒家没有直接说是圣人最初创立了君主制，只是说他们为了满足人类的需求创造了各种器物。《尚书》提出有"圣作则"之言（《左传·昭公六年》有引用），其所说的"则"表现在不同方面，主要是指伦理价值和规范[①]，很难说其中有圣人创设君主制的内容。按照《易传·序卦传》说的"有父子然后有君臣，有君臣然后有上下"[②]，这似乎是将政治上的"君臣""上下"关系和秩序看成是"自发性演进"的结果（"有"包含产生和出现的意思），它实际上可能预设了其创制者，但具体是何者所为，这里是不明确的。

早期儒家的圣人设君主说不明显[③]，它对君主制起源的明确解释是上天立君论，认为人类最初有君主是上天的意志和产物。表达这一观念的是《尚书·泰誓》所说的为了佑护民众，为他们创立了君主："天佑下民，作之君，作之师。惟其克相上帝，宠绥四方。有罪无罪，予曷敢有越厥志？"《孟子·梁惠王下》引用与此有关的这句话作"天降下民，作之君，作之师"，两者虽略有不同（"天佑"和"天降"），但所说上天创立了君主则是一致的，因此是可信的。《左传·襄公十四年》记载师

---

① 如《孟子·滕文公上》称道的五种规范——亲爱、正义、差别、次序和信用（"父子有亲，君臣有义，夫妇有别，长幼有序，朋友有信"），从起源论来看，也许就包括在其中。

② 这段话的完整内容是："有天地然后有万物，有万物然后有男女，有男女然后有夫妇，有夫妇然后有父子，有父子然后有君臣，有君臣然后有上下，有上下然后礼义有所错。"

③ 《荀子·性恶》说："古者圣人以人之性恶，以为偏险而不正，悖乱而不治，故为之立君上之势以临之，明礼义以化之，起法正以治之，重刑罚以禁之，使天下皆出于治，合于善也。"根据这句话，荀子好像有圣人立君的思想。按照《管子·君臣上》的说法，君臣上下关系是智者和贤者创立的："古者未有君臣上下之别，未有夫妇妃匹之合，兽处群居，以力相征。于是智者诈愚，强者凌弱，老幼孤独不得其所。故智者假众力以禁强虐，而暴人止。为民兴利除害，正民之德，而民师之。是故道术德行出于贤人，其从义理，兆形于民心，则民反道矣。名物处违是非之分，则赏罚行矣。上下设，民生体，而国都立矣。是故国之所以为国者，民体以为国，君之所以为君者，赏罚以为君。"

旷的话说："天生民而立之君，使司牧之，勿使失性。"此外，《左传·文
公十三年》记载，史官提出"利于民而不利于君"的疑问时，邾文公对
此回答说："天生民而树之君，以利之也。民既利矣，孤必与焉。"①《尚
书》的说法大体上指明了上天为什么创设了君主（降生了民；而"佑
护"的说法目的性很明确）。按师旷的说法，上天为民设立君主，是为
了让君主治理他们，以使民众不失去他们的"性"（生之性和情）。它没
有明确说民众之性为何，但它指出了"立君"是为了民众。与师旷的说
法类似，邾文公强调天生民而设立君主，目的是有利于民众。

郭店楚简《鲁穆公问子思》较早而又最明确地表达上天设立君主是
为了民众这一思想："天之生民，非为君也；天之立君，以为民也。"《荀
子·大略》有完全一样的话，这可能是荀子引用子思说过的话，同时也
表明荀子肯定立君"只是"为了人民，而不是为了君主本身或其他。②
诉诸上天的意志，来主张立君是为了民众而不是为了君主，来将民众目
的化，将君主工具化，其所诉求的根据没有比这更高的了。在传统的政
治实践中，君主作为天子，拥有至高无上的权力，很容易被神化和神圣
化，实际上的结果有时有君主被目的化、大众被手段化的颠倒情形。但

---

① 这段话的完整内容是："邾文公卜迁于绎。史曰：'利于民而不利于君。'邾子曰：
'苟利于民，孤之利也。天生民而树之君，以利之也。民既利矣，孤必与焉。'左右曰：'命可
长也，君何弗为？'邾子曰：'命在养民。死之短长，时也。民苟利矣，迁也，吉莫如之！'
遂迁于绎。五月，邾文公卒。君子曰：'知命。'"

② 《慎子·威德》中也有这两句话："天之生民，非为君也；天之立君，以为民也。"又
说："立天子以为天下，非立天下以为天子也；立国君以为国，非立国以为君也；立官长以为
官，非立官以为长也。"这段话没有指出何者设立天子。

在观念形态上，儒家整体上没有使作为手段的君主目的化，或使作为目的的大众手段化，不能将两者混为一谈。

荀子解释"礼"的起源，也认为满足众民的需求才是圣人的目的。《荀子·礼论》的这段话很著名，它引起了人们的普遍关注。[①]荀子首先提出问题——礼（最初）是如何产生的？然后他做出了回答。荀子的回答包括两个方面。一是说人们都有欲求（这是他的人性论的主要根据之一），这使他们在追求和满足自己的欲求中容易产生争夺、混乱和无序（有某种和霍布斯"自然状态"相像的东西）。如何避免和解决无政府和自然状态中遇到的问题呢？这是荀子的回答的第二个方面："先王"厌恶这种状况，为了保证人们的欲求都能得到适当（程度不同的差别性原则）的满足，从而创立了礼制。

立君被看成是上天意志的体现，它的目的被认定为满足大众的需求，它同儒家的另一立场——天下是公共和共有的（即"公天下""官天下"）的观念是统一的。按照《礼记·礼运》所说的"天下为公"，天下为公共所有。[②]这里的"天下"是指人类最大的共同体及其权力。代表这种公共体和拥有国家最高权力的人是"圣王"（广义的君主）。君主作为个人，他同社会上的每一个人具有类似的愿望和需求。这就意味

---

① 荀子说："礼起于何也？曰：人生而有欲，欲而不得，则不能无求。求而无度量分界，则不能不争；争则乱，乱则穷。先王恶其乱也，故制礼义以分之，以养人之欲，给人之求。使欲必不穷于物，物必不屈于欲。两者相持而长，是礼之所起也。"

② 类似的思想，在其他诸子文献中也能看到。如《六韬·顺启》说："天下者非一人之天下，惟有道者处之。"《吕氏春秋·贵公》说："天下非一人之天下也，天下之天下也。"

着掌握最高权力的君主，有可能将原本要服务于公共利益的权力用于私人方面。这就是同"公天下"和"官天下"观念相对立的将公共权力用于谋取私人和一家利益的"私天下"和"家天下"的观念。现在一般所说的"公共领域"与"私人领域"的严格二分，就是要求掌握着公共权力的公众人物不能将权力运用到私人利益上。但即使在"权力"受到各种约束的民主和法治社会，从事政治事务的人要完全做到这一点也不容易。[①]儒家主张天下、国家的公共性（共有、共用），反对公权的私用，严格划分公天下、官天下与私天下、家天下的界限，从理念上说同现代"公共领域"和"私人领域"的二分有一致性。只是，儒家认为这主要靠君主的道德自觉和自我约束来实现，而现代民主和法治社会主要是靠硬性制度的相互约束和限制来达到。

第二节　权力的运用与"合民意"（"得民心"）

君主最初创设是立足于人们原本就有的需求满足而来的，这是上述从政治权力的起源上来说明它同人民意愿的关系。同样，君主在常态化的统治中，儒家坚持认为以君主的权力为手段、以大众的需求满足为目的，坚持认为权力的运用是否正当、是否合法，判断的根本标准就是看它是否合乎民意和民心。儒家为政治权力运用和实践设定的目的和目

---

① 政府里都是一些掌握着权力的具有自私性的个人，"公共选择"难免受其个人私心和私利的影响（[美] 布坎南：《宪则经济学：人类集体行动机制探索》，韩朝华译，北京：中国社会科学出版社，2017 年，第 3-60 页）。

标，可以叫作"合民意"，用孟子的话说就是"得民心"。

既然政治权力在起源上原本就是为了满足人们的愿望和需求，那么君主对权力的运用有什么理由可以脱离公众的意愿和利益而自行其是，更有什么理由去违背民心、民意甚至成为公众的对立面呢？人们批判君主的专制主义，批判暴政和权力的滥用，是因为政治权力变质了和异化了。人们在对传统儒家的一些现代考察中，其中提出的一个看法是儒家为君主政治和权力提供了辩护，甚至赋予它神圣的根据（如"天子"），因此，它也要为现实君主的专制权力的滥用甚至暴政负责。就前者而言，在限定的意义上它是可以成立的。这个限定就是君主对权力的运用必须是正当的，必须合乎公众的意愿，服务于公众的利益；也只有在这样的前提下，君主才可以说具有神圣性（"天子"）。但儒家不能保证现实中的君主能够做到这一点，他主要是提供理念和建言并希望如此，而君主是否实践最终则取决于君主个人（儒家认为这是君主能够做到的，问题只在于他做不做。用孟子的话说，这不是能不能的问题，而是为不为的问题）。

历史上确实有迎合君主不当行为的俗儒，但真正的儒者则是君主不正当行为的批判者和否定者，早期儒家的孔子、孟子和荀子等就是这样。回答政治权力的运用与民意、民心的关系，儒家谁提出过类似于马基雅维利对君主权力的那种辩护？法家个别人物批评儒家要求统治者合乎民心，这使他同马基雅维利的思想有一致的地方。那些批评儒家学说导致了专制主义的人，忽视了作为儒学根本性的"民意论"理念和批判精神，而只是看到儒家在政治权威方面的言论（如孔子批评"犯上作乱"）。以入仕、治世和淑世为特征的儒家，给人一种偏爱"权力"的强烈印象。但问题在于，真正的儒者不是以追求权力为目的，而是将它作为实现自己政治理念的手段和方式，而且我们也确实能够看到许多真正的儒者，他们不仅是提出和倡导理念，而且也是其理念的实践者。

　　整体上，儒家主张君主的权力和运用都要符合公众的意愿，要以满足他们的需求为目的。《礼记·大学》提出了一个原则性的论断："民之所好好之，民之所恶恶之。"根据上下文，这里的"治理者"是以"君子"特别是"民之父母"的身份出现的。它将民众的"意愿"简化为"好恶"两个方面：一是民众所喜好的东西，这是他们希望最大化得到满足的有利于自己的方面；一是民众厌恶的东西，这是他们希望尽量避免和排除的不利于自己的方面。这说明儒家相信社会公众具有共同的"好恶"倾向和选择。对于这一正一反的两个方面，治理者的做法就是运用权力去满足他们所喜好的东西，排除他们所厌恶的东西。换言之，只要是人民喜好的，君主就要去满足他们；只要是人民厌恶的，君主就要设法使他们避开和摆脱。[①]在《大学》看来，能够和大众同好恶的统治者就是人民的父母。《大学》用尧舜的典范治理和桀纣的暴政作对比来

---

　　①　当代公共选择中，肯尼斯·阿罗提出的基于个人偏好和理性无法产生社会选择的"不可能定理"，在儒家那里是无效的。儒家把治理和公共决策建立在人们的共同偏好上，他们相信民众具有共同的性情、类似的欲求和意愿，不管是他们的生物欲求还是精神愿望都是如此，因此不会出现阿罗所说的"多数"（甲乙丙三者对XYZ三种东西）没有共同选择的困境。有关这方面及其讨论，参阅［印］阿马蒂亚·森：《以自由看待发展》，任赜、于真译，北京：中国人民大学出版社，2002年，第251-254页。

说明，只有合乎民众愿望和利益的治理，民众才会接受其政令，否则，他们就要拒绝："尧舜率天下以仁，而民从之；桀纣率天下以暴，而民从之。其所令反其所好，而民不从。"这也是民心顺应论。[①] 还有，《大学》中说的"道得众则得国，失众则失国"，从君主得到或失去国家权力的结果看，有某种将权力变成目的的意味，但它的基础和根据仍然在于君主是否赢得了民心，这照样是强调治理者的治理首先要顺应"民心"（目的），这才是获得政治正当性的根本。[②]

同《大学》的思想一致，孟子虽然相信君主有道德能力，可以成为好的治理者，但实际上未必如此。君主治理好坏的根本标准在于他们是否能够赢得"民心"。桀、纣是失去民心同时也失去天下的例子（汤、武则是赢得民心同时又得到天下的例子）。孟子论述说："桀、纣之失天下也，失其民也，失其民者，失其心也。得天下有道：得其民，斯得天下矣。"如何才能赢得民心呢？孟子的回答是："得其心有道：所欲与之聚之，所恶勿施尔也。"（《孟子·离娄上》）上述《大学》说赢得民心，根本上来说是满足民众的好恶愿望和需求；这里孟子说，对公众的"所欲"要"与之聚之"，"勿施"其"所恶"。两者具有共同的理路。

---

① 清华简《天下之道》认为天下之道有两个，一个是守之方面，一个是攻之方面。其守其攻的根本都在于合乎民心："天下之道二而已，一者守之之器，一者攻之之器。今之守者，高其城，深其壑而利其渠谮，芳其食，是非守之道。昔天下之守者，民心是守。如不得其民之情伪、性教，亦无守也。今之攻者，多其车兵，至其衝阶，以发其一日之怒，是非攻之道也。所谓攻者，乘其民之心，是谓攻。如不得其民之情，亦无攻也。昔三王者之所以取之器：一曰归之以中以安其邦，一曰归之谋人以悦其心，一曰戻其修以丽其众。昔三王之所谓阵者，非陈其车徒，其民心是陈。"

② 《礼记·乐记》："礼乐刑政，其极一也，所以同民心而出治道也。"

君主的治理要合乎民心,儒家的这一主张在孟子那里又表现为君主要与民同好恶的论说。《孟子·梁惠王下》记载,孟子建议齐宣王学习周文王以实践仁政,善待天下一些不幸的人,齐宣王很诚实地说他自己有缺点,他喜好财物、喜好美色,他担心自己做不到。孟子的规劝很巧妙,说君主有好恶("好色""好货")没有什么不好,不是什么缺点。在此基础上,孟子指出人人都有"好色""好货"的意愿,就像"欲贵者,人之同心也"(《孟子·告子上》)那样。关键是君主不能将政治权力只用在满足自己的好恶上,而不管大众的好恶,他应该同大众同好恶。君主在满足自己喜好的同时,也要让百姓能够满足他们的愿望,这是他完全能够做到的,而且也是应该这样做的。如果单从君王"得天下"还是"失天下"的利害关系上考虑,如果要赢得前者,避免后者,他也有如何才能实现自己的愿望问题。罗素分析说:"如果一个君主是值得信任的,那不是因为他'好',而是因为'坏'是违背他的利益的。保证有这样的情况就可以使权力成为无害的;但是如果让我们认为的'好'人变成不负责任的专制君主,那就不能使权力成为无害的了。"[①]

为了使君主的治理合乎民意、民心,与孟子所说的君主要与民同好恶这种理路有关的是《大学》所说的"絜矩之道":"所谓平天下在治其国者:上老老而民兴孝,上长长而民兴弟,上恤孤而民不倍,是以君子有絜矩之道也。所恶于上,毋以使下;所恶于下,毋以事上;所恶于

---

① [英]罗素:《权力论: 新社会分析》,吴友三译,北京: 商务印书馆,1991年,第209页。

前，毋以先后；所恶于后，毋以从前；所恶于右，毋以交于左；所恶于左，毋以交于右：此之谓絜矩之道。"这里所说的"絜矩之道"，一是肯定君主和公众的"心"（具有基本的性情倾向及由此而来的愿望和需求）之相同，二是君主要将心比心，推己及人。[①] 只有这样，君主的治理才是正当的。可以看出，《大学》"絜矩之道"也是孔子所说的"恕道"概念。由此而言，治理者服从人民的意愿，实际上同时也是在服从自己的意愿。

第三节　公众、上天和君王的协同性：从"民意"到"天意"和"君意"

早期儒家不仅具有上天设立君主以服务于民众的观念，而且还有天意来自民意的思想。[②] 按照这种逻辑，作为天子的君意接受天意，实际上同时也是接受民意；君主接受天意是他获得政治权力和治理正当性的神圣根据，说到底就是合乎民心、民意是他治理的正当性基础。历史上东西方的君主们都有意无意地相信自己是"天之子"，西方传统政治中有"君权神授说"，这是以此强化自己统治的正当性和权威。在启蒙主义之下，将传统与现代二元化的研究者认为，儒家认为君王受命于天是中国专制主义的根源。这也是儒家的天子受命论受到批判的主要原因。

[①] 这也是《大学》所说的"是故君子有诸己而后求诸人，无诸己而后非诸人"，《中庸》所说的"施诸己而不愿，亦勿施于人"。

[②] 有关这方面，陈来有所论及（陈来：《中国早期政治哲学的三个主题》，《天津社会科学》2007 年第 2 期）。

上述说到的列文森批判说，儒家主张的君主"天意（天命）论"无条件地护佑君王，把君王的权力绝对化，无视公众的利益。[①] 根据儒家大传统，根据天意即民意、君意最终源于民意的义理，这种批判能够成立吗？不能成立，至少这是一种表面化的批判。

首先我们有必要区分和澄清一下，儒家的天意政治论本身与历史上被君主利用进行专制统治并为其辩护不是一回事，或者不是简单的一回事。一般来说，这是理念、理想与现实和实际的不统一甚至矛盾。对于真正的儒者来说，他们追求政治理念，也要求包括自己在内特别是君主在政治事务中实践它，否则他就不是真正的儒者，君主的治理也要受到批判和否定。孔子、孟子和荀子不都是批判天下混乱无道吗？其次，特别是，这种批判忽视了儒家更根本的东西。周人特别批判纣王的天命永受论，提出天命新说——"天命靡常"和"惟德是辅"，这种观念为早期儒家所继承和发展。

这就是说，儒家大传统一开始就为"天子受命"而获得的权威和正当性附加了严格的前提。只有君主实践了天的意志，他才是真正的天子，否则就不是；同理，只有他履行了天的正义，他才能够受到上天的保佑，否则，"天"不仅不会保佑他，还要惩罚他，剥夺他的权力。"天"不是不分是非、善恶，一劳永逸地护佑君主。纣王借助天命的护身符而又不奉行天的意志，他误以为不管他如何做天都会护佑他，不会剥夺他

① 参阅列文森的《儒教中国及其现代命运》（郑大华、任菁译，北京：中国社会科学出版社，2000 年）、刘泽华的《中国的王权主义——传统社会与思想特点考察》（上海：上海人民出版社，2000 年）。

的权位，但他完全错了。殷周转变之际，周人革命动员诉诸的就是"天命靡常"这一最高根据，强调天只是辅助有德的执政者（"皇天无亲，惟德是辅"，《左传·僖公五年》有引）。否则，天虽然赋予他权力，它还会收回和剥夺。

这是儒家"天意论"的一部分。儒家还有一种可以叫作"民"为"天"立法的思想。我们能够看到，一方面，儒家信仰"天"的神圣性和崇高性，认为人类原本就是天创造的，天是最高的正义，天代表了最高道德的价值，天为人类立法，比如说天为人类立君主、立师表。（如上述《孟子·梁惠王下》引《尚书》的话："天降下民，作之君，作之师"。）另一方面，就像《左传·桓公六年》说的"民，神之主也"那样，儒家又相信天意同民意是统一的。这种如同天子同上天的关系，从最高权威上天子来说就是直接听从天意，同时也要顺从民意。庶民创生于上天（"天生庶民"），但天意同时又来自民意。上天不是封闭性的系统，它是向万民开放的；没有固定的先入为主的为民确定意愿，它是民意的虚心听从者和接受者，简言之，即"天意来自民意"。这种的天意论起源非常早，也会让其他地域的宗教信仰者感到惊讶——人民的意愿竟然会成为上天的意愿？

但文本的事实确实如此。出自《尚书》的这方面的论断非常著名。第一个例子是"天视自我民视，天听自我民听"。这句话出自《泰誓》，被《孟子·万章上》所引。按照这一说法，天所看到的和听到的就是人民所看到的和听到的。天没有独立于民之外的视和听，它听民之所听到的，看民之所看到的，以此为自己视听的来源。第二个例子是"天聪明，自我民聪明；天明畏，自我民明威"。这一论断出自《尚书·皋陶谟》（古文），在先秦典籍中未见所引。不管它的出处如何，这一论断的意思与第一个论断类似。据此，上天观察事情、处理问题明智的做法，是采纳人民的正确明断；上天奖励有德的人，惩罚有罪的人，是根据人民赏罚公正的心。这个论断的下文说"达于上下，敬哉有土"，这是明确指出上天和下民的意愿是贯通的，以此来警告那些掌握着权力的诸侯们要按照天意和民意去治理。第三个例子是"民之所欲，天必从之"。这一例子和第一个例子一样，也是出自《尚书·泰誓》，它在《左传》和《国语》中好几个地方被引用①，同样具有可信性。这一论断直接说人民的愿望和欲求上天必定听从。借用心意的概念，这三个论断有一个共同的主旨，即天心和民心、天意和民意是统一和协同的，可简称为"天民同心（意）论"。

天的神圣性和崇高性在同人民结合在一起看待时，它又具有了俯听下民意愿的意义。将人民的意愿提高到如此程度，儒家就为君主设立了治理的根本标准和尺度最终在于听从民意上。既然民众的意愿上天都要答应和听从，君主还有什么理由不服从民意；既然天意来自民意，君王奉行天意，自然也是顺应民意；顺应民意，也是顺应天意。从这样的政治论说中，无论如何都得不出儒家为君主提供了专制主义的根据。恰恰相反，它是反专制主义的。退一步，也许人们会说，这是一种动听的言

_____

① 如《左传·襄公三十一年》引《泰誓》说："民之所欲，天必从之。"

论，实际上，君主可以披着这种外衣去掩盖其专制性。正如上述要澄清的那样，这不是儒家希望的，儒家不能保证它主张的一种好的东西就一定会被好好运用。但我们这里探讨的是儒家的民意理念如何，而不是实际上的政治究竟如何的问题。

第四节　公众的意愿何在：什么构成了"民意"？

上述我们一直在使用民心、民意的概念（其中也涉及民众的好恶、欲恶等概念）谈论政治权力的目的及其正当性，并未说明儒家所说的民意、民心、好恶、欲恶概念具体是指什么，都包括了什么东西。现在我们就来看看儒家所说的这些具体是指什么，它们都包含着一些什么样的东西。政治统治、治理者要满足的民心、民意，具体就是对这些东西的实现和满足。现在一般被界定为人权的一些东西，至少有一部分就包含在儒家所说的民心和民意中，因为人性整体上没有多少变化。只是由于人类技术的发展和价值观的变化，人类对基本需求（必需的）的标准大大提高了；除此之外，人类还创造出了许多需求，这些需求让古人无法想象。

儒家理想高远，它被称为理想主义是很自然的，有的东西甚至被称为乌托邦也不是没有任何根据。借用韦伯的概念，儒家的价值理性有很强的"信念伦理"特征，它的天下一家和大同理想是人们熟悉的。儒家受到的批评之一是太理想，就某些东西来说是如此，但要注意，我们不能忘记儒家还有非常朴实的责任伦理和所确定的基本生活标准。

　　人们可以设想一下，如果连这些伦理都做不到，何谈更高的信念伦理。政治治理者同样如此，他首先要满足民众的基本需求，保证人们的生命权和生存权，使他们人身不受伤害，具有安全感，为他们创造各种条件，使他们能够谋生，能够安居乐业。然后在此基础上去发展人们更高的精神需求和更高的生活目标。如果连这些基本的方面都做不到，竟然去设想奢侈的高远理想，那就一定是不真实的承诺。

　　"正德""利用""厚生"（《左传·文公七年》）是对此的一个很好的表达。这里的道德价值可以是一般标准，它同人们基本的"利用"和"厚生"标准相协调。"厚生"的"厚"当然有伸缩性，它的下限是人们不能忍饥挨饿，要达到衣食无忧，上限可以是富裕一些。将这同孔子所说的"足食"（《论语·颜渊》）的概念结合起来，两者的标准差不多。孟子提出的保证人民生活条件的标准也是基本标准，这是孟子称为"仁政"的首要内容，落实在具体的经济政策中就是"明君制民之产"，它的基本内容是："必使仰足以事父母，俯足以畜妻子；乐岁终身饱，凶年免于死亡。然后驱而之善，故民之从之也轻。"如何具体保证呢？孟子还设计了一个以五亩宅地为中心的农民生活基本保障制度："五亩之宅，树之以桑，五十者可以衣帛矣。鸡豚狗彘之畜，无失其时，七十者可以食肉矣。百亩之田，勿夺其时，八口之家可以无饥矣。谨庠序之教，申之以孝悌之义，颁白者不负戴于道路矣。老者衣帛食肉，黎民不饥不寒。"（《孟子·梁惠王上》）这个标准也被孟子认定为物质生活的"充足"或"富足"："不违农时，谷不可胜食也；数罟不入洿池，鱼鳖不可胜食也；斧斤以时入山林，材木不可胜用也；谷与鱼鳖不可胜食，材木不可胜用，是使民养生丧死无憾也；养生丧死无憾，王道之始也。"（《孟子·梁惠王上》）按照这个标准，孟子所说的四种不幸的人（"天下之穷民而无告者"），即"老而无妻"、"老而无夫"、"老而无子"和"幼而无父"等的基本生活也能够得到保障。孟子相信这样的生活标准和保障肯定符合民众的意愿和愿望，这是孟子向治理者建议的保障人民生活的基本措施。

早期儒家的礼义和礼制同满足民众的基本生活和需求是一致的。《礼记·礼运》将人们的基本生活欲望概括为"饮食男女"（同告子将人的人性说成"食色"一致），并说这是"人之大欲"，而"死亡贫苦"则是"人之大恶"。这样的两大"欲恶"，是人"心的大端"。这是人的两种基本性情，它们包括在《礼运》所说的人的七情——"喜、怒、哀、惧、爱、恶、欲"中，是人生而就有的（"弗学而能"）先天情感和欲求。对于人的自然欲求和需求，《礼运》并不否定，它只是要求用道德规范加以节制和调节。因为如果不加节制，就会发生争夺。为了避免争夺，用"礼"进行规范就是需要的："故圣人所以治人七情，修十义，讲信修睦，尚辞让，去争夺。"这同《礼记·坊记》所说的"礼者，因人之情而为之节文，以为民坊者也"一致。"礼"根据"人情"使之"有节文"，主要是让人的自然欲求在满足的过程中不能"放纵"和"无度"。特别如同《礼记·乐记》说的那样："好恶无节于内，知诱于外，不能反躬，天理灭矣……是故，强者胁弱，众者暴寡，知者诈愚，勇者苦怯，疾病不养，老幼孤独不得其所，此大乱之道也。"①

　　荀子论说"礼"与人的欲求及其满足的协同与《乐记》一致并更为引人注目。一是荀子用"生养"去界定"礼"，说"礼者养也"（《荀子·礼论》）。根据这一界定，"礼"是对人的需求的调养，是为了保证人的生存。荀子对人性和人情的解释主要也是基于人的生存本能和生存欲求，如说人"饥而欲食，寒而欲暖，劳而欲息，好利而恶害"（《荀子·荣辱》），这是"人之所生而有也，是无待而然者也"（同上）的东西。荀子论说的"礼"不是禁欲论和苦行论，治理者也不应该这样做，因为"所欲为可得而求之，情之所必不免也……故虽为守门，欲不可去，性之具也"（《荀子·正名》）。荀子还特意批评了宋荣子等人的"情欲寡浅说"，认为如果人以此出发去对待人的情欲，那就会被人的情欲所困，因为人的情欲事实上是多而深的。对荀子来说，人的欲求应该尽可能满足。这是荀子"礼论"的一个特点。

　　二是荀子用"礼"去规范人的需求的满足。这是因为物质条件的有限性与人的欲求满足多多益善之间的矛盾。在这种情况下，如果人们对自己的欲求没有节制和适当限制，就会因追求欲求的满足而产生争夺和冲突："人生而有欲，欲而不得，则不能无求。求而无度量分界，则不

_____

①　《韩诗外传》卷五中的一段话对此是一个很好的注解："人有六情：目欲视好色，耳欲听宫商，鼻欲嗅芬香，口欲嗜甘旨，其身体四肢欲安而不作，衣欲被文绣而轻暖，此六者，民之六情也。失之则乱，从之则穆。故圣王之教其民也，必因其情，而节之以礼，必从其欲，而制之以义，义简而备，礼易而法，去情不远，故民之从命也速。"其中说"因其情"又要"节之以礼"，"从其欲"又要"制之以义"，就是在"因人情"和"从其欲"的同时又不使之过度并引起争夺和失序。

能不争；争则乱，乱则穷。"（《荀子·礼论》）因此，"礼"的目的同时又是避免人们的争夺，以使人的欲求只能在适当、适度的程度上得到满足，以使物质条件和人的欲求之间保持平衡："先王恶其乱也，故制礼义以分之，以养人之欲，给人之求。使欲必不穷于物，物必不屈于欲。两者相持而长，是礼之所起也。"（同上）如果人们为了满足自己的欲求而没有规范约束陷入争夺之中，其中一个后果就是弱者和不利者的利益得不到保护而无法满足他们的生活需求；财富不断被垄断和集中，造成社会的贫富、贵贱等不平等现象，这既不符合正义，也不利于社会的稳定。因此，"礼"又是为了避免争夺、克服"弱肉强食"的丛林法则，以保证让每个人都能够生存并满足其生活需求。礼对人们欲求的节制和适应，在荀子那里又表现为"差别"的方式："虽为天子，欲不可尽。欲虽不可尽，可以近尽也；欲虽不可去，求可节也。所欲虽不可尽，求者犹近尽；欲虽不可去，所求不得，虑者欲节求也。道者，进则近尽，退则节求，天下莫之若也。"（《荀子·正名》）

早期儒家的义利之辨主要是主张人对物质利益的追求和满足要同伦理、道德价值相符合，以孔子说的"富与贵，是人之所欲也；不以其道得之，不处也。贫与贱，是人之恶也；不以其道得之，不去也"（《论语·里仁》）这段话为例，人们对富裕和地位的欲望这本身没有错，但要用合乎道的方式获得它们，否则就是不应该；人们厌恶贫贱和摆脱它们这本身也没有错，但同样要用合乎道的方式，否则也是不应该。原则上，孔子不反对人们对物质利益的追求（"富而可求也，虽执鞭之士，吾亦为之。如不可求，从吾所好"——《论语·述而》），他的一个基本要求是富而仁、利而义。他说的"君子喻于义，小人喻而利"（《论语·里仁》），以两者对"义利"的不同选择来区分君子和小人，有精英主义的倾向，但其中也包含着社会分工上的不同，就像孟子说的"劳心者治人，劳力者治于人"（《孟子·滕文公上》）那样。

　　孟子整体上主张治理者的施政要以满足人们的物质生活条件为目的（这是我们上述已指出的），强调人应该爱护自己的身体，满足身体、形体和感官方面的需求："人之于身也，兼所爱。兼所爱，则兼所养也。无尺寸之肤不爱焉，则无尺寸之肤不养也。"（《孟子·告子上》）但孟子反对人们只追求物质生活的满足而忘记了精神人格和伦理价值的发展，正如他批评的那样："饱食暖衣，逸居而无教，则近于禽兽。"（《孟子·滕文公上》）特别是，人们为了物质利益、为了物质生活的满足而违背道义和伦理规范："饮食之人，则人贱之矣，为其养小以失大也。"（《孟子·告子上》）在物质利益与伦理价值发生不能兼得乃至发生矛盾的情况下，孟子则强调人格和伦理价值的重要性和优先性。如他将物质利益和道义类比为鱼和熊掌的关系，认为两者如果不能兼得，就应该毅然选择后者而不是颠倒过来："生亦我所欲也，义亦我所欲也，二者不可得兼，舍生而取义者也。生亦我所欲，所欲有甚于生者，故不为苟得也；死亦我所恶，所恶有甚于死者，故患有所不辟也。"（同上）孟子区分身体为"大体"与"小体"、"贵"与"贱"、"大"与"小"，区分"天爵"与"人爵"等，都说明他对伦理价值的注重和强调："体有贵贱，有小大。无以小害大，无以贱害贵。养其小者为小人，养其大者为大人"；"从其大体为大人，从其小体为小人"（《孟子·告子上》）。对孟子来说，人们不仅要满足于物质生活的需求，更应该追求伦理价值。

第五节 政治后果承担及反抗权

早期儒家建立的政治民意论要求治理者的治理和权力的运用充分顺应、符合民意、民心，这不仅是因为由此他可以获得正当性和合法性，更是因为政治权力和国家本身原本就根源于人民的意愿和需求，因为天意也源于人民的意愿。执行上天意志的天子和君主有什么理由和根据不去顺应和服从公众的意愿和需求呢？根据上述，如果说政治主要是获得权力和运用权力的领域，那么权力就必须以公众的意愿、利益的满足和实现为目的，并以各种制度和公共决策来达到这一目的。这是早期儒家就具有的强烈的政治理念和渴望。君主对权力的运用可能没有完全以满足公众的意愿和需求为目的，出现了权力的异化和滥用，没有建立起良好的政治秩序，或者相反，出现了违背公众意愿和利益的政治后果，乃至恶政和暴政。在儒家看来，要如何避免呢？如果避免不了，又如何面对呢？

儒家首要的一个承诺是，统治者根本上必须是一个有美德和贤能的人。原则上说，任何治理都必须有制度和规范（如法律的、伦理的），现代治理更不用说了，其法律的复杂性超过了历史上的任何时期。儒家承认硬性尺度特别是刑律和政令在治理中的必要性和作用，"礼"是介于法和德两者之间的东西。相比于硬性标准，儒家将柔性的"德"及其相应的教化作为首要的治道①，相信具有道德人格的君子、贤人特别是圣人就是理想的君王，他们能够造就出良好的社会生活和秩序，他们相信这不是空想和乌托邦，它是被远古尧舜帝王和"三代"圣王证实了的历史事实。儒家一直将天下有道的盛世寄托在典范人格上，这使它具有了贤能政治的特点。这样的贤能政治在近代以来一直受到质疑和批判，其中一个理由是这种政治没有制度上的保证。但这是对传统儒家的过分要求。

　　不管如何，从早期儒家开始，贤能政治被看成是治道的根本。儒家在这方面有大量的话语和论说，这里不需多言。我们举一个孔子评价子产的例子。为了使郑国人能够表达自己的意见和意愿，子产在郑国设立乡校使人们来到这里议论甚至批评时政。但他的臣属看到这种情况建议撤销它，但子产不赞成，他说的理由非常开明和明智："夫人朝夕退而游焉，以议执政之善否。其所善者，吾则行之；其所恶者，吾则改之。是吾师也，若之何毁之？我闻忠善以损怨，不闻作威以防怨。岂不遽止？然犹防川：大决所犯，伤人必多，吾不克救也；不如小决使道，不

---

①　现代社会被认为是法治社会，它有很多硬性的法度，更有大量的调整利益关系的民法，这是它同古代的法律治理差别很大的地方。儒家的治理主要是强调治者的美德及其教化，而将硬性的法律惩罚看成是辅助的。罗素说："治理人民终究不是依靠暴力的，而是依靠投合人类共同愿望的那些人的智慧。"（［英］罗素：《权力论：新社会分析》，吴友三译，北京：商务印书馆，1991年，第194页）

如吾闻而药之也。"（《左传·襄公三十一年》）① 这是一个非常合乎民心、民意的做法，子产赢得了孔子的肯定。孔子评论他说："以是观之，人谓子产不仁，吾不信也。"（同上）

如果君主的治理产生了问题和不良的后果，对儒家来说，其政治责任根本上就要由君主来勇敢承担而不是归罪于民众。说起来，在《尚书》的记载中我们看到，商汤认为他要主动承担政治责任、不能将之归咎于百姓的著名言论并被引用。如《国语·周语上》说："在《汤誓》曰：'余一人有罪，无以万夫；万夫有罪，在余一身。'"根据《吕氏春秋·顺民》的记载，这是商汤面对国家持续严重干旱而说出的罪己的话，他同时还进行了自我惩罚："昔者汤克夏而正天下，天大旱，五年不收，汤乃以身祷于桑林，曰：'余一人有罪，无及万夫。万夫有罪，在余一人。无以一人之不敏，使上帝鬼神伤民之命。'于是翦其发，磨其手，以身为牺牲，用祈福于上帝，民乃甚说，雨乃大至。则汤达乎鬼神之化，人事之传也。"商汤等三代明王的这类言论和观念，在《论语·尧曰》被记载："尧曰：'咨！尔舜！天之历数在尔躬，允执其中。四海困穷，天禄永终。'舜亦以命禹。曰：'予小子履，敢用玄牡，敢昭告于皇皇后帝：有罪不敢赦。帝臣不蔽，简在帝心。朕躬有罪，无以万

---

① 子产的思想和做法有可能受到了西周末如召公的影响。召公对于厉王的专制治理（"弭谤"和人们"道路以目"）提出了批评，认为禁止人们的言论就像堵塞河川的水道那样，一旦溃决就会产生巨大的灾难。对于人们的言论同样如此，如果一味地控制和压制，那也会产生灾难。因此，他提出开放言禁。但厉王没有接受他的劝告，结果可想而知（《国语·周语上》）。

方；万方有罪，罪在朕躬。'周有大赉，善人是富。'虽有周亲，不如仁人。百姓有过，在予一人。'"①在《孟子·梁惠王下》中我们也看到了这类引用："《书》曰：'天降下民，作之君，作之师。惟曰其助上帝，宠之四方。有罪无罪，惟我在，天下曷敢有越厥志？'"儒家的这些引用表明，他们认为治理者的过错决不能转嫁给天下，必须由治理者承担；即使是天下有罪，百姓有过错，也不要去归咎于天下和百姓，也要由治理者来承担，民众不用担心会受到惩罚。孔子担任司法职务时，他处理一对父子的诉讼案，将他们抓起来然后又释放了，这样做的原因是，他认为这是治理者失去教化造成的后果。

如果公众遇到了暴君和邪恶的君主，又应该如何去看待和面对呢？儒家决不主张让人们去忍受违背民意、民心的暴君统治，公众又有谁内心里愿意忍受。同样，"三代"政治传统已有革命的思想。儒家颂扬"汤武革命"，不仅是因为周人认为他们的革命是正当的，儒家也认为是正当的，儒家相信周人的革命具有顺应"天"（"天意"）与响应"人"（"民意"）的双重正当性根源（"顺乎天而应乎人"——《易·革·彖传》）。《左传·襄公十四年》记载了晋悼公和师旷有关卫国逐其君的一次对话："晋侯曰：'卫人出其君，不亦甚乎？'对曰：'或者其君实甚，良君将赏善而刑淫，养民如子，盖之如天，容之如地，民奉其君，爱之如父

---

① 《墨子·兼爱下》也引用说："汤曰：'惟予小子履，敢用玄牡，告于上天后曰：今天大旱，即当朕身履，未知得罪于上下。有善不敢蔽，有罪不敢赦，简在帝心。万方有罪，即当朕身。朕身有罪，无及万方。'"

母，仰之如日月，敬之如神明，畏之如雷霆，其可出乎？夫君，神之主也，民之望也，若困民之主，匮神乏祀，百姓绝望，社稷无主，将安用之，弗去何为，天生民而立之君，使司牧之，勿使失性，有君而为之贰，使师保之，勿使过度。……天之爱民甚矣，岂其使一人肆于民上，以从其淫，而弃天地之性，必不然矣。'"这段话其中的少量部分前文已有引用，从整段话可以看出，师旷明确为卫国人推翻其君主统治的行为进行了辩护，认为这是完全应该和正当的。按照早期儒家的理念，他们也会接受师旷的革命思想。孟子发展了这种反抗和革命的思想。梁惠王同孟子的一次会见是在池沼边上，他得意地问孟子有没有欣赏鸟禽的乐趣。主张与民同乐的孟子不会迎合他，孟子毫不客气地引用《尚书·汤誓》的一句话"时日曷丧，予及女偕亡"，并引申说"民欲与之偕亡，虽有台池鸟兽，岂能独乐哉！"（《孟子·梁惠王上》）当人民愤怒、怨恨到要同君主一起去死的时候，君主还能保持他的什么特权？同这一思想完全一致，对于失去了合法性、正当性的政治，对于失去了民心、民意的君主，孟子认为诛伐暴君完全是正当的。齐宣王询问孟子有关商汤流放夏桀、武王征伐商纣的真实性，并将它看成是臣属对君主的大逆不道，而孟子则完全肯定其正当性，认为他们的做法不是弑杀，而是讨伐和惩诛："贼仁者谓之贼，贼义者谓之残；残贼之人，谓之一夫。闻诛一夫纣矣，未闻弑君也。"（《孟子·梁惠王下》）孟子的这一论断非常著名，并成为儒家传统非常有影响的政治叙事之一。

我们已经非常习惯儒家的"民本论"了，对这里提出儒家的"民意论"很可能不以为然。这很正常，正如新的东西总是让人不容易适应那样，要让人适应异论总是需要一个过程。如果进行深入细致的考察，我们就能发现儒家的"民意论"同儒家的"民本论"确实是既有联系同时又很不相同的另一种形态的政治话语和论说，是对基于民意、民心的政治权力的正当性和合法性基础的思考和认知。它为政治权力确立了根本的目的和为实现这一目的必须如何行动而要遵循的原则。在上述五个部分的探讨中，我们可以清楚地看到，儒家的"民意论"解释政治权力（化身为"君主"）的起源就认为上天（天意、天义）设立君主的目的和初衷就是为了公众的利益和福祉，而绝非为了君主本身（那只是私天下的结果）。与此相连，儒家进一步认为，天下是天下的天下，天下是公众的天下；认为天意来自民意。这就意味着君主无条件地服从天意就是无条件地服从民意，意味着君主对权力的运用必须服务于公众的目的，君主必须最大限度地满足公众的生存、安全和自我人格的发展等重要需求；这也同时意味着，如果君主的权力被不正当地使用并产生异化和政治后果，就要由君主来承担，不能归咎于社会公众；意味着公众也有基于政治正义的反抗权来改变恶政和暴政。

第十三章 "成就自身"的智慧：儒家的道德自主性和自我反思

第一节 儒家成就自身的智慧：人的道德自主性和自我反思

广义的"儒家智慧"包括两个方面，一是区分是非、对错的道理理性；二是明辨善恶、好坏的伦理理性。《论语》中谈到的"知"和"智"，包括孔子说的"智者不惑"的"智"，还有后来所称的"五常"中的"智"，可以说同时就包括了这两个方面。但进一步来说，儒家的道理理性和伦理理性具有紧密的联系，不能截然分开，尤其是儒家主张的智、明智、明哲主要在于追求伦理价值，以成就人自身的品德和德行为中心。儒家的这种"自我完善"始终同家庭、族群、国家和天下的良好秩序目标连接在一起，它是私德与公德的统一体，而不是洁身自好或独善其身意义上的自我满足和心安理得。这是儒家伦理理性的一个明显特点。

同这一特点联系在一起的儒家伦理理性的另一个特点是，人"成就自身"主要取决于自我的道德自主性和自我反思。儒家有一种很强烈的道德自我认知和反思意识，这种意识建立在这样一种普遍的意识中，即自我是伦理和道德的主体，伦理价值和道德原则的实现都要从自我出发，而不是从他者出发。自我在与他者发生各种交往时，如果彼此之间产生了矛盾、摩擦乃至冲突，儒家也是要求人们"首先"进行自我检查、检验和反思，从自身中寻找造成彼此之间矛盾、冲突的原因，而不是首先对他者、对他人进行伦理和道德追问、诘难和否定。这两者儒家叫作"求诸己""反求诸己"。前者如孔子说"君子求诸己"（与此不同的是"小人求诸人"——《论语·卫灵公》）。对孔子来说，"求诸己"而不是"求诸人"，这是人的道德自主性的自我认证。后者如孟子说"行有不得者，皆反求诸己"（《孟子·离娄上》）。对孟子来说，"反求诸己"是人发展伦理人格的首要方式。由"求诸己"和"反求诸己"构成的自我道德自主性、实践和反思意识，可以说是儒家伦理学的一个鲜明特征。如果将之同儒家的推己及人的"恕道"结合起来，儒家伦理学整体上"求诸己"和"反求诸己"的特点就更为明显。

伦理评价一般有自我对他者的肯定或否定、自我对自己的肯定或否定两种方式。对他者的肯定或否定常常表现为伦理赞扬或谴责，对自己的肯定或否定则表现为自慊或内疚。儒家的"求诸己"和"反求诸己"的道德自我认证、实践和反思强调的主要不是对他者的道德肯定或否定，而是自我对自己进行的道德认证、实践、反思和评价，其中也包括自我评价的自慊或内疚。对儒家来说，伦理首先是每个人对"自己"的要求，是每个人自己的道德认知、道德践履和反省。这既是每个人从事一切事务的出发点（"壹是皆以修身为本"），又是他成就自我（"为己之学"）的最好方式。

第二节　道德自主性和施于及勿施

儒家"求诸己"的道德自主性意识，从孔子的两句话中可以清楚地看出。孔子的一句话说："为仁由己，而由人乎哉"（《论语·颜渊》）；孔子的另一句话说："我欲仁，斯仁至矣"（《论语·述而》)。按照孔子所说的这两句话，伦理道德价值的实践和实现，完全取决于"自我"而不是"他者"。孔子倡导的"推己及人"的"恕道"与此整体上是一致的。恕道将自我价值的实现与他者价值的实现（"己欲立而立人，己欲达而达人"——《论语·雍也》）统一起来，它不是简单的利他主义或利己主义，它是建设性的利己与利他的统一。与这种意义上的恕道不同的是"己所不欲，勿施于人"（《论语·卫灵公》），这是要求人们不要对他人造成伤害而要进行自我约束和自我控制。儒家的"求诸己"包括了恕道的施于和勿施这两个方面。

不管是施于，还是勿施，儒家的"求诸己"原则都主张自我先行和率先践履。对儒家来说，一个人如果想要得到他人的爱和尊敬，他自己首先就要对他人施于仁爱和尊敬。正如"礼尚往来"（"先予后取"）这四个字所表达的那样，这当然体现了伦理价值的相互性和平等性（它不是单方面纯粹的施于，也不是单方面纯粹的接受）。在伦理相互性和平等性的总体性关系中，谁是施于者和谁是接受者，在不同情况下不是固定不变的。施于者可以首先是他人，自己也可以是接受者和回报者。但按照儒家伦理"求诸己"的原则，自己应该首先是施于者，然后自然得到他人的回馈和回报。儒家这种"求诸己"的原则，我们叫作自我"付出优先"原则。

先看一个例子。《国语·晋语四》记载重耳（晋文公）犹豫是不是接受秦穆公的女儿怀嬴嫁给他。此前怀嬴曾被秦穆公许配给曾在秦国做人质的子圉。重耳担心这会影响到他同子圉的关系，因此想推辞这一婚事。为此他征询几个人的意见，其中有子余。子余引用《礼志》上的一段话，向他说他应该接受这门婚事。《礼志》上的这段话是："将有请于人，必先有入焉。欲人之爱己也，必先爱人。欲人之从己也，必先从人。无德于人，而求用人罪也。"《礼志》的说法是自我伦理优先，即一个人要"有求于人"，他先要"有施于人"；他要想使别人听从自己，他首先要听从别人；他想要别人来爱他，他首先要爱别人。

儒家伦理的自我"施于优先"原则，可以举出郭店简《成之闻之》和《孟子·离娄下》中的例子。《成之闻之》先是从政治上谈论自我伦理"优先付出"。它认为，在上的治理者如果不能首先运用道（"以道"）来治理，他要想使在下的百姓接受他的治理则是十分困难的。同理，如果在上者不能首先善待他的百姓，他的百姓将会以更多的不好的东西来回应他。然后，《成之闻之》将政治上治理者的伦理优先付出，切换到如何做一位君子上。它提出一位君子如果"所复之不多，所求之不远"，他就需要先私下好好"反诸己"，以此来知晓别人是如何想的（"知人"）

和别人为什么会那么做。由此，它得出了两个结论。其中一个是："是故欲人之爱己也，则必先爱人；欲人之敬己也，则必先敬人。"在这个结论中，爱人和被爱、敬人和被敬这两种伦理价值的实现有先后顺序，即自己要"先爱"别人、自己要"先敬"别人。这是自己能够被爱、被敬的前提。另一个结论是："是以智而求之不疾，其去人弗远矣；勇而行之不果，其疑也弗往矣。"按照这个结论，一个有智慧的人，一个勇敢的人，如果他谋求不迅速时，他的行为没有结果，他就不能超过别人，他也就得不到别人的响应。显然，这也是从一个人自己首先做得如何为出发点。

在《孟子·离娄下》中，孟子谈到人如何做一个君子。他先是指出君子同一般人的不同之处："君子所以异于人者，以其存心也。君子以仁存心，以礼存心。"按照孟子的说法，君子首先要"存心"，他要用仁爱去充实自己（"以仁存心"），要用礼去充实自己（"以礼存心"）。君子只要这样做，他就会去爱别人，去尊敬别人；而且只有他自己率先和坚持这样做，他就能常常得到他人的爱和尊敬（"爱人者，人恒爱之；敬人者，人恒敬之"）。

以自我伦理"优先"履行的"求诸己"方式，这首先是人的自我实现和自我成就，并也成就了他者和得到他者的回报。这是人应该做什么的肯定性的、建设性的"求诸己"方式。与此不同的"求诸己"的方式是人不要做什么和要避免做什么，这是人约束自己和控制自己的否定性方式，是上述"己所不欲，勿施于人"所表达的"求诸己"方式。伦理上的善恶、好坏一正一反。善和好是应该做的，恶和坏则是不应该做的。儒家相信人们有共同的价值观和喜好，认为一种对自己不好的东西，对别人同样如此；一种自己不喜欢和不希求的东西，别人也不会喜欢和希求。人如果将心比心，设身处地，他就不应该将这种东西施于他人。这种做法同样是先"求于己"，即自己首先要避免有不好的言行。《论语·公冶长》记载子贡的话说："我不欲人之加诸我也，吾亦欲无加诸人。"但在现实中，人们一方面不希望别人加诸他自己不喜欢的东西，另一方面却又容易把自己不喜欢的东西施加给他人。因此，孔子认为做到这一点十分不易。加上孔子对子贡的了解，他马上告诉子贡说，这是他做不到的事情。

第三节 "反求诸己"和自我检证

儒家主张的一正一反（自己首先应该做什么和首先不应该做什么）的"求诸己"的方式，都是要求自我相对于别人首先要去践履伦理价值和道德准则，而不是相对于自己首先要求别人应该如何做和不应该如何做。只有从这种自我伦理优先出发，别人才能像自己期望的那样对待自己。但问题的复杂性在于，在现实中，一个人是不是能做到伦理自我优先？回答是，不一定。还有，如果我做到了伦理自我优先，别人真的就能像自己期望的那样善待我吗？同样，不一定。反过来说，如果别人对我不好，那是不是我没有先求诸己呢？这也不一定。

不管是哪种情况，儒家总是要求先"反求诸己"，先要进行自我反思，先要检查自己实际上做得如何。《论语·学而》记载，曾子说他一天要进行三次自我反思——"吾日三省吾身"。他反思的是什么呢？第一，他反思他的"为人"是不是"谋而不忠"；第二，他反思他与"朋友交"是不是"不信"；第三，他反思他接受教育是不是"传习"了。这说明曾子认为这三者在人的伦理生活中非常重要。人离不开交往，但由于个性差异、看待事物的方式和价值观的不同，人与人之间的友好交往并不容易。《论语·子张》记载，子夏的门人问子张对于交往的看法。子张先问他的老师子夏如何看。他说："子夏曰：'可者与之，其不可者拒之。'"子张不赞成子夏的说法，他说他听到的说法是"君子尊贤而容众，嘉善而矜不能"。子张采取了包容的立场，而且他还进一步补充说，如果我是一位贤人，不是更能包容别人吗？否则，别人将首先会拒绝我，我怎么去拒绝别人："我之大贤与，于人何所不容。我之不贤与，人将拒我，如之何其拒人也！"子张的说法体现的是"反求诸己"而不是责怪别人的立场。这一立场，同孔子说的"见贤思齐焉，见不贤而内自省也"（《论语·里仁》）一致。

再看看孟子的这种意义上的"反求诸己"。《孟子·离娄下》设想，如果有一个人"其待我以横逆"，那么一位君子就首先"必自反"。人出于天然的自我保护和自我认同心理，很容易先去批评别人和指责别人（"严于律人，宽以待己"）。一个人对我不友好，我或者很容易认为这首先是这个人的问题，而不是我的问题；或者我以不友好的方式直接回敬之。但孟子的主张是，这时我首先要去反思自己、检查自己。检查自己是不是"必不仁""必无礼"。我首先要问问人家为什么会如此对待我。经过反思和检查，如果我实际上有仁爱，也有礼，但别人依然蛮横地对待我，那我还要进一步去反思，我是不是没有做到"忠诚"。如果我做到了忠诚，但别人依然那样对待我，只有到了这时，一位真正的君子才可以去指责说那个人蛮横无理，说他是一位"狂妄者"。

可以看出，孟子的"反求诸己"标准非常高。《孟子·离娄上》的一段话也是主张这种意义上的"反求诸己"。这段话先是说如果一个人能够爱人、治人、礼敬人，但却得不到相应的回馈，他要做的首先仍是"反其仁""反其智""反其敬"，再看看自己是否做到了。要求伦理自我反复和严格的反思，孟子提出一个人在任何情况下都要如此行事的普遍性论断："行有不得者，皆反求诸己。"这是很强的"求诸己"原则。对孟子来说，人只要"求诸己"，人只要真正做到了"身正"，那"天下"的人就会最终归服你。孟子引用《诗·大雅·文王》的诗句"永言配命，自求多福"，认为人的幸福都是按照理性"自求"的结果。《孟子·公孙丑上》记载，孟子同他的弟子公孙丑讨论"不动心"和"勇气"。孟子引用曾子对他的弟子子襄说过的话（这话又是孔子对曾子说的），向子襄说明什么才是"大勇"："昔者曾子谓子让、子襄曰：'子好勇乎？吾尝闻大勇于夫子矣：自反而不缩，虽褐宽博，吾不惴焉。自反而缩，虽千万人吾往矣。'"按照孔子所说，真正有勇气的人，就是能够通过自我反思准确认识自己并做出正确选择的人。一个人通过自我反思清楚地认识到自己的道德缺失（"不缩"即"不直"），即使他面对社会底层的人，他也不会恐吓他们；但如果他经过自我反思，确认了自己的正直，即使面对千万之众，他也将勇往直前、毫不退却。

第四节　自我反思和无怨论、羞耻感

儒家坚持道德评估上的"反求诸己"的优先原则，除了上述的方式，它还主张伦理和道德上的"荣誉感"、"无怨论"和"羞耻感"。追溯人类伦理和道德的起源，人们发现人类最初从言行中演化出伦理价值和道德规范，就同人们希望得到肯定和赞扬的荣誉感和避免被否定的谴责和羞耻心有关。为了获得人们的赞扬和称赞，人们常常就会去做些大家所期待的行为；相反，为了不受到人们的鄙视、谴责，人们一般就不去做别人所不希望的行为。这两者的发展就演化出了人类在伦理道德上的荣誉感和羞耻感。人们希望被肯定和赞扬，希望死后留名，就是追求荣誉感。中国"三不朽"观念中的"立德"就反映了人们希望留名的愿望（老子说的"死而不亡者寿"也是这个意思）。

但人们渴望受到称赞的荣誉感不容易满足，在古代交往和公共舆论空间有限的情况下，人们的言行不容易被广泛传播，甚至不为人知而默默无闻。对儒家来说，人要为人所知，不是想办法去传播自己，而是要做出令人敬佩的事情。这才是人要忧虑的地方："不患无位，患所以立。不患莫己知，求为可知也。"（《论语·里仁》）人的努力和行为，有时可能得不到人们的理解。如孔子周游列国时就受到了隐士的嘲讽。《穷达以时》提出了超越一时荣辱的价值观，认为人被误解又得不到澄清，他

能做的就是不为一时的"毁誉"所左右（"誉毁在旁，听之任之"），认为人追求的正义事业即使受到挫折，他能做的是始终如一地坚持德行（"穷达以时，德行一也"）。《穷达以时》最后得出的结论是"君子敦于反己"。

荀子从更广的意义上说明这种可能性："士君子之所能〔为〕不能为：君子能为可贵，不能使人必贵己；能为可信，不能使人必信己；能为可用，不能使人必用己。"（《荀子·非十二子》）荀子举出的这些情形，对人们来说当然是不幸的。但人们如何对待这些不幸的情形呢？荀子主张超越它们，人们要做的是不要为此而感到耻辱，他真正要感到耻辱的是他没有努力去提高自己："故君子耻不修，不耻见污；耻不信，不耻不见信；耻不能，不耻不见用。是以不诱于誉，不恐于诽，率道而行，端然正己，不为物倾侧，夫是之谓诚君子。"（同上）

对于一个人不为人所知，孔子的回答是"人不知而不愠，不亦君子乎？"（《论语·学而》）人不仅可能不被人所知，而且甚至可能被人误解、遭到不公正的待遇。人们如何面对这种情形呢？对此孔子有几个回答。一是人要"躬自厚，而薄责于人"（《论语·卫灵公》）。二是"以直报怨"（《论语·宪问》）。这是孔子回答"以德报怨"这一问题时提出的。三是"不怨天，天尤人；下学而上达。知我者，其天乎！"（同上）照此来说，人不仅不要抱怨，而且要继续努力。这样，他就会被天所知。孔子将伯夷、叔齐看成是宽容和无怨的典范，说他们"不念旧恶，怨是用希"（《论语·公冶长》）。《礼义·射义》以射击为仁之道的隐喻（"射者，仁之道也"），说射击首先要端正自己，然后射出箭，如果自己没有击中而别人击中了，那就不要去抱怨胜过自己的人，而是去检讨和反思自己哪里做得不够。受这一隐喻的影响，孟子说做一个仁者就如同练习射击（"仁者如射"），同样强调射击首先要端正自己，自己射不中不要去怨恨胜己者，而要"反求诸己"（《孟子·公孙丑上》）。

同荣誉感相反的是人的"羞耻感"，这既是道德评价的产物，又是维持道德原则有效性的方式。人的羞耻感同样是建立在人的自我反思中。人们要对什么引以为羞耻呢？孔子谈到了一些方面。《荀子·宥坐》记载，孔子认为羞耻的事情（"吾有耻也"）是"幼不能强学，老无以教之，吾耻之"。《论语·宪问》中孔子说的是"君子耻其言而过其行"（《论语·里仁》中孔子说的"古者言之不出，耻躬之不逮也"与此一致）；《论语·公冶长》中孔子说的是"巧言、令色、足恭，左丘明耻之，丘亦耻之"；《论语·泰伯》中孔子说的是"邦有道，贫且贱焉，耻也，邦无道，富且贵焉，耻也"（《论语·宪问》中孔子说的"邦有道，穀。邦无道，穀，耻也"同样）。这是孔子在不同地方认为人们应该引以为耻的地方。孟子谈到的"羞耻"有："声闻过情，君子耻之。"（《孟子·离娄下》）孟子将有没有羞耻感看得很重要，说："耻之于人大矣，为机变之巧者，无所用耻焉。不耻不若人，何若人有？"（《孟子·尽心上》）孟子更认为人如果没有羞耻感，那这本身就是最大的羞耻："人不可以无耻，无耻之耻，无耻矣。"（同上）

儒家的道德自主性、"求诸己""反求诸己"的道德自我反思意识，有很久的历史来源。如《诗·大雅·文王》说的"永言配命，自求多福"，将获得幸福看成是个人努力的结果；如《尚书·伊训》说的"居上克明，为下克忠；与人不求备，检身若不及"，强调宽以待人，严于律己。两者对人的自主性和首先自我反思的主张，在早期儒家中得到了充分的自觉和扩展，在儒学之后的演变中又被充分发展，成了儒家伦理学大传统的一个重要部分。

儒家追求的智慧是成就自身的智慧，追求的真理是伦理道德自主性、求诸己和反求诸己的真理。孔子说："古之学者为己，今之学者为人。"（《论语·宪问》）一位真正懂得了"为己"的人，他就知道什么是最好的价值并为自己做出正确的选择。正如亚里士多德所说："善良的人是应该最爱自己的人，因为一切理智都为自己选择最好的东西，把最大的善分给自己，他们重视高尚胜于一切，他们是真正的自爱者。"[①]为自己选择最好的东西，对儒家来说就是选择和实践伦理价值和道德原则。选择它们和实践它们是最高的智慧，也是最好的"为己"、"求诸己"和"反求诸己"。正如荀子对"为己之学"解释的那样："君子之学也，入乎耳，箸乎心，布乎四体，形乎动静。端而言，蝡而动，一可以为法则。小人之学也，入乎耳，出乎口，口耳之间则四寸耳，曷足以美七尺之躯哉！古之学者为己，今之学者为人。"（《荀子·劝学》）

---

① ［古希腊］亚里士多德：《尼各马科伦理学》，苗力田译，北京：中国社会科学出版社，1990年，第201页。

下　篇

第十四章 圣创论的图像和形态：社会起源论的中国版本

追溯、探寻社会、国家、政治以及更广意义上的文明的起源，是人类的强烈冲动和抑制不住的好奇心之一。过去如此，现在也如此。[①] 只是我们选择的途径、采取的方法和用之于何处的目的有所不同罢了。历史上东西方文明中留下了许多社会起源说的记忆和证言，其中西方的一种版本和模型是影响广泛的社会契约论（social contract theory）。[②] 人们在不同视角下对此的讨论之多，在跟我们如何面对中国历史上这一论域进行比较时就显得愈加明显。[③] 中国历史上有关社会起源说的主要形

[①] 对人类文明、社会和国家起源的整体性研究，较早有摩尔根的《古代社会（新译本）》（杨东莼、马雍等译，北京：商务印书馆，1977 年）和维柯的《新科学》（朱光潜译，北京：商务印书馆，1989 年）等典范性著作。一些新近的考察和探讨，参阅哈斯的《史前国家的演进》（罗林平、罗海钢译，北京：求实出版社，1988 年）、徐旭生的《中国古史的传说时代》（桂林：广西师范大学出版社，2003 年）、王震中的《中国文明起源的比较研究》（北京：中国社会科学出版社，2013 年）和《中国古代国家的起源与王权的形成》（北京：中国社会科学出版社，2013 年）等。

[②] 为了方便讨论，我这里说到的社会契约论主要是指霍布斯和洛克的，而不是指卢梭的。

[③] 有关西方社会契约论的研究，参阅周少来：《人性、政治与制度：应然政治逻辑及其问题研究》，北京：中国社会科学出版社，2004 年。

态是什么呢？这里的探讨就是要对此提出说明。我们有充分的根据称它为圣创论（sage creation theory）或创建论。这是一个能够被明确标识的理论，也是中国历史上最显赫、最有影响力的社会起源解释版本。东周子学时代，是中国智慧和思想的突破时代，是经过"三代"文明的长期积累和连续性而达到的波峰时代或突破时代。一些子学家们就文明、社会和国家等的起源进行了各种推测和想象，刻画和塑造出了一些不同的故事，诸如神创论、圣创论和自然（自发）演进论等类型，造就了漫长历史上中国社会起源论（或诞生论）衍变和推演的源头活水。但强度能同西方社会契约论版本相比的则是圣创论。在抽象和若干具体的意义上，圣创论同社会契约论具有类似性，但两者的实质很不相同。社会契约论以自然状态下的权利者和利益相关者的个人相互约定和同意为前提，而圣创论则是以超凡的智者、贤能者和有德者为民请命的姿态出现，它是一种圣人、圣贤为先民立则论（"圣作则"），是一种圣贤史观或先知史观。圣创论同自发演进论更不相同，后者整体上将政治、国家和制度的起源视为人类非意图、非理性设计的产物，而圣创论则坚持认为社会、国家和制度是人类高度意图化和理性化的结果。回溯一下近代以来中国政治哲学的研究就容易发现，我们对社会起源论展开的探讨相当有限。① 中国的圣创论有一个从发生到奠定以及之后持续演变的历

---

① 如刘师培的《古政原始论》（宁武南氏校印，1912 年）、萧公权的《中国政治思想中之政原论》（《清华学报》1934 年第 3 期）等；另参阅王振海的《关于国家起源本质与特性的再思考》（《文史哲》1999 年第 3 期）、徐国利的《中国古代国家起源论的发展及其特征》（《史学史研究》2012 年第 3 期）、张师伟的《中国传统政治话语中的国家起源及其政治伦理》（《江苏行政学院学报》2020 年第 3 期）。

史论域，也有一个学说上的整体图像、形态及不同于其他版本的独特性（尤其是对照于西方的社会契约论版本）论域。对我们来说，这两者都存在着不少模糊不清的地带。这里我不考察它的演变史，而主要是探讨它的整体图像、基本形态以及在同社会契约论的对比中可识别的基本特性。

第一节　谁是和何以能够成为创建者？

除了社会学意义上的社会，人们使用的社会起源中的社会概念，有时是广义上的，指人类社会中的一切东西（包括人类创造的工具文明等），如摩尔根的"古代社会"中的社会；有时是狭义上的，主要指权力、国家及其制度等政治共同体中的事物，如社会契约论意义上的社会。在一些情况下，社会概念的不同所指是被混在一起使用的，没有被划分出一条明确的分界线。洛克是将社会与政府和国家区分开的人，卢梭则不是；滕尼斯"共同体和社会"的"社会"概念所指宽泛。适合我们这里讨论圣创论的社会概念是在广狭两种意义上灵活使用的。中国历史上表达政治和国家起源的概念，有时用"群"，有时用远古的一些具体人物谱系来叙说，但更多的是用诸如君、政长、圣王等一类治理者的概念来表达。子学家们将君、政长、官长等作为社会和国家的象征性符号，认为世界上有了君、贤者、圣者、天子、王，就意味着有了文明、社会、政府和国家。

对照西方的君权神授论、社会契约论和自发演进论等，中国有天立论、圣创论和演进论，还有具体历史人物的造就论等。整体上，在东西方不同版本的社会起源论中，自发演进论比较弱，较强的版本是神创论，更强的版本则是社会契约论和圣创论。若说社会契约论是西方解释社会和国家起源的最强版本，那么圣创论则是中国历史上解释社会和国家起源的最强版本，虽然两者是很不相同的版本。圣创论将社会、政府和国家看成是由超凡的圣王和圣贤创建的。我们这里使用的圣创论的圣这一符号，首先就明示了谁是国家的最初创建者。所谓圣王、圣贤是中国先哲们对智者、先知、英雄等超凡者这一类人的简称或统称。子学家们除了用圣王指称国家的创建者外，还使用了其他一些符号。刘师培考察主、皇、帝、天子、王、天王、君、尹、后、元后、群等符号，认为这些词汇都是"君长"的近义词。"君长"是指政权、教权的建立者、拥有者以及神权的代表者。[①] 子学家们也是用一些相近的语词指称创建者。墨子用的是圣王、主、政长、天子；商鞅用君、王、贤者；《管子》用君、贤人、智者；《易传》用圣人；荀子用先王、明王；《逸周书》用明王；韩非用圣人；《吕氏春秋》用先王、君、天子和圣人；陆贾用天子、先圣、君；《淮南子》用圣人；《汉书·刑法志》用上圣、君、王、圣人；王符用圣人、君；柳宗元用君长；顾炎武用圣人；黄宗羲用君；王夫之用君、圣人等。抽样中列举出的用来指称创建者的词汇，主要是君、天子、圣人、王、圣王等。同这些符号相联系的上古伟大历史人物有孟子心目中的尧、舜；有韩非心目中的有巢氏和燧人氏、尧禹；有

---

① 刘师培：《古政原始论》，宁武南氏校印，1912 年，第 5—9 页。

《系辞传》中的包羲氏、神农氏、黄帝、尧、舜；有上博简《容成氏》中的容成氏、大庭氏、卢氏、赫胥氏、乔结氏、仓颉氏、轩辕氏、神农氏、杭氏、垆蹕氏等。①

　　圣人、圣王、君主或传说、记载的上古历史人物之所以能够成为文明和国家的创建者，是因为这类人被认为是人类中的超凡者，是芸芸众生中的先知、巨人或英雄。"圣"字在甲骨文中就出现了，它的构造同人的口说和听觉敏锐有关，有"聪"这个字的意思，指人聪明、聪慧，被用来指称人群中最有才智和才能的人。儒家为"圣"赋予了强烈的伦理道德意义。子学家们普遍使用"圣""圣人""圣王"等词汇，但各派为其赋予的意义和用法有所不同。它们在抽象的意义上被使用，也被用来指称史前、上古至"三代"一些非凡的历史人物。《吕氏春秋·察今》称："是故有天下七十一圣，其法皆不同"，称其在才智、才能上的超凡和卓越是这几个词语义的最大公约数。子学家们没有明确说，圣或圣人的天才性是天生的还是后天的。按照孔子所说的"唯上智与下愚不移"的说法和所做的中人以上和中人以下的区分，人的才智的高低具有先天性。超凡者应是先天和后天两方面因素共同作用的结果。圣人对人类的

---

　　① 出土文献上博简《容成氏》（载《上海博物馆藏战国楚竹书》（二），上海：上海古籍出版社，2002 年）记载的这些史前创建者被并列在一起叙述应有所据。照其所说，上古之世的王天下者，同时也是国家和政治的创造者。他们"之有天下，厚爱而薄敛焉，身力以劳百姓，其政治而不赏，官而不爵，无勉于民，而治乱不倦，故曰贤"；他们"之有天下也，皆不授其子而授贤。其德酋清而尚爱下，而一其志，而寝其兵，而官其材"。《庄子·胠箧》中记载的上古巨人有："昔者容成氏、大庭氏、伯皇氏、中央氏、栗陆氏、骊畜氏、轩辕氏、赫胥氏、尊卢氏、祝融氏、伏牺氏、神农氏。"这些史前历史人物当时被记载下来，是基于传说，还是依据什么文献记载，很难一一求证。

重要性按韩愈的说法是"如古之无圣人，人之类灭久矣"（《原道》）。

文明和国家的创造者也被称为"王"。《说文》释"王"为"天下所归往"的人。人们为何心甘情愿地服从王的权威，为什么会有"溥天之下，莫非王土；率土之滨，莫非王臣"（《诗·小雅·北山》）的天下秩序，按照孔子的解释，因为"王"是能够将天地人贯通起来的人（"孔子曰：一贯三为王"——《说文》引）。董仲舒解释古人创造"王"这个字的初衷说："古之造文者，三画而连其中谓之王。三者，天、地、人也，而参通之者王也。"（《春秋繁露·王通道三》）这可能不是"王"字造字的本义。甲骨文中的"王"字是一个象形字 $\vee$ 、 $\mathbf{I}$（金文写作 $\mathbf{王}$），构形像一把斧头，下部像斧刃。本义为斧头，从中衍生出统治者的意义。这说明一个人要成为王者不能没有武力。对此谁都不会否定吧。所谓"归往"的背后都有暴力。[1] 但一位真正的王者不可能单靠武力和暴力，因为按罗素的说法，这不符合他的利益。子学家们记载的上古和三代的"王"有被理想化的倾向，但他们不同程度上都是奉行"文武之道"的人。合称的"圣人""圣王"同样如此。

"君"这个字的甲骨文，上部为"尹"，下部为"口"。尹（ β ）字从丨从又，丨像权杖，又像手，义为治理。《说文解字》释"尹"为

---

① 休谟整体上不认同人们同意的"原始契约"想象并指出："几乎所有现存的政府，或所有在历史上留有一些记录的政府开始总是通过篡夺或征伐建立起来的，或者二者同时并用，它们并不自称是经过公平的同意或人民的自愿服从……我坚持认为，人类事务的发展决不会容许这种认可，事实上几乎见不到其踪影；而征伐或篡夺，直率地说，即用武力摧毁旧的政府几乎是世上从古到今一切新建政府的起源。"（[英]休谟：《论原始契约》，载《休谟政治论文选》，张若衡译，北京：商务印书馆，1993年，第122-125页）

"治"。《尚书·多方》说："简畀殷命，尹尔多方。"担当治理人的也叫尹。尹为辅弼者，为一国的最高行政长官。商代的"尹"相当于"相"。战国楚国的相多称尹。君这个字由尹而来。尹像手执权杖，口像发号施令，本义是治理，治理就需要权力。古代大夫以上（上自天子、诸侯，下至卿、大夫）有土地的治理者都可称君。《诗·大雅·假乐》说："宜君宜王"（孔颖达疏说"君则诸侯也"）。《荀子·礼论》说："君者，治辨（通'办'）之主也"；《春秋繁露》说："君也者，掌令者也"；韩愈称："君者，出令者也"（《原道》）。君的统治同样依赖强力，但也不能只靠强力。在动物王国中，成为王者纯粹是靠体力，它完全是一个强者主宰的王国。在人类的进化中，体力的因素会越来越让位于智力和道德的因素。刘师培说君群两字可以互训。《吕氏春秋》解释"君道"与"群"的关系时说，人能够相聚成群，是因为相互合作能够得到利益。人们认识到在社会和群体中个人利益的实现是相互依赖的，这就促使了君道的产生。凡此种种，被称为超凡者的圣人、君王成为国家的创立者，字源上就有其根据。

子学家们心目中的圣王、君主所以能够成为国家的创立者，主要取决于他们的才能和品德。人类演化为高级动物之后，其智能整体上都在提升，智能的平均数越来越高于之前的水准。不要轻易去谈论人类不同族群之间智能、体能等先天上的差异。作为个体，人生来在体质、智力等方面的差异，没有人会否认。人的才智先天占多少，后天占多少，这是不可计算的。作为文明和国家的创建者，子学家们心目中的圣、王、圣王、圣人、君等，他们的才智先天和后天所占多少也是不可计算的。总体上他们先天和后天的优异加起来，就足以使他们与众不同。《史记·五帝本纪》说黄帝"生而神灵，弱而能言，幼而徇齐，长而敦敏，成而聪明"，说"高辛生而神灵，自言其名。普施利物，不于其身。聪以知远，明以察微。顺天之义，知民之急"。只有他们才有条件、有能力创建政府和国家。子学家们使用这些符号本身就表明，他们承认这类人具有创建者的特殊资格和身份，具有美德和才能。他们将崇高的"道"和"德"赋予上古的帝王（"帝道""帝德"），称上古是一个道德的时代（相对于后来的王道和霸道）就说明了这一点。热衷于当下需求的法家也肯定这一点："上古竞于道德，中世逐于智谋，当今争于气力"。历史退化论说帝道和帝德后来丧失了，说明子学家们相信上古的帝王更有美德。①

人类的冲动和行为由许多东西推动，对权力的本能性追求、竞争、荣誉感、良知和理性等都参与其中。促使圣王们创建政府和国家有复杂的动机。在许多方面（经济、社会和政治等领域）自私被作为人类言行的基本动机和出发点②，黄宗羲整体上肯定了这一点，说牺牲自我的利他

---

① 法家也提供了证言。如商鞅说："民之生，不知则学，力尽则服。故神农教耕而王，天下师其知也；汤、武致强而征，诸侯服其力也。夫民愚，不怀知而问；世知，无余力而服。故以王天下者并刑，力征诸侯者退德。""古之民朴以厚，今之民巧以伪。故效于古者先德而治，效于今者前刑而法。"（《商君书·开塞》）

② 人对于如何处理自我与他者的关系而演化出来的基因，不是单纯的自私，不是单纯的利他。自私有基因（［英］理查德·道金斯：《自私的基因》，北京：中信出版社，2012 年），利他也有基因（［美］克里斯托弗·博姆：《道德的起源：美德、利他、羞耻的演化》，贾拥民、傅瑞蓉译，杭州：浙江大学出版社，2015 年）。

主义者"必非天下之人情所欲居也"。但有一部分人，他们超出了自我的利害关系，以天下的利害为利害，因此，他们能够不顾自我利益站出来千辛万苦地为人类谋福祉，其中之一就是帮助人类创建文明和国家。但人类好逸恶劳、自私等的自然倾向是不能被压抑的。这也是君主制度建立之后为什么会演变为人类利益的异己者的根本原因。对子学家们来说，圣王创建文明和国家是人类的需要、时势和圣人之间相互作用的产物。时势与巨人、英雄互为因果。圣王创立国家是时势造英雄，又是英雄造时势。史前人类的生存困境和挑战的时势达到了临界点，就促使人类改变现状（"穷则变，变则通"）。这是考验人类的时刻，是时势造就英雄的时刻，也是英雄主动承担（救天下苍生）的时刻和施展自己才智的时刻。

子学家们说，正是在人类的困境之下，超凡的圣贤出于对人类共同利益和普遍利益的考虑，出于他们善良的动机，出于他们出类拔萃的能力，出于拯救天下苍生舍我其谁的使命担当，他们担当起了为人类创制和立法的角色。按照《尚书·洪范》的说法，"天子作民父母，以为天下王"；按照墨子的说法，"圣王作为宫室""圣王以为不中人情……故作""圣王作为舟车"（这是说圣王为了先民的生活需要为人类创造了文明）；按照《商君书·开塞》的说法，"贤者立中正，设无私……故立官……故立君"；按照《管子·君臣》的说法，"智者假众力以禁强虐而暴人止"；按照《易·系辞》的说法，"后世圣人易之以书契，百官以治"；按照《荀子·王制》的说法，"先王恶其乱也，故制礼义以分之"；

按照《吕氏春秋·恃君》的说法，"利之出于群也，君道立也"，"圣人深见此患也，故为天下长虑，莫如置天子也……"；按照《淮南子·兵略训》的说法，"有圣人勃然而起，乃讨强暴，平乱世……"；按照黄宗羲的说法，"有人者出"，不顾自己的利害和逸乐，以天下的利害为利害，以天下的忧乐为忧乐来救助天下人。正是这类"为生民立命"的超凡者，创建了文明、社会、政府和国家，建立了政治秩序和权威。从氏族制到氏族长制，从部落制到酋长制，从部落联盟制到首领（自荐、推举和自封都是可能的），从国家到君主，从天下到天子，等等。随着人类共同体的不断扩大，人类政治组织和制度也不断扩大和复杂。如果这就是政府和国家的早期源头的话，它是演变和积累的结果，又是不断突破临界点的结果。

第二节　匮乏、强权和混乱的原初状态

史前或前文明状态被哲学家如社会契约论者等称为自然状态或原始状态，这种状态也被叫作原始社会。古人类学、考古学和历史学一般叫作新石器时代。这些学科对人类这一阶段的探讨和掌握的信息比过去多多了，其可靠性和可信性也增加了，虽然整体上仍有很多模糊不清的地方，它还不能被完整描绘出来。在不同的地域和空间中，人类文明的演进产生出了一些类似的东西，同时也存在着不少差异。东周时代的中国先哲们是如何知道上古和史前状态的呢？他们得自不同的记忆，有一些是传说，有一些是他们当时看到的比后来留下来要多的文献记载，当然

也有他们的推测和想象。这些综合的东西使先哲们描绘出了史前人类的某种状态，也使他们相信政府、国家是超凡圣贤的创立和创建。①

　　史前史有不同的划分，摩尔根使用的古代社会中的古代是指远古。中国历史学家们所说的中国古代，有远古、上古、中古、近古等的划分。中国子学家们对于"过去"也有不同的时间定位，他们将圣创者创建国家的时间坐标确定在历史的开端上并用类似意义的词汇来表达。墨子用"古者""古之民"，荀子用"古者"，韩非子用"上古"，《吕氏春秋》用"太古"，王符用"太古之时"，阮籍用"昔者"，顾炎武用"上古"，李贽用"民之初生"等。对子学家们来说，"古"也有远近不同的区分。如法家就明确区分上古和中古。他们描述人类史前状态、前文明时期所说的"古者"的"古"是指远古。从十从口的"古"字，本义为代代相传的久远时代。加上形容词之后的古——"上古""太古"印证了当时他们所说的古是远古。《仪礼·士冠礼》称"大古冠布"，注说"大古，唐虞以上"。《尚书·康诰》说的"闻由古先哲王"的"古"则晚些。同"远古"接近的词有"昔"，这是以发生滔滔洪水的洪荒时代为远古。《尚书·尧典》说的"昔在帝尧"的"昔"同样。柳宗元认为

---

　　①　古人类学和考古学的研究也不能将它们描述的原初状态单纯断定为"是"或"否"。洛克相信他所描述的自然状态是真实的，批评他的人要完全否定洛克的说法也不是他们自以为的那样简单。洛克诉诸理性的回答非常有力。怀德奎斯特（Karl Widerquist）和麦考尔（Grant S.McCall）将之看成神话其实并不都是神话（*Prehistoric Myths in Modern Political Philosophy*, Edinburgh University Press, 2017）。有关社会契约论不同意义上的探讨，参阅 Maeve McKeown, The Natural Condition of Mankind, *European Journal of Political Theory*, Volume 18, Issue 2, 2019：281-292；Holcombe Randall G., Contractarian Ideology and the Legitimacy of Government, *Journal of Institutional Economics*, Volume 17, Issue 3, 2020: 379-391。

天地、生人不是"无初"而是"有初"，其初即是古初和古昔。

子学家们所说的人类太古、古昔时代或原初状态是一种什么样的状态呢？它都有一些什么样的具象呢？推测一下，去除新石器时代之后人类社会出现的那些新东西就是人类的史前状态，就是子学家们所说的人类的原初状态。其一，这是一个高度缺乏生存工具、缺乏人工事物的状态。子学家们判断，民之初的人类是穴居，居住在山洞和洞穴中。墨子说，当时的人类不知道也不会建造房屋和宫室，他们"就陵阜而居，穴而处下，润湿伤民"（《墨子·辞过》）；《易传·系辞传》说"上古穴居而野处"；《焚书·续焚书·兵食论》说"民之初生……穴居而野处"。先民的生存方式同禽兽的生存方式差不多（"若禽兽然"）。先民们没有农作物可供种植，靠采集和狩猎为生，他们是"拾草木之实以为食。且又无爪牙以供搏噬，无羽毛以资翰蔽，其不为禽兽啖食者鲜矣"（《焚书·续焚书·兵食论》）。墨子说，先民不知制作衣服，他们"衣皮带茭，冬则不轻而温，夏则不轻而清"；先民不懂得烹制食物，他们"未知为饮食时，素食而分处"；先民不懂得制造船只和车辆，他们"重任不移，远道不至"（《墨子·辞过》）。

《易·系辞》描述的原初状态是圣人——包羲氏、神农氏、黄帝、尧、舜等出现之前的状态。这时先民没有文字，"结绳而治"；没有网罟、耕具、舟车和弓矢，没有市场和交易，没有宫室、棺椁。在韩非那里，这是圣人有巢氏、燧人氏出现之前的状态，是一个"人民少而禽兽众，人民不胜禽兽虫蛇"的状态，是"民食果蓏蚌蛤，腥臊恶臭而伤害腹胃，民多疾病"的状态，是一个人口少而自然物质匮乏的状态，是"丈夫不耕，草木之实足食也；妇人不织，禽兽之皮足衣穿也"的时代。在《吕氏春秋·恃君》那里，人类难以生存的原初状态是，人们"无衣服履带宫室畜积之便，无器械舟车城郭险阻之备"，"爪牙不足以自守卫，肌肤不足以捍寒暑，筋骨不足以从利辟害，勇敢不足以却猛禁悍"。

其二，这是人类没有婚姻、家庭、社会、政府和国家的状态。生活在远古的先民是"群居式"的，他们同禽兽的群居没有多少差别。《商君书·开塞》描述说："天地设而民生之。当此之时也，民知其母而不知其父，其道亲亲而爱私。"当时人类没有婚姻和家庭，也没有约束男女、上下和人们交往的礼仪规范。《吕氏春秋·恃君》指出："昔太古尝无君矣，其民聚生群处，知母不知父，无亲戚、兄弟、夫妻、男女之别，无上下、长幼之道，无进退、揖让之礼。"这是一个没有政府和国家、没有政长和君主的状态，是一个人类相残、弱肉强食的状态，是类似于以丛林法则生存的状态，是个人的生命和安全得不到保障的时代。《管子·君臣》认为，上古没有君臣上下关系，人们靠力量相互征伐，"于是智者诈愚，强者凌弱，老幼孤独不得其所"。王符认为没有上下秩序，就有巨大的危害："太古之时，烝黎初载，未有上下而自顺序。天未事焉，君未设焉。后稍矫虔，或相陵虐，侵渔不止，为萌巨害。"（《潜夫论·班禄》）《商君书·开塞》指出："当此之时也……其道亲亲而爱私。亲亲则别，爱私则险民众，而以别险为务，则民乱。当此时也，民务胜而力征。务胜则争，力征则讼，讼而无正，则莫得其性也。"《吕氏春秋·恃君》列举当时中国东西南北的许多地域，说这些地域"多无君"。因"此四方无君"，"其民麋鹿禽兽，少者使长，长者畏壮，有力者贤，暴傲者尊，日夜相残，无时休息，以尽其类"。

其三，这是一个没有是非、善恶标准的状态，是一个没有规范和制度的状态。人类的是非和善恶标准、人类的规范和制度不是一开始就存在的。在没有这些东西的时候，人们诉诸朦胧的神灵和部落中的习俗标准求得统一和一致，这也只能适用于狭小的氏族、部落等。墨子描述史前的这种状态说："未有刑政之时，盖其语，人异义。是以一人则一义，二人则二义，十人则十义。其人兹众，其所谓义者亦兹众。是以人是其义，以非人之义，故交相非也。"（《墨子·尚同上》）它的更大恶果是："是以内者父子兄弟作怨恶离散，不能相和合；天下之百姓，皆以水火毒药相亏害。至有余力，不能以相劳；腐朽余财，不以相分；隐匿良道，不以相教。天下之乱，若禽兽然。"（同上）①荀子说礼是先王创建，这就意味着在先王创建它之前人类没有礼的规范，这也就是《吕氏春秋·恃君》所说的"无上下、长幼之道，无进退、揖让之礼"的状态。

其四，这是人类的本性和欲望不能得到节制和人的私心不能加以约束的状态。对不少子学家来说，人生来就有好恶的自然倾向，都有自私、自利之心，这就促使他去追求欲望的满足和自身利益的实现。在原

---

① 《墨子·尚同中》承上篇所说又再次指出了天下无共识的后果："内之父子兄弟作怨仇，皆有离散之心，不能相和合。至乎舍余力，不以相劳；隐匿良道，不以相教；腐朽余财，不以相分。天下之乱也，至如禽兽然。无君臣上下长幼之节、父子兄弟之礼，是以天下乱焉。明乎民之无正长以一同天下之义，而天下乱也。"

初状态中，由于没有规范去约束和调节人们的欲望和私心，由于生活条件的高度匮乏，人们就不免发生争夺并导致冲突和混乱。如《逸周书·度训解》指出："凡民不忍好恶，不能分次，不次则夺，夺则战。战则何以养老幼？何以救痛疾葬丧？何以胥役也。"这同荀子指出的人的欲望没有礼的约束就产生混乱的后果类似："人生而有欲，欲而不得，则不能无求。求而无度量分界，则不能不争；争则乱，乱则穷。"（《荀子·礼论》）①《淮南子·兵略训》描述了动物和作为其中之一的人类按其天性活动及其自然恶果："凡有血气之虫，含牙带角，前爪后距，有角者触，有齿者噬，有毒者螫，有蹄者趹。喜而相戏，怒而相害，天之性也。人有衣食之情，而物弗能足也。故群居杂处，分不均、求不澹，则争；争则强胁弱而勇侵怯。人无筋骨之强、爪牙之利，故割革而为甲，铄铁而为刃。贪昧饕餮之人，残贼天下，万人搔动，莫宁其所。"②

---

① 对此，荀子有更进一步的论说："万物同宇而异体，无宜而有用为人，数也。人伦并处，同求而异道，同欲而异知，生也。皆有可也，知愚同；所可异也，知愚分。埶同而知异，行私而无祸，纵欲而不穷，则民心奋而不可说也。如是，则知者未得治也；知者未得治，则功名未成也；功名未成，则群众未县也；群众未县，则君臣未立也。无君以制臣，无上以制下，天下害生纵欲。欲恶同物，欲多而物寡，寡则必争矣……离居不相待则穷，群居而无分则争；穷者患也，争者祸也，救患除祸，则莫若明分使群矣。强胁弱也，知惧愚也，民下违上，少陵长，不以德为政：如是，则老弱有失养之忧，而壮者有分争之祸矣。事业所恶也，功利所好也，职业无分：如是，则人有树事之患，而有争功之祸矣。男女之合，夫妇之分，婚姻娉内，送逆无礼：如是，则人有失合之忧，而有争色之祸矣。故知者为之分也。"（《荀子·富国》）

② 《抱朴子·诘鲍》称："且夫逮古质朴，盖其未变，民尚童蒙，机心不动，譬大婴孩，智慧未萌，非为知而不为，欲而忍之也。若人与人争草莱之利，家与家讼巢窟之地，上无治枉之官，下有重类之党，则私斗过于公战，木石锐于干戈，交尸布野，流血绛路，久而无君，噍类尽矣。"

黄宗羲在《原君》中指出人的自私使他不考虑公共的利害："有生之初，人各自私也，人各自利也；天下有公利而莫或兴之，有公害而莫或除之。"顾炎武在《郡县论》（五）也有类似的说明："天下之人各怀其家，各私其子，其常情也。"即便子学家们说的人的欲望、自私、自利、各私其子都是人之常情，没有简单将之归结为恶，但这些东西在原初状态中无法得到有效的调节和约束就造成了各种后果。

中国子学家们描述的原初状态是否为史前状态，即使借助于古人类学和史前考古学的研究也不能简单用是或非来回答。首先对他们来说，这是真实的原初状态；对我们而言，它至少传递了人类远古生存状态的部分信息。问题之一是，这里列举的子学家们描述的原初状态都是不好而且需要改变的状态；与之相反，在《庄子》和鲍敬言的《无君论》中，人类的原初状态是一个黄金时代，卢梭的描述类似于此。整体而言，对于人类的史前状态不能用单一的维度去判断和描述。正如斯塔夫里阿诺斯所说："历史记载表明，人类生来既不爱好和平，也不喜欢战争；既不倾向合作，也不倾向侵略。决定人类行为的不是他们的基因，而是他们所处的社会教给他们的行事方法。"①不同地域的各种状态有程度上的不同，有的更多地处在一个单纯、合作、和平和宁静的生活中，有的充满着争斗、矛盾和冲突。若从平均数看，部落社会没有那么好，也没有那么坏。将它想象成黄金时代（如卢梭、庄子等），只是看到了

---

① ［美］斯塔夫里阿诺斯：《全球通史：从史前到21世纪（第七版新校本）》（上册），吴象婴、梁赤民译，北京：北京大学出版社，2020年，第80页。罗素曾经指出，自然状态没有那么好，也没有那么坏。

它的好的部分；说它是一个野蛮时代（如霍布斯），只是看到了它的坏的部分。子学家们对上古人类原初状态的推测和描述主要是指出了它的不好的方面，如人类生存物质条件、工具的匮乏和争夺，如人类缺乏伦理、制度和规范。这种状态不适合人类的生存，也不是人类想要的生活。对于子学家们来说，历史和逻辑等都到了一个关键点和临界点上，这一状态必须改变，人类必须摆脱这种史前状态而走向文明状态，人类必须创建文明、政府和国家。

第三节　文明、政府和国家如何被创建？

人类从来不可能在一个时间点上创造一切。人类走出史前状态步入文明状态同样是一个缓慢演进过程的结果，历史的临界点是一个高度简化的说法。史前时间大跨度中的原初状态既不是整齐划一，也不是亘古如一。一方面它在不同的空间中持续，另一方面它在不同时间中缓慢变化。从采集、狩猎转变到农业时期，这是人类生存历程中的一个重大转变，随之而来的一系列转变就有社会、政府和国家的诞生。不管中国历史上像庄子、阮籍、鲍敬言等这些激进的思想家如何将上古原初状态理想化和批判文明的异化，人类还是走出了这一状态。对大多数中国子学家来说，人类应该而且事实上也确实走出了暗淡无光、混乱无序的史前和前文明状态，时间之箭没有回头。《墨子·辞过》断定说："凡回于天地之间，包于四海之内，天壤之情，阴阳之和，莫不有也，虽至圣不能更也。何以知其然？圣人有传：天地也，则曰上下；四时也，则曰阴阳；人情也，则曰男女；禽兽也，则曰牝牡雌雄也。真天壤之情，虽有先王不能更也。虽上世至圣，必蓄私，不以伤行，故民无怨。宫无拘女，故天下无寡夫；内无拘女，外无寡夫，故天下之民众……君实欲民之众而恶其寡。"这不是一个孤立的论断。在柳宗元那里，这是同封建制的出现结合在一起而言的："天地果无初乎？吾不得而知之也。生人果有初乎？吾不得而知之也。然则孰为近？曰：有初为近。孰明之？由封建而明之也。彼封建者，更古圣王尧、舜、禹、汤、文、武而莫能去之。盖非不欲去之也，势不可也。势之来，其生人之初乎？不初，无以有封建。封建，非圣人意也。"（《封建论》）同柳宗元类似，王夫之从封建制与郡县制的演变中看待这一点："两端争胜，而徒为无益之论者，辨封建者是也。郡县之制，垂二千年而弗能改矣，合古今上下皆安之，势之所趋，岂非理而能然哉？天之使人必有君也，莫之为而为之。故其始也，各推其德之长人、功之及人者而奉之，因而尤有所推以天子。人非不欲自贵，而必有奉以为尊，人之公也。"（《读通鉴论·秦始皇》）但如前所述，对大多数子学家来说，圣人创造文明、社会、政府和国家，主要是出于他们满足先民一切需要的强烈动机和愿望以及他们的能力。超凡的圣王都为人类创建了什么呢？

第一，超凡的圣王创制了人类生活所需要的重要工具和物质生活条件。墨子从批判后世之主违背原初圣王创造文明的初衷出发，追溯圣王最初所创造的文明。《墨子·辞过》比较多地说明了圣王为了满足人民生活的需要而创造了各种东西。如为了满足先民住宿和健康的需要，圣王创造了宫室："故圣王作为宫室。为宫室之法，曰室高足以辟润湿，边足以御风寒，上足以待雪霜雨露，宫墙之高，足以别男女之礼，谨此则止"；为了满足人们遮避风寒的需要，圣王创造了衣服："圣王以为不中人之情，故作诲妇人，治丝麻，梱布绢，以为民衣。为衣服之法，冬则练帛之中，足以为轻且暖；夏则绤绤之中，足以为轻且清，谨此则止。故圣人之为衣服，适身体，和肌肤，而足矣"；为了满足先民饮食和出行的需要，圣王创造了农耕和车船："故圣人作，诲男耕稼树艺，以为民食。其为食也，足以增气充虚，强体适腹而已矣。故其用财节，其自养俭，民富国治。""故圣王作为舟车，不便民之事。其为舟车也，全固轻利，可以任重致远，其为用财少，而为利多，是以民乐而利之。"《易·系辞》列举了远古圣王包羲氏、神农氏、黄帝、尧、舜氏先后为人类创造了网罟、耕具、舟楫、交易、弓箭、宫室、棺椁等人们生活需要的各种工具："古者包羲氏之王天下也……作结绳而为网罟，以佃以渔"，"神农氏作，斲木为耜，揉木为耒，耒耨之利，以教天下……日中为市，致天下之民，聚天下之货，交易而退，各得其所"，"黄帝、尧、舜氏作……垂衣裳而天下治……刳木为舟，剡木为楫，舟楫之利，以济不通，致远以利天下……服牛乘马，引重致远，以利天下……断木为杵，掘地为臼，臼杵之利，万民以济……弦木为弧，剡木为矢，弧矢之利，以威天下……后世圣人易之以宫室，上栋下宇，以待风雨……后世圣人易之以棺椁……"《韩非子》说有巢氏、燧人氏这两位圣人为了满足人们的生活需要，为了使人类避免禽兽的伤害和身体的疾病，"构木为巢以避群害，而民悦之，使王天下……钻燧取火以化腥臊，而民说之，使王天下"①。

第二，超凡的圣王创建了家庭、伦理道德价值和规范。人类如何演化出家庭、伦理和道德价值，我们已经有了非常多的研究。探讨物种和人类起源的达尔文，是近代以来这方面研究的重要先驱。如前所述，对子学家们来说，人类群居，没有婚姻家庭、伦理道德价值和规范，既是原初的一种状态，也是造成无序和混乱的原因。正是为了改变这种状态，圣人创造了家庭、人伦、教化和规范。许行忽视社会分工，批评安于劳心之角色的孟子。孟子有力地回应说，圣人虽然不耕种，但其创造的人伦秩序不可或缺："人之有道也，饱食暖衣，逸居而无教，则近于禽兽。圣人有忧之，使契为司徒，教以人伦：父子有亲，君臣有义，夫

---

① 圣王为人类带来的创造，子学家们有许多记载。如《孟子·滕文公上》说："当尧之时，天下犹未平，洪水横流，泛滥于天下，草木畅茂，禽兽繁殖，五谷不登，禽兽逼人，兽蹄鸟迹之道交于中国。尧独忧之，举舜而敷治焉。舜使益掌火，益烈山泽而焚之，禽兽逃匿。禹疏九河，瀹济、漯而注诸海，决汝、汉，排淮、泗而注之江。然后中国可得而食也。当是时也，禹八年于外，三过其门而不入，虽欲耕，得乎？后稷教民稼穑，树艺五谷，五谷熟而民人育。人之有道也，饱食、暖衣、逸居而无教，则近于禽兽。圣人有忧之，使契为司徒，教以人伦，父子有亲，君臣有义，夫妇有别，长幼有叙，朋友有信。放勋曰：'劳之来之，匡之直之，辅之翼之，使自得之，又从而振德之。'圣人之忧民如此，而暇耕乎？"《新语·道基》记载："民人食肉饮血，衣皮毛，至于神农，以为行虫走兽难以养民，乃求可食之物，尝百草之实，察酸苦之味，教人民食五谷。天下人民野居穴处，未有室屋，则与禽兽同域。于是黄帝乃伐木构材，筑作宫室，上栋下宇，以避风雨。民知室居食谷，而未知功力，于是后稷乃列封疆，画畔界，以分土地之所宜；辟土殖谷，以用养民；种桑麻，致丝枲，以蔽形体。当斯之时，四渎未通，洪水为害，禹乃决江疏河，通之四渎，致之于海，大小相引，高下相受，百川顺流，各归其所，然后人民得去高险，处平土。川谷交错，风化未通，九州绝隔，未有舟车之用以济深致远，于是奚仲乃桡曲为轮，因直为辕，驾马服牛，浮舟杖楫，以代人力。"

妇有别，长幼有序，朋友有信。……圣人之忧民如此，而暇耕乎？"(《孟子·滕文公上》) 对子学家们来说，道义和美德是改变强权和不公正的重要方式。如《管子·君臣》认为智者为了兴利除害，为人类创建了道义和美德的价值："故智者假众力以禁强虐，而暴人止。为民兴利除害，正民之德。而民师之。是故道术德行，出于贤人。其从义理，兆形于民心，则民反道矣。名物处，违是非之分，则赏罚行矣。"在荀子看来，人类原本没有礼。先王为了避免因人的欲望没有节制而产生争夺和混乱而创造了礼："先王恶其乱也，故制礼义以分之，以养人之欲，给人之求。使欲必不穷乎物，物必不屈于欲。两者相持而长，是礼之所起也。"(《荀子·礼论》) 礼的实质是为了保证人们的生存权同时又需要有差别性安排而创造的："分均则不偏，势齐则不壹，众齐则不使，有天有地而上下有差，明王始立而处国有制，夫两贵之不能相事，两贱之不能相使，是天数也。势位齐而欲恶同，物不能澹则必争，争则必乱，乱则穷矣。先王恶其乱也，故制礼义以分之，使有贫富贵贱之等，足以相兼临者，是养天下之本也。"(《荀子·王制》) 陆贾认为圣王整体上创立了人道："于是先圣乃仰观天文，俯察地理，图画乾坤，以定人道，民始开悟，知有父子之亲，君臣之义，夫妇之别，长幼之序。于是百官立，王道乃生。"(《新语·道基》)《汉书·刑法志》认为，"上圣"创建了人类规范，其中就有伦理规范："故不仁爱则不能群，不能群则不胜物，不胜物则养不足。群而不足，争心将作。上圣卓然先行敬让博爱之德者，众心说而从之。从之成群，是为君矣；归而往之，是为王矣……圣人取类以正名，而谓君为父母，明仁爱德让，王道之本也。"

第三，超凡的圣人创建了君长、政府和国家。对子学家们来说，没有君长、政府和国家的原初状态，就是一个强权、无序和混乱的状态。为了走出这种状态，圣王设立了君长。在子学家们的意识中，有了君长，就等于有了政府和国家。照《易传·系辞传》的说法，圣人建立了官长体系："后世圣人易之以书契，百官以治，万民以察。"这也是《逸周书·常训解》的论断："夫民群居而无选，为政以始之，始之以古，终之以古。"照《商君书·君臣》的说法，圣人为了改变混乱无序的状态，创建了自上而下的国家制度："古者未有君臣、上下之时，民乱而不治。是以圣人列贵贱，制爵位，立名号，以别君臣上下之义。地广，民众，万物多，故分五官而守之。民众而奸邪生；故立法制、为度量以禁之。"《鹖冠子·汤政》称"天地辟而万物生，万物生而人为政焉"。《吕氏春秋·恃君》的篇名就说明，人类需要君主，圣人为脆弱的人类创建了君主制。人类正是凭借君主制而生存，并在"群聚"中互惠互利。有了君道，人类的生存之道就完备了："不唯先有其备，而以群聚邪！群之可聚也，相与利之也。利之出于群也，君道立也。故君道立则利出于群，而人备可完矣。"同时说明了，圣人为了克服群体的丛林法则生活对人类生存造成的威胁，如何一步一步建立了自上而下的官僚制："其民麋鹿禽兽，少者使长，长者畏壮，有力者贤，暴傲者尊，日夜相残，无时休息，以尽其类。圣人深见此患也，故为天下长虑，莫如置天子也；为一国长虑，莫如置君也。置君非以阿君也，置天子非以阿天子也，置官长非以阿官长也。"王符同样强调圣人为了克服无君的巨大危害而创建了天子制度："为萌巨害。于是天命圣人使司牧之，使不失性。四海蒙利，莫不被德；金共奉戴，谓之天子。故天之立君，非私此人也，以役民也，盖以诛暴除害，利黎元也。"（《潜夫论·班禄》）柳宗元说，人类不断争夺并需要有人判断人类的是非曲直及裁断，正是有能力的圣人满足了人类的需要并赢得了群体的服从。圣人正直劝告相互争夺的人，痛斥和惩罚那些不思悔改的，这使他有了权威，也有了权力，并成为政长。随着群体的不断扩大，治理者的地位和权限也会不断扩大和提高，最后就有了天子。柳宗元描述了从小群体的官长到大群体的天子的形成机制和过程："夫假物者必争，争而不已，必就其能断曲直者而听命焉。其智而明者，所伏必众，告之以直而不改，必痛之而后畏，由是君长刑政生焉。故近者聚而为群，群之分，其争必大，大而后有兵有德。又有大者，众群之长又就而听命焉，以安其属。于是有诸侯之列，则其争又有大者焉。德又大者，诸侯之列又就而听命焉，以安其封。于是有方伯、连帅之类，则其争又有大者焉。德又大者，方伯、连帅之类又就而听命焉，以安其人，然后天下会于一。是故有里胥而后有县大夫，有县大夫而后有诸侯，有诸侯而后有方伯、连帅，有方伯、连帅而后有天子。自天子至于里胥，其德在人者，死必求其嗣而奉之。故封建非圣人意也，势也。"（《封建论》）可以看出，柳宗元具体说明了国家和天子如何一步步诞生。不管是圣人建立天子制，还是圣人承天命而自为天子，天子都是出于圣人。对墨子来说，君主是被人推选、推举出来的。天子确立后，划分天下为不同区域，设立诸侯国君，然后再设立将军大夫和乡里之长："明乎民之无正长以一同天下之义，而天下乱也，是故选择天下贤良、圣知、辩慧之人，立为天子，使从事乎一同天下之义……是故靡分天下，设以为万诸侯国君，使从事乎一同其国之义。国君既已立矣，又以为唯其耳目之请，不能一同其国之义，是故择其国之贤者，置以为左右将军大夫，以至乎乡里之长，与从事乎一同其国之义。"（《墨子·尚同中》）① 推选天子在墨子这里主要变成了是为了统一天下的是非。

第四，超凡的圣人创建了硬性的法律制度和军事力量。政府和国家的实质之一是垄断权力和暴力。《管子》认为建国立君在于奖励和惩罚："上下设，民生体，而国都立矣。是故国之所以为国者，民体以为国，君之所以为君者，赏罚以为君。"商鞅认为政府和国家的建立是为了禁止乱象、保证公正无私并设立执行者，先是设立官长，然后根据需要，一层一层设立，最后是立君："民众而无制，久而相出为道，则有乱。故圣人承之，作为土地、货财、男女之分。分定而无制，不可，故立禁；禁立而莫之司，不可，故立官；官设而莫之一，不可，故立君。既立君，则上贤废而贵贵立矣。"（《商君书·开塞》）《汉书·刑法志》认为政府和国家的建立，其中一个重要方面就是建

---

① 王夫之也有天子是推举出来的主张："天之使人必有君也，莫之为而为之。故其始也，各推其德之长人、功之及人者而奉之，因而尤有所推以为天子。人非不欲自贵，而必有奉以为尊，人之公也。"（《读通鉴论·秦始皇》）

立法律制度并建立政治权威："爱待敬而不败，德须威而久立，故制礼以崇敬，作刑以明威也。圣人既躬明哲之性，必通天地之心，制礼作教，立法设刑，动缘民情，而则天象地。故曰先王立礼，则天之明，因地之性也。刑罚威狱，以类天之震曜杀戮也；温慈惠和，以效天之生殖长育也。"《吕氏春秋·荡兵》解释"兵"（甲骨文字形像人双手握着武器。本义为武器，引申为军事等），认为人类有兵其出甚早，兵是威力，是适应于人类本性而产生并必须运用的东西，政府和国家的建立伴随这种威力的使用及其垄断："古圣王有义兵而无有偃兵。兵之所自来者上矣，与始有民俱。凡兵也者，威也，威也者，力也。民之有威力，性也。性者所受于天也，非人之能为也，武者不能革，而工者不能移。兵所自来者久矣，黄、炎故用水火矣，共工氏固次作难矣，五帝固相与争矣。递兴〔递〕废，胜者用事。人曰蚩尤作兵，蚩尤非作兵也，利其械矣。未有蚩尤之时，民固剥林木以战矣，胜者为长。长则犹不足治之，故立君。君又不足以治之，故立天子。天子之立也出于君，君之立也出于长，长之立也出于争。争斗之所自来者久矣，不可禁，不可止，故古之〔圣〕王有义兵而无有偃兵。"[①]人类一开始就免不了用武力争夺，霍布斯的自然状态主要就是这种状态。照《吕氏春秋》这里所说，君主和天子既是争夺中的正义者，又

<hr />

① 《淮南子·兵略训》说："古之用兵者，非利土壤之广而贪金玉之略，将以存亡继绝、平天下之乱而除万民之害也……贪昧饕餮之人，残贼天下，万人搔动，莫宁其所。有圣人勃然而起，乃讨强暴，平乱世，夷险除秽，以浊为清，以危为宁，故不得中不绝，兵之所由来者远矣。"

是为了禁止争夺的正义保证者。

人类群体从史前、前文明转变到历史、文明时代是一个漫长的过程，作为其中重要一部分的政府和国家的建立同样如此。如《商君书·画策》从昊英之世、神农之世、黄帝之世等具体描述了国家和政府的形成："昔者昊英之世，以代木杀兽，人民少而木兽多；黄帝之世，不麛不卵，官无供备之民，死不得用椁。事不同，皆王者，时异也。神农之世，男耕而食，妇织而衣；刑政不用而治，甲兵不起而王。神农既没，以强胜弱，以众暴寡，故黄帝作为君臣上下之义、父子兄弟之礼、夫妇妃匹之合，内行刀锯，用甲兵。故时变也。由此观之，神农非高于黄帝也，然其名尊者，以适于时也。"中国子学家们为什么要去说明文明、社会和国家如何被圣王创立，出于不同的动机，或者是为了强调古今为政的不同（如墨子、黄宗羲等肯定古圣王；商鞅和韩非肯定要适应当前的需要）①，或者是为了说明什么样的制度才是真正需要的制度（如柳宗元论证封建制的不得已和郡县制的公正性等）。但不管他们出于何种动机和目的，他们确实为政府和国家的起源提供了整体上可以叫作"圣创论"的解释版本，并同其他各种版本相比具有明显

---

① 圣人创建政府、国家和君主原本是为了公众的利益，但其后的君主制发生了异化和变质。墨子通过比较古"圣王"创制与"当今之主"的统治，批判君主将权力完全变成了满足统治者私利的工具。黄宗羲的批判更为激烈："然则为天下之大害者，君而已矣。向使无君，人各得自私也，人各得自利也。呜呼！岂设君之道固如是乎？古者天下之人爱戴其君，比之如父，拟之如天，诚不为过也。今也天下之人怨恶其君，视之如寇雠，名之为独夫，固其所也。"（《原君》）这是多么不幸啊。激进的无君论、无政府主义者也都是从君主的异化批判君主制的。

不同的特征。

第四节　可识别性：对比中的"圣创论"

认定圣创论是中国社会起源论的主要版本或最强版本，这既是相对于中国历史上其他解释社会起源的版本而言，也是相对于西方的不同版本特别是社会契约论的版本而论。中国子学家们对谁是国家创建者的回答，对原初状态图像的描述，对君长和政府及国家产生的说明等，通过上述的考察我们已得其大略了。为了更清晰地揭示中国圣创论的特性，呈现出它的可识别性的一些标志，我们有必要将它同社会起源论的其他版本特别是社会契约论版本进行某种对照和比较，并简略说明一下它同中国政治思维、制度发展、治理模式等方面的关联及其影响。

圣创论比较容易识别的一个特性，是它将文明、社会和国家看成是一类超凡人物比如圣人的创造物，断定它是一种人造物，而不是神造物。一个奇特的事实是，人类并不把人间所有的事物都看成是人类创造的，特别是在过去，人类相信人间的一些东西是神力的产物，就是人本身也被认为是神造的。在社会起源问题上同样如此。用神（上帝、上天）解释权力和国家的起源，程度不同地存在于东西方传统中。西方历史上有"君权神授论"，中国历史上有"天立论"。[1] 早期中国古典中就有上天创设君主的言说，说君主和国家权力根本上是源于上天的意志。

---

[1]　有关中国的天设论或天立论，参阅王中江：《权力的正当性基础：早期儒家"民意论"的形态和构成》，《学术月刊》2021 年第 3 期。

如《尚书·泰誓》相信天护佑民众并为他们创立了君主："天佑下民，作之君，作之师。惟其克相上帝，宠绥四方。有罪无罪，予曷敢有越厥志？"《孟子·梁惠王下》引用与此有关的这句话作"天降下民，作之君，作之师"，两者虽略有不同（"天佑"和"天降"），但所说上天创立了君主则是一致的。再如《尚书·洪范》说："天子作民父母，以为天下王。"《左传·襄公十四年》记载师旷的话说："天生民而立之君，使司牧之，无使失性。"《左传·文公十三年》也记载了邾文公的说法："天生民而树之君，以利之也。民既利矣，孤必与焉。"认为超自然的天神是创造者并创造出好的事物，是因为人们相信天是正义的化身，它为人类创造了一切事物及其标准，它为人类立法。圣创论中保留有上天参与人间事务的踪影。从创建有一个主体的角度说，圣创论与天创论一样，只不过在后者的叙事中，神是创建的主体。肯定国家是人造物，这是将人类社会的主体从神力那里转移到了人身上，是将神为人类立法转变为圣人为人类立法。作为人造论的圣创论，整体上将君权看成是超凡圣人的创设和创建。圣人能够成为创造的主体，是因为他被赋予了超级的贤能。即使说神是拟人化的存在，它也是神；人造论的超人再被神化，他仍然是人。人造的东西不管如何好，他也是人造的而不是神造的。因此，圣创论具有不同于神创论的特性。

　　圣创论不同于神创论，当然也不同于自发演进论。[1] 人是有意识、

---

　　① 黄凯南：《制度理性建构论与制度自发演进论的比较及其融合》，《文史哲》2021 年第5 期。

有理性、有目的的存在，因此，圣创论认为君权和国家是人的意图和目的的结果，社会契约论说社会和国家是人们有意识有目的相互协商和约定的结果，这不是更顺理成章吗？相反，说君王、国家和制度是人类非意图、非理性的结果，不是很难理解吗？确实。但也正是因为如此，圣创论同自发演进论形成了鲜明的对比。东西方传统中的社会、国家自发演进论，或者对国家和秩序的非意图、非设计的解释，有弱版本和强版本的差异。亚里士多德认为解释国家的起源和性质（对其他事物也适用）的最好方法是观察它是如何形成的。从这一方法出发，他认为世界上有两种结合，一是绝对不可分离的两个人（男女），出于繁衍等本能结合为一体；一是主人和奴仆的结合，这是支配和被支配的结合。这两种结合都是自然的（按照门格尔的说法，它们都不是人类理性和意图的结果）。从这两种结合中，男女生育出家庭、家族，从许多家族及其奴仆的结合中产生出部落和城邦，从部落和城邦又演化出国家。其中国家的统治者，是从家庭中的父亲、家族中的族长、部落中的首领演变出来的。亚里士多德说的"人天生就是政治动物"，只是意味着人的本能驱使人合群并组成社会和国家，不是说人类一开始就生活在国家中，不是说国家和人类一样古老。显然，先有人类，之后再演化出了国家等。① 休谟批判

---

① 有关亚里士多德的"自发性秩序"，参阅［奥地利］卡尔·门格尔：《亚里士多德的国家起源理论》，载《经济学方法论探讨》，姚中秋译，北京：新星出版社，2007 年，第 213-215 页。亚里士多德说："城邦的长成出于人类'生活'的发展，而其实际的存在却是为了'优良的生活'。早期各级社会团体都是自然地生长起来的，一切城邦既然都是这一生长过程的完成，也该是自然的产物。"（［古希腊］亚里士多德：《政治学》，吴寿彭译，北京：商务印书馆，1983 年，第 7 页）

原始契约论，主张的也是一种自发性秩序。中国古典中的《易传·序卦传》表达了类似的立场，认为制度、国家和秩序是人类自发性演进的结果："有天地然后有万物，有万物然后有男女，有男女然后有夫妇，有夫妇然后有父子，有父子然后有君臣，有君臣然后有上下，有上下然后礼仪有所错。"看起来这一演进论认为，从最初到最后，在每一个环节中，都有一个主体如"有天地"等，但它不是创设者中的那种主体，它是一个演进的起点，就像一条大河有一个源头，之后它就有了上游、中游、下游之分，每个段落上它都有起点。这个起点不是创造者，它是承前启后的推动者。亚里士多德和《易传·序卦传》的自发演进论，都没有明确说它同人类的意图、理性和设计之间的关系。这可以说是弱版本的自发演进论。它的强版本是由奥地利经济学派发展和推进的自发演进论。在这一学派那里，经济上的自由主义同时又是经济上、政治上的自发演进论，对这一学派来说，货币是自发演变出来的，国家、制度（法治）和秩序等也是自发演进出来的，它们都是人类非意图的结果，而不是人类理性设计的结果。[①]

---

① 有关这一问题，参阅门格尔的《历史发展的非意图结果》《法律的"有机"的起源》（载《经济学方法论探讨》，第 126-148、216-229 页）、哈耶克的《人类行为的结果，但不是人类设计的结果》《关于行为规则体系演化过程的若干说明》（载《哈耶克文选》，冯克利译，南京：江苏人民出版社，2007 年，第 458-468、469-484 页）。要理解他们所说的国家、制度是人类非意图、非理性设计的结果，并不像看上去的那么简单。因为个体的人从事什么没有意识和意图，追求什么不用理性。阿马蒂亚·森对"自发性秩序"概念的批评，有彼此不在一个平面上的情况（［印度］阿马蒂亚·森：《以自由看待发展》，任赜、于真译，北京：中国人民大学出版社，2002 年，第 255-258 页；刘志铭：《经济思想成长中的自发秩序传统：从斯密、门格尔到哈耶克》，《江淮论坛》2002 年第 1 期）。

　　圣创论是人造论，社会契约论也是人造论，这是两者的一个相似点。近代西方有一种很强的人造制度、人造国家的逻辑（也可说是挪用上帝造人的思维和逻辑），就像钟表匠造钟表、人造机器那样。与此相关，人们认为欧洲从中世纪的政治理性转向近代的政治思维，这是自然秩序观、自然合理性转变为人造秩序观的过程，是从有机主义转向机械主义的过程。如霍布斯的机械主义人造论，将有机的上帝创造转向为人的创造："'大自然'，也就是上帝用以创造和治理世界的艺术，也象在许多其他事物上一样，被人的艺术所模仿，从而能够制造出人造的动物。由于生命只是肢体的一种运动，它的起源在于内部的某些主要部分，那么我们为什么不能说，一切象钟表一样用发条和齿轮运行的'自动机械结构'也具有人造的生命呢？是否可以说它们的'心脏'无非就是发条，'神经'只是一些'游丝'，而'关节'不过是一些齿轮，这些零件如创造者所意图的那样，使整体得到活动的呢？艺术则更高明一些：它还要模仿有理性'大自然'最精美的艺术品——'人'。因为号称'国民的整体'或'国家（拉丁语为 Civitas）的这个庞然大物'利维坦'是艺术造成的，它只是一个'人造的人'；虽然它远比自然人身高力大，而是以保护自然人为其目的；在'利维坦'中，'主权'是使整体得到生命和活动的'人造的灵魂'；官员和其他司法、行政人员是人造的'关节'；用以紧密连接最高主权职位并推动每一关节和成员执行其任务的'赏'和'罚'是'神经'，这同自然人身上的情况一样；一切个别成员的'资产'和'财富'是'实力'；人民的安全是它的'事业'；向它提供必要知识的顾问们是它的'记忆'；'公平'和'法律'是人造的'理智'和'意志'；'和睦'是它的'健康'；'动乱'是它的疾病，而'内战'是它的'死亡'。最后，用来把这个政治团体的各部分最初建立、联合和组织起来的'公约'和'盟约'也就是上帝在创世时所宣布的'命令'，那命令就是"我们要造人'。"①

说起来，近代欧洲的国家人造论，同样保留有神授论的踪影。如霍布斯和洛克的社会契约论中都有权力根源于最高神的这种立论。休谟批评政府和国家起源的一种原始契约说就是君主神授说，这种理论认为"神是所有政府的最高权威"②，它"将政府的产生溯源于神，企图使之神圣不可侵犯，否认它变得如何暴虐，即使在最小的问题上触犯一下也是罪孽深重，无异于亵渎神灵"③。从总体上说，社会契约论断定国家创建的主体是人，认为政府和国家都是人造的，而不是上帝创造的，这是人类政治思维的一次大转变，就像子学家们整体上认为它们是人造的而不是神造的那样。

圣创论描述的原初状态同社会契约论推测的自然状态也具有某种类

---

① ［英］霍布斯：《利维坦》，黎思复、黎廷弼译，北京：商务印书馆，1995 年，第 1-2 页。有关近代自然秩序与人的制作的讨论，参阅［日］丸山真男：《日本政治思想史研究》，王中江译，北京：生活·读书·新知三联书店，2000 年，第 181-194 页。霍布斯的"强建构意图"主要体现在他对政治事物产生的解释上，他认为政治物体即国家由人们的意志与契约造成。有关霍布斯的建构主义，参阅蒋小杰：《霍布斯与现代政治哲学方法论的奠基》，《求是学刊》2019 年第 2 期。

② ［英］休谟：《休谟政治论文选》，张若衡译，北京：商务印书馆，1993 年，第 118 页。

③ 同上书，第 119 页。

似性。^① 如圣创论和霍布斯的社会契约论都认为史前的人群混乱无序，充满着相互争夺，人们没有安宁和安全，生存得不到保证。不过，圣创论没有假定原初状态存在着自然法及人的自然权利，而霍布斯和洛克的社会契约论都认为自然状态存在着人的自然权利和自然法。霍布斯认为自然状态的自然法、自然权利主要是平等，包括每个人生命权的平等、自卫权的平等和对所有事物的权利的平等。由于人是平等的，同时又是自然的，所以就陷入了人对人是战争的自然状态中。但人对死亡的恐惧和保存自己的要求，就必然求取和平，以摆脱战争状态。为此人的理性便出来教导人们，不能单凭自己的情欲去生活，人只有接受那些大家必须遵守的共同的生活规则——自然法，才能避免战争，才能使每个人都达到保存自己的目的。对洛克来说，这个自然法就是每个人都可以享有自由和平等以及不受制于别人的权利。但如果人享有不加限制的权利，人们就没有安全、和平和舒适，也不可能享有他们的财产。而靠自然法又无法限制，因为它只是每个人内心的法律，而不是明确确定的和人们周知、接受的判断言行标准和解决纠纷的成文法，因此它还需要公正的

———————
① 洛克心目中的自然状态要比霍布斯所说的好一些，卢梭的自然状态更成了人类生活的理想状态。在中国将自然状态理想化的主要有老子、庄子、阮籍和鲍敬言等。如老子以抽象的方式将人类的演进看成是退化和衰败的过程（"大道废，有仁义""失道而后德"）。如《庄子·马蹄》赞美"至德之世"，说"其行填填，其视颠颠。当是时也，山无蹊隧，泽无舟梁；万物群生，连属其乡；禽兽成群，草木遂长。是故禽兽可系羁而游，鸟鹊之巢可攀援而窥。夫至德之世，同与禽兽居，族与万物并。恶乎知君子小人哉！同乎无知，其德不离；同乎无欲，是谓素朴。素朴而民性得矣"。《庄子·盗跖》亦描述说："古者禽兽多而人少，于是民皆巢居以避之。昼拾橡栗，暮栖木上，故命之曰'有巢氏之民'。古者民不知衣服，夏多积薪，冬则炀之，故命之曰'知生之民'。神农之世，卧则居居，起则于于。民知其母，不知其父，与麋鹿共处，耕而食，织而衣，无有相害之心。此至德之隆也。"

裁判者和执行它的强有力的权力机构。

圣创论同社会契约论更大的不同是，圣创论认为国家是超凡人物的创造，社会契约论则认为这是人与人之间相互协商和互相让渡权利的结果。人类历史上的不同时期都有卓越和超凡的人，他们或者叫英雄，或者叫先知和巨人，中国子学家称之为圣人。在古代史中，人类对他们的先祖一般是比较谦虚的，他们非常乐意赞美和歌颂他们的祖先；在现代史中，人类对他们的先祖一般是傲慢的，他们更喜欢赞美和歌颂自己以及未来。在中国子学家们那里，人类历史越往前追溯，卓越人物在历史上的地位就越重要。经过去魅、去圣、去神圣化，生活在自由、民主和法治社会中的现代人成了主体的人，他们不太轻易赞美和歌颂他们的祖先，也不太轻易渴望伟人。一般来说，对于历史上许多了不起的人，对于那些为人类生活和历史带来改变的人，我们都会保持敬仰之心；在世俗化的现代社会，对在不同领域中为人类做出了重要贡献的人，人们也会敬仰。赞颂个人自由和平等的罗素，也赞颂这些真正的伟大人物。①圣创论强调圣人的创建，认为文明、社会和国家是圣人在一些动机驱使下进行的创造。与此不同，社会契约论则强调社会和国家是人与人之间

①　［英］罗素：《权威与个人》，储智勇译，北京：商务印书馆，2010 年，第 46 页。现代自由、平等的法治社会不是产生超人的时代，也产生不了真正的超人。不同自由和法治结合的民主和专制社会，确实产生了独裁和极权主义者。一些人包括一些哲学家，他们不甘于平等和自由之下的平常生活，塑造超人。如尼采渴望超人，梦想着造就主宰世界的人物。平常的人渴望伟大而不知如何伟大就会发疯，拥有权力的人渴望伟大而不知如何伟大就会不择手段。胡克告诫说："一个民主社会对于英雄人物必须永远加以提防……因为在这样一个社会里，领袖人物不能自己冒称具有英雄的能力。"（［美］悉尼·胡克：《历史中的英雄》，王清彬等译，上海：上海人民出版社，2006 年，第 159 页）

的相互约定和共同的创造，这种创造是人们出于保护自己利益和安全需要的考虑，他们通过相互约定并各自出让自己的部分权利授予君主。圣创论下的先民们走出史前时代是接受圣人创造的结果，社会契约论下的人民走出史前时代则是他们接受相互约定和达成契约的结果。

圣创论中的圣人观是中国子学家心目中整体圣人意识中的一部分，也是同中国政治思维和政治传统息息相关的一部分。圣人不仅破天荒地创建了政府和国家，而且良好的政治秩序和国家生活同样离不开圣人，这样的意识如此强大，以至于圣人或好人就成了良好政治生活和秩序的根本保证者。除了个别子学家将历史退化的责任归结于圣人外，大部分人从不觉得这有什么政治风险，更不会认为这是不断押下的政治赌注。圣人历史观当然不完全否定制度，只是他们认为制度总是次要的，好人总是首要的。这不是说中国就没有制度主义学派。事实上，法家和黄老学就是中国历史上最注重制度的学派，但这两个学派都无法同自汉代以来占主导地位的儒家贤能主义相抗衡。圣创论的圣人被确定为文明源头的开创者，同儒家等贤能主义将圣人看成是良好秩序的保证者完全是统一的。

近代以来不少人一直认为，中国在向现代性的自由、民主和法治的转型中困难重重，同传统中国的这种政治思维、意识和观念之间具有因果关系。我们不能做出这种单一的归结，但贤能主义或圣人信仰确实与此有不少关联。"三代"以后的中国历史，几乎没有再产生儒家所信仰的圣人了，一个时期内也有人认为圣人是不可致的。但这似乎对儒家的圣人信仰没有什么作用，宋明新儒家和现代新儒家仍然津津乐道圣人，乐道内圣外王。有人说这是因为儒家坚持人性的乐观主义，以及中国人对人性缺乏"幽暗意识"（张灏），但这仍然只是部分原因，因为中国的人性论具有多元性，人性善只是其中的一种。比较古希腊和先秦，柏拉图的哲学王同儒墨的圣人观具有类似处；法家特别是黄老学同亚里士多德的法治观念具有类似处。如亚里士多德强调法律是叫人不要用"智"。谁想以一己之智慧去胜过法律，这是法律所要禁止的。他说："常人既不能完全消除兽欲，虽最好的人们（贤良）也未免有热忱，这就往往在执政的时候引起偏向。法律恰恰正是免除一切情欲影响的神祇和理智的体现……要使事物合于正义（公平），须有毫无偏私的权衡；法律恰恰正是这样一个中道的权衡……〔除了不能无所偏私以外，〕一人之治还有一个困难，他实际上不能独理万机。"[1]

但同西方的法治思想具有相似性的黄老学的道法主义理念和治理，在后来的中国历史中没有得到进一步的发展，这同儒家的贤能主义和德治主义的主导性互为因果。[2]而亚里士多德的法治主义则被发展了。哈耶克追溯了西方法治传统的渊源，认为洛克和休谟都有真知灼见。哈耶克引用休谟的话说："幻想家或可设想政府以仁爱为本，惟圣贤方能留

---

[1] 〔古希腊〕亚里士多德：《政治学》，吴寿彭译，北京：商务印书馆，1983 年，第169-170 页。亚里士多德在《政治学》中还表达了将政治权势赋予人的危险性："把权力赋予人等于引狼入室，因为欲望具有兽性，纵然最优秀者，一旦大权在握，总倾向于被欲望的激情所腐蚀。"

[2] 这也能够部分地解释为什么中国没有内发产生现代性的法治而建立真正的法治为什么又十分困难。

名于世；然而恰恰是那些胥吏们，让此等尊贵的夫子们站到了同草莽流寇一样的地面上，用最严酷的学说训诫他们，凭空想像中似乎最有益于社会的原则，实践中可能完全是有害而具破坏性的。"[①]对此，哈耶克评述和引申说："不是人之善，而是制度，'使坏人也可为公众的幸福服务'，只要他希望有和平、自由和公正。"[②]休谟进一步的关切主要是想说明，只有全面采用"普遍的、不允许有灵活性的公正行为准则"[③]，才能保证普遍秩序的建立。如果想形成一种秩序，则只能以这一目的，而不是任何别的特殊目的或结果，作为采用这些规则的指导。

近代中国在政治思维中的一个重要转变，就是将贤能政治转变为制度政治。如严复清晰地指出，良好的政治生活和秩序根本上是取决于良好的制度而不是取决于贤能："虽有至仁之国，必不能为所胜亡国之民立仁制也。夫制之所以仁者，必其民自为之。使其民而不自为，徒坐待他人之仁我，不心薪之而不可得也。就令得之，顾其君则诚仁矣，而制则犹未仁也。使暴者得而用之，向之所以为吾慈母者，乃今为之豺狼可也。呜呼！国之所以常处于安，民之所以常免于暴者，亦恃制而已，非恃其人之仁也。恃其欲为不仁而不可得也，权在我者也。使彼而能吾仁，即亦可以吾不仁，权在彼者也。在我者，自由之民也；在彼者，所胜之民也。必在我，无在彼，此之谓民权。彼所胜者，尚安得有权也

---

① ［英］哈耶克：《大卫·休谟的法哲学和政治哲学》，载《哈耶克文选》，冯克利译，南京：江苏人民出版社，2007 年，第 500 页。

② 同上。

③ 同上书，第 493 页。

哉！"① 没有万能的东西，制度也不是万能的，但在建立适应现代需要的良好政治生活和秩序上，它比贤能和贤人要可靠得多。如果有人继续把良好政治生活和秩序寄托在贤能者那里，而不是建基在自由和法治的基础之上，那就意味着这是让偶然和不确定的个人贤能继续支配政治世界。

如何使普遍性的制度治理和法治成为良好政治秩序的基础呢？一是直面贤能主义政治思维的根深蒂固性和改变它的困难性。民初主张法治政治并被称为自由主义的一些人，抱着强烈的善良愿望，认为好政府的根本标准是宪政政府。但如何去实现这样的政府呢？他们的逻辑一转就成了只有好人从事政治才有可能。结果是，如何建立一个"好政府"又变成了如何建立一个"好人政府"（由好人组成）。且不说新儒家，就是儒家的一些解释者也很容易被它的政治贤能主义所打动；即使"内圣外王"（太高远）这种人格一直没有现实化的可能，但对将良好政治生活理想化的一些人来说仍有着吸引力（美丽动听）。二是彻底放弃政治世界与亲情世界的类比，不再将治理者与大众的关系比拟为父子、母子的亲情关系，不再将政治世界拟人化为父母仁慈地对待他的子女和子女对其父母的依赖，不使人从小留下的恋父、恋母心理和潜意识在无意识中

---

① 严复：《〈法意〉·按语》，载王栻主编：《严复集》第4册，北京：中华书局，1986年，第972页。罗素说："如果一个君主是值得信任的，那不是因为他'好'，而是因为'坏'是违背他的利益的。保证有这样的情况就可以使权力成为无害的。"（[英]罗素：《权力论：新社会分析》，吴友三译，北京：商务印书馆，1991年，第209页）但这还是不能完全解释为什么仍有恶政。一种可能的解释是为政者都是一片好心，但他们却没有能力做好事而自以为做的都是好事。

转移到对政治人格的依赖和信奉上。三是对人性和政治世界的阴暗面需要保持清醒的认知和警惕，经常记住人是有私心的存在，政治世界中有肮脏性。带着私心的人进入到有引诱性的现实政治[①]，不要天真烂漫地想主要用道德，而要实实在在地从根本上用法治去约束人的私心和对权力的使用，使好人不容易变坏，使坏人也能变好。这个逻辑商鞅早就意识到了：公正的惩罚能够让人变成"有德的人"。

---

①　布坎南的"公共选择理论"对此有系统的探讨（[美] 布坎南：《宪政的经济学阐释》，贾文华、任洪生译，北京：中国社会科学出版社，2012年，第20-56页）。

第十五章　世界公正和协同信念：中国"天下主义"精神

　　人类一开始就是在不同的族群和各种各样的共同体中存在和生活的。在东西方文化中，人类共同体和世界秩序的观念不同程度地存在着。就中国文化而言，它有一个很强的"天下主义"信念，这是中国人政治期望非常重要的一部分。在很长的历史时期中乃至到了近代，这一信念都不断地被塑造和呼唤。它描绘了人类共同体的长远图景，它对世界良好秩序和协同做出了整体上的承诺。在全球化和世界秩序重建的大趋势下，将中国的这一信念引入这一进程的思考中，促使我们再次唤起它和点燃它。

　　"天下主义"的核心是"天下"这一观念，立足于古典文本和历史语境，我们对它的历史起源[1]，对它在不同历史时期的演变，对它的一些典型个案（如儒家、道家等）等，都进行了不同程度的探讨。[2] 这里，

---

　　[1]　对中国"天下"观念的起源，参阅邢义田：《天下一家——中国人天下观》，载《中国文化新论·根源篇》，北京：生活·读书·新知三联书店，1991年，第433-478页。
　　[2]　如渡边信一郎的《中国古代的王权与天下秩序——从日中比较史的视角出发》（徐冲译，北京：中华书局，2008年）等。

我想就"天下主义"作为中国思想文化的一大信念，整体上它都具有哪些重要的方面、重要维度和特征做一考察，并适当地看一下这些方面对于我们建设世界新秩序有没有可以发挥作用的地方。

第一节　地理空间的广大性：天下和地上

中国的"天下主义"首先是一个广大的地理空间概念。直观上，"天下"就是上天之下（天覆）、大地之上（地载）的意思，它指称人类生活所在、人迹所至、无远弗届的整个地方（在不同历史时期，其所指的空间又有所不同）。现在我们用来表示"（全）世界""全球"的词汇，中国历史上主要是用"（全）天下"来表示的（此外，还有"四海""四方""九州"等类似的概念）。当然，古代中国的"天下"地理空间（大小和范围）同我们现在的所指大不相同。在这种广义的地理空间之外，"天下"还有一个狭义的地理空间所指，即它是"王化"所在的地方，是中国和华夏意义上的地理空间。这种意义很早的时候就有了，如西周末的《北山》诗（《诗·小雅》）中"溥天之下，莫非王土；率土之滨，莫非王臣"中的"天下"就是狭义的。中国"天下主义"中的"天下"一直就是在这广狭两种意义上使用的，两者既有交叉性，又有伸缩性。

追溯起来，这两种意义上的"天下"都是伴随着空间上的东西南北——四方、四土的概念而产生的。正如人类文明的成长和发展在地理空间上的分布一直存在着不平衡的现实（现在的南北类似）那样，中国的"天下"是一个由近及远、由内到外的观念。这种远－近、内－外

之分，往往就是中心对边缘、化内对化外的区别。从王畿之外每五百里
为一服的"五服"（甸服、侯服、绥服、要服和荒服）制度也是由近及
远的地理空间概念。中国、华夏之地是天下的中心地带，它由大大小小
的众多诸侯国家组成。在《尚书·尧典》中我们就看到了"万邦"（"协
和万邦"）的说法。《左传·昭公二十三年》记载沈尹戌的话说："古者，
天子守在四夷；天子卑，守在诸侯。诸侯守在四邻。诸侯卑，守在四
竟。"《诗·大雅·民劳》说："惠此中国，以绥四方……惠此京师，以
绥四国。"

治理万邦是天下政治中心王畿之地，它被认为是空间上的"天地之
中"（如河洛）。从天下的中心到很近的外再到很远的外，一层又一层，
一直延伸到人群所至的地方，这合起来是一个"同心圆"的天下。在历
史演变中，这个同心圆的天下地理空间概念整体上是不断扩大的，即化
内的中国和华夏地理空间在扩大①，外围的化外夷狄世界的空间也在扩
大，到了晚清，在其统治的地理版图之外，整个其他族群的地理空间
（包括朝贡的藩属国，包括整个西方）都被涵盖在天下之中。

在不同的历史时期，中国的天下主义程度不同地存在着以内外、远
近的地理空间概念为表，以文化、文明和价值为内的"华夷之辨"和
"严华夷之防"的意识，但它始终又抱着"王化无外"的信念，就像

---

① 《何尊铭文》首次出现了"中国"一词："铭曰：唯王初壅，宅于成周。复禀〔逢〕
王礼福，自〔躬亲〕天。在四月丙戌，王诰宗小子于京室，曰：昔在尔考公氏，克速文王，
肆文王受兹命。唯武王既克大邑商，则廷告于天，曰：余其宅兹中国，自兹乂民。"

"和柔四夷""怀柔远人""近者亲，远者悦"等说法那样，主张用柔和的、安抚的路线对待天下所有其他的族群和国家，使天下整体上文明化和协同化。借用老子的话说："是以圣人常善救人，故无弃人；常善救物，故无弃物，是谓袭明。"（《老子》第二十七章）中国的天下主义期待人类不同群体都能够生活在秩序良好的世界中。这也是它跟许多乌托邦想象不同的地方。大多数乌托邦都将美好的世界设置在一个较小的空间中，不管是陶渊明的"桃花源"，还是康帕内拉的《太阳城》等，它们都是想象小范围中的美好共同体生活。①

第二节　天下的"公共性"：共有和共享

中国"天下主义"信念的第二个精神是以天下为公共的产物。再没有比"天下者天下之天下""天下为公"更能表达天下的"公共性"这一要义了。对天下"公共性"的崇尚产生了"公天下"（还有"官天下"）的观念。"公天下"的反面是"私天下"（或"家天下"）。建立公正的天下，就要避免和克服治理天下时有私心和私情。

天下的公共性涉及政治的目的问题。即使传统的政治哲学，也不会说政治的目的是君主及其家族的利益。《慎子·威德》说："古者立天子而贵之者，非以利一人也。曰天下无一贵，则理无由通，通理以为天下也。故立天子以为天下，非立天下以为天子也；立国君以为

---

① 有关西方的乌托邦想象，参阅［美］乔·奥·赫茨勒：《乌托邦思想史》，张兆麟等译，北京：商务印书馆，1990年。

国，非立国以为君也；立官长以为官，非立官以为官长也。"同样，荀子还从超自然的力量来论证政治的目的："天之生民，非为君也；天之立君，以为民也。"（《荀子·大略》）那些强调君主权力的思想家，也不会说让君主控制权力就是为了权力本身，而是让他运用权力去造福于公众。人们误解法家和黄老学，说两者只是教导君主如何获得权力，而不是让他们如何去关心公众的利益。事实并非如此。如《商君书·修权》告诉君主"公"与"私"不同，让他严格划清两者的界限："公私之分明，则小人不疾贤，而不肖者不妒功。故尧、舜之位天下也，非私天下之利也，为天下位天下也。论贤举能而传焉，非疏父子亲越人也，明于治乱之道也。故三王以义亲，五霸以法正诸侯，皆非私天下之利也，为天下治天下。"《韩非子·心度》更进一步说，实现法的治理，根本是为了爱民："圣人之治民，度于本，不从其欲，期于利民而已。故其与之刑，非所以恶民，爱之本也。"在强调权力的公共性上，儒家更不用说。政治权力的合法性和根源，只在于为了人民的利益和福祉。

天下是否能够实现公正，取决于天子的权力如何运用。天下是公共的产物（或天下是天下的），客观上就要求天子的"权力"必须用于公共的目的，而不是用于私人的目的或皇家的利益。《礼记·礼运》想象和设想的"大同"世界，强调的主要是人人都有"公共"之心，治理者从公共之心出发去选拔人才（"选贤与能"），建立良好的社会秩序。用墨子的话说，天子的权力只是用来"兴天下之利，除天下之害"。不幸的是，历史上天子滥用权力的现象不少。黄宗羲对以"天下大公"为名而实际上行以"大私"而进行的批判，针对的就是天子对公共权力的滥用，就是天子的私天下和家天下行为。

对于社会公众来说，天下的公共性，一方面意味着每个人对天下都承担有责任，他们需要关心天下的事务。大家非常熟悉的"天下兴亡，匹夫有责""先天下之忧而忧""家事、国事、天下事，事事关心"等说法，再好不过地表达了人们的天下责任感和使命感。另一方面表现为人们对社会福祉的共享。社会要让所有人的生活都有保障，为他们提供安全的生活环境，使他们能够安居乐业，就像《礼记·礼运》所说的那样：人人"老有所终，壮有所用，幼有所长，鳏寡孤独废疾者皆有所养，男有分，女有归"。政治的合法性和根源，最终要看它是否充分满足了社会公众的愿望和利益。

第三节　天下相爱和平等：从个人到族群

中国"天下主义"信念的另外一个重要方面是，信奉人人、不同国家的相爱和平等。《国际人权公约》宣布人天生都是平等的，现实有什么理由使其不平等呢？虽然在传统社会往往存在着等级和不平等意识，譬如古希腊的奴隶制度、印度的种姓制度等，但我们也能看到，儒家、道家和墨家又都具有天下"平等"的信念。

人的平等首先是指人与人的平等相待和相亲相爱。子夏主张的"四海之内皆兄弟"，《中庸》提出的"万物并育而不相害"，墨子强调的"兼相爱、交相利"，张载信奉的"民胞物与"，宋明理学坚持的"仁者以万物为一体"，都把人与人的关系看成是相亲相爱的兄弟关系，认为人与万物整体上是一体的，以打破人为设置的种种界限。现代民族主义特别是种族主义却要扩大人与人的界限，甚至相互仇恨和伤害，这是非常不幸的。

人人平等还指人人应该有生存权，人人都应享受应有的待遇和利益。如孔子的"均贫富"（"不患寡而患不均"）思想，如老子的"天之道损有余而补不足"观念，都是主张财富的合理分配，反对财富的集中和垄断。一个不公平的社会和世界，就是经济利益的分配两极化，少数人占有着无数的财富，而大多数人则处在贫困之中（这正是老子批判的人之道"损不足以奉有余"）。

天下不同国家和族群的平等，是说大国和小国要平等相待和相处。《左传·襄公三十一年》引《周书》说的"大国畏其力，小国怀其德"，老子主张大国要对小国谦让（"大国者下流"；"大国以下小国"；"大国不过欲兼畜人"）；孟子提出"以大事小"和"以小事大"，强调以理服人的王道，反对以力服人的霸道，这些都是希望国家无论大小，都要互相尊重。还有墨子反对大国的兼并和攻伐，主张一视同仁的国际关系（"视人之国，若视其国"），荀子主张"天下一家"的人类共同体："四海之内若一家，故近者不隐其能，远者不疾其劳，无幽闲隐僻之国，莫不趋使而安乐之。"（《荀子·王制》）

第四节　天下和文化的共同性

中国"天下主义"信念还有一个重要的方面是主张文化和价值上的共同性和普适性。尽管现在人们越来越强调文化的多样性和差异性，但不管是什么样的人类共同体，它们都需要文化和价值上的共识和认同。事实上，人类文明和文化一方面具有多样性和差异性，另一方面又具有共同性和普适性。中国"天下主义"注重的是文化的共同性和普适性，相信人类具有共同的价值，相信人类共同体都能够完善自己并建立起良好的秩序。华夏与夷狄之分主要是"文野"之别，而不是"种族"之别。如《战国策·赵二》记载公子成对"中国"的论点主要是强调它的文化和价值，这是华夏之别的中心："臣闻之：中国者，聪明睿知之所居也，万物财用之所聚也，贤圣之所教也，仁义之所施也，诗书礼乐之所用也，异敏技艺之所试也，远方之所观赴也，蛮夷之所义行也。"

人们将中国文化的这种意识称为"文化民族主义"，以区别于其他的（如政治上的、种族上的）民族主义。但正如上述，这是认为华夷之间现实中存在着差异，而不是认为两者之间应该保持这种差异。实际上，华夷之别不是固定不变的。中国天下主义主张天下都要达到文明化，相信夷狄可以从野蛮进入文明，实现天下的大同。亦正如上述，中国的文化普适主义，主要是强调伦理和道德的普适性和共同性，它是中国天下主义最突出的特征。《论语》记载，季氏将伐颛臾，冉有、季路为之说辞，对此孔子教诲他们说："夫如是，故远人不服，则修文德以来之。既来之，则安之。"司马相如对西南民族采取的文化主义路线很有代表性："是以六合之内，八方之外，浸淫衍溢，怀生之物有不浸润于泽者，贤君耻之……创道德之涂，垂仁义之统。将博恩广施，远抚长驾，使疏逖不闭，阻深暗昧得耀乎光明，以偃甲兵于此，而息诛伐于彼。遐迩一体，中外禔福，不亦康乎？"（《汉书·司马相如传》）顾炎武区分"亡天下"与"亡国"的一个说法常被征引："易姓改号，谓之亡国；仁义充塞，而至于率兽食人，人将相食，谓之亡天下。"按照这个说法，"亡天下"是失去了普遍的伦理道德价值，这样就会变得野蛮。而"亡国"只是改变了统治者和国号。但按照儒家的治国和平天下的统一性，"亡国"也有失去普遍价值的问题。

至今人们还不时批评说中国文化特别是儒家有强烈的血缘宗法意识和观念，"孝悌"影响了中国文化的普遍性和公共美德。西周封建社会及其王权的世袭性制度安排是事实，但西周一直声称美德的治理，周公强调"敬德保民"，以及"虽有周亲，不如仁人"（《尚书·泰誓》），这都是强调以普遍的德治天下，而不是强调血缘亲情的重要。儒家的孝悌是说天下人都要有这种亲情的美德，它没有说让人限于这种美德，它还有仁者爱人、仁者爱物的普遍立场。

第五节　天下主义和"天道""心同""理同"

最后，中国天下主义信念把天下的共同性和协同性建立在天道正义论和人心的心同、理同上。按照中国哲学，天道是正义的，人道同天道是连续的。其中的"天"可以是神性的，也可以是自然的。神性的天是天意也是天命（墨子叫"天志"），自然的天是天道也是天理。它们都是正义性的："天无私覆，地无私载，日月无私照。"人道是群体之道，也是人生之道，它们都根源于天和天道。

因为万物及其人类是"天"创造的（"天生庶物"），是道创造的（"道生之"）。《孟子·梁惠王下》引《尚书·泰誓》中的话，说天不仅生民（"天生民"），还为他们树立了君和师（《书》曰："天降下民，作之君，作之师。惟曰其助上帝宠之。四方有罪无罪惟我在，天下曷敢有越厥志"）。

对于儒墨道等学派来说，建立天下秩序首先是天意和天道的要求。以墨子的"天志"为例，墨子说"天"渴望正义而厌恶不义，天普遍仁爱天下的百姓。天子顺应天义，爱天下之人，利天下之人，他就会受到天的奖赏，否则他就要受到天的惩罚。墨子反对攻伐，反对大国兼并小国，主张世界和平，说这是天志所要求的。再看看儒家的说法。儒家的天意论认为天道福善祸淫，天子必须服从天意，他才能拥有权力。天子顺从天意同时也是顺从民意，在儒家那里，天意来自民意，它同民意是一致的，如说"天听自我民听，天视自我民视"（《孟子·万章上》引）、"皇帝清问下民"（《尚书·吕刑》）等。

中国天下主义相信宇宙、天下和万物具有共同的理，相信人类的心同、理同。陆九渊的一个说法非常著名："宇宙便是吾心，吾心即是宇宙。东海有圣人出焉，此心同也，此理同也。西海有圣人出焉，此心同也，此理同也。南海北海有圣人出焉，此心同也，此理同也。千百世之上至千百世之下，有圣人出焉，此心此理，亦莫不同也。"[①]

中国"天下主义"信念源远流长，一直到晚清它都在持续着，并以新的面貌展现出来。晚清中国面对帝国主义的强权和征服，一方面处在强烈的"亡国"、"亡教"和"亡种"的危机之中，尝试建立新型的作为"万国"之一的民族国家，为此产生了民族主义乃至强权主义；但另一方面，人们又认为东西方的相遇和接触，又是建立一个新世界和新天下的契机。于是，天下主义又孕育出了世界主义和"六合混而为一"的观念。历史上的大同概念更以康有为的"大同"理想图景表现出来，人们普遍期望一个平等、和平、和谐的世界新秩序。

梁启超是这种二重性思考的一个典型例子。为了国家的强大、独立和自主，他倡导民族主义乃至强权论，认为当前的世界是弱肉强食的民族主义时代和帝国主义时代。中国为了免于被淘汰的命运，她必须发展自己的强权。对此有人向他提出质疑说："子非祖述春秋无义战、墨子非攻之学者乎？今之言何其不类也。"梁启超回答说："有世界主义，有国家主义。无义战、非攻者，世界主义也；尚武敌忾者，国家主义也。世界主义，属于理想；国家主义，属于事实。世界主义，属于将来；国家主义，属于现在。今日中国岌岌不可终日，非我辈谈将来理想之时

---

① 陆九渊：《陆九渊集·年谱》，北京：中华书局，1980 年，第 483 页。

矣。"^①但晚年的梁启超又从他高峰期的"强权主义"急速地向他的"世界主义"理想偏转，认为世界主义在过去和将来都是中国成功的根本，提出了兼顾个人、国家和人类的"世界主义国家"，并在谭嗣同的"世界主义"面前忏悔不已。他说谭嗣同的《仁学》政治论说归于"世界主义"，它本于春秋的大一统之义，强调不仅要救本国，而且拯救西方国家，强调要平视万国，而他到日本后，受到了欧洲和日本思想的影响，不遗余力提倡"褊狭的国家主义"。^②对他来说，这是一个误入歧途的插曲。

---

① 梁启超：《历史上中华国民事业之成败及今后革进之机运》，载葛懋春、蒋俊编选：《梁启超哲学思想论文选》，北京：北京大学出版社，1984 年，第 288-297 页；梁启超：《欧游心影录》，载《梁启超全集》第 5 册，北京：北京出版社，1999 年，第 2978 页。
　　② 梁启超：《清代学术概论》二七，上海：复旦大学出版社，1985 年，第 77 页。

第十六章 "心灵"概念图像的多样性：出土文献中的"心"之诸说

从发生和起源的观点看，初民对自我的认知相较于对外部世界的认知要缓慢些。这一现象可能让人不解，为什么初民对息息相关的自我的追问一开始没有对外部世界的追问强烈。也许他们觉得，对于人类的生存来说，了解他们之外的天上和地上的一切比了解自己更迫切。这一天然倾向使人类首先成为一个外物论者而不是自我或心灵论者。表现在神话和宗教上，就是人类构想了创造世界的神话英雄和主宰世界的至上神，并使之成为人类崇拜和敬畏的对象，人的自我意识和心灵整体上都从属于这些外在的力量而没有被作为独立的对象来认知。

在东周子学中，"心"作为广义的心灵、意识和精神的概念被自觉和认识有一个演变过程。"心"作为一个象形字，本指人的脏器之一的心脏，后同人具有的视、听、嗅、尝功能的耳、目、鼻、口等器官相并列，被看成是人的思虑的器官，再进一步又引申出了意识、精神、情感等意义。[①]

[①] 有关"心"这个字的起源和早期使用情况，参阅刘翔：《中国传统价值观诠释学》，上海：上海三联书店，1996年，第199-200页。

在春秋时期，"心"的概念整体上还较少受到关注，孔子和老子都鲜少谈论"心"的问题，虽然孔子开始强调人的道德自主性（或自由意志），老子强调人的"自为"的"自然"。但在孔、老之后，特别是在战国时期，儒、道两家都开始关注人的心灵和自我，对人的心灵、自我、身心提出了一些不同的说法，并产生了"心术"这一概念。与此同时，人们对人的本性的追问又使人性概念同人心概念具有了密切的关联，因此，现在人们习惯于将两者合称为"心性论"。但我们更倾向于对"心"的概念单独进行考察。既然东周时期已经使用作为"心灵之道"的"心术"概念，那么我们就能够以此为基础提出独立的东周的"心灵论"或"心灵哲学"。①

出土文献中的帛书《五行》（"经"之部分又见于郭店简），郭店简中的《性自命出》（又见于上博简，题名为《性情论》），上博简的《凡物流形》，清华简的《心是谓中》等文本，则提供了不少有关"心"的概念的新材料和新论断，为东周的心灵概念增加了丰富性和多样性。结合传世文献，我们就能看到一幅多姿多彩的东周时期的"心灵"概念图像。这里以出土文献中的几种文本为主，来考察东周子学的心灵概念，看看它们都提出了一些什么样的重要论断和主张，以扩展我们对东周

---

① 这里使用的"心灵哲学"同西方现在一般使用的"心灵哲学"有很大的不同，它不限于主要是有关认知、心物、语言、他心等论域的讨论。两者的最大不同是东周的心灵论、心灵哲学，整体上是同个人的精神、理性的培养、伦理修炼以及政治实践结合在一起的，它同安东尼·胡的《心灵与自我的希腊模式》（何博超译，北京：中国人民大学出版社，2015年）中的"心灵论"具有一定的类似性。

"心灵"概念的认知，在某种程度上呈现出东周"心灵论"或心灵哲学的复杂性和多样性。

第一节　心灵和意识的二重性："心不胜心"和"心胜心"

从出土文献来看东周"心灵"概念的多样性，我们首先来看看《凡物流形》提出的"心不胜心"这一论断。[①] 这一论断呈现了作者对人的心灵和意识多重性的认识。《凡物流形》中"心不胜心"这一论断的字面意思就是"心不能胜过心"。显然，前后的两个"心"字所指不同。如果所指一样，说"心不胜心"就令人费解。另外，它也不是指一个人的心胜过另一个人的心（"他心"）。一般来说，人心具有差异性，就像所谓的"人心之不同，如其面焉"（《左传·襄公三十一年》），就像所说的一个人的意志能够战胜另一个人的意志那样。这当然说得通，但《凡物流形》语境中的这两个"心"字不是指不同个人的心理，而是指"同一个人"的"不同心理"。因为"心不胜心"的下文是"大乱乃作；心如能胜心，是谓小彻"。这是就一个人的心理而言。

在人的精神世界（波普尔将它同自然客体和人类的创造物并列为"世界3"之一）中，人的心理活动或意识是非常复杂的，即使是从心理的物理还原和心理的生理机能上去谈论它也是如此。说到人心的复杂性，我们会联想到《庄子·列御寇》中说的"凡人心险于山川，难

---

① 有关《凡物流形》的"心"和"一"，参阅王中江：《〈凡物流形〉的"贵君"、"贵心"和"贵一"》，《清华大学学报（哲学社会科学版）》2010年第1期。

于知天"这句话，我们还会联想到"运用之妙，存乎人心"这句话。说人是万物之灵，其实说的就是人心的灵妙性和神奇性。[①]《凡物流形》提出"心不胜心"这一论断，首先说明它意识到了人的心灵具有复杂性，意识到人心不是单一性的存在。《管子·内业》有一句话说"心以藏心，心之中又有心焉"。这句话是从不同层次上论心，也是对心的复杂性的认知。

"心不胜心"的说法首先指出了人的心灵中存在着两种不同的心理倾向，其次指出了两者中的一方会被另一方战胜或压倒。抽象地看"心不胜心""心如能胜心"这两句话，它们可以是就所有人而言，不是特指谁的不同的心理倾向和自我意识。但实际上，《凡物流形》所说的"人心"不是泛指所有的人，而是特指作为最高统治者的圣王或君王的心理。《凡物流形》这一文本主要有两方面的内容，一是有关自然的论说，一是有关君王如何统治的论说。基于此，它所说的"人心"是就统治者而言。因为文本中明确谈论了圣人如何治理："是故圣人执道，所以修身而治邦家"；"是故圣人处其所，邦家之危安存亡，贼盗之作，可先知之"。文本中也明确指出君主应该崇尚什么："君之所贵，唯心。"掌握着最高权力的君主，如果他不能用"一种心"去战胜"另一种心"，或者他是一个"心不胜心"的人，就会造成严重的政治恶果——"大乱"；

---

① 儒家所说的人的情感有喜怒哀乐爱恶惧等不同。《礼记·礼运》将"欲恶"看成是人心的两个大端，认为人心很复杂而又直接不显现，只能通过他的所作所为去判断，特别是要看他的言行合不合"礼"："故欲恶者，心之大端也。人藏其心，不可测度也。美恶皆在其心，不见其色也。欲一以穷之，舍礼何以哉？"

相反，如果他能够而且始终如一地用一种心去战胜另一种心（"心胜心"），他就掌握了政治的"要道"（"少彻"）。

从一般意义来说，人的内心有不同的心理倾向和意识，甚至它们之间具有矛盾性和对立性。如心灵一方面发出一种应该的声音，同时又发出另一种不应该的声音。统治者也是人，他也具有不同的乃至相反的心理倾向和意识。作为最高统治者，君主应该具有什么样的心灵、应该用什么样的心态去治理国家呢？按照《凡物流形》的义理，由于君主"心不胜心"或"心胜心"产生的是两种截然不同的政治结果，所以这两句话中的第一个"心"字应是指统治者应该具有而且应该发挥作用的心；第二个"心"字则是指不同于此的统治者要加以约束和控制的心。前者是指合理的、正当的心，后者则是指不合理的、不正当的心。[①] 但两者具体又是指什么呢？

对儒家来说，君主不仅要有理性上的合理化和正当化之心，更要有伦理价值和道德的心；与此相反的心，既是指不合乎理性的心，也是指不合乎道德的心。但道家的合理性、正当性概念，道家的伦理和道德理念，同儒家很不相同。老子和黄老学奉行以道、一、德等为中心的无为、柔弱、清静的治理。据此，君主以"道"和"一"之心、以无为之心去治理就是合理的和正当的，否则就是不合理的和不正当的。《管

---

① 《尸子·贵言》所说的作为身之主导和受令的"心"就是正当的心，心不当的心则是不正当的心（"心者，身之君也。天子以天下受令于心，心不当则天下祸"），这是对《凡物流形》的"心不胜心"的一个很好的注脚。

子·内业》将"忧乐喜怒欲利"等看成是不合理、不正当之心①；《黄帝四经》以"纵心欲"（《亡论》）、"心欲是行"（《正乱》）等为不合理、不正当的心。对黄老道家来说，君主要实现好的治理，就要克服这种不合理、不正当的心，确立起合理的、正当的心。由此可知，黄老道家也将圣王的治理落实在"治心"上，落实在"心术"上。《管子·心术下》说："心安，是国安也。心治，是国治也。治也者心也，安也者心也。治心在于中，治言出于口，治事加于民，故功作而民从，则百姓治矣。"《管子·内业》也说："气意得而天下服，心意定而天下听。"

回过头来看《凡物流形》，它说的心的合理与不合理、正当与不正当具体是指什么呢？作为老子后学的文本，它里面没有儒家的伦理道德之心的概念是很自然的，它传承的是老子的"道"特别是"一"的概念，而且主要又是在政治上使用的。《凡物流形》说的"君之所贵，唯心；心之所贵，唯一"这句话，为准确理解"心不胜心"和"心胜心"所说的心的合理不合理、正当不正当具体是指什么提供了可靠的根据。可以肯定，在《凡物流形》中，心的合理不合理、正当不正当整体上是指君主的心合乎不合乎道和一。

由于《凡物流形》的"一"这一概念比"道"还显赫，心的合理不合理、正当不正当主要是指合乎不合乎"一"。在《凡物流形》中，"一"

---

① 《管子·内业》说："凡心之刑，自充自盈，自生看成。其所以失之，必以忧乐喜怒欲利。能去忧乐喜怒欲利，心乃反济。彼心之情，利安以宁，勿烦勿乱，和乃自成。"据此来看，《内业》大概认为人的这些情感和欲望容易让人失去宁静和理性。

被看成是最高的政治理性和真理。君主要实现最好的治理，主要就是用"一"去治理。《凡物流形》有两段话都是用来说明"一"在统治中的普遍性和有效性的。其中一段说："能执一，则百物不失；如不能执一，则百物俱失。如欲执一，仰而视之，俯而践之；毋远求，度于身稽之。得一而图之，如并天下而助之；得一而思之，若并天下而治之"；另一段说：一"得而解之，上宾于天，下审于渊。著不与事，先知四海；至听千里，达见百里。是故圣人处其所，邦家之危安存亡，贼盗之作，可先知之"。这两段话既解释了君主为什么要崇尚"一"，也说明了君主的"心不胜心"和"心胜心"分别是指什么。心能执一就是用合理的、正当的心去治理；心不能执一就是用不合理、不正当的心去统治。据此，我们可以说《凡物流形》的"心胜心"是指用执一之心战胜了非执一的心；"心不胜心"就是执一之心不能克服非执一之心。

但这里的"一"还是比较抽象。《凡物流形》的"一"也是"道"。在老子那里，最高的治理之道是"清静无为"。《凡物流形》中没有"清静无为"的概念，更没有将它同道和一结合起来的表现。另外，在黄老学中，用"道"和"一"去治理，主要是用可操作的具有普遍性的稳定的法律去治理。但《凡物流形》的"一"和"道"也没有同"法治"结合起来。我们能看到的是它对"一言"的强调："一言而收不穷，一言而有众，一言而万民之利，一言而为天地稽。〔捪〕之不盈握，敷之无所容。大之以知天下，小之以治邦。〔一〕之力，故〔君〕之力，乃下上。"根据这段话，在《凡物流形》中，"一"又是看起来比较具体的

"一言"。但不好说它就是一个重要的政治原则或一个根本的政治承诺，它很可能就是"一"这一"言语"。①

第二节 心志和操习："心无定志"、"心有志"和"习"

出土文献《性自命出》是揭示心灵和意识复杂性并主张理性（主要是道德理性）选择的又一个文本。作为孔子后学的文本，《性自命出》对"心"的谈论比较多，而且也涉及了"性"这一概念。② 相较于《凡物流形》的"心"限于"君心"和治理之道，《性自命出》主要是从一般意义上论说"人心"，就像所说的"四海之内，其性一也"的"性"是就整个人类而言那样。《性自命出》言说心的复杂性和理性选择，提出了诸如"心无定志"、"心有志"、"求其心为难"、"用心各异"、"其心必在"和"君子身以为主心"等论断，非常引人注目。这里我们主要围绕它的"心灵"模式展开考察。

我们先来看看它所说的"心无定志"和"心有志"这两个一正一反的论断。这里的关键是"心志"这一概念。儒家所说的"志"，广义上

---

① 作为黄老学文献，《黄帝四经》将道和一同法治结合了起来。但《成法》中说："吾闻天下成法，故曰不多，一言而止，循名复一，民无乱纪。"这里提到的成法不是指具体的法律，而是指根本性的道。其说的"一言而止，循名复一"的"一"即"一之言""一之名"（或"道之言""道之名"）。《凡物流形》的"一言"类似于此。

② 人们对《性自命出》的讨论侧重于从"人性论"立论，如陈来的《荆门竹简之〈性自命出〉篇初探》（载《中国哲学》第二十辑"郭店楚简研究"，沈阳：辽宁教育出版社，1999 年）、郭齐勇的《郭店儒家简与孟子心性论》（《武汉大学学报（哲学社会科学版）》1999年第 5 期）、梁涛的《竹简〈性自命出〉与早期儒家心性论》（载庞朴主编：《古墓新知》，台北：台湾古籍出版有限公司，2002 年）、丁四新的《〈性自命出〉的心性论和学派归属》（载《郭店楚墓简竹简思想研究》，北京：东方出版社，2000 年）等。

指人的心志、志向、志趣、意志等。《说文解字》释"志"为"意"（反过来又释"意"为"志"），是指"心之所之"和"心之所向"。儒家的"志"狭义上主要是指人的善良意志、伦理志向和道德情怀。《性自命出》所说的"心无定志"和"心有志"的"志"是广义的，既是指一般意义上的人的志向、志趣，又是说人的伦理和道德志向。从这里出发，"心无定志"和"心有志"这两个相反的论断，广义上是说心没有确定性的志向，或者相反，是说人心有确定性的志向和志愿；狭义上是说人心没有确定性的伦理、道德志向，或者相反，人心有确定性的伦理道德志向。《性自命出》用"四海之内，其性一也"这句话表达的人性观，是指人都具有相同的先天禀赋和潜在性，它同孔子说的"性相近"类似。

在《性自命出》中，同"人性"的潜在性和静态性有所不同，它所说的"心"是动态的、活动的。从个体的心灵史来看，个体的自我意识、心志是一个成长和形成的过程，是变化、选择和适应的结果。说人心没有确定的、固定的志向，这有可能是说，个体的心灵和意识，一开始并没有固定的倾向和志愿，它不像性（特别是人的本能方面的）那样原本就存在着（"喜怒哀悲之气，性也"），但它更有可能是说人的心志始终处在变化和选择之中，已有的心志会被新的志向所取代。不管如何，人的心志的形成和建立整体上是一个过程，它是人的心灵、意识不断活动的产物："人之虽有性，心弗取不出。"

将《性自命出》说的"求其心为难"、"求其心有伪也"和"不过十举，其心必在焉"这几句话结合起来考察，"心无定志"揭示了人心的复杂性，即人心中存在着不同的意识甚至是彼此矛盾和冲突的意识，存在着伦理道德意识上的好与不好、善与不善、诚与不诚之间的矛盾。正因为这样，人们在活动和行为中要体现出自我的真心、诚心就不容易（"求其心为难"）。要使人的真心处于主导和支配的地位，它就必须克服"不诚之心"和"虚伪之心"。按照《性自命出》说的"不（通'丕'）过十举，其心必在焉"这句话，一个人犯了十次大的过错，那一定是他有意这样做，而不是无心和意外的结果。

动机论者往往强调人的善良动机来为一个人的不好行为辩护。但一个人的动机是不是真的善良，他造成的不好的结果是不是真的意外，常常难以做出可靠的判断，就像《礼记·礼运》所指出的那样："故欲恶者，心之大端也。人藏其心，不可测度也。"《礼记·礼运》的作者强调要从一个人的实际表现（行为及其结果）是否合乎礼来判断他的动机和意识实际上是什么样的（"美恶皆在其心，不见其色也，欲一以穷之，舍礼何以哉"）。同样，《性自命出》也是从人的行为及其结果来看人的动机。人心如何直接是看不到的，但行为和结果则可以直接看到。一个人连续有不德的行为，这只能证实他行事的动机也不是善良的（"察其见者，情安失哉"）。他要是知道他这样做是不对的而仍然这样做，他就是明知故犯。这足以说明他的道德良知和道德意识已被非道德的意识支配而不起作用。这可以叫作"意志薄弱"，也可以说这才是他的实际意志。《性自命出》不是动机论者，但它也肯定动机的重要，肯定诚心的重要，肯定人的内在和外在的统一："虽能其事，不能其心，不贵。求其心有伪，弗得之也。人之不以伪也，可知也。"按照这一说法，真正的美德（"德"）是内心和外在表现的统一（"得于内而形于外"）。

"心无定志"作为个体意识的过程来看，它前后也会有强弱的变化。在对立和冲突的意识中，何者占据上风并最后获得支配性地位，何者就是这个人的主要意识和意志。《性自命出》说的"求其心为难"主要原因在于后者。相对于"心无定志"，"心有志"既是说人的心灵在发展过程中能够逐步形成自己的意志，也是说人的意识在不同的选择中能够确立起一种意志。人如何才能发展和确立起自己的意志呢？强调心灵内修和心灵功夫的人，往往注重人的内心活动和主观化过程（如致力于在意识中控制自己的不善念头），认为这样人就能瞬间实现超越（如禅宗的顿悟派），并能在现实中避免不好的行为，建立起自我的同一性和意志。与此有别，行为心理学和社会心理学强调人的客观行为和社会活动对人的意识和意志形成的作用。由此来说，人的自我意识和意志的形成，虽然需要心灵的思虑、内修和反思，但单凭此建立不起来真正的自我意识，也谈不上什么真正的意志。能够被客观化也能够发挥实际作用的自我意识和意志，主要不是取决于心灵的内修和冥想，而是取决于现实中的行为。

对《性自命出》来说，人的自我意识和意志主要是在外部世界对心灵的作用中确立起来的。它所说的这几句话突出表现了这一点，即心者"待物而后作，待悦而后行，待习而后定"。"物"指外部世界的各种事物①，人心有待于事物的作用才能产生意识。在《性自命出》看来，人的先天之性中虽然有"好恶"的自然倾向（"好恶，性也"），但这种好恶倾向主要是对"外物"而言（"所好所恶，物也"）。人心的"悦"是情感上的愉快感受。照《性自命出》说的"用身之弁者，悦为甚"，能够使身体对外物产生急切（"弁"）反应的东西，以能引起人的愉悦感者最突出。这也解释了人的心志为什么是有待于愉悦才可以行得通。这里我们要特别关注《性自命出》说的人的心志"待习而后定"这句话。"习"是练习和操练。人们的各种技能都是通过有意识的反复练习、训练获得的（"有为也者之谓故"）。没有练习就没有习惯化和定型化。在《性自命出》看来，人只有通过练习，他的心志才能确立起来。借用《黄帝四经》说的"心之所欲，则志归之，志之所欲，则力归之"，人内心真正期望的东西，只有凭借他的心志、凭借他全身心的投入才能实现。但人确立自己的志向不容易（它不是心血来潮的东西），然而将它变成持续的行为则更难。使人变得不同的不是他们有没有"目标意向"，而是有没有"执行意向"。真正的志向总是同行动不可分，行动反过来又强化了人的志向。在《性自命出》那里，心志的练习是激发和修炼自己的性情（"习也者，有以习其性也"），通过心灵的强化活动能使人性的自然倾向成为自己的志向（"从其所为，近得之矣，不如以乐之速也"）。

人的技能训练一般都有指导者，不能单靠自己暗中摸索。同样，

---

① 如《性自命出》说："凡见者之谓物"（凡是表现出来的有形的东西都是物）。

人的心志的操练也需要师长的指导和教化。《性自命出》解释人们为什么"用心各异"，说这是教化造成的（"教使然也"），这说明它认识到了教化在人的心志形成中的重要性。儒家一直强调师长的教化作用，在这一点上没有人比荀子的倾向更为突出。儒家认定的立志主要是建立善良意志和道德志向，是将追求美德变成自己的志向。教化就是引导和培养人们的道德自觉和道德意志。《性自命出》说："教所以生德于中者也。"人的道德意志和志向的建立，也是人的道德主体的确立。对于这样的人来说，他的心志和志向就处于支配地位。他允许什么，不允许什么，都由他的心志裁断和决定（"凡心有志也，无与不可"）。《性自命出》作者心目中的这种人就是君子。君子具有远大的道德心和自我意识（"君子执志必有夫广广之心"），他说出的话一定很可信（"出言必有夫简简之信"），他是能够做到坚持自己的志向并一贯诉诸行动的人。

第三节　心的中心性和主动性："心是谓中"和"心与天两"

《清华大学藏战国竹简》第八册中的《心是谓中》[①]，是以小小的篇幅而主要论述"心"（也涉及"命"）的一个文本。它对"心"的看法，整体上可以放在战国心灵史图式中去理解。同《性自命出》不

---

① 有关《心是谓中》之"心"的讨论，参阅曹峰的《清华简〈心是谓中〉的心论和命论》（《中国哲学史》2019 年第 3 期）、陈民镇的《清华简〈心是谓中〉首章心论的内涵与性质》（出处同前）。

同，《心是谓中》言说"心"，没有涉及"性"、"情"、"物"和"习"等概念，它的明显特征，一是从"心"在人的身体中所处的中心位置出发，强调心对于耳目口和四肢的主导性；二是从心的这种主导性出发，强调君主如能借鉴心灵对感官的主导性作用，他就能够很好地去君临天下；三是从人的"有为"出发，强调心的谋虑在人事上的重要性；四是将"心"的活动与外在的非人力可左右的"天"、"幸"和"命"等偶然性力量截然分开，强调人心的作用和创造性；五是心所主导的活动不是单纯的认知之心，它具有价值（如"美恶""善"）上的指向性。

认为"心"在身体中处于中心位置并强调它的主导性，在传世的早期文本中已有比较典型的说法，如《管子·心术上》说："心之在体，君之位也"；又如《荀子·天论》说："心居中虚，以治五官"。在《管子·君臣下》中，君主处在国家的中心都被类比为心在身体的中间（"君之在国都，若心之在身体"），这一类比也暗含了心在身体中的主导性。出土文献《心是谓中》是从心居于身体的"中心"出发，强调心对身体具有主导性的典型文本。"处身之中以君之目、耳、口、肢"①这句话里的"中"，指"中间"、"中央"或"中心"。"中心"这个词应该就是从心居身之中间、身体中间有心演变出来的。《心是谓中》用"中"

---

① 这句话整理者的句读是"处身之中以君之。目、耳、口、肢四者为相，心是谓中"。根据上下文的语法，更可取的句读为"处身之中以君之目、耳、口、肢。四者为相，心是谓中"。

去描述"心"的地方还有两处：一处是开篇说的"心，中"这句话；另一处是被整理者用作篇题的"心是谓中"这句话。这两句话里的两个"中"字同"处身之中"的"中"字意思一样，也是指"中间"、"中央"或"中心"。如同《管子》和《荀子》所说的那样，《心是谓中》也认为，"心"在身体里的中心位置本身就表明它对人的身体整体上具有主导性和统领性。《心是谓中》列举出的与"心"相对的是"目、耳、口、肢"等身体的四个部分，称之为"四相"；除此之外，它还使用了"百体"这一概念。"百体"是指除了心之外的全身，这同《管子·立政》中说的"如百体之从心"的"百体"和《鹖冠子·天则》中说的"如体之从心"的"体"一样。

战国时期的"心术论"，一方面，它将心看成是人的不同感官和器官中的一种器官；另一方面，它又将心视为对其他器官具有支配性的器官。按照第一个方面，"心"是身体中能够思考的器官，而耳目口鼻形（或身）等则是具有闻视味嗅伏等机能的感官和部分。如孟子说的心之官与其他感官之间的关系就是各有其能的关系；但这种各有其能，在孟子那里又不能像池田知久指出的那样，它们完全是并行的[①]，它们有贵贱、大小之不同，心对其他感官具有支配性。这也同样适合于荀子。荀子也从"身心"各有不同特性来看待它们。如他这样说："夫人之情，目欲綦色，耳欲綦声，口欲綦味，鼻欲綦臭，心欲綦佚。——此五綦者，

---

① ［日］池田知久：《马王堆汉墓帛书五行研究》，王启发译，北京：线装书局，2005年，第112-113页。

人情之所必不免也。"(《荀子·王霸》) 除此之外，荀子的"心"也有支配、役使身体其他感官的一面。① 严格而论，人的耳目等感官都离不开心的作用，不管它是什么样的心。孟子和荀子的"身心论"同样如此，而且他们所说的心都具有矛盾性的二重性。②

战国时期发展出来的身心关系论主要是身心主从论，两者是主导和被主导、支配和被支配的"主从关系"。就像君主统御百姓那样，"心灵"被看成是身体的"君主"，它役使人的感官和身体。如荀子将两者分为"天官"和"天君"："耳目鼻口形能，各有接而不相能也，夫是之谓天官。心居中虚，以治五官，夫是之谓天君。"(《荀子·天论》) 在这种关系中，"天君"对于"天官"是治者和被治者的主从关系。荀子的身心关系论又表现为心与形的关系。心完全是自主的，心是形之君，它对形具有完全的"役使"力："心者，形之君也，而神明之主也。出令而无所受令。自禁也，自使也，自夺也，自取也，自行也，自止也。故口可劫而使墨（通'默'）云，形可劫而使诎（通'屈'）申（通'伸'），心不可劫而使易意。是之则受，非之

---

① 《荀子·非相》强调人有辨别能力，认为这是人的本质："人之所以为人者，何已也？曰：以其有辨也。饥而欲食，寒而欲暖，劳而欲息，好利而恶害，是人之所生而有也，是无待而然者也，是禹、桀之所同。然则人之所以为人者，非特以二足而无毛也，以其有辨也。今夫狌狌形笑，亦二足，而毛也，然而君子啜其羹，食其胾。故人之所以为人者，非特以其二足而无毛也，以其有辨也。夫禽兽有父子而无父子之亲，有牝牡而无男女之别。故人道莫不有辨。"荀子说的人的辨别能力，其实就是人心的作用。

② 王中江：《心性论的多元性与孟、荀"心性论"描述的非单一性》，《船山学刊》2019年第4期。

则辞。"（《荀子·解蔽》）① 荀子这里所说的"心"同身心并行的心是不同的。

《心是谓中》中的心术论和身心关系论同样是身心主从论。按照它的这种模式，耳目口和四肢等身体的不同部分都是从属于"心"的"相"（辅佐），心对于它们具有完全的支配性。《心是谓中》的身心主从关系论，合起来说是心对于身体的整体主导性，分开来说是心对于身体的不同部分的主导性。表达心对于身体的整体的主导性，《心是谓中》有两句话：一句是"心所为美恶，复何若影；心所出小大，因命若响"；一句是"心静毋有所至，百体四相莫不逸湛"。这两句话的意思是，心确定了事物的美丑、好坏，心确定了事物的度量，身体就会如影随形地履行它、听从它；心灵宁静就没有纷扰，人的整个身体也会安闲快乐。这是从整体上强调，心做出的确定性判断、指示，身体都会接受、听从和履行。

心对于身体不同部分即耳目口四肢等具有的主导性和统率性，《心是谓中》中的这段话最典型："心欲见之，目故视之；心欲闻之，耳故听之；心欲道之，口故言之；心欲用之，肢故举之。"按照这段话，目、耳、口和四肢的视、听、言和动等活动，都离不开心的作用，它们都听从、服从于心的指导。《尸子·贵言》中对身心关系的一个说明同《心是谓中》很类似："目之所美，心以为不义，弗敢视也；口之所甘，心

---

① 《鬼谷子·捭阖》说："口者，心之门户也。心者，神之主也。志意、喜欲、思虑、智谋，此皆由门户出入。故关之以捭阖，制之以出入。"

以为不义，弗敢食也；耳之所乐，心以为不义，弗敢听也；身之所安，心以为不义，弗敢服也……故曰：心者，身之君也。"①从《尸子》的说法中我们可以看出，它明确以心灵是否合乎"义"的道德标准来支配感官的活动。这同样是肯定心灵是身体的主导者（"君"），心灵不许可的东西，感官就不能接受。《心是谓中》《尸子·贵言》的这种身心关系论都是"身心主从论"。

《心是谓中》把身心主从关系论运用到政治世界中，认为君主如果能按身心的主从关系去从事政治，他就能够有效地进行统治："为君者其监于此，以君民人。"按照这种类比，君主代表的是主导性的心，百姓代表的是被主导的身。君主与百姓的关系就变成了君主的心与百姓的身的关系，变成了君主是支配者、百姓是服从者的关系。在这一点上，《尸子·贵言》的说法同《心是谓中》也有类似性。《尸子》指出，心作为身体的君犹如天子作为天下百姓的君，因此，"一天下者，令于天下则行，禁焉则止"。此外，两者不同程度上都认为君心的支配应该是合理和正当的。《尸子·贵言》的说法更为突出："天子以天下受令天心，心不当则天下祸；诸侯以国受令于心，心不当则国亡；匹夫以身受令于心，心不当则身为戮矣……治于神者，其事少而功多。"

《心是谓中》的"心术论"还有一个方面引人注目，这就是它对心

---

① 上博简（五）《君子为礼》记载孔子和颜渊在一起谈论礼和仁，孔子说道："言之而不义，口勿言也；视之而不义，目勿视也；听之而不义，耳不听也；动〔之〕而不义，身勿动焉。"《论语·颜渊》说"非礼勿视，非礼勿听，非礼勿言，非礼勿动"。这两处都没有谈到"心"，但其中蕴含了心的判断和作用。

的作用与人的运气、天和命的关系的看法。一般所说的天人关系，在《心之谓中》中被非常独特地表现为"心"与"天"的关系："必心与天两事焉"。"事"指事情，也指职务、官职。《说文·史部》以"职"释"事"。《韩非子·五蠹》说："无功而受事，无爵而显荣。"其"事"指"官职"。借用荀子对"天人"的区分①，"两事"可以说是两种不同的职能。据此，"必心与天两事"，这是认为心与天各自具有完全不同的职能。这是又一种"天人相分论"。先秦子学更多的是主张"天人合一论"，持"天人相分论"的人少，荀子是其中之一。郭店简的《穷达以时》是一个例子，《心是谓中》是又一个例子。比较起来，荀子是在天的自然性、无意识性与人的有为性上主张天人相分的；《穷达以时》是在天的不可捉摸的决定性和人事的自主性上划分两者的界限②；《心是谓中》主要是在"心"（还有"心"和"身"）的主动性与"天"的决定性上强调两者的不同。在这三者之中，《心是谓中》的立场同《穷达以时》比较接近。

这两者的"天人相分"与"天人合一"的不同，主要在于两者所用的"天"的概念不同。"天人合一"的"天"主要是在理性、正义、美德的意义上使用。与此不同，"天人相分"的"天"主要在其不可预知的决定性上使用。同这种意义上的"天"类似的概念，在《穷达以时》中有"世"（时代）、"时"（时机）和"遇"（机遇）等，在《心是谓

---

① 当然，《心是谓中》说的"天"同荀子说的"天"不同。

② 其中这段话非常著名："有天有人，天人有分。察天人之分，而知所行矣。有其人，无其世，虽贤弗行矣。苟有其世，何难之有哉？"

中》中有"幸"、"命"和"鬼"等。同这种意义上的"天"相对的概念，在《穷达以时》中有"人"、"德行"和"己"等，在《心是谓中》中有"人"、"人为"、"心"和"身心"等。《穷达以时》主要在人的行为好坏（道德意义上）与结果好坏的不确定性上看待天与人的不同，《心是谓中》主要在人对结果的追求和预知与天的决定上来看待天人之分。单就《心是谓中》来说，它强调人的积极性、主动性和能动性，认为人事要成功，主要要靠人心的预知、谋划、考察、计算和鉴定："事焉果成，宁心谋之、稽之、度之、鉴之。"《心是谓中》强调，人的活动归根结底是追求好的结果（"闻讯视听，在善之攠"），这主要靠心的作为（"心焉为之"）。

在心的能动性和创造性上，《心是谓中》特别强调了心对行动结果的高度预知作用。人们都有希求和期望，也都期待行为有良好的结果。但人事能不能达到期望的结果，这首先依赖于人心对行为结果可能性大小的精心预测（"知事之卒，心"），这又建立在充分的条件之上。如果不以此为基础去设想行为的结果，那就是"不知其卒""谋而不度"（"人之有为，而不知其卒，不唯谋而不度乎"），那也意味着一个人不能正确地衡量事物，意味着他的行为是盲目的："如谋而不度，则无以知短长。短长弗知，妄作衡触。""谋而不度"的行动一般不会成功。但由于人事的背后还有一种冥冥主宰的力量在起作用，所以他也可能很"幸运"，他妄作"而有成功"，《心是谓中》说这"名之曰幸。幸，天"。

整体上，《心是谓中》主张"天人相分"，一方面强调"心"的主动性和能动性，强调心的能动性能够成就人生，认为心的作用对于人的生死存亡至关重要："心厥为死，心厥为生。"另一方面，它又承认天命的力量。对于合理主义者来说，人的一切愿望都建立在理性选择及合理化的行动上，没有什么超越理性的命运和力量在其中起作用。如果人都有命运，那性格就是他自己的命运。由此而言，《心是谓中》不是纯粹的理性主义，它为天、天命、鬼神等非理性力量留下了余地，认为它们对人的生死、寿命、健康也有重要的影响，它们同心一起构成了人生的两种力量："断命在天，苛疾在鬼，取命在人。人有天命，其亦有身命……死生在天，其亦失在心。君、公、侯、王、庶人、平民，其毋独祈保家没身于鬼与天，其亦祈诸〔心〕与身。"断命与取命、天命与身命、天与心、鬼与天和心与身一样都是二分的，它们对塑造人生起着不同的作用。

第四节　心的主体性和本真性："心曰唯"、"中心"和"慎独"

将帛书《五行》（有别于有《经》无《说》的郭店简的《五行》）的"心术论"同上述几种出土文献中所说的"心术论"相比，在肯定"心"的主导性和统率性上它同《心是谓中》最接近，两者都充分表达了心对身的主导性；在心的修炼和习得上，帛书《五行》同《性自命出》的相似性更多，后者强调"习"的概念，前者强调"慎独"的概念，对"慎独"提出了与《大学》和《中庸》有所不同的解释。《五行》心术论的最大特征是强调"体之大小说"、身心的"内外说"。①

我们先看看《五行》中作为心术论内容之一的人性概念，这一概念同它的"心"的主体性概念密切相关。《五行》的人性论可以说是"性善论"。文本中有两段话可以求证这一点。这两段话都出现在《说》对《经》的解释中。第一段话见之于《说》对《经》的"目而知之，谓之进之"这句话的解释："循草木之性则有生焉，而无〔好恶焉。循〕禽兽之性则有好恶焉，而无礼义焉。循人之性则巍然知〔其好〕仁义也……故目万物之生（性）而〔知人〕独有仁义也，进耳。"《说》就有"生命"的几种事物（"草木"、"禽兽"和"人类"）和"本性"进行比较，从草木之性的有生命而无好恶到禽兽之性的有好恶而无礼义，再到人之本性的"好仁义"，强调人类"好仁义"是他同草木和禽兽的根本不同。"仁义"是属于伦理道德价值的善，认为两者是人类的"本性"，这类似于孟子的"性善论"，但又有差异。②

看到这段话，人们最容易联想到的是《荀子·王制》中说的与此类似性很强的这段话："水火有气而无生，草木有生而无知，禽兽有知而无义，人有气，有生，有知，亦且有义，故最为天下贵也。"荀子将事物的种类扩大到"水火"，认为人不仅具有其他事物所具有的特性，而

---

① 这里讨论所依据的《五行》文本，主要是庞朴的《帛书五行篇研究》（济南：齐鲁书社，1988 年）、池田知久的《马王堆汉墓帛书五行研究》（王启发译，北京：线装书局，2005 年）、裘锡圭主编的《马王堆汉墓帛书集成（四）》（北京：中华书局，2014 年）。

② 如，一是《说》言"仁义"两者与孟子言"仁义礼智"四者不同；二是《说》没言"端"，孟子言"端"。

且具有其他事物所没有的特性——"义"。荀子这段话说的是"人性善"。一般认为荀子的这一立场同他的"性恶论"有矛盾。不管如何，荀子的主张不仅同《五行》的《说》提出的"性善论"类似，而且很可能在这一点上，他受到了《五行》的影响，虽然他激烈地批判"思孟"的《五行》。

《五行》的《说》主张"性善论"的第二段话同样是在讲"目而知之，谓之进之"这句话时说的："文王原耳目之性，而知其〔好〕声色也；原鼻口之性，而知其好臭味也；原手足之性，而知好佚豫也；原心之性，则魏然知其好仁义也。"这段话以作为圣王的文王为例说明"人心"原本是"好仁义"的。上段话是从人不同于其他几种有生命的事物的本性来说明人性好仁义，这段话则是从人的身心的不同上来说明人心的本质是"好仁义"，这是它不同于耳目、鼻口、手足的各自本性所在，这实际上是将人心看成人性的根本。这段话后面说的"目人体而知其莫贵于仁义也"正是这样看的。此外，《五行》后文中《说》解释《经》为什么说心是身体的支配者，认为"心贵"并将身心区分为"小体"与"大体"的关系，这也是根据。由此我们也可知，池田知久将《五行》涉及"文王"的这段话所说的内容看成是"身心并列论"则不能成立。①这段话中《说》所言的"好仁义"的"心之性"，就是第一段话中所说的"好仁义"的"人之性"。据此，帛书《五行》中的性善论同

① ［日］池田知久：《马王堆汉墓帛书五行研究》，王启发译，北京：线装书局，2005年，第118-119页。

时又是"心善论"，其所说的人的主体性就是人的道德主体性。

正是从这种道德主体性出发，《五行》在身心关系上提出的主张自然不是"身心并行论"，而只会是"身心主从论"。《五行》的《经》明确说："耳目鼻口手足六者，心之役也。"据此可以肯定，在《五行》看来，"心"是身体的支配者和役使者。《经》还明确指出了心是如何支配和役使身体的："心曰唯，莫敢不唯；心曰诺，莫敢不诺；心曰进，莫敢不进；〔心曰退，莫敢不退；〕心曰深，〔莫〕敢不深；心曰浅，莫敢不浅。""心"就像是最高的司令官，它发布的指令身体都要无条件地接受和执行。但这里我们还看不出它发出的是什么指令，但从《说》中我们可以看出，它发出的指令是道德指令。《说》首先解释了"心"为什么能够主使身体，正如上面已提到的，这是由于"心"的"悦仁义"代表的是高贵的道德价值，它高于身体对其他东西的"愉悦"，它能够拒绝来自身体的各种不合乎义的倾向："有天下之美声色于此，不义则不听弗视也；有天下之美臭味于此，不义则弗求弗食也；居而不间尊长者，不义则弗为之矣。"这里的说法同《心是谓中》的说法（"目之所美，心以为不义，弗敢视也……"）很类似，但《五行》更突出。

帛书《五行》的《说》为了解释心为什么具有支配性，又将身心区分为"几与〔 〕""小与大""贱与贵"等，认为身体的几、小和贱当然不能胜过心的〔 〕、"大"和"贵"。进一步，《说》又区分"身心"为"小体"与"大体"，来解释为什么心能够役使身体而成为身体的"君主"："耳目鼻口手足六者，人□□，〔人〕体之小者也；心，人□□，人体之大者也，故曰君也。"很明显，帛书《五行》的"身心主从论"同孟子的说法有一致之处。在传世文献中，孟子是最先将人的身心区分为大体与小体、贵与贱的人："体有贵贱，有小大。无以小害大，无以贱害贵。养其小者为小人，养其大者为大人。""从其大体为大人，从其小体为小人。"（《孟子·告子上》）

人心先天对于身体具有道德主体性和主导性，但不等于在现实中人心自然而然地就能发挥出它的这种能力，它还需要在后天努力地去培养它和表现它。《五行》一方面像孟子那样，肯定人具有道德能力，另一方面又认为人的道德心需要去培养和固化。《五行》最引人注目的地方之一，是它区分仁义等价值只有内定化（"形于内"）才是美德，没有内定化而只有身体性的外在表现，它就只是人的行为。郑玄注《周礼·地官·师氏》的"敏德以为行本"的"德"说："德行，内外之称。在心为德，施之为行。""德"首先要体现在内心的本真上，然后表现在行动上，这是"身心统一"和人的"同一性"的集中体现。《大戴礼记·曾子立事》肯定"目"与"心"、"言"与"行"的对应性，认为具有内在性的"心"自然将表现于"外"："故目者，心之浮也；言者，行之指也；作于中，则播于外也。故曰：以其见者占其隐者。故曰：听其言也，可以知其所好矣。"①这一说法过于乐观，有内心不一定就有外在的行动；反过来说，表现于外的也不一定就是真正的内心。人的身心的内

---

① 类似的说法也见之于《黄帝四经·行守》中："是故言者心之符也，色者心之华也，气者心之浮也。有一言，无一行，谓之诬。"

外之分或内外之别是儒家对人的重要叙事之一。《五行》更关心的是人的行动一定要发自"内心"。《五行》强调"形于内"首先是要心灵的"内固化"，其次又要表现出来，这才是身心真正的内外统一。

除了强调这种内外一致外，《五行》又提出了"中心"与"外心"之分，这是强调"心"的"内外性"与"外在性"。如《经》说："君子无中心之忧则无中心之智，无中心之智则无中心之悦，无中心之悦则不安，不安则不乐，不乐则无德。君子无中心之忧则无中心之圣，无中心之圣则无中心之悦，无中心之悦则不安，不安则不乐，不乐则无德。五行皆形于厥内，时行之，谓之君子。""无中心"即"没有内在性的内心"。人没有真正的自觉意识，就没有真正的愉悦。这种"中心"就是上述形于内的"本心"。《五行》的《经》认为，人与人之间的交往只有发自内心才会有真正的愉悦："以其中心与人交，悦也。中心悦焉，迁于兄弟，戚也。戚而信之，亲也。亲而笃之，爱也。爱父，其继爱人，仁也。中心辩焉而正行之，直也。"

《五行》的"慎独说"也是强调"内心"的修炼和内心的真诚，这从它对"慎独"提出的新解释可以看出。《五行》的《经》先是引用《诗·曹风·鸤鸠》中的"鸤鸠在桑，其子七兮。淑人君子，其仪一兮"，然后说："能为一，然后能为君子。君子慎其独也。"这里将"为一"、"为君子"和"慎其独"统一起来。其所说的"为一"的"一"，结合《诗》句，应是指"共同性的内在化一体"。后《经》又引用《诗·邶风·燕燕》中的"燕燕于飞，差池其羽。之子于归，远送于野。

瞻望弗及，泣涕如雨"，然后说"能差池其羽然后能至哀，君子慎其独
也"。这是以燕子不顾外表、参差不齐地扑展自己的翅膀，来说明它达
到了最高的哀伤，与此类似，君子慎其独就是要有内在的真心。《五经》
的《说》对《经》的"一"和"慎其独"的解释，一是将"一"具体到
"仁义礼智圣"这五者的"一体"上，而且强调它们的和谐一体："能为
一者，言能以多为一。以多为一也者，言能以夫五为一也。"二是强调
"慎其独"就是将"五者"和谐地内化在心中，而舍弃不和谐的和外在
的"五者"："君子慎其独。慎其独也者，言舍夫五而慎其心之谓。"《说》
的解释更突出了"人心"内在的本然和真诚，乃至否认了外在的表现：
"至内者之不在外也。是之谓独。独也者，舍体也。"

　　同强调"中心"以及类似的"慎独"不同的是，《五行》又提出了
"外心说"，并将它也看成是一种具有道德价值的"心"。①《经》说："以
其外心与人交，远也。"以"外心交"是人的疏远之交，但它也是一种
可以肯定的交往方式。《说》解释说："外心者，非有他心也。同之心也，
而有谓外心也，而有谓中心〔也〕。中心者，媆然者。外心者也，其愿
廓然者也，言之心交远者也。"用这种心去交往，对人就有表面上的客
气。有了这种客气，他也让人尊敬，它是礼的一种表现。可以看出，《五
行》认为以中心、内心的愉悦去交往，这是以内在人性、人心的"仁
义"为基础；以能引起敬的"外心"去交往，则是以外在规范的"礼"

────────────

① 这同上述特别是"慎其独"的内心说显得不协调。

为基础。借用"仁内义外说"，《五行》是以"仁义"为内，以"礼"为外。

以上我们对出土的四个文献《凡物流形》《性自命出》《心是谓中》和帛书《五行》中的"心术论"或"心灵哲学"依次并有所比较地进行了考察。根据这一考察我们可以看出，第一，在东周时期特别是战国时期，子学家们在探求宇宙和万物之根源的同时，又关注和热心探讨人的内在性、人心的本质及其身心关系问题，建立起了以"心"的概念为中心的"心术论"。出土的四个文本使我们知道了早期中国哲学有更多的心灵概念图像和模式。结合传统世文献《孟子》《管子》《庄子》和《荀子》等文本中的"心术论"，早期中国的"心术论"更可谓十分丰富和多样。第二，出土文本中的这四种"心术论"之间既有某种可比性，也有差异性，这在行文中已有某种说明；同样，它们同传世文本中我们所看到的东西相比，也是既有程度不同上的可比性，又有一些差异。如"人心"的概念同"人性"的概念有着紧密的联系；如人的"身心"以不同形式被"二分化"。第三，四个出土文本中的"人心论"不同程度上都是"二重性的"（矛盾性的或确定、不确定的），这一点《凡物流形》（"心不胜心"）和《性自命出》（"心无定志"和"心有定志"）比较突出。第四，出土文本中的"身心二分论"，在"心"的合理的能动性、道德的主体性前提下，都是"身心主从论"，都强调心灵对身体的支配和主导作用，在这一点上，《心是谓中》和帛书《五行》最为突出。这方面的表现同传世文献具有较多的可比性。第五，四个出土文本中的"心术论"，除了《凡物流形》的"贵心"和"贵一"主要是政治之道外，《性自命出》和帛书《五行》的"心术论"主要是同个人修身的"君子之道"结合在一起的，直接同治道结合在一起的言说很少；《心是谓中》主要是建立一种理性之"心"。第六，四个出土文本中的"心术论"不同程度地都主张"心灵"的修炼和培养。其中《性自命出》和《五行》最为突出。这些就是四个出土文本"心术论"的主要特点和概念图像。

第十七章 "明同异"：中国古典语境中的多样性、差异性和共同性话语

探讨"差异性"、"多样性"和"共同性"等概念有不同的视角和方法，它可以是哲学上的、宗教上的和文化上的，也可以是历史上不同传统中的，如西方的或东方的。当前的倾向和趋势是，人们偏重于文化上和宗教上的差异性与共同性，注重差异、多样、多元的意义和价值，对"普遍性""共同性"有明显的距离感和疏离感，文明和文化中包含的共同性及其价值被笼罩在文化差异性的浓雾之下。[①]"我们"退隐了，由象征性符号"他者""谁的""身份"表达出来的文化相对主义[②]，越来越

---

① 比如相信文明一定是对立和冲突的（[美] 塞缪尔·亨廷顿（Samuel P. Huntington）：《文明的冲突与世界秩序的重建》，北京：新华出版社，2010 年）。又比如从历史上寻找类似物，认为儒家是特殊主义等（Zhang Xianglong（张祥龙），The Philosophical Feature of Confucianism and its Position in Inter-Cultural Dialogue:Universalism or Non-Universalism, *Frontiers of Philosophy in China*, Volume 4，Number 4，December 2009：483-492 ）。

② 参阅阿拉斯戴尔·麦金太尔（Alasdair MacIntyre）的《谁之正义？何种合理性？》（万俊人等译，北京：当代中国出版社，1996 年）、赵敦华的《为普遍主义辩护——兼评中国文化特殊主义思潮》（《学术月刊》2007 年第 5 期，第 34-40 页）、张聪的《中国文论的特殊与普遍之辩》（《天津社会科学》2018 年第 1 期，第 132-138 页）、乌尔里希·贝克的《多元文化主义或世界大同主义：我们如何描述和理解世界多样性》（《国际社会科学杂志（中文版）》，岳友熙译，2011 年第 2 期，第 82-86 页）。

具有影响力。

在不同的语境下，对差异性、多样性与共同性，适当地强调其中的一方面（差异、多样、多元等）或另一方面（共同、协同、共识等）都有可取性，但整体上不能用其中的一方面去完全瓦解和消解另一方面。对普遍主义、共同主义产生的单一向度可以进行矫正，但不可用差异主义和多样主义去取代。"我们"不是到处都有效，但"他者""你是谁"也不是在哪里都可使用。事实上，正如事物不是只有"共同性"那样，它也不是只有"差异性"和"多样性"。①文明和文化整体上都是差异性、多样性和共同性的复合体。在它们的可公度性中存在着差异性，同样，在它们的差异性中也存在着可公度性。

中国古典语境提供了这方面的证言，在那里你可以看到并存着的差异性、多样性和共同性的概念；在那里你也可以知道儒家的立场不能被描述为单一的"特殊主义"。②利用这一机会，我要向大家呈现一下中国古典语境中多重的差异性、多样性和共同性概念。毫无疑问，差异性、多样性和共同性等概念是我们现在一般使用的词汇，中国古典中表达类

---

① 中国先秦存在着"别同异"与"合同异"这两种对立的倾向，公孙龙以"白马非马论"和"离坚白论"代表了前者；庄子和惠施则代表后者。但大部分哲学家认为两者是统一的。《吕氏春秋·有始》中的一段话很好地说明了"明同异"的思维："天地万物，一人之身也，此之谓大同。众耳目鼻口也，众五谷寒暑也，此之谓众异。〔众异〕则万物备也。天斟万物，圣人览焉，以观其类。"有关中国"同一"思想，参阅王永祥：《中国古代同一思想史》，济南：齐鲁书社，1991年。

② 虽然《左传·成公四年》引"史佚之《志》有之"的话，说"非我族类，其心必异"，但儒家的人性共同论则是根本的；虽然儒家有华夷之辨，但它主要不是从人种而主要是从文野上来看内外不同。人们一直强调儒家的血缘亲情伦理和礼的差异伦理，但儒家同时也非常强调伦理和道德价值的普遍性和共同性，如说"虽有周亲，不如仁人"（《尚书·泰誓》）。

似概念使用的词汇主要是"同"和"异"，同两者相近的词汇还有"共"与"殊"、"一"与"万物"等。下面，我就来考察中国古典语境中的"同异"等概念，看看它们都表达了什么样的差异性、多样性和共同性思想。对其中的每一个维度的讨论，我都从一个例子入手并展开。

第一节 "心同""理同"：世界中的"共同性"

中国古典语境中多重"同异论"的第一个重要维度和层面是它对世界"共同性"的认知和认同。有一例子很适合用来引出中国"同异论"的这一层面。哈佛大学燕京学社所在的红砖小楼一层有一个休息室，在这个休息里悬挂着一副对联："文明新旧能相益，心理东西本自同。"这副对联是中国清末的一位官员陈宝琛（1848—1935 年）在 84 岁高龄时为哈佛燕京学社题写的。在晚清官员中，陈宝琛以敢于直谏而闻名，晚年他担任过溥仪的老师。按照陈宝琛的这副对联，不同的文明虽然有古今、新旧的差异和多样性，但它们彼此之间的交流能够相互受益。因为不管是在东方还是在西方，人们的"本心"、天下的"道理"原本都具有"共同性"。陈宝琛活跃在中国的晚清并经历了民初，这是中国古老文明同西方新文明开始发生接触并相互吸取和融合的时期。陈宝琛从自己的亲身经历中认识到，不同文明的接触总是有益的，它根源于人类的共同本性和宇宙的共同法则。①

---

① 20 世纪 20 年代罗素以他在中国的经历和感受有力地提供了这方面的论证（［英］罗素：《中国问题》，上海：学林出版社，1996 年，第 146-156 页）。

　　陈宝琛的"心理东西本自同"这一根本信念，其来有自，它体现了中国古典语境中的"同异观"对世界"共同性"的高度认知和认同。中国南宋的一位哲学家陆九渊有一段名言："宇宙便是吾心，吾心即是宇宙。东海有圣人出焉，此心同也，此理同也。西海有圣人出焉，此心同也，此理同也。南海北海有圣人出焉，此心同也，此理同也。千百世之上至千百世之下，有圣人出焉，此心此理，亦莫不同也。"① 了解中国哲学的人都十分熟悉这段话，这是陆九渊年轻时沉思"宇宙"的无限性和人跟宇宙的关系而悟出的真理。这一真理告诉人们，世界上不同的空间和地域，不同的时代和历史，只要有先知者出现，他们都会洞察到人类具有共同的本性（"心"），也会认识到万物具有普遍的法则（"理"）。陆九渊悟出的"心同""理同"这一"共同性"概念，是儒家的一个基本信念。

　　就"心同"而言，儒家相信人类具有"共同"的"本性"。儒家的这一信念具有悠久的起源，它至少可以上溯到孔子。孔子虽然认为人的智能有高低不同，但他肯定人性都是类似的（"性相近"），人都有意志自由（"我欲仁，斯仁至矣"；"人能弘道，非道弘人"），都能够追求道德价值，成就自我。孟子承认事物的差异性，他说过一句很著名的话"物之不齐，物之情也"（《孟子·滕文公上》），但他非常明确地肯定"人心相同"，认为人具有共同的善性、良知和良心，就像人具有共同的

---

① 陆九渊：《陆九渊集·年谱》，北京：中华书局，1980年，第483页。

感官欲求（"同嗜"）那样。他反问说，既然"同类"的事都具有"相似性"，为什么偏偏怀疑人的相似性呢？孟子说："故凡同类者，举相似也，何独至于人而疑之？圣人与我同类者。故龙子曰：'不知足者为屦，我知其不为蒉也。'屦之相似，天下之足同也……故曰：口之于味也，有同耆焉；耳之于声也，有同听焉；目之于色也，有同美焉。至于心，独无所同然乎？"（《孟子·告子上》）① 陆九渊、王阳明和他们的弟子们充分发展了孟子的人心共同论和人性善良论。王阳明十分肯定人具有共同先天道德本性和能力（"良知""良能"），人只要充分发挥自己的良知和良心，他就能做天下第一等人，做天下第一等事。程朱理学一般被认为不同于陆王心学，但程朱理学也肯定人先天具有共同的善性（"天地之性"）和共同的善心（"道心"），具有不纯粹的"气质之性"和不纯正的"人心"。

不管儒家说的人的本性是什么，人心是什么，它可以是孔子的"性相近"，孟子的"性善"、良知良能，也可以是荀子的"性恶"，还有宋明理学的各种说法，儒家的大传统是肯定人具有共同的本性和共同的心灵 ②，肯定人人都可以成就自我。儒家没有印度的种姓意识，也没有古希腊的奴隶观念。儒家的人性共同论，同时主要也是人性平等论。中国佛教相信人人都具有共同的佛性，相信人人都可以成佛，就像慧能主张

---

① 荀子同孟子有分歧，但他同样也肯定人类具有共同的本性，只是他强调的是人性中容易导致恶的倾向。他认为人能够改变自己的性情并成就自我道德价值。

② 中国汉唐的"人性论"有"性三品说"，这是将人天生分为不同的种类，它同先秦、宋明的"性同""心同"主流观念有很大的不同。

的"明心见性"那样，一般认为这是中国佛教的突出特征之一。相互激烈争论的儒教和佛教，两者确实有许多不同的地方，但在肯定人性、人心具有共同性上，两者可谓是殊途同归。[①] 道家和道教类似。老子和庄子认为人类具有共同的"德性"，黄老学认为人类具有趋利避害的先天"性情"，道教认为人都具有共同的"道性"。这表明中国古典语境中广泛地存在着"人心"相同的概念。

同样，中国古典语境中也有普遍的"理同"概念。陆九渊的"理同"概念，是中国宋明新儒家"理同论"的一部分。这一时期的新儒家存在着各种派别，但它们有一个共同点，即皆肯定宇宙和万物具有共同的"天理"或"理"（或"道"）。这从它们所说的"理一分殊"的"理一"这一概念可以明显看出，这也可以解释它们为什么会认为万物是统一体（"万物一体"）。[②] "万物一体"是将宇宙看成是一个最大的共同体，它是张载"民胞物与"论断的普遍表述，它超出了早期儒家经典《礼记·礼运》中的人类"大同"理念。

往上追溯，儒家的"理同"在孟子那里主要是指"人心"都具有共同的伦理价值，它是人类"心同"的基础："心之所同然者何也？谓理也、义也。"（《孟子·告子下》）荀子的"理同"，是指天地和人间都具有的普遍秩序，是在差异（"杂"）和多样（"万"）中存在的共同性

---

① 有关佛学的心性共同论，参阅荒木见悟的《佛教与儒教》（杜勤等译，郑州：中州古籍出版社，2005 年）、赖永海的《中国佛性论》（上海：上海人民出版社，1988 年）、杨维中的《中国佛教心性论研究》（北京：宗教文化出版社，2007 年）。

② 万物具有共同的"理"（"万物一理"），它们整体上是统一的。

（"类"）和统一性（"一"）："以类行杂，以一行万；始则终，终则始，若环之无端也。舍是而天下以衰矣……君臣、父子、兄弟、夫妇，始则终，终则始，与天地同理，与万世同久，夫是之谓大本。"（《荀子·王制》）同样，人类历史中也存在着这种连续性的"一"，伟大人物的作用就是掌握和运用这种"一"："圣人者，以己度者也。故以人度人，以情度情，以类度类，以说度功，以道观尽，古今一度也。类不悖，虽久同理。"（《荀子·非相》）

在广泛的意义上，中国思想和文化相信人类和宇宙具有共同的"道理"和共同的"道德"。这两个词中的每个字往往是分开说的，也有儒家和道家之不同，但经过复杂的演变，两者又成了合成词，既是指普遍法则，也是指普遍价值。宋初，宋太祖问赵普一个问题："天下何物最大？"赵普沉思之后回答说："道理最大。"宋太祖很满意赵普的这个答案。他们两位都是天下最有权力的人，但他们都信奉道理，把"道理"看成是高于"权力"的根本价值。道理和道德现在仍是中国人精神和意识世界的共同基础。中国语境中的"心同""理同"我们就谈到这里。

第二节 "差异性"和"多样性"的创造力

中国古典语境中"同异论"的第二个重要维度和层面是认为事物的差异性和多样性具有强大的创造力。对于这一维度，我想从《庄子·则阳》中的一个重要文本开始说起。《庄子·则阳》中同样用虚拟的手法，塑造了两个有强烈对比性的人物和他们的对话。这两位人物，一位是知识贫乏的"少知"，另一位是能高谈阔论的"大公调"。少知向大公调请教什么是习俗和公共舆论（"丘里之言"）。大公调首先向少知说明了什么是风俗和舆论（"丘里者，合十姓百名而为风俗也"），然后对事物的"同异关系"提出了一个重要论断，说将不同和差异的东西统合起来就是"共同"，将共同的东西分散开就是差异（"合异以为同，散同以为异"）。他举了有关"马"的例子，说在当下一个人虽能一一说出马的各个部分，但他得不到一匹完整的马。但如果将一匹马牵过来，我们马上就看到各个部分统一起来的完整的马（"今指马之百体而不得马，而马系于前者，立其百体而谓之马也"）。依据这一例子，事物的"同异"关系，是它的整体和构成它的部分的关系。

《庄子》中包含着丰富、复杂的差异性和共同性的思想，这里我们只讨论其中作为差异的"部分"这一侧面。这段文本下文强调的是，差异性和多样性是造就整体性和共同性的创造性力量。为了说明这一道理，文本列举了一些具体的例证。例如，卑下的土层对丘山之高，众多支流和河水对江河之大，众人之意愿对大人之公正，包容他人的意见对不固执自己的主见，采纳别人的见解对我自己的正确的看法，四时对上天不偏予和成年岁，大臣各尽其职对君主不偏心和国治，文武各尽其才对大人不偏予和成德业，万物各自之理发挥无限作用对道的无名、无为。这些例证中的一方属于"共同"、"统一"和"整体"的方面，而相对的一方则属于差异、多样的方面。在这一连串的共同与差异和多样的关系中，事物的整体性和共同性力量，都是通过多样性、差异性造就的。没有事物的差异性、多样性，没有事物各自的作用，就没有创造性，也没有事物的整体力量。文本还列举了事物多样性的一些关系及相互作用的例子，强调事物多样性和差异性的重要。如时间的终与始，人世的变化无常，祸福的临门。如有的事拂逆于人，有的事则适合于人；人们追求各种不同的东西，有的恰到好处，有的则有偏差；生长在宽阔河泽中的各种草木，都有它们的各自用处；在高山之上，既有树木，也有岩石等等。①

　　事物的多样性具有创造力这种思想，公元前 8 世纪（即西周晚期）时中国的一位名叫史伯的太史官就提出了。他有一个很著名的论断叫作"和实生物，同则不继"（《国语·郑语》）。它的意思是，融合多样性的东西就能产生出新的东西；只是一种东西的单纯累加，最终它还是那种东西。"和"这个词包含了事物的多样性以及对它们进行"调和""融合"的双重意义。正如史伯解释的那样，将不同的东西加以调和并使之平衡，这叫作"和"（"以他平他"）。"和"之所以能够造就新的事物，是因为它基于事物的多样性，基于用一些事物去结合和平衡另外一些事物，基于使事物之间达到一种最好的关系（"故能丰长而物归之"）。史伯称赞历史上的圣王，说他们都懂得这一道理并能运用它去创造各种新

---

　　① 《庄子·则阳》的这段话说："是故丘山积卑而为高，江河合水而为大，大人合并而为公。是以自外入者，有主而不执；由中出者，有正而不距。四时殊气，天不赐，故岁成；五官殊职，君不私，故国治；文武殊材，大人不赐，故德备；万物殊理，道不私，故无名。"

的事物："故先王以土与金木水火杂，以成百物。是以和五味以调口，刚四支以卫体，和六律以聪耳，正七体以役心，平八索以成人，建九纪以立纯德，合十数以训百体。出千品，具万方，计亿事，材兆物，收经入，行姟极。故王者居九畡之田，收经入以食兆民，周训而能用之，和乐如一。夫如是，和之至也……于是乎先王聘后于异姓，求财于有方，择臣取谏工而讲以多物，务和同也。"(《国语·郑语》) 相反，"单一"的东西及其纯粹数量上的累加没有创造力，它产生不出新的事物（"声一无听，物一无文，味一无果，物一不讲"）。人们若要这样做，也只能是劳而无功（"若以同裨同，尽乃弃矣"）。史伯的"多样性和谐及创造"的思想，后来被发展为大家熟悉的中国思想中的"和而不同"智慧。

它的一个重要发展者是春秋时期齐国一位著名政治家晏婴。晏婴用多味的带汁食物（"羹"）向齐国君主（景公）说明什么是"和"以及它跟"同"在本质上的区别。美味的羹要用多种食材（肉、蔬菜等）合理搭配并加上不同的佐料才能烹制出来。《诗》中就有"和羹"一语。若只有一种东西如水，无论如何也做不出美味（"若以水济水，谁能食之"）。这是"和"在烹饪上的一个运用。音乐是能说明"和"的创造力的又一个很好的例子。"和"的本义就是"音乐的和声"。美妙动听的音乐是多样音声的巧妙结合而创造出来的。若只有一个音节，怎么会有动听的音乐（"若琴瑟之一专，谁能听之？同之不可也如是"）。政治生活中同样，君臣之间如果能够通过不同意见甚至正反意见的互补，那就能够促成一个非常好的决策，这叫作君臣之间的"和"。如果朝堂之上只有君主一人的意见，大臣皆唯君主的意见是从，阿谀奉承，君主说是众臣皆曰是，说否众臣皆曰否，那就决不能形成一个好的决策，结果也可想而知。这就是"同"。晏婴照样采取了托古的方法，说先前的圣王们都能够实践"和"的智慧："先王之济五味、和五声也，以平其心，成其政也。声亦如味，一气、二体、三类、四物、五声、六律、七音、八风、九歌，以相成也；清浊、小大、短长、疾徐、哀乐、刚柔、迟速、高下、出入、周疏，以相济也。君子听之，以平其心。心平，德和。"（《左传·昭公二十年》）可以看出，晏婴通过美味、音乐、君臣关系等具体的例子说明多样性和差异性是创造性的力量。

史伯和晏婴的"尚和非同"思想被孔子概括为"和而不同"。在孔子看来，这是君子区别于小人的地方之一（"君子和而不同，小人同而不和"——《论语·子路》）。孔子总结他一生追求真理的过程，说他到了六十岁才达到了"耳顺"（"六十而耳顺"）的境界。胡适说历史上对"耳顺"的解释都不恰当，它的真正意思是，孔子到了六十岁不仅能够听进不同的意见甚至是批评性意见，而且还能够很愉悦地听取（"逆言而顺听"）。实际上，达到这种境界并不容易。正如《庄子》中指出的那样，因为人们不同程度上都有一种"党同伐异"的心理："世俗之人，皆喜人之同乎己而恶人之异于己也。同于己而欲之，异于己而不欲者，以出乎众为心也。夫以出乎众为心者，曷常出乎众哉！"（《在宥》）① 也

---

① 《庄子》中的《寓言》和《渔父》也有类似的说法。其中《寓言》说："与己同则应，不与己同则反；同于己为是之，异于己为非之。"《渔父》说："人同于己则可，不同于己，虽善不善，谓之矜。"

正因为如此，中国古典高度赞扬"包容"精神。从《尚书·君陈》说的"有容，德乃大"，到《老子》说的"知常容，容乃公"（第十六章），再到《庄子·天地》说的"不同同之之谓大，行不崖异之谓宽，有万不同之谓富"等，都是如此。

政治上的包容更不容易也更为重要。唐代盛世"贞观之治"能够出现的重要原因，既是魏徵敢于直谏，而李世民又能够虚心倾听魏徵的批评意见，视他为自己的一面镜子。魏徵逝世后他思念不已，并对侍臣们说："人以铜为鉴，可正衣冠；以古为鉴，可知兴替；以人为鉴，可明得失。朕尝保此三鉴，内防己过。今魏徵逝，一鉴亡矣。"（《新唐书·列传第二十二魏徵》）李世民和魏徵是在政治上实践"和而不同"的典范。《联邦党人文集》第五十一篇说："用相反和敌对的关心来补足较好动机的缺陷，这个政策可以从人类公私事务的整个制度中探究。"[1]这是中国"和而不同"的现代表达。社会的和谐建立在差异性和多样性的基础之上，而不是消除差异和多样；建设性和创造性的智慧来源于不同的意见和看法，而不是单一的声音和主张。

第三节 "同异交得"：事物同异关系的互补和相成

中国古典语境中"同异论"的第三个重要维度是认为事物的"同异"相互依赖、相互依存和相得益彰。《墨经·经上》的一个说法——

① ［美］汉密尔顿（Alexander Hamilton）等：《联邦党人文集》，程逢如等译，北京：商务印书馆，1980年，第264页。

"同异交得"，对于我们认识这一维度很有帮助。这句话的原文是"同异交得，放有无"①。《墨经·经上》对"同异交得"没有具体的解释，它举了一个例子，将"同异交得"的关系"比方"为"有无"关系。"有"与"无"是彼此对待和依存的概念，"同异"概念也是如此。有"同"就有"异"，有"异"就有"同"。反过来说，没有"同"就没有"异"，没有"异"也就没有"同"。《墨经·经说上》对"同异交得"的关系，举了更多的例子。这些例子涉及的彼此具有对待关系的概念有多与少、去与就、坚与柔、中央与旁边、是与非、成与未、俱适（兼有）、存与亡、贵与贱、运与止等。《墨经·经说上》用这些例子来说明"同异"概念同这些概念一样，既是彼此对待关系，又是相互依存和相互促成关系。张岱年解释说，"同异交得"的意思是"同中有异，异中有同，于同可以得异，于异可以得同"②。《墨经·大取》提供了重要的佐证，它说事物有"异"，是因为它们有"同"。反过来说同样，事物有"同"，是因为它们有"异"（"有其异也，为其同也。为其同也异"）。"同异"共存于事物之中，有异就有同，有同就有异。

《墨经》中其他地方对"同异"的说法，也进一步证明事物的"同异"是互依、互成。《墨经·经上》（还有《墨经·大取》）将"同异"分为四种：（1）同一事物自身之同（"重同"）与非同一事物自身之异

---

① "放"通"方"，意为比方。释为通"仿"不当。

② 张岱年：《中国古典哲学概念范畴要论》，北京：中国社会科学出版社，1989年，第112页。

（"二之异"）；（2）事物的部分同属一事物整体之同（"体同"或"连同"）与整体的每一部分之异（"不体之异"）；（3）事物同处一个空间中的同（"合同"或"俱同"）与非处于同一空间之异（"不合之异"）；（4）事物同属于一类之同（"类同"或"同类"）与不属于一类之异（"不类之异"）等。①《墨经》中的这四种同异概念都是同中有异、异中有同。

从事物的"类同"和"类异"上说，个体和事物属于同一类的"共同性"的"同"和不属于同一类的"差异性"的"异"，都共存于事物之中。如一块石头有硬度，有颜色。石头的硬度属一类，它的颜色属于另一类，但两者的同异都存在于这块石头之中。概念种属关系上的同异都是如此。公孙龙的最大问题在于，他只强调事物的差异性，而忽视事物的共同性，所以他才会认为，石头的"坚"和石头的"白"在一块石头上是完全分离的，它有坚就不能有白，有白就不能有坚。这使他的"别同异"陷入了困境。荀子说"物"是事物的"大共名"，这是将万物统一为唯一一"类"的最高的"同"。与此相对，从事物的"大别名"说，每一种事物都是不同的"异"。②事物是"同"，又是"异"，两者都共存于"万物"之中，这就是惠施说的万物既是完全相同的又是完全

---

① 对《墨经》几种"同异"的分析，参阅沈有鼎：《墨经的逻辑学》，北京：中国社会科学出版社，1982年，第29-32页。按照沈有鼎的看法，《墨经》的"明同异"，主要是辨明"类同"和"不类之异"。

② 《荀子·正名》："故万物虽众，有时而欲遍举之，故谓之物。物也者，大共名也。推而共之，共则有共，至于无共然后止。有时而欲遍（作'偏'）举之，故谓之鸟、兽。鸟、兽也者，大别名也。推而别之，别则有别，至于无别然后止。"

相异的（"万物毕同毕异"）意思。《庄子·德充符》中说的"自其异者视之，肝胆楚越也；自其同者视之，万物皆一也"，很好地解释了惠施说的"毕同毕异"的意思。① 唐代佛教说的"一即一切，一切即一"或形象化的"月印万川"的"同异说"，同样是认为"同异"互依、互成。武则天信奉佛教，她请法藏到东都洛阳为她讲华严义理"十重玄门"和"六相圆融"，法藏用宫殿一角的"金师子"作比喻。其中的"一多相容不同门"和"同异相"涉及了"同异交得"问题。② "同相"指构成事物整体的要素相同，异相指表现出的事物形象不同。构成金狮子之体的各个部分眼、耳、鼻等都是金，这是它们的同相，但其各部分眼、耳、鼻等的形象又不同，这是它们的异相。两者是同中有异，异中有同。

《墨经》中的"体同"与"体异"，是指事物的部分作为一个整体相互联系之"同"（"不外于兼，体同也"）和各部分又有各自的不同作用的"异"。③ 这种"同异"涉及的是事物的整体与部分的相互关系。从事物的各个部分都属于事物的整体来说，它们相互联系，相互连带。比如一个人的四肢等各个部分作为一个人的整体不能分离，彼此互相关联、相互依存和相互促成，构成事物的整体。这是事物的部分在"一体"上

---

① 庄子说的"天地一指也，万物一马也"，"天地与我并生，而万物与我为一"（《庄子·齐物论》），还有"道通为一"（同前）等，则是从"共同性"和"统一性"上来看待万物。

② 赞宁：《宋高僧传（上）·周洛京佛授记寺法藏传》，北京：中华书局，1987年，第89—90页。

③ 《墨经》将整体叫作"兼"，将部分叫作"体"。《墨经·经上》说："体，分于兼也。"一般将"不体之异"解释为事物的"部分"不属于这一整体而属于另一整体。但这是不通的。因为事物的整体是指它的各个部分而言，而它的部分又是相对于它的整体。

的"同"，是"整体大于部分"的意义，也是整体被认为是"有机"的根据。但作为事物整体的各个部分，又有各自的作用。手的作用，不同于腿的作用。这是各个部分的"异"。但不管如何，两者都存在于同一事物之中，同是同一事物中的同，异也是同一事物中的异，两者相互依存，相互促成。一个完整的事物，就是它的整体的同和它的部分的异保持了最好关系状态的事物。事物的不完整，是它的整体和部分都受到了损害。

事物自身的"同"与非自身的"异"，说的是事物个体的"同异"关系。每一个个体都是唯一的，它只是它自己，而不是任何一个个体，这是它自己的"同一性"的"同"；但只要是两个个体，它们就是不同的（"异"）。所谓树上没有两片完全相同的树叶，就是指两个个体的异。每个个体对自己来说是自身的"同一"，对别的个体来说他就是他者的"异"，这是同中有异，异中有同。事物多样性和差异性的创造力，在这种同异关系中，就变成了事物自身的创造力和每一个他者都有自己的作用。所谓尊重自己，就是肯定自我，肯定自我的创造性；尊重"他者"，就是尊重其他的每一个个体和他们的创造性。

事物存在于同一个空间中的"同"和事物不存在于同一空间中的"异"，是事物在"空间上"的同异关系。这种同异使事物在空间上既有相同性又有不同性。事物存在于空间中，就像它们都存在于时间中那样，这是事物的空间特性。事物存在空间的相同和不同，对事物有程度不同的影响。事物多样性的空间，具有不同的活力和创造力。生物的多样性，在很大程度上源于地球空间的多样性；文化的差异性，部分原因来自文化存在空间的不同。说人是环境的产物，主张地理决定论则是把空间对事物的影响推向了极致。不幸的是，人类对自身生存空间造成了很大的损害，这既损害了自己，也损害了其他许多事物，如生物的多样性和文化的差异性。

人类的语言和文字丰富多彩，各种各样（有拼音文字，也有象形文字），使用同一语言的人之间之所以能够用其作为交流的方式，是因为它有约定俗成的意义，不同语言和文字之所以能够翻译和相喻，同样是因为它们有类似的内涵和指称。从语言、文字的现象来看，它们是"异"；从它们都表达一定的意义来说，它们是"同"，语言现象的多样性和语言意义一定的共同性相互依存。中国三国时代的魏国有一位大将名叫邓艾，他口吃，在晋文王面前说话时，他谦恭地自称"艾艾艾"。晋文王和他开玩笑说："卿云艾艾，定是几艾？"邓艾很机智地回答说："'凤兮凤兮'，故是一凤。"（《世说新语·言语》）这个例子，涉及语言文字的样型（type）和凭借（token）的同异关系。凭借上的多个艾或多个凤，写出来，说出来，都是"多"，不是一个，它的音、形和义也有多的一面，但又有同的方面，因此它又是"一"，是一个字而不是多个字。按照这个例子，不种语言一方面凭借不同，而且很不相同，但另一方面它们都是表达意义的。这是不同语言文字中本质的统一性与现象的多样性的同异关系。本质就在众多的不同现象之中，多样的现象中具有一定的共同性。

第四节 人的偏好和协同："多元"与"共识"

中国古典语境中"同异论"的第四个重要维度是认为人既有各自的偏好和不同倾向，同时又有一定的共同立场，用现在的话说叫作"多元"与"共识"。我从荀子的一句话说起。这句话是："天下之人，唯各特意哉，然而有所共予也。"它出自《荀子·大略》。《荀子》这部书中的大部分篇章都是严格论题下的论述体论文，但《大略》则不是，它是荀子的零散言论的汇集。其中有的可谓是名言，并有附带的说明。荀子的这句话就是如此。它的意思是，世上的人们，对人对事都有各自不同的看法和主张，都有自己的不同偏好，但他们又有共同认可和赞同的东西。

荀子说的"特意"和"共予"类似于"多元"和"共识"概念。根据前者，荀子承认人们对事物看法和立场上的多元性、差异性；根据后者，人们对事物又有"共识"。荀子举例说，人们尽管在味道、音乐和治理等方面都有不同的喜好和看法，但他们都会承认和认同易牙（春秋时的著名厨师，齐桓公的宠臣）、师旷（春秋时的著名乐师，晋国大夫）、"三王"（夏禹、商汤和周武王）在美味、音乐和治理这三个方面的权威。荀子关注的是社会政治共同体的治理。他认为制度、礼乐是三代圣王的伟大创造，应该保持它们的稳定性和连续性，如果不加传承、擅自改变，就是破坏"共予"、"共识"和"认同"，就是破坏秩序。这同抛弃易牙和师旷为美味和音乐创制的标准没有两样。这非常危险，它离毁灭只在须臾之间（"无三王之法，天下不待亡，国不待死"）。因此，国家必须珍惜人们的共识和制度。

《荀子·富国》谈到了其他意义上的"特意"和"共予"。一是万物共同存在于一个宇宙中，但它们是各自不同的个体并具有不同的形体；它们虽然不是事先确定要适宜于人，但对人都是有用的。[①] 这种意义上的"同异"关系，类似于《墨经》中说的"合同"。二是人类共同生活在一个世界上，他们都有共同的欲求和价值追求（同、认同），但他们满足欲求的见识（"异知"）和追求价值的方法又不同（"异道"）。这是荀子更关注的"特意"和"共予"关系。[②] 荀子相信人具有"共同"的本性以及基于此的人的欲求的共同性（"同嗜"），这是人们共同"认可"的东西（"皆有可也，知愚同"），但人们认可的东西又有不同（"所可异也，知愚分"）。国家的公共选择和决策，就是去满足人们的基本愿望和需求，并根据人们的状况而又有差异。在荀子那里，"礼"同时就扮演了这两重角色，一方面它让所有人的生活都能够得到基本保障（"养"），满足人人都具有的欲求；另一方面由于物品有限而人的欲求无限（"欲恶同物，欲多而物寡"），由于人的德能、选择和地位不同（"分位"），所以又需要礼做出区别（"明分"），使利益分配和人的待遇有所不同："故制礼义以分之，以养人之欲，给人之求。使欲必不穷于物，物必不

---

① 这种意义上的"同异"用荀子的话说是"万物同宇而异体，无宜而有用为人，数也"。

② 荀子的这段话说："人伦并处，同求而异道，同欲而异知，生也。皆有可也，知愚同；所可异也，知愚分。"（《荀子·富国》）

屈于欲。两者相持而长，是礼之所起也。"（《荀子·礼论》）①

中国古典中的多元与共识概念表现在社会共同体的不同方面。墨子的政治思想偏向了"尚同"的单一性。《墨子·尚同》把社会大众多元的见解意见同政治上的统一性、权威对立起来，说天下之人各有不同的见解和主张（一人一义、十人十义……），无数之人，人们的主张也不尽其数，彼此各持自己的见解，相互争论和相互批评，纷争和矛盾不断。为了避免这种状态，社会达成共识来建立国家和政府，用天子来保证社会的统一和正义。这类似于霍布斯的社会起源论。墨子假定天志代表了民意，天子代表了天志，因此，社会大众自下而上都要接受和认同天子的权威，并放弃各自的主张和看法。这是用"共识"和权威来取消人的"特意"。墨子的说法中存在着矛盾。如果人们只有不同的看法，怎么会有建立国家和政府的"共识"。

真正的"共识"是人们在不同的争论中产生的，公共领域应该接受公众的批评意见，以使执政者能够代表民意。早于墨子的春秋时代的郑国著名的政治家子产，两千多年之后明清之际的黄宗羲，对此都有高明的多元和共识的主张。由于子产的开明和包容，郑国人常汇聚到乡镇的学校里议论时政。郑国大夫然明（姓鬷，名蔑，字然明）担心这会对郑国的政治秩序产生不良影响，于是他向子产建议拆除这所学校。然明的

---

① 在《荀子·正名》中，荀子也说明了社会为什么要"明贵贱，辨同异"："异形离心交喻，异物名实玄纽，贵贱不明，同异不别，如是，则志必有不喻之患，而事必有困废之祸。故知者为之分别，制名以指实，上以明贵贱，下以辨同异。"这同《礼记·曲礼》中说的"夫礼者，所以定亲疏、决嫌疑、别同异、明是非也"一致。

做法显然是政治一元论思维。但作为郑国最高行政长官的子产，没有接受他的建议。他说，人们朝夕在学校议论执政的好坏，表达他们的意愿。他们肯定的我就接受和履行，他们批评和否定的我就改正。这是教诲我的地方，怎么可以拆除呢？好的执政者应该用好的行为减少人们的怨言，而不是用粗暴的做法压制人们的言论。这就像对于河流，如果不是加以疏导而是阻塞，一旦溃决，它就会严重危害人们的生命安全。郑国的这所乡校，可以说既是一个教育场所，又是一个公共舆论空间。子产加以包容，使郑国社会有了自由和多元的空间。人们能够在这里议论郑国在政治上的得失，评论子产为政的好坏，又使他从公众的言论中知悉"民意"，获得社会的"共识"。显然，子产是将社会大众的议政、不同意见同社会的共识和公共选择看成是统一的。春秋时代，郑国之所以具有活力，就得益于子产的开明政治。孔子听说了这一故事，对子产做了肯定性的评论："以是观之，人谓子产不仁，吾不信也。"(《左传·襄公三十一年》)

　　明清之际的黄宗羲在《明夷待访录·学校》中也提出了类似的多元和共识概念。对黄宗羲来说，学校不是单纯培养贤士的机构，它还要为治理天下提供依据。学校要通过学问和教化使人们养成宽厚儒雅的气象，要通过公共讨论使它产生出判断"是非"的标准，使社会不再简单地以天子的是非为是非。这是古代圣王创设学校的初衷，也是古代学校扮演的角色。但后来学校变质了。为了弥补它的缺陷，人们设立书院。但书院很快又成了当政的对立面，两方没有共识，只有分歧和对立，结果执政者就使用暴力焚毁书院。黄宗羲期望恢复古代学校的活力和角色，使之成为多元讨论和达成共识的场所。

儒家经典中说的"天下同归而殊途，一致而百虑"（《周易·系辞》）、"万物并育而不相害，道并行而不相悖"（《礼记·中庸》），都承认社会的多元和共识良性互动关系，都认为只有通过多元的"殊途"，才会有真正的共识——"同归"；只有通过多元的"百虑"，才能达到真正的共识——"一致"，两者彼此相依，相得益彰。因为事物的多样性，能使事物相互依存；人们有了不同的方法和途径，彼此才能互相影响和互相借鉴。

在现代社会，"多元"与"共识"概念被广泛运用在不同的方面和领域。但政治上和文化上的多元与共识最为重要，它同自由和秩序、开放与认同具有密切关系。现代文明的高度分化、细化、开放、包含，造就了社会和文化的多元化，同时又使合作、协同、认同、共识和秩序变得同样重要。[①] 古代社会同现代社会的差别当然很大，反映在多元与共识概念中也一样。但可以肯定，中国古代语境中的"同异论"中也包含有多元与共识的某种意义。

美国哲学家大卫·库尔珀（David Kolb）指出："哲学上的全球化相遇可以为我们开启关于统一性和多样性的一些新类型。统一性和差异

---

① 有关多元社会与秩序和共识的概念，参阅林毓生：《什么是多元社会？——再答杨国枢教授》，载林毓生：《政治秩序与多元社会》，台北：联经出版事业公司，1989 年，第 147-165 页。

性的问题出现在世界哲学中。"①中国古典语境中的"同异"话语以及对多样性、差异性和共同性的认知，对于开启统一性和多样性的新类型应该能够发挥出一定的建设性作用。我们正处在高度联系在一起的全球化时代，我们的命运越来越多地被联系在一起，因此，我们需要全球的共识和认同，需要将每一个自我都变成共同的自我，并采取一些共同的行动；但现在的世界越来越复杂，越来越多样，人们的情趣、愿望、偏好也越来越不同，因此我们需要多元和差异，以使每一个自我又能成为他者的自我。我们既要在共同的世界中充分共享共同性，也要在不同的世界中分享差异性，就像怀特海（Alfred North Whitehead）所说的那样："人们需要邻人们具有足够的相似处以便互相理解，具有足够的相异处以便引起注意，具有足够的伟大处以便引起羡慕。我们不能希望人们具有一切的美德。甚至当人们有奇特到令人纳罕的地方，我们也应当感到满意。"②

---

① ［美］大卫·库尔珀：《纯粹现代性批判——黑格尔、海德格尔及其以后》，臧佩洪译，北京：商务印书馆，2004 年，第 8 页。

② ［英］A.N. 怀特海：《科学与近代世界》，何钦译，北京：商务印书馆，1989 年，第198 页。

附录一　出土文献与早期中国思想新视野

　　从许多尺度上来衡量，简帛学都称得上是 20 世纪以来世界人文领域中最为活跃的新兴学问之一。作为 20 世纪初诞生的世界性的三大古代中国学问之一，相比于甲骨学和敦煌学而言，因其 20 世纪 70 年代特别是 90 年代以来不断有大量的简牍陆续出土和公布，简帛学更呈现出方兴未艾之势，这是一点都不夸张的。尽管恰当地判断大量出土简帛文献对我们认知古代中国文明、历史、文化和思想等各方面带来了活力和作用，这是一个伴随着研究而不断展开和深化的过程。说简帛文献改变了过去的一切认识，或者相反说它对过去的认识什么也改变不了，这两者都是安逸和省事的做法，对我们准确地判断简帛文献的作用没有任何正面的帮助，正如怀疑一切或相信一切对我们认识事物没有任何意义一样。[①] 就迄今我们的视野达到的广度、深度和高度而论，出土简帛文献

---

　　① 对于这两种不恰当的立场，昂利·彭加勒（Henri Poincaré）恰当地批评说："怀疑一切，或信仰一切，都是很便利的解答，因为两者都可以使我们不用思考。"（[法] 彭加勒：《科学与假设·导言》，叶蕴理译，北京：商务印书馆，1957 年）

确实为认识广义的古代中国文化带来了许多新的刺激和契机。①

在不同的学问领域中，新方法常常是能够带来新认识的有效途径，但在历史学这一领域，除了新方法的作用外，新文献和新资料则始终具有特殊的地位。简帛文献帮助我们进一步印证了一些过去认识到的东西，也帮助我们认识到过去未曾认识到的东西。如果说历史本质上是对过去的记忆②，那么出土简帛文献就是这种记忆的苏醒和复活。过去发生的事情（说的、做的）是非常繁多的，但能够保持和保存下来的记忆比实际上发生过的要少得多。换言之，历史一开始就伴随着巨大的遗忘（况且历史记忆又是"选择"的结果）。在存储大量历史和思想信息的意义上，简帛本身就是一种非凡的记忆方式，它是对人类远古时期通过"传说"保留记忆的超越。作为陪葬品而出土的简帛文献，它是一种永远尘封和沉睡的世界重见阳光和失而复得的历史记忆，其弥足珍贵自不待言。根据大量出土的简帛文献，我们可以想象位于洛阳的东周国家图书馆会是什么样子，也可以推测古代中国文明的丰富性。有人把从简

---

① 有关这一方面，参阅李学勤的《简帛佚籍与学术史》（南昌：江西教育出版社，2001年）、郭店楚简研究会编的《楚地出土资料と中国古代文化》（东京：汲古书院，2002年）、裘锡圭的《中国出土古文献十讲》（上海：复旦大学出版社，2004年）、浅野裕一的《古代思想史と郭店楚简》（东京：汲古书院，2005年）、池田知久的《池田知久简帛研究论集》（北京：中华书局，2006年）等。

② 贝克尔（Carl Becker）说："历史是过去发生的种种事件的记忆。"（［美］贝克尔：《人人都是他自己的历史学家》，载何兆武主编：《历史理论与史学理论》，北京：商务印书馆，1999年，第564-584页）"文化传统"是精制化、习惯化的历史记忆，它的选择是一贯性的选择。"史"在古代早期中国的历史记忆中扮演着非常重要的角色，中国文化的连续性在很大程度上是同这种体制化的"历史记忆"和追求立言的不朽联系在一起的。

帛上认识到的中国文明称为"写在简帛上的文明"[①]，其实周秦的中国文明主要是书写在竹简（还有木牍和帛书）上的文明。汉代刘向、刘歆氏父子整理的古代典籍，《汉书·艺文志》记载的当时保存或已佚失的典籍，应该都是简帛古籍。竹简等作为书写材料，它本身就是一种技艺文明，同时又承载着古代中国文明的整体内容。因此，相对于"青铜时代"，古代早期的中国更可称之为"简帛时代"。这是一个所指更加广泛和综合的时代概念，它的时间跨度更长，上甚至可追溯到夏代至少是殷商（《尚书·周书·多士》有"惟殷先人，有册有典"的记载），下则持续到东汉和晋，兴盛于周和西汉。它是古代早期中国文明创造的写照，它承载的历史、文化、知识和思想信息比其他任何载体都要大，它奠定了后来中国整个历史记忆的基础，以至于也可把早期中国的文明称为"简帛文明"，用它指称古代早期中国以竹简、木牍和缣帛等为书写材料而保存和传承的丰富多彩、意象广泛的古代中国文明。中国古代早期的哲学和思想则是其中显赫的一部分。

出土简帛保存的文明是整个简帛文明的一部分，出土的哲学史和思想史文本，则是出土简帛文献的重要部分，它属于广义的历史记忆中的"思想记忆"。说起来，构成古代早期中国思想史主线的文本都流传了下来。然而，失而复得的许多古代早期的哲学史和思想史珍贵佚文，使我们认识到古代早期中国的哲学和思想世界比我们已知的世界要广、

---

① 廖名春等：《写在简帛上的文明——长江流域的简牍和帛书》，杭州：浙江大学出版社，2011 年。

要大，比我们已知的东西要丰富、要复杂。正如池田知久所说的那样：
"简帛等新出土资料对中国思想史研究而言，毫无疑问是提供着新视野
新见解的极为重要的资料。"[①]同传世文献相比，在这些出土的文献尤其
是马王堆帛书、睡虎地秦简、郭店楚简、上博楚简等思想史文本中，我
们发现了古代思想世界中一些新的东西，也改变了我们对过去的某些看
法。限于我的所见和所知，我想提出一些我认为是新发现的或者古代早
期思想世界达到的某些新视野。

一、自然宇宙观和不同的宇宙生成论

出土简帛文献为古代中国思想世界带来的第一个新视野是有关宇宙
生成论方面的。人类早期有关宇宙创生和起源的解释可分为三种：一种
是"神话式"的[②]，它想象了某些英雄人物创造了宇宙和天地万物；二
是"宗教式"的，它相信至高无上的神创生了宇宙和世界；三是"哲
学式"的，它认为宇宙和世界是从根源性的实体生成和演化出来的。就
古代早期的中国来说，神话式的解释比较稀少，新发现的是长沙子弹库
战国帛书，其他的出现较晚；宗教式的解释则是只言片语，如传世文献
《书》、《诗》、《国语》和《左传》中说的"天生民而立君""天生烝民，
有物有则""天生五材"等只有一个层次的生者与被生者的关系：哲学

① ［日］池田知久：《池田知久简帛研究论集》，曹峰译，北京：中华书局，2006 年，第
5 页。

② ［美］艾兰：《龟之谜——商代神话、祭祀、艺术和宇宙观研究》，汪涛译，成都：四
川人民出版社，1992 年。

式的解释以往也限于通行本《老子》第四十二章的"道生一，一生二，二生三，三生万物"（简本中没有这一章的内容）这一生成模式，说到"宇宙生成论"，更多的是把它看成是汉代哲学的基本形态。新出土简帛文献《太一生水》、《恒先》和《凡物流形》等三篇佚文[1]，使我们看到了中国古代早期三种新的宇宙生成模式。这些模式都是对宇宙创生和起源的哲学式解释，而且它们都属于道家。这不仅说明古代中国的宇宙生成论有更早和更大的传统，而且也说明道家对宇宙和万物的起源更具有好奇心和浓厚的兴趣。道家是宇宙这部"天书"最热心的窥视者和"宇宙之谜"的解读者，因此，它就成为中国自然哲学和形而上学的最初的奠定者。

与通行本《老子》的生成模式不同，《太一生水》、《恒先》和《凡物流形》的宇宙生成模式，都不是直接把"道"作为宇宙创生和起源的开端。《恒先》设想的开端是"恒先"，《太一生水》是"太一"，《凡物流形》是"一"，三者分别从它们各自的最高概念出发描述了宇宙生成和演化的具体过程。在《太一生水》那里，宇宙生成和演化的过程则被描述为"太一"⟷水（太一）⟷天⟷地→神明→阴阳→四时→冷热→湿燥→岁。《太一生水》是这样说的：

> 太一生水，水反辅太一，是以成天。天反辅太一，是以成地。

---

[1] 与三者不同，马王堆帛书《黄帝四经》中的《道原》主要是以道作为万物的本体，特别是将"一"同"道"明确结合起来，说"一者其号也"，以"一"来论道，直接将道看成是万物统一的本性。

天地复相辅也，是以成神明。神明复相辅也，是以成阴阳。阴阳复相辅也，是以成四时。四时复相辅也，是以成冷热。冷热复相辅也，是以成湿燥。湿燥复相辅也，成岁而后止。故岁者，湿燥之所生也。湿燥者，寒热之所生也。寒热者，四时之所生也。四时者，阴阳之所生也。阴阳者，神明之所生也。神明者，天地之所生也。天地者，太一之所生也。是故太一藏于水，行于时。周而又始，以己为万物母；一缺一盈，以己为万物经。

在《恒先》那里，这一过程是"恒先"→"域"→"气"→"有"→"始"→"往"：

恒先无有，朴、静、虚。朴，大朴；静，大静；虚，大虚。自厌不自忍，或（域）作。有或（域）焉有气，有气焉有有，有有焉有始，有始焉有往者。未有天地，未有作、行、出、生，虚静为一，若寂寂梦梦，静同而未或明[1]，未或滋生。

在《凡物流形》中，这一过程则是"一"→"两"→"叁"→"母"→"结"，它集中体现在这句话上：

闻之曰：一生两，两生叁，叁生母，母成结。

---

[1] 此句原读为"未有天地，未有作行，出生虚静，为一若寂，梦梦静同，而未或明，未或滋生"，今据曹峰说校改（曹峰：《〈恒先〉的编联与分章》，载《上博楚简思想研究》，台北：万卷楼图书股份有限公司，2006年，第114页）。

下面，我们就分别具体讨论一下这些生成模式。

"太一"作为《太一生水》宇宙创生模式的开端，一种观点认为它是指"太一神"，类似于造物主。我倾向于认为，哲学意义上的"太一"是先产生的，神话（"星宫"）意义上的"太一神"是受此影响而产生的。《太一生水》的"太一"也是哲学意义上的，它是宇宙创生的起点和根源。只是，《太一生水》没有对"太一"本身做出说明。在《太一生水》的宇宙生成过程中，"太一"首先创生了"水"。按说接下来，就应该是"水"又创生了"另一种存在"，就像《老子》所说的"一生二"或者其他模式那样，前后的关系是上一层的生出下一层的。但《太一生水》没有赋予"水"以直接的创生能力，"水"又返回到"太一"，辅助"太一"创生出"天"。

从"天"开始，宇宙创生和演化的过程是"成"。用"成"是要说明宇宙演化中是不同力量的相互"促成"。"太一"与"水"的关系确实微妙，"水"辅助"太一"促成"天"出现后，"水"就退出了宇宙演化过程。"天"不是反过来辅助"水"促成"地"，而是越过"水"反过来辅助"太一"促成"地"。据此来说，"天"和"地"从根本上说，都是由"太一"创生的。《太一生水》说："天地者，太一之所生也。"在此，"水"的作用看不到了。但《太一生水》又说："是故太一藏于水，行于时。"这说明"太一"又没有离开"水"，"水"还是它的藏身之地。生成了"水"的"太一"为什么又藏于"水"，这是一个不容易回答的问题。

"天地"创生出来之后，《太一生水》的创生模式就发生了一个变化，这个变化就是"创生"的机制和机能从"反辅"变为"复相辅"。从产生作用的方式上看，"反辅"是一种"主导者"和"辅助者"的关系，而"复相辅"则是两种"并行的力量"来回相互辅助的关系。"太一"创生"天地"的过程有先后之分，但天地创生之后，二者就成为既并行相对又彼此相连的一对统一体。"天地"通过循环的相互辅助、相互作用的机制就促成了一对新的统一体"神明"的出现，"神明"通过同样的机制促成了"阴阳"的出现。"神明"是指什么，一种看法认为它指"日月"，与此不同的另一种看法认为它是指天地的功能。① 我倾向于接受后一种看法，因为在早期传世文献中，我们能看到把"天地"与"神明"相提并论的不少例子。

"神明"的相互作用产生出"阴阳"两种作用力；阴阳的相互作用产生出"四时"的秩序。一般来说，"四时"秩序的出现，"岁"自然就相继出现。但《太一生水》没有直接从"四时"演变到"岁"，中间还有"四时"的相互作用产生"冷热"、"冷热"的相互作用产生"湿燥"这两个阶段。"岁"是在"湿燥"的相互作用下产生的。《太一生水》认为从"四时"到"岁"还有"冷热"和"湿燥"的过程，这说明在它那里，"岁"不是"四时"的简单机械性时节的相加，它还需要借助复杂的"中介"来实现它的"秩序"。庞朴先生对"岁"提出了一个颇有启

---

① 庞朴：《"太一生水"说》，载《中国哲学》第21辑，沈阳：辽宁教育出版社，2000年，第195页。

发性的见解。他说"岁"在古代意味着农事收成、意味着农功。[①]从自然秩序来看，"岁"大概意味着风调雨顺的周期，意味着"四季"各自功能的正常交替和变化。用《韩诗外传》的话说就是："天不变经，地不易形，日月昭明，列宿有常；天施地化，阴阳和合；动以雷电，润以风雨，节以山川，均其寒暑，万民育生，各得其所，而制国用。"

"恒先"作为《恒先》这篇佚文设想的宇宙生成的开端，研究者一般把它看成是"道"。但《恒先》恐怕是有意识地不用"道"而另立一新名来指称宇宙的根源。如果以"恒先"为"道"，反而遮蔽了《恒先》宇宙观的个性。"恒"和"先"都是时间概念，"恒先"之"先"不是一般的"先"，而是"久远之先""原先"，是宇宙的最开端和最初。《恒先》说这个最初是"无有"，是"朴"、"静"和"虚"。为了说明宇宙原初状态的"朴"、"静"和"虚"不是一般意义上的，它发明了"太朴"、"太静"和"太虚"三个词语。"太"可以解释为"至高无上"的"至"，"太朴"、"太静"和"太虚"，即"至朴"、"至静"和"至虚"。这与《恒先》下文对宇宙原初状态的说明是一致的："未有天地，未有作、行、出、生，虚静为一，若寂寂梦梦，静同而未或明，未或滋生。"这更说明了宇宙原初状态是一种不变、不动、不明的"恒常状态"。

在原初常态之后依次出现的过程是"或"→"气"→"有"→"始"→"往"。《恒先》说："或作。有或焉有气，有气焉有有，有有

---

① 庞朴：《一种有机的宇宙生成图式》，载《道家文化研究》第十七辑"'郭店楚简'专号"，北京：生活·读书·新知三联书店，1999年，第304页。

焉有始，有始焉有往者。"《恒先》描述的宇宙从"无"到"有"的过程，不是一个依次生成的过程，而是在"演变"或"演化"中依次出现的。在这五个层次的演化过程中，比较难解的是"或"这一层次。李零推测说："从文义看，似是一种介于纯无（道）和实有（气、有）的'有'（'或'可训有），或潜在的分化趋势（'或'有或然之义）。"①恒先不是纯无，当然也不能说是与"实有"（气）相对。"或"应该是兼有空间和无形之气两者的实在。新物理学告诉我们，空间是在宇宙爆炸中从最简单的原初状态或奇点中产生出来的，时间也同样。②由此来说，《恒先》提出"域"的创生不仅能够理解，而且也令人惊讶。按照时空不可分的思想，《恒先》主张"空间"的诞生，在理论上"时间"也应该随之诞生。在《恒先》中，"域"被看成是"恒"。在从"恒先"到"域"的这一过程中，"域"是出自"恒先"，是从"恒先"演化出来的，即所谓"自厌不自忍，或（域）作"。但《恒先》强调"域"是"自生"，与"气"是"自生"一样。由此来说，《恒先》的"宇宙生成论"，又是一种"自生论"。宇宙的生成完全不需要外力的推动，它自己就能推动自己。

继"气"之后出现的宇宙演化层次，还有"有"、"始"和"往"。"气"、"域"和"恒先"都是"无形"的"虚无"，这里的"有"应是

---

① 参阅李零的《恒先》释文注释，载马承源主编：《上海博物馆藏战国楚竹书》（三），上海：上海古籍出版社，2003年，第288页。

② ［英］保罗·戴维斯：《上帝与新物理学》，长沙：湖南科学技术出版社，1995年，第10-26、59-60页。

相对于"虚无无形"的"有形"之"有"。但它具体所指是什么，还没有得到解释，我猜测它应是指"天地"。在《恒先》那里，"天地"是由"气"产生的，而"天地"又是"有形"之最大者。《恒先》则是以"气"的"清气"和"浊气"同时产生出了"有形"的"天地"之"有"。宇宙从"恒先"经过"域"演化至"有"即"天地"，继之就是"始"即"万物"的产生。这也许就是《恒先》所说的"有出于或（域），生出于有"的意思，只是这里省去了"有"与"域"之间的"气"。

以"有形"的"天地"之"有"来看《恒先》宇宙生成模式中之后相继出现的"始"和"往"，"始"恐怕是指各种具体的事物产生之"始"，"往"应该是指"万物"循环往复的运动和变化。"始"和"往"所指为何，亦是《恒先》的一个疑难问题。在《庄子》看来，天地都是以"无为"发挥作用的，两者相合自然就会产生万物。《至乐》说：

> 天无为以之清，地无为以之宁。故两无为相合，万物皆化生。

据此，我们就容易理解《恒先》说的"生出于有"的所指，此"有"即"天地"之"有"，此"生"则是天地所生的"万物之生"，即"万物的始出"。"气"充塞在天地之间，"天地"生"万物"，实际上就是天地之"气"的作用。《恒先》说：

> 气信神哉，云云相生。信盈天地，同出而异生，因生其所欲。察察天地，纷纷而多采。

"气"非常神妙，在神妙之气的作用和活动下，众多的事物产生了。万物都出自天地之中充塞的气但又各不相同，在显明昭著的天地之中，呈现出丰富多彩、千姿百态的多样性。但在《恒先》那里，万物的诞生并不意味着所有不同种类都是一起诞生的。种类可以增加也可以减少，个体更是生生灭灭、变化和循环不已。这既是"始"的过程，也是"往"的过程。"往"在《恒先》那里也被称为"复"，合起来就是"往复"。《恒先》说：

> 天道既载，唯一以犹一，唯复以犹复。恒气之生，因复其所欲。明明天行，唯复以不废，知几而亡思不天。

"天道既载"的"道"字，庞朴疑为"地"，但他没有提出根据。[1]《黄帝四经》有"天地已成"和"天地已定"的说法，"载"即"成"。《恒先》的"天道既载"的"道"当应是"地"。天地已经生成和形成，唯有"一"和"复"仍必然起作用。"一"可以理解为事物的"统一性"和共同本质。"复"即上面所说的事物保持自身和复归本性的活动，"复"永恒地伴随着天地自然的运行（"天行"）。

不同于前两种模式，《凡物流形》把"一"看成是宇宙和万物的创生者。整理者虽然对"闻之曰：一生两，两生叁，叁生母，母成结"这几句话的释文有疑义，但他也联想到《凡物流形》中的这一句话同通行

---

[1]　庞朴：《〈恒先〉试读》，载姜广辉主编：《中国古代思想史研究通讯》第二辑，2004年，北京：中国社会科学院历史研究所思想史研究室，第22页。

本《老子》第四十二章所说的"道生一，一生二，二生三，三生万物"有类似之处。如，两者都是三字一句，都是从一层生出另一层（X 生Y）。确实，从直观上看，在已有的生成模式中，还没有一个模式同《老子》的这一模式如此类似。另外，《老子》的由"道"展开的生成过程，是一个"由混到分""由简到繁""由少到多"的过程。与此类似，《凡物流形》的由"一"展开的生成过程，直观上就是由"一"到"多"的过程。不过，《凡物流形》的模式跟《老子》的模式又有很大的差别，主要是前者的"一"是生成的开端，后者的"一"处在生成的第二个层次上。在其中间阶段，《老子》说的"一生二"的"二"和"二生三"的"三"，同《凡物流形》的"两"和"叁"所指是否一样，还不好论定。一般把《老子》生成模式中的"二"和"三"分别解释为分化之后的"阴阳二气"和阴阳相结合而形成的"和气"。正是这种"和气"最后产生了万物。

《凡物流形》也有"阴阳"的概念，如说"阴阳之序，奚得而固？"但不管是"气"，还是"阴阳"，《凡物流形》都没有将它们同万物的生成直接联系起来，因此，它说的"两"和"叁"究竟是不是"阴阳二气"和"和气"，还是一个问题。从道家生成论的大传统来说，也许仍可以用不同的"气"来加以解释，即"两"是"一"生出的"阴阳二气"，"叁"是"两"生出的"和气"。接下来的问题是，"叁"产生出来的"母"和"母"成就的"结"又是什么。"母"是道家宇宙生成论中的一个比喻性用语，它从人类生育之母亲设想宇宙和万物的生育也有其母，即根源。《凡物流形》的"母"处在生成的第三层次上，不是老子所说的"道"为"天地母"的"母"和《太一生水》以"太一""〔为〕万物母"的"母"，而是产生万物的中间环节，也许可以理解为"天地"。

《凡物流形》没有说"一"最后生出的是"万物"，而是说"成结"。"结"的本义是"缔结"。秦桦林引《鹖冠子·泰录》所说的"故神明锢结其纮，类类生成，用一不穷"，认为"结"有凝聚、聚合的意思。① 如果是"凝聚"的意思，那就同"散为多"相反。《凡物流形》生成论第四个阶段的"母成结"的"结"，当是万物的生成，即所说的"品物流形"。"结"有"成""完成"的意思。《左传·襄公十二年》说："使阴里结之。"由"天地之母"成就的"结"，可以解释为万物的诞生。

以上对宇宙创生和起源的这三种解释，进一步证明中国古代的宇宙观主要是"生成论"而不是"构成论"。关心宇宙起源的道家，可能从动物和人类的生育中获得了启发，他们推想宇宙和世界也是孕育和产生出来的，这种宇宙观可以称之为"生育式宇宙观"，它为建立一种新的"生态形而上学"提供了新的悠久的源头。说起来，宇宙产生以后，即使在时间上极其久远，在空间上非常广大，但只要有开始，宇宙的生命也一定会终结。现代物理学相信宇宙最终是会死亡的。中国古代的宇宙

---

① 秦桦林：《〈凡物流形〉第二十一简试解》，复旦大学古文字网，2009 年 1 月 9 日。

论者只关注宇宙的生成和变化过程，他们不考虑宇宙的最终归宿问题，因而他们也不是宇宙的终结论者，更不是末世论者。

二、连续与多元：东周宗教信仰的再认识

出土简帛文献为古代中国思想世界带来的第二个新视野是有关东周宗教信仰方面的。从"三代"特别是从西周到东周，伴随着社会政治生活和经济结构的变化，中国思想文化世界也发生了深刻的变化，一般认为这是从"宗教"到"哲学"和人文主义的转变，或者更具体地说是从"天意论"（或"神意论"）转变为注重人的主体性、人自身的价值和作用的人文主义以及立足于自然本身、不借助于超自然力量解释宇宙和万物的自然主义。从大的局面来说，这种概括是有一定根据的。特别是，道家和儒家分别建立起了天道自然观和心性学说。在庄子式的自然主义和荀子式的自然主义中，"天"的"神性""神意性"都被剥离掉了，"天"变成了纯粹性的自然理性、价值和客观的物理自然。简言之，东周时代在很大程度上可以说是人文主义和自然主义兴起的时代。但是，我们不能用"单线论"来看待这种变迁。墨子以"天志"和"鬼神"为中心的绝对的宗教信仰就是一个相反的典型例证，况且墨家又是那个时代最有影响力的学派之一。新出土简帛文献《鲁邦大旱》《鬼神之明》《三德》《凡物流形》等佚文使我们进一步认识到，东周时代的信仰具有更为复杂和多样的面貌。

《鲁邦大旱》是一篇同孔子的宗教信仰有关的佚文，它是围绕孔子

为鲁哀公提出的御灾对策以及子贡对此的看法这两个层次展开的。经重新整理后的这段释文是：

> 鲁邦大旱，哀公谓孔子："子不为我图之？"孔子答曰："邦大旱，毋乃失诸刑与德乎？唯（简1）……"〔公问曰〕："……之何哉？"孔子曰："庶民知说之事鬼也，不知刑与德。如毋爱珪璧币帛于山川，正刑与（简2）〔德〕〔……〕。"出遇子贡，曰："赐，尔闻巷路之言，毋乃谓丘之答非与？"子贡曰："否也。吾子若重名其与？若夫正刑与德，以事上天，此是哉！若夫毋爱珪璧（简3）币帛于山川，毋乃不可。夫山，石以为肤，木以为民，如天不雨，石将焦，木将死，其欲雨，或甚于我，或必待吾禜乎？夫川，水以为肤，鱼（简4）以为民，如天不雨，水将涸，鱼将死，其欲雨，或甚于我，或必待吾禜乎？"孔子曰："于乎（简5）！……公岂不饱粱食肉哉也！无如庶民何（简6）？"

孔子为鲁哀公提出的御灾对策，一同祭祀有关；一同"刑德"有关。孔子向鲁哀公提出建议后，征求子贡的看法，子贡对此发表了有所不同的意见。学界对孔子提出的"正刑与德"这一御灾建议，基本上没有分歧，分歧集中在孔子对于祭祀山川究竟持什么立场。如果孔子将旱灾纯粹看成是自然的原因，并像荀子（还有汉代王充）所说的那样，只是为了尊重百姓的习俗而主张祭祀，否则他就不可能主张祭祀山川。但实际情况是，孔子将旱灾的产生同"政事"联系了起来，他并非只是因为从俗才主张祭祀山川。从《鲁邦大旱》中可以看出，孔子提出"正刑与德"，正是基于他认为鲁国发生旱灾同"政事"上的"过错"或"失误"有关这一立场：

> 邦大旱，毋乃失诸刑与德乎？

这明显是把人事上的过错看成是旱灾原因。孔子既然认为鲁国发生的旱灾与政事有关，那么当鲁哀公问他如何应对时，作为重要对策之一，他建议鲁哀公修明政事，即"正刑与德"，可以说是顺理成章。原简"政刑与"文字后竹简残缺，马承源以"政刑"为名词，解之为"社会治理之政"，并援引《左传·隐公十一年》的记载以明之。① 刘乐贤据第一简失诸"刑与德"之例，推测"与"字后当补"德"字，"政"当读为"正"。此说可从。下文按说孔子应就如何"正刑与德"做出具体说明，无奈竹简残缺，无法知悉。在此，我们只需知道一点，即对孔子来说，"干旱"不是纯粹的自然原因，它与统治者失诸刑与德有关。这是承认超自然力量的存在。

承认超自然力量的存在，是孔子提出祭祀仪式的前提。但在简文的释读上，马承源以"蔑"为"瘗"，认为孔子说的"毋蔑珪璧币帛于山川"，意思是不要向山川瘗埋"珪璧币帛"等祭品②，换言之，就是说孔

子不主张鲁哀公举行祭祀山川的礼仪活动。其实并非如此，"薆"字当从刘乐贤的释读，意为"爱"（即"吝惜"）。"毋薆珪璧币帛于山川"这句话的意思是，不要吝惜祭品来祭祀山川。据此，孔子不仅建议鲁哀公"正刑与德"，而且也建议他举行祭祀山川活动。子贡对祭祀持反对态度与传世文献的有关记载相吻合。例如，在一次祭祀中，子贡欲抽掉祭品中的牲羊而受到了孔子的批评。《论语·八佾》记载："子贡欲去告朔之饩羊。子曰：'赐也，尔爱其羊，我爱其礼。'"在《鲁邦大旱》中，孔子说的"庶民知说之事鬼也"，被看成是他轻视或反对祭祀的根据之一。但是，孔子的这句话是相对于"正刑与德"而言的。孔子要鲁哀公知道，他不仅要像庶民所习惯的那样去祭祀鬼神（"说之事鬼"），还需要"正刑与德"。仅就祭祀礼仪来说，孔子主张祭祀山川也不只是为了顺从"民意"，或者像荀子所说的那样仅仅是出于"从俗"的考虑。总之，孔子在《鲁邦大旱》中提出的御灾对策，不仅强调了"为政以德"，也主张"为政以礼（祭祀）"，这两者在他那里是共存的。

《鲁邦大旱》中所反映的孔子的鬼神信仰和祭祀立场，同传世文献中所记载的孔子的信仰不矛盾。这涉及如何把握传世文献中记载的孔子对鬼神和祭祀的一些说法。其一是"敬鬼神而远之"。通常把这句话理解为孔子要"疏远鬼神"，但准确地说，它的意思是"尊敬鬼神而不亵渎"，《论语集解》就是这样解释的。如果我们将"绝地天通"与此联系起来看，就比较容易理解这句话。"绝地天通"并不是否定"天神"或疏远"天神"，而是严肃"神人"之间的界限，以免"民神杂糅，不可方物""夫人作享，家为巫史"，恢复宗教秩序，使"民神异业，敬而不渎"。"敬鬼神而远之"可以说就是"敬而不渎"的意思。《礼记·表记》记载"三代"的宗教传统时说："夏道尊命，事鬼敬神而远之……殷人尊神，率民以事神，先鬼而后礼……周人尊礼尚施，事鬼敬神而远之。"这说明"三代"对待鬼神的方式有差别，但不能简单说夏、周这两个时代就轻视和疏远鬼神。据此而论，孔子说的"务民之义，敬鬼神而远之，可谓知矣"（《论语·雍也》），并非像一般所说的那样，是孔子重视人事、疏远和轻视鬼神。

其二是如何理解《论语·述而》记载的"子不语怪力乱神"，这句话常常被作为孔子疏远鬼神的根据，其实也并非如此。"子不语怪力乱神"这句话，《论语集解》引王肃注，以"怪""力""乱""神"分开句读，并说：

> 怪，怪异也。力谓若奡荡舟，乌获举千钧之属也。乱谓臣弑君，子弑父也。神谓鬼神之事。或无益于教化，或所不忍言也。

我们现在一般是接受王肃的句读和解释。但《论语集解》正义，还引用了李充不同的"怪力、乱神"的句读和解释：

> 力不由理，斯怪力也。神不由正，斯乱神也。怪力，乱神，有与于邪，无益于教，故不言也。

结合孔子的鬼神观，李充的句读和解释更合乎孔子的意思。仅就

《论语》而论，就不能说孔子不喜欢谈论"鬼神"。孔子对怪异现象，也有解释，不能说不言。孔子也不是不言"力"，如说"射不主皮，为力不同科"(《论语·八佾》)；"力不足者，中道而废"(《论语·雍也》)。孔子当然不会主张"乱"。如果是"乱臣"、"名不正"的乱，这正是他深恶痛绝的。但如果以"怪力"和"乱神"断句，就比较说得通。也就是说，孔子并不轻视鬼神，也非不语鬼神。

其三是如何理解孔子说的"祭如在，祭神如神在"(《论语·八佾》)。廖名春说，孔子用"如"字，"说明孔子本来就不相信神的存在"①。这是一个很大的错觉。"如"字的确切含义是指要以身临其境的虔诚心来祭祀，反对没有虔诚心的形式主义。这也是孔子强调的"祭如在，祭神如神在"、"吾不与祭，如不祭"(《论语·八佾》)的真正意思。史华慈引用唐君毅的看法对祭祀所保持的心灵状态的说明是恰当的："在人类领域，对于'礼'来说，如果参与者没有恰当的内心态度，就完全没有可能实现。它不仅是一种人民参与的'行为样式'，还必须代表一种有活力的关系。因为，'尊敬鬼神'的命令表示，对于它们的态度不只是一种表演。中国现代的儒学思想家唐君毅认为，孔子相信，以鬼神为导向的仪式必定包含有某种与鬼神的交相沟通（感通），而不论鬼神被设想成什么样子；而且对孔子来说，在某种未加界定的意义上，鬼神已经存在，并参与了这场沟通。"②

---

① 廖名春：《试论楚简〈鲁邦大旱〉篇的内容与思想》，《孔子研究》2004 年第 1 期。

② ［美］史华慈：《古代中国的思想世界》，程钢译，南京：江苏人民出版社，2004 年，第 119 页。

在上博简第五册的《鬼神之明》中，我们看到了东周时代鬼神信仰的一种新形态。相比于墨子以"明鬼"这一主题用许多篇幅来构建绝对的鬼神信仰来说，《鬼神之明》这篇佚文篇幅很小。虽然如此，它对鬼神之"有所明"与"有所不明"的立场，呈现出一个既不同于墨子也有别于孔子的颇有特色的"鬼神观"。这一"鬼神观"在肯定"鬼神"存在的前提之下，揭示了"鬼神"在施行赏罚上的盲点和不一贯性，这是对孔子儒家和墨子信持鬼神能够普遍"福善祸淫"或者善恶因果报应观念的一个明显修正，称得上是存疑的"二重性"的鬼神观。这种"鬼神观"的出现使东周的鬼神信仰呈现出了多样性的格调。

参照已有的研究，校改后的《鬼神之明》（计197字，加上可补残文，共计211字）如下：

今夫鬼神有所明，有所不明，则以其赏善罚暴也。昔者尧舜禹汤仁义圣智，天下法之。此以贵为天子，富有天下，长年有誉，后世述之。则鬼神之赏，此明矣。及桀纣幽厉，焚圣人，杀谏者，贼百姓，乱邦家。此以桀折于鬲山，而纣首于只社，身不没，为天下笑。则鬼〔神之罚，此明〕矣。及伍子胥者，天下之圣人也，鸱夷而死。荣夷公者，天下之乱人也，长年而没。如以此诘之，则善者或不赏，而暴〔者或不罚。故〕吾因加鬼神不明，则必有故。其力能致焉而弗为乎？吾弗知也；意其力固不能致焉乎？吾或弗知也。

　　此两者歧，吾故曰：鬼神有所明，有所不明。此之谓乎！ ①

　　传世的墨子《明鬼下》（上、中阙）的主题，是论证或证明鬼神的存在及其绝对性权威。相比之下，上博简的《鬼神之明》是鬼神观上的温和改革派，它直接以"鬼神存在"或"鬼神之有"为前提而论说鬼神"有所明"和"有所不明"，以此把墨子的绝对鬼神论"相对化"。从它直接预定了鬼神的存在来说，它属于"三代"鬼神信仰大传统在东周时代的延续，但它对鬼神"赏善罚暴"的普遍性产生了疑问。

　　墨子将"鬼神"和"天志"绝对化表现在两个核心问题上，一是断定鬼神的绝对实有；二是断定鬼神赏善罚暴的普遍和必然。"鬼神"是否存在同鬼神是否能够赏善罚暴是两个相互联系的问题，通过对鬼神赏善罚暴能力的质疑，可以走向怀疑甚至否认鬼神的存在。实际上，无鬼论者否认鬼神的一个根据，就是认为鬼神不能赏善罚暴；同理，墨子断定鬼神实有所使用的论据之一，则是认为鬼神完全能够赏善罚暴。《鬼神之明》直接接受了鬼神之有的前提，但由于它对鬼神赏善罚暴的怀疑，只是怀疑其"普遍性"和"必然性"，因此它没有走向"无鬼论"。从它相信鬼神之有来说，它同墨子和孔子的立场是一致的，而同"无鬼论"是不同的；但从它不承认鬼神赏善罚暴的普遍性和必然性来说，它又与墨子和孔子的立场有别。

---

　　① 《鬼神之明》与《墨子》和墨家具有密切的关系，但很难说它是《墨子》中的一篇，它的作者当是墨子鬼神学说的修正者和改革者，大体上可以算作是墨家的一个旁支或更疏离于墨子的"别墨"。

从鬼神赏罚论题和思想元素看，《鬼神之明》与墨子有密切的关系。例如，《鬼神之明》使用了墨子专用的"赏善罚暴"术语；作为赏罚的典型例证，它分别列举的也是尧舜禹汤与桀纣幽厉，他们是被墨子（也是被儒家）定型化了的善恶两极性人物。但《鬼神之明》对鬼神赏罚的看法，则与墨子明显不同，它是一种"二重化"的立场。按照这种立场，一方面，鬼神能够起到"赏善罚暴"的作用；另一方面，鬼神又不能完全发挥这种作用。《鬼神之明》认为，尧舜禹汤等帝王以他们的"仁义圣智"等最高的善，赢得了鬼神"贵为天子，富有天下"最高程度的奖赏：

> 昔者尧舜禹汤仁义圣智，天下法之。此以贵为天子，富有天下，长年有誉，后世述之。则鬼神之赏，此明矣。

与此相反，桀纣幽厉等暴君则由于他们的邪恶而受到了鬼神的严厉惩罚：

> 及桀纣幽厉，焚圣人，杀谏者，贼百姓，乱邦家。此以桀折于鬲山，而纣首于只社，身不没，为天下笑。则鬼〔神之罚，此明〕矣。

这是《鬼神之明》所说的鬼神能够赏罚的根据。从这一方面来说，《鬼神之明》同墨子有相似之处。但《鬼神之明》又认为，鬼神不能完全做到赏善罚暴，它举出的例证是伍子胥和荣夷公。《鬼神之明》说：

  及伍子胥者，天下之圣人也，鸱夷而死。荣夷公者，天下之
乱人也，长年而没。如以此诘之，则善者或不赏，而暴〔者或
不罚〕。

《鬼神之明》称伍子胥为"圣人"，这说明作者非常敬仰这位政治生涯
不幸的人。《鬼神之明》称荣夷公为"乱人"，他本应受到鬼神的处罚，
但却以禄寿而终。伍子胥与荣夷公的情形，同鬼神赏善罚暴论是相左
的。《鬼神之明》正是以此（"如以此诘之"）得出了人的善暴并非都受
到鬼神赏罚的结论。在《鬼神之明》看来，鬼神的赏罚不是普遍的和必
然的，而是偶然的和概然的。这是对墨子善恶赏罚普遍必然论的明显修
正。从形式上看，《鬼神之明》对于鬼神赏善罚暴的主张，既不是否定
论者的完全否定，也不是墨子式的绝对肯定，显示出折中调和的色调，
但实质上，它为鬼神信仰带来了一个独特的变化，即用"或"这一术语
将鬼神善恶赏罚必然论变成了"偶然论"。

  墨子信奉鬼神赏善罚恶的因果必然性，是同他相信鬼神具有无限的
智慧和力量分不开的。《墨子·明鬼下》说：

  故鬼神之明，不可为幽间广泽，山林深谷，鬼神之明必知之。
鬼神之罚，不可为富贵众强，勇力强武，坚甲利兵，鬼神之罚必胜
之。若以为不然，昔者夏王桀，贵为天子，富有天下，上诟天侮
鬼，下殃傲天下之万民，祥上帝伐元山帝行，故于此乎，天乃使汤
至明罚焉。

"鬼神之明"是墨子鬼神论或"明鬼"篇的中心论题之一，它说的就是"鬼神"的超能力问题。"明"的本义为光明，引申为高明、英明、神明，既指人特别是圣人的聪明，也指天地、自然变化的奇妙难测。"鬼神之明"的"明"当然不能用人的一般明察力来衡量，它是高超的"神明"。[1]

曹锦炎将上博简有关鬼神的这一部分文献命名为《鬼神之明》，紧扣的就是墨子的"鬼神之明论"。"鬼神"的"明"与"不明"，大概是当时以墨子为代表的鬼神信仰者与否定论者和怀疑论者之间争论的问题之一。从《鬼神之明》的鬼神"有所明，有所不明"这一基本立论来看，它是处在"鬼神英明"与"鬼神不英明"这两种相反的立场之间。但它又不是"直接"从鬼神"英明"或"不英明"来讨论鬼神的能力的。因此，将这一文献定名为《鬼神之明》确实有丁四新所说的问题。[2] 不过，《鬼神之明》提出的问题和看法确实又同鬼神的英明和能力密切相连。《鬼神之明》中用"明"字有七处，其中"有所明，有所不明"的用例四处；"此明矣"的用例两处；"鬼神不明"的用例一处。《鬼神之明》提出"鬼神有所不明"（或"鬼神不明"）的新主张，是对墨子鬼神绝对英明这种独断立场的一个明显修正。进一步，《鬼神之明》认为，"鬼神有所不明"必有其因（"则必有故"）。但原因总是不像结果那样容易直接看出来，在这一点上，《鬼神之明》的作者也显示出了他的

---

[1] 《墨子》中也有"鬼神明知（智）"的用法。

[2] 丁四新：《论楚简〈鬼神〉篇的鬼神观及其学派归属》，载郭齐勇主编：《儒家文化研究》第一辑，北京：生活·读书·新知三联书店，2007年，第400-408页。

明智性。他推测说，"鬼神有所不明"，或者可能是因为鬼神"力能致焉而弗为"；或者可能是因为鬼神"力固不能致"。但究竟是哪一种原因，《鬼神之明》没有做出武断的结论，而是说"弗知"：

> 〔故〕吾因加鬼神不明，则必有故。其力能致焉而弗为乎？吾弗知也；意其力固不能致焉乎？吾或（又）弗知也。

另外，同墨子及其批评者多以"明"与"不明"说鬼神的能力有所不同，《鬼神之明》主要从"力"上看待鬼神的赏罚能力。只是它所说的"力"又不是单纯的"力量"，它是以正义和英明为基础的能力和力量，是指能否战胜邪恶、护佑善良的综合能力。

顺便提一下《凡物流形》中的"鬼神观"，因为它的鬼神观也有引人注目之处。与一般的意识类似，《凡物流形》认为人死后会变成鬼，鬼具有高超的神明和能力。但让作者感到不解的是，"鬼"已经没有了人的身体，人的骨肉已经消散，它为什么还有"神明"，比人更有智慧、更有力量？

> 鬼生于人，奚故神明？骨肉之靡，其智愈彰，其慧奚适，孰知其强？

墨子崇拜鬼神，深信鬼神的超凡性；《鬼神之明》则认为鬼神有所明，有所不明，不完全相信鬼神的能力；《凡物流形》不怀疑鬼神的能力，它想知道的是鬼神为什么会有这种能力。在当时的意识中，鬼神是人看不见也不能直接接触的幽冥性存在，祭祀则是人同鬼神交往和沟通的方式。《凡物流形》追问的是人为什么要事鬼神（"事之"），人如何才能同鬼神进行交往和沟通：

> 鬼生于人，吾奚故事之？骨肉之靡，身体不见，吾奚自食之？
> 其来无度，吾奚时之奥？祭馔奚登，吾如之何使饱？
> 鬼之神奚食？

祭祀一般都供奉祭品，因为人们想象鬼神仍然能够吃喝。但《凡物流形》追问，鬼神没有身体，我们如何让他食、让他饱；鬼神来去没有固定的规则，我们如何知道它在什么地方。鬼神没有身体，看不见，来无影去无踪，人如何才能真正接触它、供奉它。仔细想来，这确实是很大的疑问。从以上追问可知，《凡物流形》对鬼神充满了理性化的好奇。

《三德》是出土简帛佚文中又一篇同宗教信仰有关的文献。①完整地观察这篇佚文可知，一方面它具有自然理性和天道观的内容，另一方面它又具有很明显的天神论和神意论的内容。《三德》的神意宗教信仰关心的不是个人的自救和解脱，而是天下和国家的生存、秩序及安宁。这是一个天道与人道彼此作用、天意与人意相互感通和共鸣的天上←→人间息息相关的连体、连动结构。这种既有区别又有密切关涉的综合体，是宗教意义上的，同时又是自然意义上的；是"为政以常""为政以德"，

---

① 这篇佚文是否属于黄老学派，尚需进一步讨论。

同时又是"神道设政""神政一体"。

在《三德》中，我们看到的宗教人格神观念，不仅有一般的"天"、"皇天"、"上帝"、"天命"和"鬼神"等符号，还有不常见的"天神"符号，同"皇天""上帝"并列使用，也是具有人格性的最高神：

> 敬者得之，怠者失之，是谓天常，天神之〔□。毋为□□〕，皇天将愧之。毋为伪诈，上帝将憎之。

认为"皇天"能够戒慎不好的行为和"上帝"憎恶"伪诈"，这是把最高的人格神看成是能够监督人间事务的正义的化身。《黄帝四经·称》说："宫室过度，上帝所亚（恶），为者弗居，唯（虽）居必路。"这里说的是，上帝不仅憎恶不合乎礼度的宫室，而且还能使之毁坏。《三德》中有与此非常类似的说法："宫室过度，皇天之所恶，虽成弗居。"《三德》中所说的"天礼"及其"禁忌"，同时也是"天神"和"上帝"的意志：

> 喜乐无期度，是谓大荒，皇天弗谅，必复之以忧丧。凡食饮无量计，是谓饕皇，上帝弗谅，必复之以荒。上帝弗谅，以祀不享。邦四益，是谓方芋，虽盈必虚。宫室过度，皇天之所恶，虽成弗居。衣服过制，失于美，是谓违章，上帝弗谅。鬼神徰祀，上帝乃怡，邦家保，乃无凶灾。

依此而论，"皇天"和"上帝"对于不合乎"礼度"的行为和方式，是不原谅和不宽恕的（"弗谅""所恶"），而且还直接地施加惩罚（"复之以忧丧""复之以荒""虽成弗居"）。"惩罚"常常与"奖励"相对，对于合乎天礼的行为和活动，"皇天""上帝"总是乐意加以赞扬和奖赏。《三德》说："上帝喜之，乃无凶灾。""为善福乃来，为不善祸乃或之。"只是，《三德》更多地强调"惩罚"（"天灾绳绳，弗灭不陨"）。

"灾异论"是汉代兴盛的意识形态，在《三德》中我们看到了这种观念。《三德》明确提出"灾异说"，将天神对人的惩罚具体化为"降灾"和"降异"两种不同方式：

> 忌而不忌，天乃降灾。已而不已，天乃降异。

按照《三德》的说法，对于应该禁忌的事而不加禁忌，"天"就会降下"灾害"；对于应该停止的事而不停止，"天"就会降下"怪异"。《三德》没有说明"灾害"和"怪异"的具体不同，但可以肯定，它认为这是"天"对人的过失的两种不同的惩罚方式。对于自然灾害和怪异现象，一般有两种解释，一种是用"自然的方式"来解释，认为自然世界的失序、反常和怪异，主要是自然本身活动的结果；与此不同，另一种是用超自然的力量来解释，认为自然的失序和怪异现象的出现，都是超越的神为了惩罚人特别是君主的过失和罪过降下的。《三德》的思维属于后者。

三、儒家经典诠释学和孔门后学的性情论

出土简帛文献为古代中国思想世界带来的第三个新视野是有关儒家

经典诠释学和孔门后学性情论方面的。在早期儒家的发展中，从孔子到孟子再到荀子，这是一条基本的线索。《史记·儒林列传》称孟子和荀子"咸遵夫子之业而润色之，以学显于当世"，肯定了孟子和荀子在孔子之后儒家思想发展中的地位。但在孔子和孟子、孟子和荀子之间，早期儒家演变的复杂谱系和细节一直比较模糊。按照《韩非子·显学》的记载，孔子之后"儒分为八"（即子张、子思、颜氏、孟氏、漆雕氏、仲梁氏、孙氏和乐正氏等）。在这八个支脉中，除了孟子和荀子这两个支脉外，其余的大都是孔子的弟子或再传弟子，但这仍难反映孔子后学的复杂多样性。《论语·先进》记载的孔门四科（"德行：颜渊、闵子骞、冉伯牛、仲弓。言语：宰我、子贡。政事：冉有、季路。文学：子游、子夏"）中的弟子，大都不在"儒分为八"的人物谱中，孔门四科中也没有曾子，传统认为他是孔子的"孝"的观念的发展者。如果从孔子的著名弟子有七十多人这一点看，孔子后学就应该有更为复杂和多样的内涵。由于传世文献特别是像《礼记》这样的文献整体上被看成是很晚的作品，我们很难以此去把握孔子后学。因此，在孔子之后，他的那些著名弟子是如何传承和光大他的精神和思想的，孟子和荀子又是如何受到他们的影响的，这对我们来说疑点重重。郭店简和上博简为我们认识孔子之后的儒家特别是孔门后学提供了新的文献。根据这些文献，我想提出两个看法，一个看法是，儒家的经典诠释学（一般称之为"经学"）诞生的比较早；另一个看法是，在孟子之前，孔门后学对作为人的内面性的"性情"已有认识。这种认识既不是典型的性善论，也不是典型的性恶论，而是一种过渡形态。

在世界不同文明的源流中，都程度不同地存在着一个类似的演进方式，这就是通过对原创性经典的不断解读、诠释来扩充文明，表现出人类不同文明都由经典来引导的特征。中国文明的演进模式也体现了这种特征，儒家的经典诠释学则是其中的典型表现。① 一般认为它是从汉代开始的，但这是不准确的。我们最多可以说儒家经学的体制化开始于汉代，其表现形态是今古文经学。而经典诠释学作为早期儒家的基本内涵之一，它在先秦时代就已出现。早期儒家通过学习、阅读、诠释和引用那些被他们接受和认同的经典并把它们经典化，产生了以六部经籍为中心的经典诠释学。郭店简《性自命出》、《六德》和《语丛一》等文献为此提供了有力的证据。先看一下《性自命出》的说法：

> 《诗》、《书》、《礼》、《乐》，其始出皆生于人。《诗》有为为之也；《书》有为言之也；《礼》、《乐》有为举之也。

这里的"有为"不是相对于道家"无为"的"有所作为"的意思，而是有目的、有意识的意思。《性自命出》这篇文献不仅说到了四种典

---

① 正如中国现代哲学家金岳霖指出的那样："中国哲学非常简洁，很不分明，观念彼此连结，因此它的暗示性几乎无边无涯。结果是千百年来人们不断地加以注解，加以诠释。很多独创的思想，为了掩饰，披上古代哲学的外衣；这些古代哲学是从来没有被击破，由于外观奇特，也从来没有得到全盘接受的。中国历史上各个时期数不清的新儒家、新道家，不论是不是独创思想的冲动复萌，却绝不是那独创思想的再版。实际上并不缺乏独创精神，只是从表面看来，缺少一种可以称为思想自由冒险的活动。"（金岳霖：《道、自然与人》，刘培育编，北京：生活·读书·新知三联书店，2005 年，第 54 页）金岳霖先生不是专业意义上的中国哲学方面的研究者，但他恰当地揭示了中国哲学的"诠释"特征。

籍——《诗》《书》《礼》《乐》，而且还对每部典籍的意义做了概括性的
说明。郭店简的另一篇文献《六德》，在强调"夫夫，妇妇，父父，子
子，君君，臣臣"各尽其职之后说：

> 观诸《诗》、《书》则亦在矣，观诸《礼》、《乐》则亦在矣，观
> 诸《易》、《春秋》则亦在矣。

在此，《六德》明确列出了六种典籍——《诗》《书》《礼》《乐》《易》
《春秋》，并认为它们都包含着人伦和道德价值。第三个文献《语丛一》
同样也列举了这六种典籍。据廖名春对第 38、39、44、36、37、40、41
简的重新编连①，这段话是：

> 《诗》所以会古今之志也者，〔《书》所以会〕□□□□者也，
> 〔《礼》所以会〕□□□□〔也，《乐》所以会〕□□□□〔也〕，
> 《易》所以会天道人道也，《春秋》所以会古今之事也。

在这里，我们看到了《语丛》对这六部典籍的整体意义的概括。此
外，郭店简《五行》《缁衣》《成之闻之》《唐虞之道》等篇籍，引用了
《诗》《书》的内容②，特别是《缁衣》引用颇多，它与传世的《礼
记·缁衣》的引用类似但又有所不同。

---

① 廖名春：《郭店楚简引〈书〉论〈书〉考》，载《郭店楚简国际学术研讨会论文集》，
武汉：湖北人民出版社，2000 年，第 123 页。
② 廖名春：《郭店楚简引〈诗〉论〈诗〉考》，载《中国哲学》第二十二辑"经学今诠
初编"，沈阳：辽宁教育出版社，2000 年。

　　以上这些出土文献中的内容为我们确认儒家经典诠释学的早出提供了两个重要的信息：第一，《诗》《书》《礼》《乐》《易》《春秋》这六种"文本"，当时已被编定且相提并论，儒家把这六种"文本"作为传授、学习的基本典籍。我们很容易设想，当时如果没有大致编定的这六部典籍，就不可能有这些记载。一种说法一直认为，原本就没有《乐》，但出土文献明确讲到了《乐》，这说明当时确实有《乐》，不管它的内容是什么。第二，早期儒家通过对这六种文本的阅读、理解和诠释，对每一种典籍的整体意义和特性都做出了概括，试图使每部典籍的意义符号化。

　　新出土文献所提供的这些信息，正可同传世文献的相关记载相互印证。《史记·太史公自序》记载：

　　　　夫儒者以六艺为法，六艺经传以千万数，累世不能通其学，当年不能究其礼。

《史记·孔子世家》也记载：

　　　　孔子以《诗》、《书》、《礼》、《乐》教，弟子盖三千焉，身通六艺者七十有二人。

这两处的"六艺"显然都是指六部书，这是孔子教授他的弟子们学习的主要典籍。《汉书·艺文志》称"六艺"为"六经"，并说儒家是"游文于六经之中，留意于仁义之际，祖述尧舜，宪章文武，宗师仲尼，以重其言，于道最为高"①。进一步往上追溯，《庄子·天下》记载邹鲁之地的儒家说："其在于《诗》、《书》、《礼》、《乐》者，邹鲁之士、缙绅先生多能明之。《诗》以道志，《书》以道事，《礼》以道行，《乐》以道和，《易》以道阴阳，《春秋》以道名分。"《庄子·天运》还明确把这六部书称为"六经"："丘治《诗》《书》《礼》《乐》《易》《春秋》六经，自以为久矣……夫六经，先王之陈迹也，岂其所以迹哉？"这是迄今所知先秦文献中最早称六部书为"六经"的两个例子。《荀子》一书中虽没有"六经"之名，但它也把儒家推崇的典籍称为"经"。《荀子·劝学》说："学恶乎始？恶乎终？曰：其数则始乎诵经，终乎读礼。……故《书》者，政事之纪也。《诗》者，中声之所止也。《礼》者，法之大分，群类之纲纪也。故学至乎礼而止矣。夫是之谓道德之极。《礼》之敬文也，《乐》之中和也，《诗》《书》之博也，《春秋》之微也，在天地之间者毕矣。"《礼记·经解》一开头，就从整体上对六部典籍的意义做了概括。《礼记·学记》谈论学校教育和学习的阶段，有"一年视离经辨志"的说法，其"经"意即"经典"，"离经"是句读经典。

　　早期儒家不仅学习和解释经典，还称引和引用经典，这是六部典籍被儒家经典化的另一个表现。郭店楚简《缁文》（与传世《礼记》中的《缁衣》类似），其引《书》（用《书》中的篇名称引）有 10 多次，引

①　《韩诗外传》卷五也说到了儒家与六经的密切关系："儒者，儒也。儒之为言无也，不易之术也。千举万变，其道不穷，六经是也。"

《诗》有 20 多次，其中 19 次以"《诗》云"的方式引用。廖名春专门讨论了郭店楚简的引《诗》、引《书》问题。[①]陈梦家详细列出了《论语》、《孟子》、《左传》、《国语》、《墨子》、《礼记》、《荀子》、《韩非子》和《吕氏春秋》等九部典籍对《书》的援引，计 168 条，其中《孟子》引用有 17 条，《荀子》引用有 15 条左右。[②]与引用《书》相比，早期儒家引用《诗》的现象更为普遍，《孟子》称引《诗》有 30 多次，《荀子》称引《诗》有 80 多次。儒家引用经籍的主要目的，是为其立说、立论提供有说服力的根据。只要是在认同的意义上称引文本，就是承认其权威性和真理性。而作为一种论证方式不断称引经典，又会加强其经典的权威性。

从"三代"大传统到早期儒家的形成过程，在一定程度上可以说是从外在的上帝、天及其规范到人对自身内面性的发现和道德主体的建立过程，是把"三代"通过"他者"巫师建立起来的"人神"沟通方式转变为每个人通过自身的心灵把"他律"转变为"自律"和使心灵具有支配性的过程。[③]这一过程始于孔子对人的诸如"吾非斯人之徒与而谁与"（《论语·微子》）、"性相近也，习相远也"（《论语·阳货》）的初步自觉

① 参阅廖名春的《郭店楚简引〈诗〉论〈诗〉考》（载《中国哲学》第二十二辑"经学今诠初编"，沈阳：辽宁教育出版社，2000 年）、《郭店楚简引〈书〉论〈书〉考》（载《郭店楚简国际学术研讨会论文集》，武汉：湖北人民出版社，2000 年）。

② 陈梦家：《尚书通论》，石家庄：河北教育出版社，2000 年，第 8—38 页。

③ 有关这一方面，请参阅余英时的《私と中国思想史研究》（载《东アジア文化交涉研究》别册 1，吾妻重二译，2008 年，第 107 页）、池田知久的《马王堆汉墓帛书〈五行篇〉所见的身心问题》（载《池田知久简帛研究论集》，曹峰译，北京：中华书局，2006 年，第 1—14 页）。

和意识，之后它首先是在孔子后学中得到了扩展，然后才有孟子的性善论、尽心论和荀子的性恶论、化性起伪论。这里我们关心的是这一过程在孔子后学这一阶段上的具体表现，即从简帛文献《性自命出》（上博简题为《性情论》）和《五行》（还有帛书《五行》）等所看到的"性情论"和"德的内化论"（略）等内容。

对于《性自命出》的性情论，此前曾有两种不同的看法，一是认为它主张的人性论不是性善论，而是接近于"自然人性论"①；二是认为《性自命出》的人性论包含有"性善论"的东西，它下启了孟子的性善论，属于"思孟学派"的作品②。我们认为，这两种不同的看法都不足以揭示《性自命出》人性论的特质。《性自命出》的人性论，基本上是一种"性有善有不善"的二重性构造，它是孟、荀之前儒家人性论的一种形态。在《性自命出》中，同"性"紧密相连的"情"和"心"，同样也是二重性的，是善与不善的混合体。

《性自命出》的人性论模式之所以是"性有善有恶论"，最直接的根据是，《性自命出》明确说"善不善，性也"。"善不善"与"有善有恶"是一致的。而且，《性自命出》说的"爱恶"之性同样是有善和不

---

① 陈来和梁涛主要持这种看法。参见陈来的《荆门竹简之〈性自命出〉篇初探》（载《中国哲学》第二十辑"郭店楚简研究"，沈阳：辽宁教育出版社，1999年）、梁涛的《竹简〈性自命出〉与早期儒家心性论》（载庞朴主编：《古墓新知》，台北：台湾古籍出版有限公司，2002年）。

② 郭齐勇、欧阳祯人主要持这一立场。参见郭齐勇的《郭店儒家简与孟子心性论》（《武汉大学学报（哲学社会科学版）》1999年第5期）、欧阳祯人的《在摩荡中弘扬主体——郭店楚简〈性自命出〉认识论检析》（载武汉大学中国文化研究院编：《郭店楚简国际学术研讨会论文集》，武汉：湖北人民出版社，2000年）。

善之分的。如它认为在"七种"爱（"爱类七"）中，唯有"性爱"是接近于仁的；在"三种"恶（"恶类三"）中，只有"恶不仁"是接近于义的。但《性自命出》对于"爱类七"和"恶类三"，没有整体性说明，也不见于传世文献。不过，既然认为有的"爱恶"是道德性的，那么可以推测，有的"爱恶"就不是道德性的，或者说是"恶"的。此外，《性自命出》说的"性相近"，也是指既有善也有恶这两者意义上的"相近"。《性自命出》认为，人之哀乐之性是相近的（"哀乐，其性相近也"）。这种说法可能受到了孔子的"性相近"的影响。《性自命出》还相信，天下之人的人性都是相同的，用它的说法是"四海之内，其性一也"。这是在没有差别的意义上看待人性。孔子没有说明"性相近"之"性"的具体内涵，而《性自命出》对"性一"之"性"则从不同的侧面给予了界定。其一是认为性是从人的先天之命中而来（"性自命出"），而人的"命"又来自"天"。这类似于《中庸》所说的"天命之谓性"。其二是以"喜怒哀悲之气"为"性"，这是从造就人的情感的材质和机能（"气"）上说"性"。其三是上述的以"爱恶"为"性"，这是从人的不同的心理倾向论"性"。不管是所谓"喜怒哀悲之气"，还是所谓"爱恶"，这些东西在先秦哲学中，既可以称之为"性"，也可以称之为"情"。仅从"喜怒哀悲之气"和"爱恶"来看，《性自命出》所说的"性"，也许就是没有道德价值的人生而具有的自然之性。

《性自命出》的"情"是指情感而不是一般意义上的"真实"，问题是它属于什么情感。梁涛把《性自命出》分为上下篇，认为上篇的

"情"是指自然情感，下篇的"情"是指道德情感。其实，《性自命出》
的"情"是统一的。这种统一性的"情"，首先表现在它源于"性"，用
它的说法是"情生于性""情出于性"。《性自命出》所涉及的"情"，不
能说没有感情欲望的层面，如说："目之好色，耳之乐声，郁陶之气也，
人不难为之死。""好色"可以是广义的对"美"的欣赏和爱，但确切的
解释当是狭义的对"女色"的喜好。卫灵公和他的夫人南子招摇过市，
陪同他们的孔子对此感叹说"吾未见好德如好色者也"，其"好色"是
说卫灵公"好女色"。《大学》有"好好色"一语，"好色"即"美色"。《孟
子·梁惠王下》记载，齐宣王说他的缺点之一是"好色"，孟子没有直
接批评他，而是规劝他不要只满足于自己的好色，要让天下的民众都能
够满足这一基本需要，使"内无怨女，外无旷夫"。"好色"作为固定用
语，就是喜爱美色。《性自命出》的"好色"，也是这种含义，而且它还
指出，人还会为美色等而死（"目之好色，耳之乐声，郁陶之气也，人
不难为之死"）。但《性自命出》关注的不是人的"情欲"之情感，而是
人的精神、价值和道德意义上的情感。按照道德发展心理学的观点，情
感有助于人的道德行为，有促使人们产生道德行为的作用，如愤怒推动
人抵制非正义性的东西（"疾恶如仇"），同情心使人在别人遇到困难时
伸出援助之手（"乐于助人"）。① 从《性自命出》的"情"本身而言，它
像"性"一样是可塑的，它有指向不同方面的可能，既可以指向善，也

---

① 有关这一方面，请参阅 [美] 马克林（George F.Mclean）、[美] 诺尔士（Richard
T.Knowles）编：《道德发展心理学》，方能御译，台北：台湾商务印书馆，1993年，第110-150页。

可以指向不善，这也许就是它的"自然"，它更多地像《礼记》那样，注重的是它如何合乎礼义来表现。如它这样说：

> 始者近情，终者近义；知情者能出之，知义者能入之。

《性自命出》的这两句话很重要，它说明了情感与道义之间的关系。"情"一开始是纯粹的自然之情，它要通过恰当的表现才能合乎义。如何恰当地表现，它需要理性的指导，需要情感的升华。《性自命出》说：

> 理其情而出入之，然后复以教，教所以生德于中者也。
> 君子美其情。

这都说明情感要经过引导和塑造才能达到善，它本身不是现成的道德价值。但《性自命出》下面的一段话似乎有以"情"本身为直接道德价值的倾向：

> 凡人情为可悦也。苟以其情，虽过不恶；不以其情，虽难不贵。苟有其情，虽未之为，斯人信之矣。未言而信，有美情者也。

确实，这段话肯定了人的真实情感（"人情"）的可贵性。《性自命出》称道人情（真情）"可悦"，是同它批评虚伪相对应的。深恶痛绝虚伪与崇尚真情是一个问题的两面。但《性自命出》并没有将"情感"本身完全道德化。《性自命出》将"情"与道德价值"信"相提并论，说"信，情之方也"，强调只有"真情"才能产生真正的信用。"苟以其情，虽过

不恶"，这句话强调了真情的表现即使超过了度，也不能说是恶。如人
对失去亲人表现出真实的悲哀之情，即使非常强烈以至于过分，但相对
于"虚假"的悲哀，仍然是道德的。① 当然，按照儒家的情礼观，真实
情感的表现也要适度，所谓"乐而不淫，哀而不伤"。但是，人的自然
欲望方面的"真情"，表现得越充分就越可能不合乎道德，而道德恰恰
就是为了节制这方面的"真情"而建立的规范，儒家的道德、礼乐和人
文教化的出发点也在这里。

正如《性自命出》的"性"和"情"不能做出单一（尤其是像善或
不善）的界定那样，其"心"也需要从多方面来思考。乍看上去，《性
自命出》对"心"的说法，让人有莫衷一是之感，如说"心无定志"，
又说"凡心有志也"。如果两者不矛盾，其合理解释是什么？再如，它
说"虽能其事，不能其心，不贵"，紧接着又说"求其心有伪也，弗
得之也"。前者强调支配自己行为的本真之心，后者则又说"心"可
以"有伪"，两者能够统一起来吗？在《性自命出》中，同"心无定
志"相对的则是"心有志"。"心有志"是说他的言行是根据自己的意
愿、意志做出的自主性选择，内心不赞成的东西就不允许接受。《性

① 在这一点上，亚当·斯密有一个与此颇为契合的说明："有助于把社会上的人团结起
来的内心感情的倾向，即仁爱、仁慈、天伦之情、友谊、尊敬的倾向，有时可能过分。然而，
即使这种过分的感情，也会使得一个人为每一个人所喜爱。我们虽然责备这种过分的感情，
但是，仍然同情地、甚至是亲切地看待它，而从来不会厌恶它。我们对它的感受更多的是遗
憾而不是愤怒。在许多场合，纵容这种过分的感情，对直接产生这种感情的人本身来说，不
仅是愉快的，而且是饶有兴味的（这是常有的事）时，常常使产生这种感情的人感到十分真
切和出自内心的苦恼。"（［英］亚当·斯密：《道德情操论》，蒋自强、钦北愚等译，北京：商
务印书馆，1997 年，第 315-316 页）

自命出》说："君子执志必有夫广广之心。"按"广广"的隶定，"广广之心"是言其志向的广大，同"执志"结合起来于义不顺。上博本《性情论》，这两个字被隶定为"注注"。"注"意思是"专注"，"注注之心"即专心无二[①]，这更合乎"执志"之意。原本无固定志愿、志向的心，为什么一转又成为有志的心，这是学习、教育和教化的作用。《性自命出》说：

> 牛生而长，雁生而伸，其性使然，人而学或使之也。
>
> 凡物无不异也者。刚之树也，刚取之也；柔之约〔也〕[②]，柔取之也。四海之内，其性一也。其用心各异，教使然也。

从这两段话我们可以清楚地看出，《性自命出》将自然而然的"人性"、自然的"心"与通过教和学而建立的自主的心看成是两个世界。一个是自然的人性和心的世界；另一个是人经过教化之后的"心"的世界，是人经过学习和教化过程培养起来的后天之德。这说明《性自命出》不只是鼓励人表现好的自然性的真心，它还要将人的不确定的"心"引到理性的天地。自然人性的相近不值得夸耀，让人真正成为人的是他通过后天的学习而获得的优异性。学习和教化是孔子人文主义的法门，《性自命出》对习和教的目的阐述为：

---

① 马承源主编：《上海博物馆藏战国楚竹书》（一），上海：上海古籍出版社，2001年，第 260-261 页。

② 根据上下文句式，此处当补一"也"字。

> 有为也者之谓故。……习也者，有以习其性也。
>
> 教所以生德于中者也。

"无定志"的"心"容易受到环境和形势的影响，而将人引向善或恶（"所善所不善，势也"），但通过学习和教化而造就的道德志愿和志向则使人对环境保持独立性，自主地决定自己的道德选择和行为。这也许就是《黄帝四经·称》所说的："心之所欲则志归之。志之所欲则力归之。"

不管《性自命出》的作者是孔子后学的何人，它的发现证明，在孔门后学中，人的心性和心情问题已受到了关注。道德不仅是外在规范对人的约束，同时也是人的内在自觉及其人性的表现。《五行》的"经"明显将"行"分为内与外，并提出了"慎独"问题；"说"则将"慎独"转变为人的心灵凝神状态和内在操守问题。这都是儒家将礼的规范性道德学转变为内在自我的"心性"道德学的较早表现。

四、秦国的政治伦理和黄老学的公共理性

出土简帛文献为古代中国思想世界带来的第四个新视野是有关秦国的政治伦理和黄老学的公共理性方面的。在出土简帛文献中，有关周秦政治思想和政治伦理的佚文占有一定的数量，比较有代表性的有马王堆帛书《黄帝四经》（亦称之为《黄帝书》）、睡虎地秦简《为吏之道》和《语书》、郭店楚简《唐虞之道》《鲁穆公问子思》《成之闻之》《六德》《尊

德义》、上博简《从政》，等等。在这些佚文中，我们对周秦时代的公共
理性和政治伦理的新认识主要有三个方面：第一，秦国并不是单一靠法
律统治的国家，它也具有政治伦理，而且是儒家式的，这是秦国富庶和
社会政治生活井然有序的原因之一；第二，黄老学把老子道家与法家结
合起来，用"道"和"一"把作为公共规范的法律形上化，提出了一些
新的观念，发展了道家的公共理性；第三，儒家把"禅让"作为最高政
治权力转移的理想方式并不是单纯以贤能为条件，在贤能之外同时还存
在着其他一些因素。

就第一个方面说，这是如何重新看待秦国的公共理性和政治生活
的问题。一般把秦国视为单纯的法律主义国家，特别是由于秦始皇时
期，秦国奉行"以法为教"的狭隘公共政策，还有臭名昭著的"焚书坑
儒"事件，秦国一直被认为是敌视儒家的。汉代人眼中的秦国，既是贾
谊《过秦论》中说的"仁义不施"的国家，也是王充《论衡·非韩》中
"德力"二分中只靠力量而不要道德的国家。秦国在对外战争中以残酷
屠杀而著称，当然人们也看不到在战争中它有什么奉行人道主义和主张
国际正义的记录。秦国奉行法律的统治由来已久，在新出土的睡虎地秦
简中，秦国的法律规范和有关文献占据了绝大部分，这也说明在秦国公
共生活中法律的高度重要性。但是，法律不是秦国政治生活中唯一的东
西。在始皇接受李斯文化专制主义政策之前，秦国实际上吸引了其他国
家的许多知识分子，单是吕不韦就聘用了大量的文人和宾客，这使秦国
能够吸取和接受许多子学的内容，其中包括儒家的文化。至少从观念形

态上说,《吕氏春秋》就不是主张单一的"法术主义",它整合了许多儒家的东西。睡虎地秦简《为吏之道》为我们提供了政治伦理如何在秦国表现的最直接证据。这一文献又出现在岳麓书院藏秦简中,整理者题为《为吏治官及黔首》。① 这说明这篇文献是很有影响力的。

《为吏之道》是秦国约束从政者和官吏行为的一篇软性规范,它包含有其他子学的思想因素不能否定,如其中就吸取了道家、法家和墨家的说法。如说的"君子不病也,以其病病也",这句话受了《老子》第七十一章"圣人不病,以其病病。夫唯病病,是以不病"的影响。又如"兴利除害"的说法是来自墨家。在《墨子》中,"兴天下之利,除天下之害"的说法反复出现;《墨子·小取》中更有"兴利除害"之语。再如,其中说的"审悉无私,微密纤察""审当赏罚,严刚毋暴"等,则同法家的关系更密切一点。② 但构成《为吏之道》主要成分的则是儒家,它涉及了儒家一系列的政治伦理规范,整体上可以说是一种儒家式的政治伦理。例如,它体现了儒家主张为政要合乎"民心""民意"和为政者要以身作则的政治意识,如说:"地修城固,民心乃宁。百事既成,民心既宁。既毋后忧,从政之经。""凡戾人,表以身,民将望表以戾真。表若不正,民心将移乃

---

① 参阅《岳麓书院藏秦简》(壹),上海:上海辞书出版社,2010年。编号为1531号简的背面题写有"治官及黔首"五个字。简的正面起首则是"此治官黔首及身之要也"。

② 《为吏之道》也很难说是受黄老思想影响的产物。因为"法"、"刑"、"名"、"德"、"人情"、"因循"和"赏罚"等都是黄老学的核心观念,但其中只使用了"赏罚"。如果只孤立说"赏罚",这也是儒家、墨家使用的术语之一。

难亲。"① 它体现了儒家清廉、公正和宽惠的政治伦理，如说："反赦其身，止欲去〔愿〕。"② "正行修身，过（祸）去福存。""精（清）廉毋谤。""临财见利，不取苟富。""昭如有光，施而喜之，敬而起之，惠以聚之，宽以治之，有严不治。""宽容忠信，和平毋怨，悔过勿重。"③ 它体现了儒家恭敬、谨慎和忠信的政治伦理，如说："龚（恭）敬多让。""君子敬如始。""敬而起之。""以忠为干，慎前虑后。""中（忠）信敬上。""为人君则鬼（怀），为人臣则忠。""君鬼（怀）臣忠。"它体现了儒家仁慈和孝的政治伦理，如说："兹（慈）下勿陵，敬上勿犯。""慈爱百姓。"④《为吏之道》甚至把父慈、子孝作为"政本"："君鬼（怀）臣忠，父兹（慈）子孝，政之本也。"

儒家"孝"的伦理还反映在秦律之中。睡虎地秦简《封诊式》列举的案例，其中有两例是父亲告儿子"不孝"的案例，其《告子》条目下记载：

> 爰书：某里士五（伍）甲告曰："甲亲子同里士五（伍）丙不孝，谒杀，敢告。"即令令史己往执。令史己爰书：与牢隶臣某执丙，得某室。丞某讯丙，辞曰："甲亲子，诚不孝甲所，毋（无）它坐罪。"

---

① 原注，"戾人"之"戾"，引《国语·晋语》注："帅也"。"戾人"即为民表率（睡虎地秦墓竹简整理小组：《睡虎地秦墓竹简》，北京：文物出版社，1990年，第174页）。

② 原注，"赦"，疑读为"索"，反赦其身即反求于自己（同上书，第168页）。

③ 原注，"毋"字下残字疑为"就"字（同上书，第173页）。

④《荀子·王制》有"慈爱百姓"之用语。

这说明在秦律中，"不孝"作为儒家的伦理道德规范，也成了秦国的法律规范。另，在《法律答问》中，也记载有状告"不孝"的案例：

> 免老告人以为不孝，谒杀，当三环之不？不当环，亟执勿失。

"免老"，指达到不再承担赋役年龄的老人。"环"读为原，意为"宽宥"。"不孝罪"不适用"三环"（"三宥"）之程序，这说明秦国对"不孝罪"的惩罚是很严厉的。①

事实上，作为秦始皇长子的扶苏，还是一位"孝"的典范。正是由于他的仁孝，赵高伪造始皇的赐书，也以扶苏"不孝"的名义令其自杀。二世即位后，在赵高的主使下，始皇的诸公子、公主很快都被杀害，公子高想逃离又担心"收族"，他上书也以自己"不孝不忠"而请求从死。② 可以看出，"孝"作为他们共同的家庭伦理和价值观，规范着他们的行为选择。扶苏为尽孝而义无反顾地去死，从不问合法不合法。

但《为吏之道》的儒家式政治伦理，并不是始皇时期的产物。《语书》避讳"正"字而用"端"字，整理者判定它是始皇时期发布的文告。《为吏之道》不避讳"正"字，说明它是始皇之前抄写的。魏启鹏根据《为吏之道》用"则"字不避秦昭王的讳，又根据孝文王于公元前250年即位，在位只有几天，推测其写定时间当在庄襄王时期。从庄襄

---

① 有关秦国的法律与"孝"的关系，请参阅崔永东：《金文简帛中的刑法思想》，北京：清华大学出版社，2000 年，第 44-50 页。

② 参阅《史记·李斯列传》。

王到始皇主政之前这一段时间是吕不韦辅政，正是秦国推行宽民、惠民之政时期，因此，此篇简册得以在下层官吏中传抄和流传。[①]但魏启鹏忽视了庄襄王的避讳问题。据《战国策》卷七《秦五》记载，庄襄王本名"异人"，后改名为"子楚"。为了避庄襄王讳，秦人将楚国、楚人之"楚"都改写为"荆"。[②]如《史记·秦始皇本纪》记载："二十三年，秦王复召王翦，强起之，使将击荆。"《正义》解释说："秦号楚为荆者，以庄襄王名子楚，讳之，故言荆也。"根据秦代不仅避讳本朝也避讳前朝君主的制度，《为吏之道》不避"异"字，其中说"同能而异""毋发可异使烦请"，这可以证明此简册亦非庄襄王时写定。《为吏之道》既然不避始皇、庄襄王的讳，这说明应在他们之前写定，这同马王堆汉墓帛书《老子》甲本不避汉高祖刘邦讳应抄写于刘邦称帝之前一样。同《为吏之道》抄写在一起的有两条魏律（"魏户律"和"魏奔命律"），这两条魏律都颁布于"廿五年"。根据季勋的考证，"廿五年"是魏安釐王二十五年（公元前 252 年），此即秦昭王五十五年。[③]由此可以判定，《为吏之道》的写定时间不能晚于秦昭王五十五年，我推测有可能是写定于此前的秦昭王时期。秦昭王在位时间 56 年，从孝公（在位 24 年）、惠

---

① 魏启鹏：《文子学派与秦简〈为吏之道〉》，载陈鼓应主编：《道家文化研究》第十八辑，北京：生活·读书·新知三联书店，2000 年，第 174-175 页。

② 有关这一方面，请参阅陈垣的《史讳举例》（北京：中华书局，2004 年，第 109 页）、王建的《中国古代避讳史》（贵阳：贵州人民出版社，2002 年，第 32-34 页）、影山辉国的《秦代避讳初探》（载郭店楚简研究会编：《楚地出土资料と中国古代文化》，东京：汲古书院，2002 年）。

③ 季勋：《云梦睡虎地秦简概述》，《文物》1976 年第 5 期，第 6 页。

文王（在位 27 年）、武王（在位 4 年）到他，被称为"四世有胜"，相比于在位时间已经较长的孝公和惠文王来，秦昭王的在位时间则更长。秦国君王们的寿命长和执政时间长，被认为是秦国能够稳定发展和富强的原因之一。

荀子在公元前 265 年（秦昭襄王四十二年）至公元前 255 年（秦昭王五十二年）访问过秦国，黄式三认为荀子访秦的具体时间是公元前 264 年（秦昭襄王四十三年），也就是范雎任相的第二年。① 荀子参观秦国之后，秦国的富强和繁荣给他留下了深刻的印象，应侯询问他参观秦国的印象，荀子描述了他看到的秦国一番盛世景象：

> 其固塞险，形势便，山林川谷美，天材之利多，是形胜也。入境，观其风俗，其百姓朴，其声乐不流污，其服不佻，甚畏有司而顺，古之民也。及都邑官府，其百吏肃然莫不恭俭、敦敬、忠信而不楛，古之吏也。入其国，观其士大夫，出于其门，入于公门；出于公门，归于其家，无有私事也；不比周，不朋党，偶然莫不明通而公也，古之士大夫也。观其朝廷，其朝闲，听决百事不留，恬然如无治者，古之朝也。故四世有胜，非幸也，数也。是所见也。故曰：佚而治，约而详，不烦而功，治之至也，秦类之矣。（《荀子·强国》）

---

① 据黄式三说，荀子访秦是昭襄王四十三年（公元前 264 年），也就是范雎任相的第二年（黄式三：《周季编略》，载《续修四库全书》（347，史部编年类），上海：上海古籍出版社，1996 年）。

荀子描述的秦国，除了地理条件优越外（"形胜"外），其人民、百吏、士大夫、朝廷都保持着美好的古代遗风（"古之民""古之吏""古之士大夫""古之朝"），几乎就是一片乐土、乐邦。秦国盛世不是单一法律的产物，它也是政治伦理作用的结果。虽然荀子站在儒家的立场上，认为秦国还没有达到"王道国家"的标准，但儒家的政治伦理在秦国的政治生活中确实也发挥了作用。

韩非批评儒家政治伦理而尚法，以务实和追求现实的政治目标而著称，但《韩非子·大体》（《慎子·外篇》录有其中的一部分）中所反映的东西与此有一定的距离，它以托古的方式想象了一个十分诱人的理想国：

> 古之全大体者：望天地，观江海，因山谷，日月所照，四时所行，云布风动；不以智累心，不以私累己；寄治乱于法术，托是非于赏罚，属轻重于权衡；不逆天理，不伤情性；不吹毛而求小疵，不洗垢而察难知；不引绳之外，不推绳之内；不急法之外，不缓法之内；守成理，因自然；祸福生乎道法，而不出乎爱恶；荣辱之责在乎己，而不在乎人。故至安之世，法如朝露，纯朴不散，心无结怨，口无烦言。故车马不疲弊于远路，旌旗不乱乎大泽，万民不失命于寇戎，雄骏不创寿于旌幢；豪杰不著名于图书，不录功于盘盂，记年之牒空虚。故曰：利莫长乎简，福莫久于安。使匠石以千岁之寿操钩，视规矩，举绳墨，而正太山，使贲、育带干将而齐万

民，虽尽力于巧，极盛于寿，太山不正，民不能齐。故曰：古之牧天下者，不使匠石极巧以败太山之体，不使贲、育尽威以伤万民之性。因道全法，君子乐而大奸止。澹然闲静，因天命，持大体。故使人无离法之罪，鱼无失水之祸。如此，故天下少不可。上不天则下不遍覆，心不地则物不必载。太山不立好恶，故能成其高；江海不择小助，故能成其富。故大人寄形于天地而万物备，历心于山海而国家富。上无忿怒之毒，下无伏怨之患，上下交朴，以道为舍。故长利积，大功立，名成于前，德垂于后，治之至也。

在这里设想的"治之至"中，依法而治作为一个重要因素，它是同清静和不伤害民性的宽松理念结合在一起的，其中还强调了"因道"、"因天命"和遵循"天理"。荀子对秦国的观感，在某种程度上为这种设想提供了一个印证。

就第二个方面来说，这是一个有关黄老学的政治思想形态的问题。从《黄帝四经》来看，黄老学是一个非常具有融合性的思想形态，它融合了儒家、名家、墨家、阴阳家等子学的思想因素，但它主要是把道家同法家结合起来。正是在这种结合中，不仅法律的统治被赋予了形而上学的基础，而且也产生了新的政治观念。我们知道，早期法家（子产、管子、李悝、吴起、商鞅、申不害等）都是"实在法"的推动者和实践者，他们没有把法律同作为万物根源的道结合在一起来为法律寻找形而上的根据。一方面，黄老学不同于庄子、杨朱和列子等重生和重视个体生活而疏远政治生活，它关注如何建立社会和政治秩序；另一方面，它不同于早期法家人物的实在法律观，也不同于老子的形上之道与制度规范的脱节。黄老学把道家的"道"与法家的"法"结合起来，既为"法"寻找到了一个最普遍的根据，使它具有了最高的权威，同时又使"道"变成了能够具体施行的规范和制度。前者的典型表现，就是《黄帝四经·道法》说的"道生法"。后者的表现，就是"执道"变成了可以具体掌握、运用的普遍的法律。由此，老子的清静无为的统治，也变成了用最简单和便捷的普遍法律标准去统治。

由于道与法的结合，又由于"道"被看成是"一"，老子的道与万物、道与器的关系，在黄老学中就变成了法律之"一"与百姓之"多"的关系。如《黄帝四经·道原》说：

> 夫为一而不化，得道之本；握少以知多，得事之要；操正以正奇，前知太古，后〔能〕精明。抱道执度，天下可一也。观之太古，周其所以；索之未无，得之所以。[①]

这里表现出的明显是"以一御多"的政治意识。《黄帝四经·成法》依托黄帝与力黑的问答，讨论"一"何以是"道之本"和"治之本"的问题。黄帝问力黑天下有没有"一"和"一"中有没有"多"的问题。力

---

① 大都把这段话中的"夫为一而不化"单独断句，这就改变了原文的义理结构。参阅陈鼓应的《黄帝四经今注今译》（北京：商务印书馆，2007 年，第 409 页）、魏启鹏的《马王堆汉墓帛书〈黄帝书〉笺证》（北京：中华书局，2004 年，第 244-245 页）。

黑告诉黄帝说"天下"有"一"，也向黄帝说明了"一"包含了万物之"多"（"长"）：

> 夫唯一不失，一以驷化，少以知多。夫达望四海，困极上下，四向相抱，各以其道。夫百言有本，千言有要，万〔言〕有总，万物之多，皆阅一孔。夫非正人也，孰能治此？彼必正人也，乃能操正以正奇，握一以知多，除民之所害，而持民之所宜。抱凡守一，与天地同极，乃可以知天地之祸福。①

根据力黑所说的"少以知多""万物之多，皆阅一孔""握一以知多"，"一"中不仅有"多"，而且"一"对"多"还具有无限的"统御力"。

上博简《凡物流形》中的"一"，已呈现出"执一"与"御多"的政治意识，如其中说：

> 是故有一，天下无不有；无一，天下亦无一有。闻之曰：能执一，则百物不失；如不能执一，则百物俱失。

这里的说法显然也属于"以一治多"的原理。但在《凡物流形》中，"一"同"无为""虚静"等概念还没有结合，也没有以"一"为普遍统一的法律规范的表现。与之不同，《黄帝四经》中的"一"明确把"一"

---

① 《文子·道原》和《淮南子·原道训》都有与此相同之文句和思想，当是受此影响。"万物之多，皆阅一孔"中的"阅"可释为"汇聚"。"皆阅一孔"，意为都汇聚到一个洞窟之中。

看成是"统一"的普遍法律规范。如《黄帝四经·成法》说："吾闻天下成法，故曰不多，一言而止，循名复一，民无乱纪。"①这说明黄老学强调的"执一""抱一""用一""得一""守一""治一""贵一""复一""抱道""执度""知一"，具体而言就是奉行和实践统一的国家"法律"。

"一"和统一的"法律"为什么能够治多、御多，这是黄老学建立社会秩序思考的又一个重要问题。老子的政治思维是以圣王的"清静无为"来保证百姓的自我选择和自我实现（即"自然"），简本《老子》丙组中已有属于通行本第十七章的"成事遂功，而百姓曰我自然也"的内容。在《老子》中，与"自然"这个词构造一样、意义相近的词汇有"自富""自化""自正""自朴""自均""自宾""自生""自来"②，等等。这些词汇都由"自"和另外一个词搭配而成，表示事物"自己""自我"如何如何。其中的"自"强调的是事物自身的"自发性"、"自主性"和"自为性"，它与其他字组合所构成的那些词汇，均带有来自这种"自发性"而如何的意思。在《老子》一书中，这些词汇都是用来说明万物和百姓的活动方式和状态，与它相对的是圣王的"清静无为"，最典型的例子是竹简本中的这段话：

> 是以圣人之言曰：我无事，而民自富；我无为，而民自化；我

---

① 《鹖冠子》的《度万》说："守一道制万物者，法也。"《环流》说："一为之法，以成其业，故莫不道。一之法立，而万物皆来属。"

② 此外，"自知""自爱"是泛指，意义是正面的，而"自是""自贵""自见""自伐""自矜"等则是贬义。

好静，而民自正；我欲不欲，而民自朴。^①

"圣人"在这里是以第一人称"我"出现的，他与"民"相对。黄老学继承了老子有关百姓自发性行动的一系列观念，如自然、自化、自事、自命、自定、自清、自富、自朴、自宾、自生、自均、自壮、自试、自成、自施、自正、自作、自喜等。

但百姓和民众为什么要自我选择和自我实现，老子并没有进一步追问。在这一点上，黄老学也发展了老子的政治思维，这就是它把人整体上看成是"利益的动物"，从而为普遍和统一的法律提供了"人性"的基础。《黄帝四经·称》有一段残缺的话，它不仅说到君臣关系是利益关系，而且也提出了"人之自为"的概念：

> 不受禄者，天子弗臣也；禄泊（薄）者，弗与犯难。故以人之自为□□□□□□□□。

陈鼓应补出所缺文字后，最后一句话就是"故以人之自为也，不以人之为我也"^②。传统上认为具有黄老意的慎到和田骈都从一般意义上认为每人都要为自己考虑（"自为"）。如《慎子·因循》说：

---

① 通行本《老子》第五十七章顺序和文字与此略异，但意思一致："故圣人云：我无为，而民自化；我好静，而民自正；我无事，而民自富；我无欲，而民自朴。"

② 陈鼓应：《黄帝四经今注今译》，台北：台湾商务印书馆，1995年。《庄子·天地》"若性之自为，而民不知其所由然"中的"自为"，还有《黄帝四经》中所用的其他一些"自为"，意为"自作"，不是我们这里所说的"为我"的"自为"。

> 人莫不自为也，化而使之为我，则莫可得而用。是故先王见不受禄者不臣，禄不厚者不与入难。人不得其所以自为也，则上不取用焉。故用人之自为，不用人之为我，则莫不可得而用矣，此之谓因。

《尹文子·圣人》载有田骈有关"自为"的说法：

> 田子曰：人皆自为，而不能为人。故君人者之使人，使其自为用，而不使为我用。①

人为自己考虑表现为"趋利避害"和"好生恶死"，黄老学（如《管子》《韩非子》等）认为这是人的自然本性（"人情"）。这种人情论往往被称为"性恶论"，并说这是受荀子人性恶影响的结果。这是明显的错觉。黄老学从不认为人的这种性情是恶的，因此，它也从不要求政治家去改变人的这种性情。相反，它坚持认为，人的这种性情是人的行为的内驱力。统治者要建立真正的社会政治秩序，他要做的就是遵循和因循人的这种性情，使其得到最大限度的满足。以惩罚和奖赏为主旨的法律制度之所以有效，就是因为它是同人追求自身利益的自然性情相一致的。法律的"一"之所以能够治御百姓和民众的"多"，就是因为这

---

① 此据四部丛刊《群书治要》。《群书治要》的《尹文子》有《大道》和《圣人》两篇。"稷下先生曰：善哉！田子之言。古者君之使臣，求不私爱于己，求显忠于己，而居官者必能，临阵者必勇。禄赏之所劝，名法之所齐，不出于己心，不利于己身。语曰：禄薄者，不可与经乱；赏轻者，不可与入难。此处上者所宜慎者也。"（《尹文子·圣人》）

种"一"把握住了众多百姓中"共同"的东西。《庄子·天下》称彭蒙、田骈、慎到有"齐万物以为首"的思想倾向。[①]"齐万物"即"一同"万物，是说万物具有"统一性"，可以被"整齐划一"。万物既有"类"的不同，也有"个体"上的差异。黄老学的"齐一"不是抹去万物形体和现象上的差异，而是说它恰恰是在万物的"不一"中，在万物的"千差万别"中，发现事物具有"齐一性"和"统一性"，发现事物都可以通过"一"来衡量和规范。《吕氏春秋·不二》说的"能齐万不同，愚智工拙皆尽力竭能，如出乎一穴"，作为"齐一"的前提，正是"愚智工拙"等"万不同"。黄老学没有改变"万物不同"的愿望，不期望愚蠢者变得有智慧，况且万物的不同又是不可改变的。但他们有"齐一性"，如他们都是按照自己的性情和能力去活动，这"如出乎一穴"。由此，老子说的统治者要遵循百姓的"自然"，就变成了用"法律"去因循人的性情。这就是为什么说在黄老学中重视法律的统治和重视"静因之道"和"因循"是统一的。这是老子之后道家政治哲学的一个重大转化，也是黄老学为什么主要是政治哲学的原因。

就第三个方面说，这是有关儒家对最高政治权力转移和政治继承的意识。古代中国政治生活中的王权转移和继承主要有两种方式：一是最一般性的"世袭制"，不管是父死子继、祖死孙继还是兄终弟及，"三代"被认为是普遍实行这一制度；二是革命性的改朝换代，如商汤、周武王

---

① 《吕氏春秋·不二》亦称"陈（田）骈贵齐"，这说明田骈是强调"齐一"的。

分别推翻夏、商王朝被认为是革命的典范。此外还有被理想化的"禅让制"，尧舜被认为是典范。郭店简《唐虞之道》、上博简《容成氏》，还有《子羔》等佚文的发现，激发了大家对"禅让说"的兴趣和讨论。"尊德尚贤"的"禅让"，虽然不能说完全没有历史根据，但也需要承认它把远古的政治权力转移过于简化和理想化了，如果远古政治共同体权力的转移，还没有一贯性的做法，或者是世袭和选贤并用，那么权力的转移就会更为复杂并充满变数。从《唐虞之道》的"禅让说"中可以看到的是，结合传世文献对简帛佚文《唐虞之道》、《容成氏》和《子羔》的"禅让"观念进行研究，我们发现远古的权力转移，受到了推举与试用、人的寿命和退休、亲子的不肖等许多因素的影响。就是所说的"禅"与"传"、"官天下"与"家天下"之二分，也不是截然对立的。

以上我们从四个大的方面探讨了出土简帛文献为重新认识古代哲学和思想世界带来的变化和新视野，实际上，新出土文献给中国哲学和思想世界带来的东西比我们谈到的要多，通过新的发现和进一步的研究，我们的视野还会不断扩大。

附录二 墨子的"互惠主义"

当前全球面临着各种挑战，单边主义和民粹主义盛行，行之有效的国际正义规则和规范正在受到破坏，利益的零和博弈和新冷战思维正在加剧，地区性冲突不断，世界的合作及和平秩序正经受着考验。对于刚步入21世纪的人类来说这不是一个好消息，既十分不幸，也令人忧虑。因此，凝聚人类的共识，强化全球合作，重建世界互惠互利和平秩序，实现人类的共享和福祉，就变得非常迫切。在这方面，不同文明和历史中都有重要的思想资源和价值可资借鉴。

中国晚清自强新政人士将近代中国与西方世界的相遇和冲突比作中国历史上的战国时代，认为那时诸侯国家之间的盟约和规则同西方近代建立的国际法具有可比性。不管如何，中国的战国时代是"天下失序"时代，当时的许多诸侯国家为了自身的利益（土地、人口和经济）进行攻伐、掠夺和兼并，周王朝的天下秩序和体系名存实亡。面对天下的混乱和无序，面对国家间的激烈矛盾、冲突、掠夺和扩张，为了重建天下和平、安宁、互惠、互利的共存和共生秩序，东周子学特别是儒家、墨家不仅提出了一整套方案，而且还游走于大国之间对君主进行规劝。这里我主要讨论一下墨子以互惠、互利为基础的天下秩序观及其相关信念，并通过这种记忆帮助我们认识全球合作和共享的重要。

一、"天下"和"福利"观念

墨子的"互惠论"体系由一系列重要的伦理价值和信念构成。首先它是一个指向"天下"整体及其福利的概念。现在所称的全球化或世界秩序概念同一般所说的国际关系和秩序概念并不完全一样，但大体上我将它们看成是近似的概念来使用。另外，将之同两千多年前墨子的"天下"和诸侯国家概念相比，不管是在外延上，还是在内涵上，它们之间的差别就更大。墨子的"天下"观念包括了当时已知、未知的整个人类群体[①]，抽象地说，它同现在所说的全球、世界、国际概念具有某种可比性。

对于全球化、世界秩序和国际关系，我们有各种各样的理论和学说。[②] 在民族国家作为全球和国际社会主体的当今，国际现实主义、国家利益、权力和势力均衡、文明冲突等概念影响较大，尤其是每一个国家站在自身的立场上，都会强调和主张自己国家的利益，就像每一个个体都强调自己的利益一样，这非常自然，也是正当的。问题是一个国家

---

① 有关中国古代的诸侯国家同现代国家的关系，参阅李彬：《墨子的国家间政治思想研究》，《国际政治科学》2009 年第 2 期，第 61-87 页。

② 有关这方面，参阅塞缪尔·亨廷顿的《文明的冲突与世界秩序的重建》（北京：新华出版社，2010 年）和汉斯·J.摩根索的《国家间政治——为权力与和平斗争》（北京：商务印书馆，1993 年）。

如何实现自己的利益，一个国家实现自己的利益同其他国家的利益、同整个人类共同体的利益是什么关系。一般认为合作、互惠互利、非零和博弈、共赢是理性的选择，也是最好的选择。相反，如果一个国家追求片面的利益，追求不公正的特殊利益则是非正当的，也是不可持续的。

墨子的"天下"主要由诸侯国家组成，这些诸侯国家是天下中相对独立的政治实体。在很多文本中，墨子都用"天下"和"国家"来论说什么是好的政治治理、什么是坏的政治行为。这种对比十分明显，它代表了墨子对天下期望什么和反对什么。与此同时，墨子的"天下"实体在不少时候又从个人算起，然后是家、乡，再到国。因此，墨子心目中的良好的天下治理包括了所有不同层次的政治实体，既表现在个人身上和家庭之中，也表现在乡邑和国家上面。

什么叫良好的天下治理？墨子有一些不同的说法，但其根本原则是天下正义、天下互爱和互利。由于墨子的义和仁最终要落实在天下的利益上，因此天下良好的治理，就是让天下的福利最大化："仁人之事者，必务求兴天下之利，除天下之害。"(《墨子·兼爱下》)[1] 可以说，这句话是墨子天下治理的纲领。孟子虽然批评墨子，但他对墨子学说的概括是很恰当的："墨子兼爱，摩顶放踵利天下，为之。"(《孟子·尽心上》) 确实，在墨子的天下治理概念中，"利益"具有根本的地位。墨子认为圣王创造文明和政治秩序原本就是为了给天下之人造就福利："古

---

[1] 类似的说法有"仁人之所以为事者，必兴天下之利，除去天下之害，以此为事者也"(《墨子·兼爱中》)。

之民未知为舟车时，重任不移，远道不至。故圣王作为舟车，以便民之事。其为舟车也，全固轻利，可以任重致远，其为用财少，而为利多，是以民乐而利之。故法令不急而行，民不劳而上足用，故民归之。"（《墨子·辞过》）

对墨子及其后学来说，良好的天下治理，需要治理者有好的愿望和出发点，但最终要有良好的政治行为和结果。正如墨子批评告子时所说："政者，口言之，身必行之。今子口言之，而身不行，是子之身乱也。"（《墨子·公孟》）原则上，墨学把这叫作"志功合一""志功相从"（"吾愿主君之合其志功而观焉"——《墨子·鲁问》；"义，利；不义，害。志功为辩"——《墨子·大取》）。按照《墨子·经上》的解释，"功"指的就是"利"。志功合一的天下治理，就是让天下所有的人，所有的家庭，所有的乡邑，所有的国家都得到福利而避免祸害。这也是一般将墨子的哲学同功利主义、后果论相提并论的原因。

儒家将"利"主要理解为物质利益和经济利益，现代社会当然更不用说了，所谓"国家利益"主要也是指物质和经济上的利益。墨子的"利"，其中主要也是指物质和经济上的利益，但又不限于此。它是一个普遍的"善"的概念，是指人类共同追求美好的东西和价值。《墨子·经上》界定"利"，说它是"所得而喜也"（与之对立的"害"则是"所得而恶也"）。墨学的"义""孝""忠""功"等也都是从这种意义上被界定的（"义，利也"；"孝，利亲也"；"忠，以为利而强君也"；"功，利民也"）。

二、天下"互惠""互利":"利益"的相互性和共享

墨子的"利益"概念面向人类所有不同的共同体和所有的个人,是天下所有社会主体的利益。换言之,在墨子那里,所有的人类共同体和个人都应该拥有其利益。墨子把"利"界定为"国家之富,人民之众,刑政之治"(《墨子·尚贤上》),说明墨子的"利"不限于物质的富裕,它被扩展到了人口的繁庶、政治的安定和人身的安全。基于此,墨子接下来要解决的问题是天下治理如何实现这一目标。在这一方面,墨子提出的利益"兼顾"和"交互"原则十分重要。在墨子看来,人类的利益只有在相互回报、相互补偿和相互给予中才能实现。这是人类交往的基本原则。在市场社会中,这一原则得到了最充分的体现。市场的成立基于人们追求自己的利益,而利益的实现则是通过相互交换。这一真理很早就被中国汉代的历史学家司马迁揭示了出来。大家非常熟悉他说的这句话:"天下熙熙,皆为利来;天下攘攘,皆为利往。"司马迁还引用《管子·牧民》中说的"仓廪实而知礼节,衣食足而知荣辱",认为物质和经济条件有助于建立人的伦理和道德价值:"礼生于有而废于无。故君子富,好行其德;小人富,以适其力。渊深而鱼生之,山深而兽往之,人富而仁义附焉。"(《史记·货殖列传》)不管是亚当·斯密假定人的自私,还是墨子假定人类自然状态的混乱,问题是天下国家和个人如何去实现各自的利益。阿克赛尔罗德探讨人类的合作观念,追问的一个主要问题是,个人从自私出发,在非专制

之下如何实现自得和合作。①

交往中的自利和利他常常被对立起来。从交往的相互性、公正性和正义性来说，它既是自利的，也是利他的，人们从中得到彼此应得的东西（"各得其得"）。在交往中，姑且说人先考虑的是他自己的需求和利益，但他一定知道，对方也是抱着同样的目的。如果他想从别人那里得到有利的东西，他就必须同时能够为他人提供一种有利的东西。经济学理性让人知道他在取得的同时，他必须同时给予；他自己活也要让别人活。从人类文明演化的长时段来看，人类对利益的追求和实现，不管它是个人的，还是国家的，都建立在互惠、互利的根本原则之上。物质和经济利益在人类的相互分工中产生，也在人类的相互交换中分享。近代中国严复解释亚当·斯密经济学的利益原理说：斯密的计学"有最大公例焉，曰大利所存，必其两益；损人利己，非也，损己利人亦非；损下益上，非也，损上益下亦非。其书五卷数十篇，大抵反复明此义耳"②。严复引申这一原理，说单方面的"利"都不是利，只有"互利"才是利；对人施加损害既是损人，同时也是损己："盖未有不自损而能损人者，亦未有徒益人而无益于己者，此人道绝大公例也……使公而后利之例不行，则人类灭久，而天演终于至治之说，举无当矣。"③ "复所以谓

---

① ［美］阿克赛尔罗德：《合作的复杂性——基于参与者竞争与合作的模型》，梁捷、高笑梅等译，上海：上海世纪出版集团，2011年，第162页。

② 严复：《天演论》，北京：商务印书馆，1981年，第34页。

③ 严复：《原富·按语》，载王栻主编：《严复集》第4册，北京：中华书局，1986年，第892-893页。

理财计学，为最近世最有功生民之学者，以其明两利为利，独利必不利
故耳。"①

在墨子那里，表达两利、互利概念的词汇是"兼"和"交"。两者
都是墨子哲学中的两个象征性概念。"兼"即"兼顾""两全""共同""整
体"；"交"即交互、相互和互相。它的具体内容是"爱"和"利"的
价值，用墨子的话说即"兼相爱""交相利"。墨子问道："然则兼相爱、
交相利之法将奈何哉？"他解释说："视人之国，若视其国；视人之家，
若视其家；视人之身，若视其身。是故诸侯相爱则不野战，家主相爱则
不相篡，人与人相爱则不相贼，君臣相爱则惠忠，父子相爱则慈孝，兄
弟相爱则和调。天下之人皆相爱，强不执弱，众不劫寡，富不侮贫，贵
不敖贱，诈不欺愚。"（《墨子·兼爱中》）按照墨子的说法，兼爱就是不
同的国家、不同的个体，对待别的国家和个人，就像对待自己的国家和
自己那样，爱护别的国家和别人，就像爱护自己的国家和自己那样。这
样，国家之间、个人之间就能够和睦相处了，彼此的冲突和矛盾就不会
存在。

这能够做到吗？当时就有人认为这非常难："乃若兼则善矣，虽然，
天下之难物于故也。"（《墨子·兼爱中》）其中巫马子就直接向墨子表示，
他与墨子不同，他做不到"兼爱"："我与子异，我不能兼爱。我爱邹
人于越人，爱鲁人于邹人，爱我乡人于鲁人，爱我家人于乡人，爱我亲

---

① 严复：《天演论》，北京：商务印书馆，1981 年，第 92 页。

于我家人，爱我身于吾亲，以为近我也。击我则疾，击彼则不疾于我，我何故疾者之不拂，而不疾者之拂？故有我有杀彼以我，无杀我以利。"（《墨子·耕柱》）墨子反问巫马子，他是隐藏自己的"主张"，还是公开宣称他的主张？巫马子肯定说，他没有理由隐藏，他将公开自己的主张。墨子从正反两方面推论说，喜欢你的主张的人，从一人、十人到天下，谁都要杀掉你以为利己；不喜欢你的主张的人，从一人、十人到天下，认为你提倡"不祥之言"，因而痛恨你，都要杀掉你。按照墨子的推论，巫马子的"自利""利己"主张，恰恰为自己带来了最不利的结果，这不是真正的"爱利"而是"恶利"。

正像上述我们强调的那样，墨子的仁爱思想，主要是为天下造就福利、排除祸害，他的人类共同体的兼相爱思想，归根结底也体现在"交相利"，即人类的互惠、互利上："今天下之士君子，忠实欲天下之富，而恶其贫；欲天下之治，而恶其乱。当兼相爱、交相利，此圣王之法，天下之治道也，不可不务为也。"（《墨子·兼爱中》）正如天下没有免费的午餐，利益的实现都是彼此兼顾和相互给予。一方从对方获得利益，也必须同时给予对方利益，它是对等的回报关系。墨子说："夫爱人者，人必从而爱之；利人者，人必从而利之；恶人者，人必从而恶之；害人者，人必从而害之。"（同上）人与人之间的基本伦理关系也类似这种对等关系，用孟子的话是"爱之者，人恒爱之；敬之者，人恒敬之"（《孟子·离娄下》），用《礼记·曲礼上》的话说是"礼尚往来。往而不来，非礼也；来而不往，亦非礼也"。墨子引用《诗·大雅》："无言而不雠，无德而不报。投我以桃，报之以李"，说"兼"能够"易别"，正是因为爱人、利人也是爱己、利己："然即兼之可以易别之故何也？曰：藉为人之国，若为其国，夫谁独举其国，以攻人之国者哉？为彼者由为己也。为人之都，若为其都，夫谁独举其都，以伐人之都者哉？为彼犹为己也。为人之家，若为其家，夫谁独举其家，以乱人之家者哉？为彼犹为己也。然即国都不相攻伐，人家不相乱贼，此天下之害与？天下之利与？即必曰天下之利也。"（《墨子·兼爱下》）墨子指出，一个孝敬他父母的人，就会为他的父母着想。如果这样，他就应该希望别人能够爱他的父母和有利于他的父母。显然，这不是来自他对别人父母的厌恶和损害，而只能是来自他对别人的父母的爱和利："必吾先从事乎爱利人之亲，然后人报我以爱利吾亲也。"（同上）

对墨子来说，人类只要互爱和互利，就能实现天下的良好秩序。天下之所以混乱无序，原因很简单，就在于国与国之间、人与人之间不能互惠、互利。国家和个人只爱护自己而不能兼相爱，都求自己的利益而不能做到交相利，这都是单方面的爱和利，墨子称之为"自爱""自利"。这是一切祸害和祸乱的根源。墨子说："圣人以治天下为事者也，不可不察乱之所自起。当察乱何自起？起不相爱。臣子之不孝君父，所谓乱也。子自爱不爱父，故亏父而自利；弟自爱不爱兄，故亏兄而自利；臣自爱不爱君，故亏君而自利。此所谓乱也。"（《墨子·兼爱上》）按照墨子的义理，不管是一个国家，还是个人，只想索取而不付出，即使一时得逞，也不可能有长远的利益，最终的结果是害人害己。国家和个人如果能用"兼"代替"别"，用"交"代替"自"，天下的利益就可以共享了，就可以避免零和博弈："今吾本原兼之所生，天下之大利者也；今吾本原别之所生，天下之大害者也。是故子墨子曰：'别非而兼是者'，出乎若方也。"（《墨子·兼爱下》）

三、"非攻"、"息战"和互利

墨子的思想以非攻和息战的和平主义而闻名，他之所以这样主张，也是因为他认为建立和平的国际关系和秩序对所有的国家和共同体都是有利的，而国家间的侵略和攻占不仅伤害他国，而且也伤害本国。历史上没有一个共同体是在混乱、动乱和战乱中繁荣和兴盛起来的，共同体中的成员谁愿意生活在混乱、动乱和战乱中？历史的经验是，和平、稳定和安全是文明的条件，也是人类自由、创造和幸福的前提。历史上有许多思想家和人物也致力于天下的和平、安全事业，批判、反抗强权、掠夺和征服。在他们看来，攻伐他国是非正义的行为。在这一方面，墨子也留下了强烈的历史印记。

为了反对攻伐、兼并和掠夺，墨子撰写了上中下三篇《非攻》，阐述大国攻占小国的非正义性。原则上墨子不是谴责一切战争，他把攻伐无罪之国称为"攻"，把征讨或征诛无道的暴君称为"诛"。为攻伐辩护的人说，三代圣王都有讨伐的经历并以此而成为圣王。墨子区分说："今夫好攻伐之君同，又饰其说以非子墨子曰：以攻伐之为不义，非利物与，昔者禹征有苗，汤伐桀，武王伐纣，此皆立为圣王，是何故也？

子墨子曰：子未察吾言之类，未明其故者也。彼非所谓攻，谓诛也。"（《墨子·非攻下》）

在墨子的时代，攻伐是常态。墨子认为当时的战争都是进攻性和侵略性的，都是非正义的（"不义"）。一般来说，即使是发动战争的一方，也会宣称自己的战争行为是正义的。墨子判断当时战争非正义的依据主要看谁是"进攻者"，因为当时主动进攻者往往都是强国和大国，被进攻者都是小国和弱国。墨子认为这些小国都是"无罪之国"，大国对它们的攻伐都是不义的。墨子推论说，按照人类的基本价值观，杀害一人是不义的，盗窃一家是不义的，应该受到惩罚，但那些热衷于战争的人，却要去杀害一个国家无数的人，去掠夺一个国家无数的财物和资源，人们反而将这些看成是正义的，显然这是十分荒唐的。

对墨子来说，攻伐的非正义性根本上在于战争的残酷性和危害性，它不仅使被攻击的国家遭受灾难，而且也给发动战争的国家带来祸害。好战的人将攻伐看成是自己成名的机会，看成是追求自己国家的最大利益。墨子批评说，这样的名完全是虚名，没有一点用处；所谓求得的利益，实际上也完全得不偿失。如果说有攻伐获利的国家，那也只是偶然的例外。攻伐是不义，也是不善。墨子说天下所赞誉的"善"，一是合乎上天所肯定的利，二是合乎鬼神所肯定的利，三是合乎人类所肯定的利。从这三个方面衡之，攻伐都是不善和不利："今且天下之王公大人士君子，中情将欲求兴天下之利，除天下之害，当若繁为攻伐，此实天下之巨害也。今欲为仁义，求为上士，尚欲中圣王之道，下欲中国家百

姓之利，故当若非攻之为说，而将不可不察者此也。"(《墨子·非攻下》)

正是基于攻伐的非正义、不善和不利，在战争为常态、杀伐成性的战国时代，墨子和他的弟子们不仅义无反顾地公开谴责战争，而且还以实际行动阻止攻伐，充满着道义精神和道德勇气，被形容为"赴汤蹈刃，死不旋踵"的一批人。如墨子冒着生命危险直接向楚王游说，并以胆识和勇气成功劝阻了楚国对宋国的攻打计划。这个故事的另一个动人之处是，他还感动了帮助楚王的公输班。公输班虔诚地接受了墨子的"义"："公输子谓子墨子曰：吾未得见之时，我欲得宋；自我得见之后，予我宋而不义，我不为。子墨子曰：翟之未得见之时也，子欲得宋，自翟得见子之后，予子宋而不义，子弗为，是我予子宋也，子务为义，翟又将予子天下。"(《墨子·鲁问》)墨子的弟子也是反对攻伐的斗士，他们穿梭在不同国家之间用"不利"和有害劝阻大国间的攻伐。如宋轻听说秦国和楚国将要诉诸战争，他就要到这两个国家去进行劝阻。在去往楚国的路上，他遇到了孟子。孟子得知他的目的后，就说他的志向远大，但所用"不利"的名号则不可。在孟子看来，大国的攻伐正是为了追求各自国家的利益，用不利来息战是无的放矢，因此应该强调的是"义"而不是"利"。对他来说，大国的争夺正是为利。

四、人类互惠的天义根源

为了证明以"兼相爱""交相利"为标志性符号的互惠主义之合理性、正义性和正当性，墨子诉诸天意、天义的权威和根据，诉诸鬼神的力量。到了战国时期，子学家们越来越少有人诉诸超自然力量和信仰来为人间的价值寻求支持，墨子是例外之一。人们对鬼神的怀疑和不相信，促使墨子一方面批评人们对鬼神的怀疑，一方面诉诸鬼神赏善罚恶的力量来使人们认同和接受互爱、互利的互惠价值。天志被墨子视为人类正义的根源。

墨子的逻辑是，第一，人类追求"义"要懂得义的根源，即义所从出的地方。墨子断定义根源于天。为什么根源于天？墨子认为，"义"作为人类的最高价值和标准，它不可能从卑贱者和无知者那里来，它一定是从高贵者和有智者那里来。谁是高贵者和有智者呢？墨子断定天是高贵者和有智者。

第二，正义源于天，也就是源于天志。"天志"即天的意志，墨子也称之为"天之意"。天的意志和意愿也是天的欲和恶。天欲求和厌恶的是什么呢？墨子说是"欲义而恶不义"（《墨子·天志上》）。天的正义，具体来说就是希望人类互爱和互利。天本身就是爱人和厚利人类的。何以知道天兼爱天下百姓，墨子说这是因为"天兼而明之""兼而有之""兼而食之"，"天有包人"，"天爱民厚"。《墨子·法仪》说："故曰莫若法天。天之行广而无私，其施厚而不德，其明久而不衰，故圣王法之。既以天为法，动作有为必度于天，天之所欲则为之，天所不欲则止。然而天何欲何恶者也？天必欲人之相爱相利，而不欲人之相恶相贼也。奚以知天之欲人之相爱相利、而不欲人之相恶相贼也？以其兼而爱之，兼而利之也。奚以知天兼而爱之、兼而利之也？以其兼而有之、兼而食之也。"①

第三，人类顺天之意就是实践义政、避免力政，就是以兼易别，就是互爱互利。人类这样做就能受到天的奖赏，否则就要受到天的惩罚。《墨子·天志上》说："顺天意者，兼相爱，交相利，必得赏；反天意者，别相恶，交相贼，必得罚。"

第四，人类历史上的三代圣王，就是这样做的典范；三代暴君则是反面典型。《墨子·天志上》说："然则是谁顺天意而得赏者？谁反天意而得罚者？子墨子言曰："昔三代圣王禹、汤、文、武，此顺天意而得赏也；昔三代之暴王桀、纣、幽、厉，此反天意而得罚者也。"《墨子·天志中》亦说："夫爱人、利人，顺天之意，得天之赏者，谁也？曰：若昔三代圣王尧、舜、禹、汤、文、武者是也。尧、舜、禹、汤、文、武，焉所从事？曰：从事兼，不从事别。"

墨子的天志、天意，代表和体现了一切可欲的价值和人间理想，也就是"天德"。"天德"最根本的也就是墨子的兼爱信念和互利信念。天志保证正义和互爱互利，可称为"神义论"或"神正论"。

墨子的一套理念，特别是互惠、互利的根本原则，根本上是为了克服人与人、国与国之间的摩擦和冲突，使人与人、国与国建立起良好的持久性关系。人类不同的共同体、族群发展到现在，一方面彼此高度联系，越来越相互依存；一方面容易产生摩擦，各种风险也在增长。全球

---

① 《墨子·大取》："天之爱人也薄于圣人之爱人也，其利人也厚于圣人之利人也。"

化也好，区域合作也好，既需要相互包容、相互尊重文化的差异性和多样性，又需要共识和协同，以实现相互平等和合作。墨学的"兼相爱、交相利"的互爱、互惠、互利原则，就是可奉行的共识之一。它是一个不限于经济利益的广泛参与、合作、借鉴、互补、共享、共赢的共生、共存理念。

后　　记

构成这部著作的各个部分，原本都是先后刊出的论文。现分别说明一下它们的出处。

在"上篇"中，第一章"道家的宇宙观和人间观"，原题为《出土文献与先秦自然宇宙观重审》，刊于《中国社会科学》2013 年第 5 期；第二章"'自然'概念的源流和特性考论"，原题为《中国"自然"概念的源流和特性考论》，刊于《学术月刊》2018 年第 9 期；第三章"根源性永恒概念：老子的作为'道'的谓词的'恒'"，原题为《老子之根源性时间概念：作为"道"的谓词的"恒"》，刊于《船山学刊》2022 年第 2 期；第四章"早期道家'一'的概念演变余论"，刊于《中原文化研究》2023 年第 1 期；第五章"杨朱的'人本主义'伦理学"，刊于《道德与文明》2021 年第 2 期；第六章"'差异性'和'多样性'的世界：庄子的'物之不齐论'"，刊于《社会科学战线》2021 年第 4 期；第七章"'别宥'辨正：以尹文'别形名'学说为中心的检证"，原题为《"别宥"辨正：检证于尹文的"别形名"学说》，刊于《北京大学学报（哲学社会科学版）》2021 年第 2 期。

在"中篇"中，第八章"什么最值得学习和知晓：论孔子的'学道'和'知道'"，刊于《哲学动态》2022 年第 1 期；第九章"孔子好《易》和追寻'德义'：以帛书'易传'类文本中的'子曰'之言为中心的考论"，原题为《孔子好〈易〉和追寻"德义"考论——以帛书〈易传〉中的"子曰"之言为中心》，刊于《河北学刊》2019 年第 4 期；第十章"孟子的伦理选择论：从'可欲'到'能'和'为'"，刊于《哲学研究》2018 年第 7 期；第十一章"'自我'与'他者'的相与之道：儒家关系伦理的多重图像"，原题为《"自我"与"他者"：儒家关系伦理学的多重图像》，刊于《北京大学学报（哲学社会科学版）》2022 第 1 期；第十二章"权力的正当性基础：早期儒家'民意论'的形态和构成"，刊于《学术月刊》2021 年第 3 期；第十三章"'成就自身'的智慧：儒家的道德自主性和自我反思"，刊于《齐鲁学刊》2019 年第 6 期。

在"下篇"中，第十四章"圣创论的图像和形态：社会起源论的中国版本"，刊于《中国社会科学》2022 年第 6 期；第十五章"世界公正和协同信念：中国'天下主义'精神"，原题为《世界公正和协同信念：中国的"天下主义"精神》，刊于《首届濠镜思想家论坛——"东西方文化智慧与人类命运共同体构建"》，澳门：澳门大学，2019 年；第十六章"'心灵'概念图像的多样性：出土文献中的'心'之诸说"，刊于《哲学研究》2019 年第 12 期；第十七章"'明同异'：中国古典语境中的多样性、差异性和共同性话语"，原题为《中国古典语境中的差异性、多样性和共同性话语》，刊于《哲学动态》2018 年第 11 期。

作为附录之一的"出土文献与早期中国思想新视野"，原题为《出土简帛文献与古代思想世界新视野》，分上、下刊于《学术月刊》2012年第9期和第10期；作为附录之二的"墨子的'互惠主义'"，原为参加一次国际会议的论文，原题为《从中国墨子的"互惠论"看全球合作和共赢》。

对构成这部著作的论文出处的说明，也间接地显示出了著者的心路和探讨过程。

图书在版编目（CIP）数据

宇宙、天下和自我：早期中国的世界观 / 王中江著
. -- 北京：中国人民大学出版社，2023.10
（出土文献与早期中国思想世界 / 王中江主编）
ISBN 978-7-300-32169-1

Ⅰ.①宇… Ⅱ.①王… Ⅲ.①世界观 – 研究 – 中国
Ⅳ.①B2

中国国家版本馆 CIP 数据核字（2023）第 174381 号

国家出版基金项目
出土文献与早期中国思想世界
王中江　主编
宇宙、天下和自我：早期中国的世界观
王中江　著
Yuzhou、Tianxia he Ziwo: Zaoqi Zhongguo de Shijieguan

出版发行	中国人民大学出版社			
社　　址	北京中关村大街 31 号		**邮政编码**	100080
电　　话	010-62511242（总编室）		010-62511770（质管部）	
	010-82501766（邮购部）		010-62514148（门市部）	
	010-62515195（发行公司）		010-62515275（盗版举报）	
网　　址	http://www.crup.com.cn			
经　　销	新华书店			
印　　刷	涿州市星河印刷有限公司			
开　　本	890 mm × 1240 mm　1/32		**版　　次**	2023 年 10 月第 1 版
印　　张	18.125　插页 3		**印　　次**	2024 年 8 月第 2 次印刷
字　　数	373 000		**定　　价**	99.00 元